책과 도서관의 문명사

책과 도서관의 문명사

이종권 편저

대학의 문헌정보학과 커리큘럼 중에는 정보미디어와 도서관의 역사를 다루는 교과목이 있습니다. '도서관사', '정보미디어의 역사', '도서관 및 인쇄사' 등 대학에 따라 명칭은 조금씩 다르나 학습하는 내용은 대동소이합니다.

필자는 근 20여 년 동안 여러 대학에서 도서관의 역사를 강의하며 광범위한 자료를 수집하여 수업에 활용해 왔습니다. 그러면서 책과 도서관의 세계사를 알기 쉽게 한 권의 책으로 정리해보자는 의욕과 의무감이 일곤 했습니다. 그런데 2022년 2학기 이 과목을 다시 강의하며 정신을 차리고 그동안 모아두었던 강의 자료를 깁고 보태 이 책을 내게 되었습니다.

이 책의 목적은 첫째, 필자 스스로 도서관의 본질과 방향을 문명사적 관점에서 탐구하여 도서관에 대한 시야를 넓혀 수업에 충실을 기하고, 둘째, 문헌정보학도들에게 책과 도서관의 역사적 본질과 흐름을 올바로 교수 (敎授)함으로써 도서관의 미래를 문명사적 맥락에서 방향 잡을 수 있도록 돕는 데 있습니다.

사실 역사 공부는 따분할 수 있습니다. 연도(年度) 외우고, 왕조 외우고. 사건 개요를 파악하고, 이런 지루한 학습은 도서관 현장에서는 큰 의미가 없을 것입니다. 하지만 좀 더 시야를 넓혀 세계사적, 인류사적, 문명사적 관점에서 책과 도서관의 역사를 이해한다면 현실적으로 도서관의 사회적 중요성과 위상을 높일 수 있을 것입니다.

필자는 '도서관사', '정보미디어의 역사', '도서관 및 인쇄사'라는 교과목 명칭이 그렇게 마음에 들지는 않았습니다. 시각이 좁은 표현이기 때문입니다. 그래서 역사를 바라보는 관점을 거시적으로 갖자는 의미에서 이 책의 제목을 '책과 도서관의 문명사'로 정했습니다.

도서관은 도서관을 넘어설 때 올바로 방향을 잡을 수 있다고 생각합니다. 좁은 도서관의 울타리를 넘어서야 진정 세계 속의 도서관으로 역할할 수 있다고 보는 것입니다. 이 책은 책과 도서관의 역사에 대한 '시야의 확대'를 지향합니다. 사서들의 마음이 답답한 도서관에만 머물러 있지 않게 세상을, 역사를, 사회를, 문명의 흐름을 바로 볼 수 있게 하자는 생각입니다. 관점과 시야는 개인에 따라 다를 것입니다. 하지만 시야를 전방위(全方位)로 넓히면 관점도 전방위로 확대됩니다. 세계 문명사의 흐름을 파악하고, 포용력을 발휘하여 우리 모두 바람직한 도서관의 미래를 가꾸어 갈 수 있기를 희망합니다.

이 책을 편성하는 데 있어 일반적으로 알려진 동서양의 역사 지식과 역사 인물에 관한 정보는 여러 문헌자료와 백과사전류를 두루 활용하였습니다. 수많은 선학 현철 제위께 존경과 더불어 깊은 감사를 올립니다. 또한 서점에서는 구할 수 없는 각종 박물관 도록, 연구보고서 등 많은 진귀한 자료를 제공해주신 서울대학교 규장각한국학연구원의 베테랑(veteran) 사서 권재철 선생님께 깊이 감사드립니다. 그리고 언제나 제 책을 정성껏 만들어 주시는 문현출판사 한신규 대표께도 진심으로 감사를 드립니다.

2023년 1월

이종권 拜

고대사회의 책과 도서관

중세사회의 책과 도서관

7

중세 이슬람 제국의 책과 도서관

8

르네상스 시대의 책과 도서관

9

계몽주의 시대의 책과 도서관

11

중국의 책과 도서관(문자 발달, 고전의 형성)

한국의 책과 도서관(근세조선 1392~1910)

1

개관 : 역사와 도서관

1. 역사학 공부의 기초

역사학의 공부 방법

역사학의 아버지 고대 그리스의 헤로도토스 이래 역사학은 2000년 이상 이어져 왔다. 그러나 역사학은 고대, 중세, 근세에 이르기까지 객관적 학문으로 정립되지 못한 채 문학, 철학, 종교에 포함되거나 통치자나 지배 세력의 정치적 선전 도구로 이용되어왔다.

19세기 후반 모든 학문 연구의 패러다임이 바뀌면서 역사학이 인문 사회과학의 한 부문으로 들어왔다. 당시 학문은 크게 인문학과 자연과학으로 구분되어 있었으나 19세기 말에 이르러 인문학에 조사 통계 방법을 도입, 적용하면서 인문학과 자연과학의 중간지점에 사회과학의 영역이 자리를 잡았다. 사회과학이 인문학에서 분리됨에 따라 학문은 인문과학, 사회과학, 자연과학으로 구획되었다. 하지만 이는 학자들의 편의상의 구분일 뿐 모든 학문은 결국 하나로 통합되어 인간에 의한, 인간을 위한, 인간의 학문으로 될 수밖에 없다. 특히 역사학은 인문, 사회, 자연과학을 역사라는 다리로 연결하는 '교량 학문'으로서의 성격이 강하다. 그래서 모든 분야에서 역사의 연구는 필수적이다.

모든 학문은 역사로 통한다. 어떤 학문 분야든 역사가 없이는 성립될 수 없다. 역사를 통해서 문명이 축적, 발전하기 때문이다. 따라서 역사학은 모든 학문에 앞선다고 보아야 할 것이다. 국어를 공부하려면 국어의 역사를, 경제학을 공부하려면 경제학의 역사를, 한국을 알려면 한국사를, 가족을 알려면 가족사를, 나 자신을 알려면 나의 역사를 기록하고, 해석하고, 반추하여 재조명해야 한다. 그러므로 역사를 공부하는 것은 시간과 공간을 초월한 가장 근원적인 탐구의 바탕을 마련하는 것이며, 역사학은 모든 학문의 근저를 제공하는 '통섭의 학문'이라고 보아야 할 것이다.

역사가 정치에 이용되었던 시대를 상기해보면 우리가 어떻게 역사를 공부할 것인가 방향을 잡을 수 있을 것 같다. 영국의 철학자 베이컨(Francis Bacon, 1561~1626)은 일찍이 학자들이 연구에서 범하기 쉬운 편견과 오류를 '이돌라(idola : 우상)'라고 표현하고 연구자들은 '4대 우상'을 경계할 것을 권고한 바 있다.[1][2] 또 이탈리아의 역사 철학자 뷔코(Giovan Battista Vico, 1668~1744)는 역사가들이 연구에서 범하기 쉬운 편견 다섯 가지를 다음과 같이 제시하였다.[3]

---

1 박성수. 2000(초판 1977). 『역사학 개론』. 서울 : 삼영사. p.133.
2 베이컨, 이종구 역. 2015(초판 1976). 『학문의 진보/베이컨 에세이』. 서울 : 동서문화사. pp.542-545.

베이컨이 지적한 연구자의 4대 우상(idola)

① 종족의 우상 : 인간의 감각기관 그 자체가 지니는 오류. 예를 들어 후각은 사람보다 개가 훨씬 낫다.

② 동굴의 우상 : 개별 인간 스스로 자신을 위하여 유리하게 파놓은 동굴 같은 편견

③ 시장의 우상 : 선전 광고의 왜곡, 즉 군중 속에 덩달아 휩쓸려 들어가는 오류

④ 극장의 우상 : 연구자들이 극본 구성, 즉 이론, 법칙, 가설 설정에서 범하는 오류

뷔코가 지적한 역사 연구자의 편견

① 역사가는 자신이 연구하고 있는 시대, 인물, 사건 등을 실제보다 크고 훌륭하고 중요한 것으로 믿고 싶어 한다.

② 자기 민족의 역사를 취급하는 역사가는 자기 민족의 역사를 가장 좋아하는 색으로 채색하려 한다.

③ 역사가는 자기가 연구하는 역사상의 인물을 지성 있는 학자적 인간이라 착각한다.

④ 두 민족이 유사한 사상이나 제도를 보유하고 있을 때 서로 배워온 것이라고 단정하기 쉽다. 하지만 이는 인간의 원초적 창조성을 부정한 데서 오는 편견일 수 있다.

---

3 박성수. 2000(초판 1977). 『역사학 개론』. 서울 : 삼영사. pp.132-134.

⑤ 역사가는 사건과의 시간적 거리가 가까울수록 그 사건에 대한 지식
  이 정확하다고 생각한다.

  역사학도는 위와 같은 선행 학자들의 지적에 유의하면서 기존 역사 지
식을 학습하고, 유물, 유적, 문헌 등 사료를 발굴, 분석하여 새로운 가설을
세우고 이를 과학적으로 검증하고 해석해야 한다. 역사학도는 다음과 같은
4가지 단계로 역사 연구를 진행한다.

기존 지식 습득

  현재 일반적으로 인정되고 있는 지식을 먼저 습득해야 한다. 연구는 언
제나 현재의 지식에서 출발하여 알려지지 않은 것으로 나아가는 순서를
밟기 때문이다. 그러기 위해서 역사가는 자신의 분야뿐 아니라 인접한 관
련 학문 분야에서 이루어진 성과에 관해서도 세밀하게 살펴야 한다.

발견적 학습

  자료와 유물 유적을 답사하고 공부하여 새로운 사실들을 발견한다. 발
견적 학습은 훈련과 경험으로 얻을 수 있는 연구 기법을 말한다. 발견적
학습은 문헌의 수집, 판별 기법, 유물 유적의 발굴 및 답사, 사료의 과학적
분석 기법, 자료의 분류 목록 기법 등을 포함한다.

연구

발견적 학습과 기존의 지식을 검토하여 새로운 시각에서 연구를 수행한다. 연구자는 대개 자신의 분야에 해당하는 새로운 역사적 사실을 무조건 받아들이지 않고, 현재 일반적으로 인정되고 있는 해석도 그대로 받아들이지는 않는다. 인접한 분야에서는 해당 분야의 전문가들이 내린 해석을 수용하지만, 자신의 발견적 학습과 일반적인 역사학 지식으로 그것을 재해석한다. 인류학, 경제학, 지리학, 자연과학, 문헌학, 심리학, 사회학 등의 관련 분야의 지식은 반대되는 강력한 증거가 없는 한 그 분야 학자들의 연구를 수용한다. 역사가가 역사적 사건 자체를 경험할 수는 없다. 그가 입수할 수 있는 것은 사건에 대한 당시 사람들의 기록, 구전, 유물, 유적 등 사료(史料)이다. 역사가는 언제나 사료를 바탕으로 어떤 사건을 합리적, 과학적으로 분석하고 재해석한다.

저술

연구자의 연구 결과를 논문이나 책으로 저술, 출판한다. 역사가의 학습과 연구가 아무리 새롭고 훌륭하다 해도 이를 저술하여 세상에 내놓지 않으면 아무런 학술적, 사회적 공헌을 할 수 없을 것이다. 따라서 기존 지식의 비판적 습득, 발견적 학습, 그리고 독창적인 연구 결과의 출판은 부지런한 학자들이 수행해야 할 필수적인 과정이다.

역사자료(歷史資料)는 문헌, 유물 유적, 전승 자료 등 세 부류로 나뉜다.

문헌은 다시 주관적인 자료와 공식자료로 나뉜다. 주관적인 자료는 개인의 눈을 통해 본 사건들, 따라서 그 개인이 해석한 사건들로 이루어져 있다. 공식자료는 공공기관 단체의 공식기록으로 이루어지며 개인 간의 거래에서 국가 간의 거래에 이르기까지 모든 수준의 문서 기록을 포함한다.

정보는 기본적으로 비개인적인 진술 형태로 되어 있으며, 인과관계나 동기에 대해서는 지극히 피상적인 암시만 포함되어 있다. 사실상 주관적인 자료와 공식자료의 경계는 모호하여 하나의 문서가 이 2가지 요소를 모두 포함할 수 있다. 유물 자료는 과거 인간 활동의 결과물이다. 구술 전승 자료는 주로 말이나 관습으로 전해 내려온 것으로 나중에 기록되는 경우가 많다. 그래서 여러 가지 버전이 있을 수 있다. 자장가 같은 전승 동요, 민간설화, 지명 등이 여기에 해당한다.

어떤 특정한 자료를 놓고 거기에 대응하는 다른 자료와 비교해 보고 현재 일반적으로 인정되고 있는 해석을 비교하면 대략 그 특정한 자료가 진실인지, 부분적으로 진실인지, 아니면 가짜인지를 알 수 있다. 그 자료가 진실이거나 부분적으로 진실이라 해도 문헌자료와 일부 구술 전승 자료에 포함된 주관적인 요소를 고려해야 한다. 공식자료나 유물 또는 전승 자료만으로는 사건 자체를 재구성하기가 어렵다는 점도 유의할 필요가 있다.

역사자료의 분류는 본래 실용적인 성격을 가진 것으로서 서로 다른 부류에 속하는 사료를 다룰 때 요구되는 서로 다른 기법을 적용한다. 예를 들어 명문이 새겨진 종(鐘)은 역사가의 관심이 명문의 내용에 있느냐 아니면 종 자체에 있느냐에 따라 문헌 사료가 될 수도 있고 물질 사료가 될 수도 있다. 연구의 성격에 따라서는 인접 학문 분야에 대한 전문적 훈련이 필요할 경우가 많다. 인접 학문 가운데 중요한 것은 역사언어학, 고고학, 문헌학, 지명학, 서지학, 금석학, 족보, 연대기, 인장 등이 있다.

2. 역사학의 분야

역사학의 분야는 역사철학, 일반사, 분야사, 단체의 역사, 개인의 역사 등이 있다.

역사철학

역사철학은 역사를 보는 관점, 즉 역사관의 문제로서 역사서술의 가치 기반을 제공한다. 역사를 보는 관점은 크게 세 가지로 나뉜다. 즉 기독교적 역사관, 변증법적 역사관, 순환론적 역사관이다. 서양에서 기독교가 지배하던 고대와 중세사회는 기독교적 가치관이 역사서술에 투영되었다. 변증법적 역사관은 역사의 진행을 정·반·합에 의한 모순의 극복 과정으로 파악하고 유물사관에 따라 사회 발전을 설명하려는 시도였다. 순환론적 역사관은 역사의 흐름을 큰 줄기에서 바라보면 인류문명의 역사는 결국 순환된다는 것이다.[4] 이 밖에도 민족주의적 역사관, 식민주의 역사관이 있고, 기독교 이외의 다른 종교적 관점에서 불교적 역사관, 유교적 역사관, 기타 종교의 역사관이 있다. 그러나 세계사의 흐름을 객관적으로 정확히 파악하기 위해서는 종교적 교조주의나 민족주의, 식민사관의 편협한 사고방식에서 탈피한 보편적 역사원리의 정립 노력을 지속해야 한다. 역사철학은 이러한 역사의 관점과 가치문제를 탐구하는 분야이다.

---

4 박성수. 2000(초판 1977). 『역사학 개론』. 서울 : 삼영사. pp.48-118.

일반사(국사 / 세계사)

일반사란 우리가 보편적으로 학습해 왔던 국사와 세계사이다. 어떤 사회 전체를 통해서 전반적인 정치, 경제, 사회, 문화의 시대적 발전과정을 기술한다. 이는 각국의 역사와 이를 종합한 세계 전체의 역사라고 말할 수 있다. 일반사의 기술은 각국의 정치 상황과 역사를 보는 관점에 따라 다를 수 있으므로 국가 간 역사분쟁이 일어나기도 한다. 그러나 일반사는 가장 객관적으로 기술해야 하며 역사가의 과학적 역사 탐구에 바탕을 두어야 하는 역사학의 중심 분야이다.

분야사

분야사란 정치사, 경제사, 사회사, 문학사, 교육사 등과 같이 각 분야에서 각기 그 태동으로부터 오늘에 이르기까지의 분야별 발달사를 말한다. 이는 역사학자의 연구 영역과 겹치지만, 분야별 심화 연구를 위해서는 각 학문 분야의 전공 학자들이 자기 분야의 역사를 보다 집중적으로 탐구해야 한다. 역사가가 모든 학문 분야의 역사를 전부 연구하여 밝혀내는 것은 불가능하다. 분야별 역사는 역시 그 분야 연구자의 몫이다. 그러나 여기에는 분야별 학자들의 역사학적 소양이 전제되어야 한다. 본서『책과 도서관의 문명사』도 역사학에 관심을 가진 문헌정보학자가 집필하고 있다.

단체의 역사

단체의 역사는 '00회사 100년사' 등의 역사서이다. 이는 주로 회사 자체의 홍보조직에서 편찬하는 것이 보통이다. 단체 또는 회사의 설립에서부터 그 발전과정이 기술된다. 따라서 설립자의 정신과 의지 등을 부각하고 자기 단체에 유리한 사항들이 중심이 되며 결점이나 불리한 점들은 의도적으로 제외되는 것이 보통이다. 객관적, 역사학적 기반 위에서 역사를 기술하는 것이 아니라 회사의 홍보 목적으로 기술한다. 따라서 역사학자가 회사의 역사기술을 담당하는 것은 적합하지 않다. 그러나 단체의 역사기술이 연구 자료로서 가치가 없는 것은 아니다. 단체의 역사는 많은 사실 통계 자료들을 포함하기 때문에 각종 분야의 역사나 일반 정치 경제사 연구에 참고자료로 쓰일 수 있다.[5]

개인의 역사(자서전 / 전기)

사회에는 무수한 개인이 존재한다. 또 이들 개인은 나름의 개인과 가족의 역사를 가진다. 이른바 유명한 사람들은 전기나 자서전을 남긴다. 자서전은 누구든지 마음만 먹으면 남길 수 있다. 일기도 하나의 자서전이다.

---

5 필자는 1996년 『한전 서울연수원 35년사』 편집을 주관했다. 그런데 집필 과정에서 당시 기관장의 업적을 부각하라는 지시를 받았다. 상급자의 이러한 지시는 객관적 역사기술에 장애가 된다.

그러나 다른 사람이 쓰는 전기는 전기 대상 인물의 생애가 남달라야 하며, 당시의 사회에서 뚜렷한 업적이나 공헌 또는 영향이 있어야 전기의 소재로 선택된다. 위인전은 위대한 인물에 대한 전기이다. 그러나 전기는 일종의 문학으로도 여겨지므로 미사여구(美辭麗句)와 과장(誇張)이 있을 수 있어 객관적인 평가가 어려운 경우가 많다.

3. 책과 도서관의 문명사 개관

책의 탄생

책과 출판 그리고 도서관을 말하려면 자연스럽게 책의 탄생과 그 사회적 의미를 언급하지 않을 수 없다. 책은 문명의 산물이자 문명의 산파이기 때문이다. 문자가 있어야 기록이 있고, 기록이 있어야 문헌이 있고, 문헌이 있어야 출판이 있고, 출판이 있어야 학교와 도서관이 있을 수 있다. 책, 출판, 학교, 도서관은 그 시대의 문명을 선도하며 새로운 문명을 창출해 왔다. 가정, 학교, 그리고 도서관에 책이 없다면 우리는 무엇으로 문명을 개척하고 영위할 것인가? 이처럼 책과 도서관은 문명의 발생과 더불어 태어났다. 책과 도서관은 정보 커뮤니케이션을 시간적, 공간적으로 무한히 확장하여 학술 문명의 지평을 열었다. 인류사를 선사에서 역사로, 문맹에서 문명으로 전환한 것이다. 오늘날 눈부시게 전개되고 있는 인공지능 4차 산업혁명도 결국은 책으로부터 유발된 고도의 정보기술 문명이라 할 수 있다.

인쇄와 출판의 접목

역사시대 초기에는 오직 필사의 방법으로 문헌을 만들었다. 따라서 출판의 개념은 인쇄술의 발달 이전에는 존재하지 않았다. 목판 인쇄술은 중국에서 먼저 발명되었으나 우리나라에 들어와 품질이 대폭 개량되어 당시로서는 세계 최고의 품위 있는 책들을 찍어냈다. 서기 751년 신라 때 간행된 『무구정광대다라니경』은 현존 최고의 목판 인쇄본이다. 해인사에서 보존하고 있는 고려 팔만대장경판은 지금도 인쇄가 가능한 상태다. 고려 때에는 세계 최초로 금속활자를 만들어 냈다. 1377년 청주 흥덕사에서 간행한 『백운화상초록불조직지심체요절』은 현존 세계 최고의 금속활자 인쇄본이다. 하지만 동양의 인쇄술은 기계식이 아니어서 인쇄의 속도가 더딜 수밖에 없었고, 따라서 대량의 출판 산업으로 연결되기 어려운 한계를 지니고 있었다.

한편 서양에서는 서기 1450년 독일의 구텐베르크가 인쇄술을 발명했는데 이는 동양의 인쇄술과는 근본적으로 달랐다. 우리보다 699년이나 늦게 인쇄술을 발명했지만, 기계식이어서 책을 대량으로 인쇄할 수 있었고, 이러한 기술은 곧 출판 사업으로 이어졌다. 구텐베르크는 자신이 만든 인쇄기로 출판사를 차려 성서를 비롯한 다양한 문헌과 책들을 출판 보급하였다. 그 후 인쇄출판업은 유럽 전역으로 급속히 전파되었다.

도서관의 탄생

어느 사회에서나 도서관 성립의 필수조건은 문자, 매체, 건물, 사서, 이용자이다. 이들 중 하나라도 빠지면 도서관이 성립될 수 없다. 문자를 매체에 담아놓은 것이 곧 문헌(文獻)이다. 또 문헌을 모아서 안전한 건물 공간에 보존 관리하면 문헌 보존소가 된다. 여기에 사서와 이용자가 더해지면 활성화된 도서관이 된다. 사서는 장서와 더불어 도서관을 도서관답게 만드는 도서관의 기획 경영자이다. 이용자는 가장 중요한 도서관의 존재 이유이다. 모든 문헌이나 책은 이용을 위하여 존재하기에 이용자 없는 도서관은 도서관이라고 말할 수 없다. 위와 같은 사실은 반만년 책의 역사와 도서관의 역사가 증명하고 있다. 고대 메소포타미아문명의 점토판 도서관들, 그리스 문명의 학교도서관들, 고대 로마의 공공도서관들, 헬레니즘 문화의 산실 알렉산드리아도서관, 그리고 현대 선진국들의 학교, 대학, 공공도서관들은 위와 같은 도서관 성립의 다섯 가지 조건을 모두 갖추고 있다.

출판과 도서관의 만남

앞서 살펴본 것처럼 도서관은 인쇄술의 등장 이전인 필사 시대에도 존재하였다. 점토판, 파피루스, 양피지, 종이 등에 필사한 책들을 도서관에서 수집, 보존, 관리하면서, 다시 필사의 방법으로 책을 재생산하면서 행정, 교육, 연구에 이용할 수 있게 한 것이다. 책을 필사하는 일은 사서들의 중요한 업무 중 하나였다. 한때 70만 권에 이르렀던 알렉산드리아도서관의 장서는 주로 파피루스 필사본 문헌이었다. 중세의 수도원 도서관들은 성직자 중 필경사를 지정, 기독교 문헌뿐 아니라 그리스 고전문헌을 필사 전승한 것으로 유명하다. 하지만 필사만으로는 다량의 책을 생산할 수 없었으므로 책은 매우 귀할 수밖에 없었고, 따라서 인쇄출판 이전 시대의 도서관들은 중요한 책들을 책상이나 서가에 쇠사슬로 묶어놓아 이용자들이 큰 불편을 겪었다고 한다.

쇠사슬에 묶인 책(출처 : James W, P. Campbell, Will Pryce. 2013. 『THE Library A WORLD HISTORY』. THE UNIVERSITY OF CHICAGO PRESS. p.90)

그러나 1450년 이후 구텐베르크의 인쇄술로 책을 대량 생산할 수 있게 됨으로써 이러한 불편은 점차 해소되었다. 인쇄출판이 하나의 산업으로 자리를 잡았고, 책의 대량생산으로 도서관들이 장서를 쉽게 확충할 수 있게 되어 책은 드디어 쇠사슬에서 풀려나게 되었다. 그리고 정보와 지식이 원활하게 전파되고 효율적, 효과적으로 활용됨으로써 서양의 문화예술과 과학기술이 급속도로 발전하게 되었다. 인쇄술 후에 등장한 르네상스, 종교개혁, 지리상 발견 등 굵직한 역사적 사건들은 서양문명이 동양문명을 앞지르는 계기를 마련하였다. 지금 우리는 동양에 살고 있으나 서양의 문화예술과 과학기술을 배워 서구식 문명을 구축하고, 그 속에서 발전을 추구하며 살아가고 있다. 이는 많은 부분 서양의 인쇄술 및 출판 산업의 영향이라고 할 수 있다.

도서관의 역사적 본질

도서관은 원래 교육과 연구를 위해 태어났다. 어느 시대나 교육과 연구는 문헌을 통해서 이루어졌다. 교육기관이 부족했던 시기에 도서관은 그자체로 훌륭한 교육 연구기관이었다. 고대 알렉산드리아도서관은 도서관이자 박물관이었으며 학자들의 연구기관이었다. 따라서 알렉산드리아도서관은 수준 높은 학자들을 많이 배출하였다. 그들은 도서관의 관장, 직원, 연구원으로 근무하면서 각기 관심 분야의 학문을 연구하였다. 예를 들면 아리스타르코스는 태양계 이론을 주창하였고, 지리학자 에라토스테네스는 최초로 지구 둘레를 측정하였다. 또한 유클리드는 기하학의 기초를 세웠고, 아르키메데스는 수학, 물리학, 천문학 등 과학의 기초를 세웠다. 또 아리스토파네스는 사전을 편찬하였다.[6]

도서관이 교육 연구기관인 것은 오늘날에도 마찬가지다. 인류문명을 발전시킨 수많은 사상과 아이디어, 발견과 발명은 책을 통해서 기록, 전

---

6 최정태. 2011. 『지상의 위대한 도서관』. 한길사. p.26

수되고, 도서관은 이러한 책을 보존, 관리, 이용시키는 훌륭한 교육 및 연구기관으로 역할하고 있다. 물론 학교와 대학이라는 교육제도가 마련되어 있는 오늘날에는 도서관을 교육기관이라고 여기는 사람들이 많지는 않다. 그러나 도서관이 발생한 역사적 배경을 살펴본다면 오늘날에도 교육 연구기관으로서의 도서관의 본질은 변함이 없고, 또 도서관의 본질이 변해서는 안 된다는 확신을 하게 된다. 더구나 평생교육 시대가 된 오늘에는 도서관이 시민 평생교육의 중심이 되어야 하며 이는 처음부터 교육기관으로 출발한 도서관의 역사적 본질과도 잘 부합된다. 책의 보존과 유통 및 이용에 있어 도서관이 서점과 다른 것은 도서관은 역사적 자료와 현재의 자료를 두루 갖추고 있다는 점이다. 또 도서관은 모든 시민을 위한 교육문화기관으로써 영리를 목적으로 하지 않는다는 점이다. 그리고 도서관은 책을 활용하는 수많은 교육프로그램을 시민에게 제공하고 있다는 점이다.

우리나라의 도서관 인식

우리나라의 도서관들은 2000년대 이후 급속히 발전하고 있다. 하지만 위와 같은 도서관의 역사적 본질에 부합되는 도서관은 국립도서관이나 몇 몇 대학도서관, 소수의 공공도서관을 제외하면 그리 많지 않다. 이는 우리나라가 20세기 이후 일제강점기와 한국전쟁이라는 큰 국가적 혼란을 겪었고, 경제개발의 과정에서 문화 사업은 언제나 우선순위에서 밀려 정책적 지원을 받지 못한데 원인을 찾을 수 있다. 대학입시에 초점을 맞춘 교육정책의 틀 속에서 도서관은 다만 자료의 수집 및 보존관리 그 이상의 다른

2017년 5월 서울 코엑스에 개관한 '별마당 도서관'

어떤 교육적 기능을 수행하기 어려웠다. 그러나 21세기 세계화의 물결을 따라 많은 사람이 해외의 우수한 도서관을 견학하고 벤치마킹하면서 우리의 도서관들도 서서히 변화하고 있다. 하지만 아직도 체계적인 정책 및 재정지원이 부족하여 도서관의 본질적 역할을 다하기 어렵고, 또 도서관의 본질에서 벗어난 기형적 도서관들도 속속 생겨나고 있다. 사서가 없는 도서관, 책을 대출하지 않는 도서관, 프로그램이 별로 없는 도서관 등 도서관의 기본 기능을 배제한 사립 도서관들이 신설되기도 한다. 민간기업에서 외국의 사례를 벤치마킹하여 개설하는 도서관들은 그들 회사의 마케팅 수단으로 도서관을 활용하고 있다.

책과 도서관의 세계화

　도서관의 종류는 이용자에 따라 구분된다. 예를 들면 국립도서관, 공공도서관, 특수도서관, 대학도서관, 전문도서관, 학교도서관 등이다. 국립도서관은 국민 전체, 공공도서관은 해당 지역 시민 전체, 특수도서관은 특수시설에 있는 자, 대학도서관은 해당 대학의 학생과 교원, 학교도서관은 해당 학교의 학생과 교사의 교육과 연구를 위해 존재한다. 그리고 어느 도서관이나 이용자를 위해 최선의 봉사를 해야 하는 것은 당연하다. 여기서는 선진국의 공공도서관과 학교도서관을 중심으로 도서관 정책을 간단히 살펴보려 한다.

　공공도서관의 선진국은 영국, 미국, 프랑스, 독일, 일본 등이다. 영국과 미국은 1850년대 거의 같은 시기에 공공도서관법을 제정하여 시민을 위한 무료 공공도서관 제도를 정착시켰다. 1852년에 설립된 영국의 맨체스터공공도서관, 1854년에 문을 연 미국의 보스턴공공도서관은 시민의 세금으로 운영되는 공공도서관의 최초의 모델이 되었으며, 오늘날까지도 그 지역 시민의 사랑을 받으며 발전을 거듭하고 있다. 이처럼 시민이 무료로 이용할 수 있는 공공도서관의 존재는 각 나라의 법적 정책적 산물이다. 어떤 종류의 도서관이든 도서관은 돈이 많이 드는 계속사업이면서도 수익이 발생하지 않는 교육문화 사업이다. 따라서 정부에서 정책적으로 재정지원을 하지 않으면 유지하기 어렵다. 정부의 재정지원이 다소 부족한 경우라도 영미에서는 기부문화가 발달하여 도서관에 기부하는 시민들이 많다고 한다. 세계적인 규모를 자랑하는 뉴욕공공도서관은 기업가나 시민들의 기부로 비영리 민간단체가 운영하고 있다고 한다.[7] 이렇게 선진 여러 나라의 공공도서관들은 국가의 지속적인 재정지원, 기업가와 시민들의 적극적인 기부, 그

리고 도서관에 대한 시민의 올바른 인식과 적극적인 활용 등을 바탕으로
운영되고 있다.

한편 도서관의 국제협력기구로 1927년에 설립된 세계도서관협회연맹
(IFLA : International Federation of Library Associations and Institutions)은 각
국의 도서관 제도와 정책을 지원하고 있다. 세계도서관협회연맹은 도서관
정보서비스 및 이용자들의 관심을 반영하고 선도하는 세계 도서관계의 '유
엔'이다. IFLA는 도서관 분야에서 국제협력 증진, 조사연구, 개발을 지원하
는 국제기구로 세계 각국의 다양한 문화적 배경을 가진 회원 단체들에게
각국 도서관들을 세계적 수준으로 발전시킬 수 있도록 가이드라인, 저널,
보고서, 단행본 등 다양한 방법으로 지원하고 있다. 이를 위해 공공도서관
분야에서는 "IFLA 공공도서관 선언" 및 『IFLA 공공도서관 서비스 가이드라
인』을 제정, 전 세계에 보급하였다.

학교도서관 분야의 선진국 역시 미국이다. 초·중·고등학교 학생들의
교육을 지원하는 학교도서관은 학교 교육의 기반이라 할 수 있다. 하지만
선진국에서도 학교도서관의 발전은 더디게 이루어졌다. 미국의 경우 학교
도서관은 아이러니하게도 러시아(구소련)의 영향으로 발전하였다. 1957년
소련이 인공위성(스푸트니크) 발사에 성공하자 이에 충격을 받은 미국은 초
등학교부터 기초교육을 강화해야 한다는 취지에서 학교도서관을 대폭 지
원하였다.[8] 그 후 미국의 학교도서관 정책은 사서 교사의 양성, 다양한 교

7 스기야 이끼꼬 저, 이진영 이기숙 역, 2004. 『미래를 만드는 도서관』. 지식여행. p.18.
8 페기 존슨 저, 이종권, 노동조 역. 2012. 『장서개발관리론』. 문헌. pp.33-41.

육 미디어의 확충, 교과 교사와 사서 교사의 협력 수업 실행 등 학교도서관 기준을 확립하고 도서관을 통한 학교 교육을 적극적으로 지원하고 있다. 한편 세계도서관협회연맹(IFLA)은 학교도서관에 대한 세계적인 기준과 가이드라인을 마련하여 전 세계 도서관계에 보급하고 있다. 다음은 2010년에 개정된 『IFLA 공공도서관 서비스 가이드라인』과 2015년에 개정된 『IFLA 학교도서관 가이드라인』, 그리고 해당 가이드라인을 세계 각국에서 적용한 『IFLA 학교도서관 가이드라인 글로벌 응용사례』이다.

출판과 도서관의 상생

우리는 오늘날 '디지털 해일'로 인해 책과 도서관이 사라질 위험에 처해 있다는 말을 자주 듣는다. 하지만 실제로는 해마다 수많은 책이 출판되고 있고, 책의 판매량은 오히려 증가하고 있다고 한다. 영국의 경우 2001년에 1억 6천 2백만 책이 판매되었는데, 2010년에는 2억 2천 9백만 책이 판매되었다고 한다. 엄청나게 증가한 숫자다. 아마도 몇 십 년 후에는 전 세계의 책이 디지털 북으로 대체될지도 모르지만, 당분간은 전례 없이 많은 책이 출판되어 도서관에 들어올 것으로 예측된다.[9]

사실 출판과 도서관은 '원인과 결과'의 관계에 있다. 출판이 없으면 도서관이 성립할 수 없기 때문이다. 필사 시대에는 출판이 없었어도 도서관이 존재했지만, 도서관의 수가 매우 적었다. 하지만 출판이 활성화된 이후 그리고 교육문화가 발달한 현대사회에서는 세계 각국 교육문화의 발전 및 정책지원에 힘입어 도서관의 수도 빠르게 증가하고 있다. 우리나라의 경우 2000년에 공공도서관 수는 400곳에 불과했지만 2020년 말에는 1,172곳으로 늘어났다. 또 학교도서관 수는 2020년 말 현재 11,787곳으로 집계되었다.[10]

이제 출판계는 계속 좋은 책을 생산하여 도서관과 전 시민에게 널리 보급하고, 도서관은 종류별 도서관에 적합한 장서를 개발하고 교육과 연구에 제공함으로써 도서관의 본질적 역할을 충실히 수행해야 한다. 도서관은 도서관의 필수 요소인 장서, 건물, 사서, 교육프로그램을 충실히 개발하여 모든 시민의 요구에 부합되는 도서관을 경영해야 한다. 전국의 학교마다 학교도서관을 확충하고 사서 교사를 배치하여 학교도서관에서 다양하고 폭넓은 수업을 할 수 있도록 지원해야 한다. 공공도서관은 친근한 시민 문화생활의 광장이 되도록 쾌적한 건물, 참신한 장서, 충실한 평생교육 프로그램을 언제나 새롭게 실행해야 한다. 이 모든 활동에는 책이 필요하다.

9 James W, P. Campbell), Will Pryce. 2013. 『THE Library A WORLD HISTORY』. THE UNIVERSITY OF CHICAGO PRESS. p.15
10 한국도서관협회. 2021. 『한국도서관연감』. p.35, p.234

학교와 도서관의 교육문화 창달을 위해서는 언제나 출판문화와 도서관 문화의 창달이 선행되어야 한다.

2

문명과 언어의 탄생

The history of book & library civilization

1. 우주와 지구의 탄생

인류의 시원은 언제부터일까? 우주 탄생에 대한 빅뱅이론 등장 이후 현대 우주과학자들은 허블망원경, 탄소동위원소 측정법 등 보다 과학적인 방법을 개발하여 우주와 지구의 나이를 계산할 수 있게 되었다. 그 결과 시간의 오차범위는 천만년, 억년 등으로 매우 크지만, 이전보다는 비교적 정확(?)하게 우주의 나이를 측정할 수 있게 되었다. 허블망원경을 이용한 측정 결과 우주 탄생의 시기는 약 120억 년에서 140억 년으로 추정되고, 지구의 나이는 대략 46억 년쯤으로 보는 것이 현재까지의 통설이다.[1][2] 한편

---

1 1990년 4월 24일 미국 항공우주국이 우주왕복선 디스커버리호에 실어 쏘아 올린 우주망원경으로 천문학자 에드윈 허블(1889-1953)의 우주 팽창이론을 입증했다. 허블망원경이 30년 수명을 다하자 미국은 2021년 12월 25일 허블망원경의 100배 성능을 가진 제임스웹 망원경을

허블망원경보다 성능이 100배로 개선된 제임스웹 우주망원경이 2021년 12월 25일 성공적으로 발사됨으로써 천문학자들은 앞으로의 우주과학에 새로운 전기를 마련할 수 있을 것으로 기대하고 있다.[3]

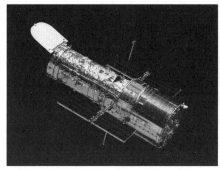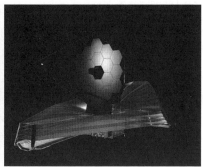

허블망원경(왼쪽)과 제임스웹 우주망원경(오른쪽) 이미지(출처 : 위키백과)

지구상에 인류가 살기 시작한 시기는 대략 420만 년 전이며, 인류가 언어로 의사소통을 한 문명의 태동은 지금으로부터 약 6000년 전쯤으로 보고 있다. 이렇게 인류는 우주의 나이에 비하면 매우 어리며 더군다나 우리 개체 인간의 생존 기간은 우주에 비하면 하루살이(day fly)라 할 만큼 짧아서 우리는 허무감과 실망감을 느끼지 않을 수 없다. 그러나 한편 인류는

쏘아 올렸다(뉴스 1, 2021.12.24.). 이 망원경은 원래 "차세대 우주망원경(NGST; Next Generation Space Telescope)"이라 불렸으나, 2002년에 NASA의 제2대 국장인 제임스 E. 웹(James E. Webb)의 이름을 따서 현재의 이름으로 명명되었다(위키백과).

2 최덕근. 2003. 『지구의 이해』. 서울대학교 출판부. pp.136-138.

3 중앙일보 2021.12.24. "'허블의 후계자' 제임스웹 우주망원경 성탄절 교대식".

'생각하는 하루살이'이기 때문에 매우 철학적이고 주체적이어서 희망을 쉽게 포기하지 않는 속성을 지니고 있다. 다른 동물은 지구의 나이를 측정할 줄 모르며, 그러한 생각을 해보지도 않았을 것이나 인간은 영겁의 시간과 광대무변한 우주 공간을 파악하고 자신의 존재를 파악하여 삶의 역사적 의미를 찾고 후대에 전수하는 등 전 우주를 포용하는 원대한 마음을 지니고 있다. 이는 역으로 말한다면 인간이 없으면 지구도 우주도 존재하지 않는 것으로서 모든 우주와 지구와 역사가 인간의 마음속에 들어와 있음을 생각할 때 우리는 용기를 갖게 된다. 그러나 그 용기는 항상 겸손한 용기여야 한다. 왜냐면 우리는 우주와 자연을 속속들이 모르며 알더라도 거대한 자연의 위력 앞에서는 속수무책인 연약하기 짝이 없는 그야말로 '하루살이' 같은 존재이기 때문이다.

2. 인류의 탄생

인류가 처음으로 탄생한 지역은 아프리카로 밝혀졌다. 아프리카 대지구대로 명명된 이 지역은 나일강 상류에서 하류에 이르는 장장 6,400km의 대 협곡이다.[4] 이 협곡에서 최초의 인류화석이 발견된 것이다.

---

4 미야자키 마사카쓰 지음, 노은주 옮김. 2009. 『지도로 보는 세계사』. 이다미디어. pp.20-22.

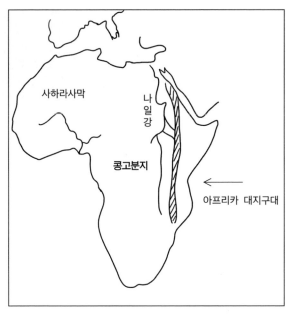

아프리카 대지구대

아프리카 대지구대에 있는 케냐의 투르카나 호수 부근에서 발견된 오스
트랄로피테쿠스 아나멘시스(Australopithecus anamensis)는 탄소동위원소
측정법에 따라 측정한 결과 약 420만 년 전의 화석으로 추정되었다. 또
에티오피아 하다르(Hadar) 유적에서 발견된 인류화석 오스트랄로피테쿠스
아파렌시스(Australopithecus afarensis)는 약 350만 년 전의 화석으로 추정
되었다. 인류의 발생과 진화에 관하여 지금까지 밝혀진 인류화석을 대략
정리해 보면 다음과 같다.[5 6]

---

5 민석홍, 나종일, 윤세철. 2005. 『세계문화사』. 서울대학교 출판부. pp.2-7.

고인류 화석 라에톨리(탄자니아 동북부 지역)의 발자국(Laetoli : Footprint). 〈출처 : 전곡선사박물관 도록〉

유인원類人猿

사헬란트로푸스 차덴시스Sahelanthropus tchadensis(700만 년~600만 년 전)

2001년 프랑스 포와티에대학 미셸 브리네 박사 연구팀이 중앙아프리카 차드 북부의 두라브사막 토로스 메닐라에서 발견. 고릴라와 침팬지 등 다른 유인원과 인간이 공통 조상에서 갈라져 나온 것으로 추정. 별명은 투마이(Toumai), 투마이는 현지어로 '삶의 희망'이라는 뜻.

아르디피테쿠스 라미두스Ardipithecus ramidus(440만 년 전)

1992년 미국 버클리대학의 화이트 교수팀이 에티오피아 아와시강 중류

---

6 전곡선사박물관. 2011. 『전곡선사박물관』. pp.24-45.

아라미스 유적에서 발견. '라미두스의 원인'이라는 뜻. 별명은 '아르디 (Ardi)', Ardi : 인류조상인 호미니드 유골 중 하나.

원시인류

오스트랄로피테쿠스 아나멘시스Australopithecus anamensis(420만 년 전)

1995년 미국의 미브 리키(Meave Leakey)가 케냐의 투르카나 호수 부근에서 발견. 오스트랄로피테쿠스는 '남방Australo 원숭이pithecus'라는 의미.

오스트랄로피테쿠스 아파렌시스Australopithecus afarensis(370만 년~350만 년 전)

1974년 미국의 도널드 요한슨(Donald Johanson) 박사가 에티오피아 하다르(Hadar) 유적에서 발견. 여성으로 확인되었으므로 발견 당시 유행했던 비틀즈의 노래 'Lucy in the sky with diamond'에서 여주인공인 Lucy의 이름을 따서 루시(Lucy)라고 명명.

오스트랄로피테쿠스 아파렌시스Australopithecus afarensis(300만 년 전)

1992년 요엘 락이 에티오피아 하다르(Hadar) 유적에서 발견. 1974년 발견된 Lucy가 여성의 화석임에 비해 이 화석은 남성이므로 프랑스어의 남성 접미사 en을 붙여 '루시앙(Lucien)'으로 명명.

오스트랄로피테쿠스 아프리카누스Australopithecus africanus(300만년~200만 년 전)

1924년 오스트레일리아의 레이먼드 다트(Dart)가 남아프리카 베추아나 란드의 타웅(Taung)에서 발견. 어린이의 인골화석으로 '타웅 아이(Taung baby)'로 불림.

파란트로푸스 보이세이Paranthropus boisei(250만 년~120만 년 전)

1959년 미국의 메리 미키가 탄자니아 올두바이 계곡 고르지 유적에서 발견. 별명은 '호두까기 인간'으로 강한 턱을 가진 특성을 나타냄.

호모 하빌리스Homo habilis(200만년~180만 년 전)

1959년 영국의 루이스 리키(Louis Leakey) 팀이 탄자니아 올두바이(Olduvia) 계곡에서 발견. 최초로 석기를 사용한 인류라는 의미에서 habilis(손 쓴 사람, 솜씨 좋은 사람)이라 명명.

호모 에렉투스 하이델베르겐시스Homo heidelbergensis(150만 년 전)

1907년 독일의 하이델베르크 마우에르 채석장에서 고등학교 교사 오토 쇠텐자크가 발견.

호모 에렉투스 페키넨시스Homo erectus pekinesis(150만 년 전)

중국 베이징의 북동부 저우커우뎬(주구점) 용골산의 삼림에서 발견된 화석으로 베이징 원인이라고 부름.

※ 이상의 원시인류는 모두 멸종

현생인류

호모 사피엔스 네안데르탈렌시스 Homo neanderthalensis(20만 년 전~3만 년 전)

1856년 독일 뒤셀도르프의 네안더 계곡에서 광부들이 발견. 이후 유럽과 서아시아에서 많은 수의 네안데르탈렌시스 유적 발견. 호모 하이델베르겐시스 그룹이 유럽에서 진화한 것으로 여겨지는 인류. 네안데르탈렌시스는 멸종

호모 사피엔스 사피엔스 Homo sapiens sapiens(20만 년~4만 년 전)

1868년 프랑스의 지질학자 루이 라르테가 프랑스 남부의 도르도뉴의 크로마뇽 동굴에서 5개의 고고학적 단층을 발견. 그 이후 세계 도처에서 발견됨. 구석기시대의 선사 인류. 라틴어로 '지혜 있는 사람'이라는 뜻으로 프랑스에서 발견된 크로마뇽인이 최초임. 현재 인류의 조상

3. 문명의 탄생

그러나 인간은 탄생 이후 영겁의 세월을 문자 기록을 갖지 못한 문맹(文盲)의 상태로 생존해왔다. 고고학, 인류학, 역사학자들은 인류가 문자를 갖게 된 시기를 대략 6000년 전 정도로 보고 있다. 문명이란 문자 그대로 '문자의 기록이 있어 밝은 세상'을 의미한다.[7] 서양에서는 문명을 civiliza-tion이라고 표현하여 시민이 모여 사는 도시, 즉 도시화를 뜻하였으며 도시 생활은 문자언어의 기록과 소통이 있어야 가능하다는 점에서 문자를 전제로 한다. 고대문명은 세계의 여러 지역에서 각기 시기를 달리하여 발

생하였다. 지금까지 알려진 고대문명을 책과 도서관의 역사와 관련하여 살펴보면 다음과 같다.

메소포타미아문명

현재의 중동 이라크지역에서 기원전 약 3000~4000년경 발생한 문명이다.[8] 메소포타미아는 '두 강(potamos)의 사이(mesos)'라는 뜻이다. 이 지역에는 수메르인들(Summerians)이 정착하여 농사를 짓고 살았다. 따라서 홍수를 다스리는 일이 가장 큰 국가적 사업이었다. 그들이 남긴 기록 길가메시(Gilgamesh)는 우르크의 왕 길가메시의 치적에 대한 서사시로서 구약성서의 창세기 제6장부터 9장에 걸쳐 나오는 대홍수[9] 이야기와 관련이 있는 것으로 알려져 있다.[10] 길가메시의 홍수에 관한 한 소절을 소개하면 다음

---

7 문명(文明)이라는 단어는 원래 중국 고전에 있었으나 근대 서양 학문을 먼저 들여온 일본인들이 서양 언어를 번역하는 과정에서 새로운 의미로 재사용한 말이다. 우리가 흔히 사용하는 용어 가운데 ①중국 고전에 용례가 있으나 일본에서 현대적 의미로 재사용한 말로는 經濟(경제), 教授(교수), 教育學(교육학), 交通(교통), 交換(교환), 文明(문명), 文化(문화), 文學(문학), 博士(박사), 博物(박물), 藝術(예술), 唯心論(유심론), 意識(의식), 意義(의의), 自由(자유) 등이 있고, ②일본에서 처음 만든 말로는 敎科書(교과서), 背景(배경), 時間(시간), 時事(시사), 唯物論(유물론), 銀行(은행), 理想(이상), 哲學(철학) 등이 있다(자료 : 팽철호 2014. 방송대 프라임 칼리지 한자 오딧세이 강의자료).
8 민석홍, 나종일, 윤세철. 2005.『세계문화사』. 서울대학교 출판부. p.14.
9 NIV(New International Version) 한영 해설 성경. 2014. 성서원. pp.8-12.
10 구약성서의 창세기는 태초에 하나님이 만물을 창조하는 이야기를 묘사하고 있다. 그래서 하나님을 조물주(造物主)라 부르기도 한다. 창세기는 영어로 the genesis이며 이는 기원, 발생, 창시, 유래, 내력 등의 의미를 지닌다. 근래 자동차 이름에도 genesis가 있다.

과 같다.[11]

"새벽 동틀 무렵 검은 구름이 수평선 위에 나타났다. 그것이 폭풍의 주 아닷이 일하는 곳으로 들어오자 천둥이 쳤다. 언덕과 들판 위에는 폭풍의 사자 슐랏과 하나시가 나타났다. 그러자 심연에 있던 신들이 일어났다. 네르갈이 지하수의 둑을 터놓고, 전쟁의 주 니느루타가 둑을 부숴버리자 일곱명의 지옥의 재판관 아눈나키가 그들의 횃불을 높이 들어 그 불꽃으로 땅을 비추었다. 절망의 공포가 하늘에까지 달했을 때 폭풍의 신 아닷은 빛을 어둠으로 바꾸고 땅을 마치 술잔처럼 내동댕이쳤다."

하지만 길가메시는 홍수이야기만은 아니라고 한다. 길가메시는 사람이 영원히 살 수 있는 방법이 없다는 것을 깨닫고, 비록 인간이 영원히 살 수는 없더라도 뛰어난 업적을 이루어 후대에 전하고 그것을 기리는 기념물이 세워지면 불멸에 이른다고 믿었다고 한다.[12]

수메르인들이 사용한 문자는 사물의 형상을 본뜬 상형문자, 즉 그림문자였으며, 기원전 3000년부터 기원전 2000년에 이르는 동안 표음문자인 설형문자(楔形文字)로 발전하였고 이것이 나중에 페니키아 알파벳으로, 다시 그리스 알파벳으로 발전하게 되어 알파벳의 근원이 되었다.[13]

수메르인들은 그림문자로 세계 최초인 '우르남무(Urnammu) 법전'을 만

<hr>

11 N.K. 샌다즈. 이현주 옮김. 2011. 『길가메시 서사시』. 범우사. p.96
12 조선일보 2023년 1월 3일자, "주경철의 히스토리아 노바".
13 알파벳은 그리스어의 알파(α)와 베타(β)를 합해서 지칭한 것이다.

들었다. 우르남무의 법전(法典, Code of Ur-Nammu)은 기원전 2100년에서 기원전 2050년 사이의 존재했던 것으로, 함무라비 법전보다 약 300년 앞선 현존하는 가장 오래된 점토판 법전이다.

함무라비 법전은 바빌론 제1왕조의 제6대 왕인 함무라비 왕(재위 BC 1792~BC 1750) 때 제정된 것으로 현존하는 가장 완전한 고대의 법전이다. 이 법전에는 재판, 절도, 군대, 농업 및 가옥, 상거래, 채무 공탁, 친족, 이혼, 간통, 노예 등에 관한 규정이 포함되어 있다. 바빌로니아의 수도 바빌론에 세운 것은 일종의 기념비로서 수사에서 발견되었다. 이는 기원전 11세기 엘람의 왕 슈트루크나훈테가 바빌론에서 전리품으로 약탈해 수사로 가져갔기 때문이다. 실제 법전은 점토판으로 만들에 제국 각지로 보냈다. 프랑스 루브르 박물관에는 이 비석과 점토판 법전이 나란히 전시되어 있다.[14]

쐐기문자에 대한 오해와 진실

2014년 7월 20일 일요일 저녁 7시, KBS1 텔레비전 '골든 벨' 순천팔마고등학교 편을 보았다. 이 프로그램은 전국 고교생을 대상으로 한 퀴즈 프로그램으로 일반인들도 즐겨보는 장수 프로그램이다. 그런데 퀴즈 문제 하나가 필자를 어리둥절하게 했다. 고대 메소포타미아의 점토판에 새겨진 문자의 명칭 유래에 관한 문제였다. 문제의 내용은 "고대 점토판에 새겨진 이

---

14 이희수. 2022. 『인류 본사』. 휴머니스트. pp.76-82.

문자는 어떤 풀의 모양을 닮아 그 풀의 이름을 따서 붙여진 것인데 그 풀의 이름은 무엇일까요?"였다. 그리고 정답은 쐐기풀이라고 했다. 그 순간 필자는 귀를 의심하지 않을 수 없었다. 쐐기문자의 이름이 정말 쐐기풀에서 유래한 것일까?

또 2012년 아카넷 주니어 출판사에서 펴낸 어린이용 도서 『도서관의 역사』 16쪽의 '인류 최초의 도서관' 부분에도 다음과 같이 위의 퀴즈 문제와 같은 설명이 나와 있었다.[15]

> "수메르인들은 지금으로부터 약 5천 년 전 설형문자라고도 불리는 쐐기풀 모양의 초기 문자를 발명했습니다. 설형문자는 쐐기풀 모양 같아 보여서 쐐기문자라고도 합니다. 그들은 축축하게 젖은 점토로 직사각형 모양의 납작한 판을 만들어서 거기에 설형문자를 새겨 넣었는데, 쐐기풀처럼 생긴 이 기호는 단어의 음절을 표시했습니다. 그런 다음 설형문자가 새겨진 점토판이 딱딱하게 굳을 때까지 불에 굽거나 햇볕에 말렸습니다."

참으로 친절한 설명이라서 의심의 여지가 없어 보였다. 그러나 사전을 찾아보면 위의 설명에 오류가 있음을 알 수 있다. 설형문자(楔形文字)는 영어의 cuneiform characters를 번역한 말이므로 먼저 영영사전에서 cuneiform을 찾아보니 "shaped like a wedge"로 되어 있다. 또 wedge의 뜻을 영어사전에 찾아보니 "wedge ① 갈라놓다 ② 쐐기 ③ 웨지 ④ 끼어

---

15 모린 사와 지음, 빌 슬래빈 그림, 서은미 옮김. 2012. 『도서관의 역사』. 아카넷 주니어. p.16

들다 ⑤ 조각"으로 풀이되어 있다. 국어사전에서 설형(楔形)의 楔(설)은 "문설주, 쐐기, 쐐기질하다"의 의미이고, 설형은 "쐐기의 모양"이며, 쐐기란 ① "물건과 물건 사이의 틈에 박아서 사개(상자 따위의 네 모서리를 요철형(凹凸形)으로 만들어 끼워 맞추게 된 부분. 또는 그러한 짜임새)가 물러나지 못하게 하거나 물건의 사이를 벌리는 데 쓰이는 납작하고 뾰족한 물건"이라는 뜻과 ② "쐐기나방의 애벌레", "쐐기풀"이라는 의미도 있다. 그래서 백과사전의 '쐐기꼴 글자'와 '쐐기풀'에 대한 설명을 찾아보니 다음과 같이 적혀있다.

쐐기꼴 글자 : 기원전 3100년경부터 기원전 1세기 중엽까지 메소포타미아를 중심으로 고대 오리엔트에서 광범위하게 쓰인 문자. 회화 문자에서 생긴 문자로, 점토 위에 갈대나 금속으로 새겨 썼기 때문에 문자의 선이 쐐기 모양으로 보인다. 단어 문자로서 수메르어를 적던 것이 아카드어에 전해지면서 음절 문자가 되었고, 후에 페르시아어, 히타이트어 등에 퍼졌다. 초기에는 1,800여 개였던 것이 점점 수가 줄어 고대 페르시아어에서는 42개가 되었으며, 애초에는 위에서 아래로 쓰던 것이 후에 왼쪽에서 오른쪽으로 쓰는 것으로 변하였다.

쐐기풀 : 쐐기풀과에 속하는 여러해살이풀. 온대, 아열대 지역의 아시아 및 유럽지역에 분포하며, 강변이나 습지대에 군락을 이루어 자란다. 식물 전체에 날카로운 쐐기털[刺毛]이 있다. 해독제, 이뇨제로 이용되며 민간에서는 당뇨병 치료에도 사용한다. 번식은 씨로 한다. 학명은 Urtica thunbergiana이다. 잎과 줄기에 포름산(formic Acid, 개미산)이 함유된 가시가 있어 피부에 닿으면 쐐기나방의 애벌레에 물린 듯 쓰린 증상이

나타나 쐐기풀이라는 이름으로 불리게 되었다. 영어로는 nettle이다.

이상을 정리해 보면 쐐기문자에서 '쐐기'는 영어 cuneiform을 번역한 것이며 한자로는 쐐기 楔(설) 자를 써서 설형문자(楔形文字)라고 한 것이다. 즉 쐐기(cuneiform)란 틈 사이를 메꾸는 납작하고 뾰족한 조각이라는 뜻이다. 쐐기풀은 줄기에 가시가 있어 피부에 닿으면 쐐기나방의 애벌레에 물린 듯 쓰린 증상이 나타나 쐐기풀이라고 부른다. 이제 쐐기문자의 뜻이 분명해졌다. 쐐기문자에서의 쐐기는 납작하고 뾰족한 쐐기(cuneiform)를 가지고 점토판에 찍듯이 글자를 새긴 것이며, 쐐기풀은 쐐기풀(nettle) 가시가 피부에 닿으면 쐐기나방의 애벌레에 쏘인 듯 아파서 쐐기풀이라고 명명한 것이다. 따라서 쐐기와 쐐기풀의 차이는 cuneiform과 nettle의 차이만큼 다른 것이다.

위와 같은 사실을 명쾌하게 설명한 사전이 또 있다. 다음은 서울대학교 역사연구소 편 『역사용어 사전』의 설형문자 해설이다.[16]

> 설형문자 : 고대 근동 지방에서 가장 많이 사용되던 문자 체계이다. '설형'이란 문자 모양이 마치 '못(쐐기)'과 같이 생겨 붙여진 이름으로 쐐기문자라고도 불린다. 설형문자가 처음으로 등장한 곳은 고대 메소포타미아(현재 이라크) 남부지역으로 이곳에서 기원전 3300년부터 일정한 형태를 지닌 그림문자가 등장하였다. 이곳은 태고부터 유프라테스강과 티그리스

---

16 서울대학교 역사연구소. 2015. 『역사용어사전』. 서울대학교 출판문화원. p.976.

강이 터키의 아라랏산 부근에서 발원하여 끌고 내려와 페르시아만으로 유입되기 전 쌓아 올린 침적토 지역이다. 이 지역은 돌이 없었기 때문에 진흙을 사각이나 삼각으로 만들어 표면에 뾰족한 갈대 끝으로 문자를 기록했는데, 후대에는 금속이나 돌 위에 새겼다. (이하 생략)

쐐기문자

쐐기풀

『길가메시 서사시』(N.K. 샌다스 지음, 이현주 옮김. 1999. 서울; 범우사)

이 책은 BC 3000년경 메소포타미아의 도시 국가 우루크를 다스린 위대한 왕 길가메시에 관한 이야기이다. 인간의 문명에 항거하는 투쟁과 우정, 사랑, 모험의 파노라마가 생명, 죽음, 연애, 투쟁 등 궁극적인 문제를 주제로 하여 전개된다. 학자들은 이 책이 호메로스(Homeros)의 서사시보다 약 1천 5백 년 정도 앞선 것으로 추정하고 있다(교보문고).

길가메시 서사시

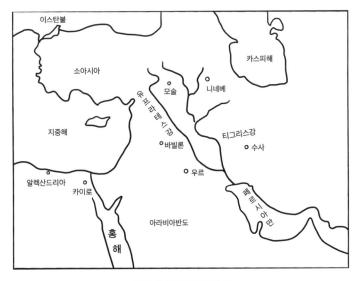

고대 메소포타미아 지도

이집트 문명

인류가 최초로 탄생한 아프리카, 그 대륙의 북단 이집트에서도 BC 3200
년경에 고대문명이 일어났다. 장장 6,000㎞가 넘는 나일강을 중심으로 형
성된 이 문명은 오랫동안 정치, 경제, 문화적인 안정을 유지하였다. 이 지
역은 사막과 바다로 고립되어 폐쇄된 자연조건을 갖추고 있어 오랫동안
외세의 침입을 받지 않고 안정적인 문화를 유지하였다. 고대 이집트는 40
여 개의 부족 국가를 통합하여 통일 왕국을 이룩하였는데 왕은 파라오(태
양의 아들)라고 칭하고 막강한 권력을 행사하면서 이집트를 통치하였다. 이
집트 문명은 기원전 525년에 페르시아에 의해 정복될 때까지 약 2,500여
년 동안 단일 종족에 의한 통일국가를 유지한 문명이다.[17]

이집트 문명의 특징은 영혼 불멸을 믿었다는 점이다. 고대 이집트인들
은 삶과 죽음이 순환한다고 믿어 왕이 죽으면 신이 된다는 영혼 불멸 신앙
을 형성하였고, 이러한 영혼 불멸 신앙이 거대한 무덤, 피라미드의 건설로
나타났다.[18]

이집트인들은 매년 정기적으로 범람하는 나일강 변에 형성되는 비옥한
땅에서 농사를 지었는데, 이를 관리하기 위해 천문학, 수학, 의학 등 과학
이 발달하였다. 특히 홍수로 사라져 버린 농지의 경계선을 가리기 위해

---

17 민석홍, 나종일, 윤세철. 2005. 『세계문화사』, 서울대학교 출판부. p.20-21.
18 피라미드는 권력자의 무덤으로 여겨왔으나 최근 피라미드의 내부에 미라가 없을 뿐 아니라
벽화나 유품이 없어 무덤이 아니라 다른 천문시설 아니면 발전소일 가능성이 있다는 주장이
제기되고 있다.

측량술과 수학이 발달하였다. 이러한 과학적 지식과 기술은 피라미드나 신전 건축 등 대규모 토목 건설공사에도 활용되었다.

이집트인들은 문자를 사용하였는데, 처음에는 그림으로 뜻을 나타내는 그림문자를 쓰다가 이를 간략하게 줄인 상형문자를 만들었다. 이집트인들은 계층에 따라 다른 문자를 사용하였다. 그리고 나일강 변에 무성하게 자라는 파피루스로 종이를 만들어 문자를 기록하였다.

신성문자(神聖文字 : 히에로글리프 hieroglyph)

신성문자는 돌이나 나무에 새긴 상형문자로 기원전 3200년경 고안되어 지배계층에서 왕의 이름과 업적 등을 기록하는 데에 사용하였다. 이집트 신화에 의하면 신성문자는 학문의 신 토트(Thoth)가 만들어 인류에게 내려 준 선물이라 한다. 1799년 나폴레옹이 이집트의 알렉산드리아에서 발견한 로제타석에 새겨진 신성문자는 19세기 초 프랑스의 고고학자 장 프랑수아 샹폴리옹(Jean-François Champollion, 1790~1832)이 해독에 성공하였다.[19][20]

---

19 장 프랑수아 샹폴리옹(Jean-François Champollion, 1790-1832) : 프랑스의 피작(Figeac : 프랑스 남부 작은 중세도시) 출생. 유년 시절부터 언어학에 재능을 보여 16살 때 12개 언어에 능통했으며 대학 입학 이전에 이미 콥트어(고대 이집트어의 일종)에 많은 관심을 가졌다. 20살 무렵에는 라틴어, 그리스어, 히브리어, 암하라어, 산스크리트어, 아베스타어, 중국어까지 할 수 있었다. 1809년에 그르노블 대학의 역사학 부교수가 되었으며 당시 발견된 로제타석의 문자 해독을 위임받아 2년여의 노력 끝에 해독했다. 그의 저서 『Précis du système hiéroglyphique des anciens Égyptiens 고대 이집트인의 정확한 상형문자 체계』는 이집트학을 탄생시켰다. 그 후 샹폴리옹은 프랑스 대학의 이집트학 교수가 되었다(위키백과).

20 샹폴리옹 피자크 Jacques-Joseph Champollion-Figeac(1778-1867) 프랑스의 도서관학자, 고문서학자. 이집트 상형문자를 해독했던 뛰어난 이집트학 학자인 동생 장 프랑수아 샹폴리옹의 저술을 편집한 것으로 유명하다. 그 자신의 저서도 널리 알려져 있다. 1809년 프랑스 방언과 대중적 숙어에 관한 연구 결과를 출판했다. 나폴레옹의 백일천하(1815) 동안 나폴레옹을 지지했기

피라미드의 규모

신관문자(新官文字 : 히에라틱 hieratic)

신관문자는 당시 관료에 해당하는 신관들이 사용한 문자로 신성문자의
흘림체이다. 신관문자는 이집트 제1왕조(BC 2925~BC 2775) 때 처음 사용되
었다. 신관문자는 파피루스에 갈대 펜과 잉크로 썼으며 기원전 660년경
민중문자에 밀려난 이후로는 종교적인 글을 기록하는 데 사용되었다.

민중문자(民衆文字 : 데모틱demotic)

민중문자는 문자 그대로 민중이 사용한 문자로서 속용문자(俗用文字)라
고도 한다. 민중문자가 나온 이후 신관문자는 종교적인 목적으로만 사용되

때문에 1816년 그르노블대학교의 그리스어 교수이자 사서의 직위를 잃었다. 그 뒤 국립도서
관 필사본 관리책임자이자 고문서학교 교수가 되었고, 1849년에는 퐁텐블로 궁전의 문헌 관
리자가 되었다. 프랑스와 고대 이집트 역사에 대한 저작 이외에도 1835년 『AD. 6세기 파피루
스에 쓰여 있는 라틴어 헌장 Chartes latines sur papyrus du VIe siècle de l'ère chrétienne』을 저술했
다(다음 백과).

게 되었다.

로제타석(Rosetta Stone)

1799년 나폴레옹의 이집트 원정군이 알렉산드리아시(市) 동방 약 60km 떨어진 나일강 하구의 로제타 마을에서 진지(陣地)를 구축하던 중 우연히 발굴한 비석으로 높이 1.2m, 너비 75cm, 두께 28cm이며 상단에는 14행의 신성문자, 중단에는 32행의 민중문자, 하단에는 54행의 그리스 문자가 새겨져 있다. 현재 런던 영국박물관에 소장되어 있다.

← 신성문자

← 민중문자

← 그리스문자

로제타석

지중해 동부의 문명

메소포타미아와 이집트에 인접한 지중해의 동부지역에서도 양대 문명의 영향을 받아 새로운 문명이 형성되었다. 이 문명은 히타이트와 페니키아 그리고 헤브라이인이 일으킨 문명으로 소아시아에 들어온 인도유럽어 계통의 히타이트인들은 기원전 1800년경에 청동기와 철기문화를 기반으로 하는 강력한 왕국을 세웠다.[21]

또한 가나안(Ganaanites) 인의 후예로 여겨지는 페니키아인들은 우가리트(Ugarit)지방을 중심으로 도시 국가를 건설하였다. 이들은 또 BC 1300년경 지중해 연안에 해상무역을 위한 식민 도시들을 건설하였는데 그중 카르타고(Carthago)는 대표적인 무역도시였다.[22] 페니키아인들이 사용한 문자는 페니키아문자였다. 페니키아문자는 BC 10세기경 지중해를 중심으로 활동하던 해양 민족 페니키아인이 그들의 문서를 기록했던 문자이다. 이 문자는 히브리 문자, 아랍 문자, 그리스 문자, 로마자, 키릴 문자의 조상어로 알려졌다. 지중해 연안의 페니키아 유적들에서는 페니키아문자로 쓰인 다양한 비문들이 발견되고 있다.[23]

---

21 민석홍, 나종일, 윤세철. 2005. 『세계문화사』. 서울대학교 출판부. p.24.
22 카르타고(라틴어 : Carthago, 페니키아어 : Kart-Hadasht)는 현재 튀니지 일대에 있던 페니키아인 계열의 고대 도시. 그리스인들은 이 도시를 칼케돈이라 불렀다고 한다. 지중해를 사이에 두고 로마와 패권 다툼을 벌였으며, BC 146년 제3차 포에니 전쟁에 패배하여 로마 공화정의 아프리카 속주의 일부가 되었다. 이후 완전히 파괴된 도시를 BC 46년에 율리우스 카이사르가 재건하여 북아프리카 일대 상공업의 중심지가 되었으며 5세기경 반달족의 침입을 받았다가 698년 다시 아랍인들에게 파괴되어 역사에서 사라졌다. 카르타고의 폐허는 현재 유네스코가 지정한 세계문화유산이다.
23 위키백과 '페니키아문자' 검색, 요약

카르타고의 유적(위키백과)

또 지중해 동부 가나안(팔레스타인) 지역에 거주하던 헤브라이인은 기원전 11세기경 여러 부족을 통합, 이스라엘 왕국을 건설하였다. 이스라엘은 예루살렘을 수도로 삼고 이 지역을 통치하였는데 다비드 왕과 솔로몬 왕 때 전성기를 맞이하였다. 헤브라이인의 문자는 페니키아문자에서 파생된 히브리 문자로서 주로 신학에서 사용되었다. 그 후 히브리(Hebrew)의 종교문화는 기독교를 통해서 전 서구세계에 전파되면서 고대와 중세로 이어지는 서양문명의 형성과 전개에 있어 헤브라이즘(Hebraism)이라는 하나의 축을 형성하였다. 고대 이스라엘 왕국은 부족 간의 대립으로 BC 931년경 이스라엘 왕국과 유대 왕국으로 분열되었다. 이스라엘 왕국은 BC 722년경 아시리아의 침략으로 멸망하고, 유대 왕국은 BC 587년경 바빌로니아 제국의 침략으로 멸망하였다.

바빌로니아 제국에 나라를 빼앗긴 유대인들은 바빌론으로 유배되어 고통을 받았다.[24] 하지만 자신들의 민족정신과 종교적인 정체성을 버리지 않

---

24 바빌론 유수 : BC 587년 유대 왕국이 멸망하면서 왕을 비롯한 유대인이 신바빌로니아 제국

았다. 장로들이 유대인 공동체를 관리하며 언젠가 이루어질 귀향의 희망을 계속 일깨웠다. 유대교 교회가 처음으로 세워진 것도 이 시기로 추정된다. 구약성서에는 바빌론이나 바벨탑에 관한 이야기가 여러 번 등장하며 바빌론을 물리쳐야 할 적으로 묘사하고 있는데 이는 '바빌론 유수'라는 치욕을 겪었기 때문이다. 그 후 유대인들은 전 세계로 흩어져 살면서도 그들 특유의 정신력으로 세계 문명을 한발 앞서 주도한 수많은 우수한 인재들을 배출하였다. 또 1948년 그들의 유대 땅에 이스라엘 국가를 재건하였다. 그러나 고대로부터 내려온 뿌리 깊은 분쟁의 씨앗은 오늘날에도 이스라엘과 팔레스타인 지역을 전쟁터로 만들고 있다.

그리스 문명

에게문명은 지중해 동부의 에게 바다를 중심으로 BC 3000년경부터 BC 2000년경에 걸쳐 일어난 서양문명이다. 에게문명은 크레타섬에서 청동기 문명이 먼저 발생하여 크레타문명(미노아문명)이 형성되고, 그리스 본토의 미케네로 이동하여 미케네문명을 이룩하였다.[25] 크레타문명을 미노아문명

의 수도 바빌론에 포로로 잡혀간 사건으로 BC 538년에 신바빌로니아를 정복한 아케메네스 페르시아 제국의 키루스 2세에 의해 풀려날 때까지 약 50년 동안 포로 생활을 했다.

25 이우평. 『모자이크 세계 지리』. 2013. 현암사. : 이 책의 192쪽은 "크레타섬은 지중해 동쪽 에 게해 중앙에 위치하여 일찍이 이집트와 소아시아 등 동방과의 교류를 통하여 뛰어난 해양 문화를 이룩하였다. 이후 미케네 섬에서 발생한 미케네문명과 더불어 그리스 문명의 모태가 되었다."라고 설명하고 있다. 그러나 미케네는 섬이 아니라 그리스 본토 펠로폰네소스 (Peloponnesos) 반도에 있다.

미노아문명과 미케네문명

이라고도 하는데 이는 그리스 신화에 나오는 크레타의 왕 미노스에서 유래한 것이다. 이 문명은 강력한 국가를 형성했으며 중심지는 크노소스였다. 한편 미케네문명은 BC 2000년경 그리스 본토 펠로폰네소스 반도의 미케네에서 발생한 문명을 의미한다. 미케네문명은 크레타의 붕괴 후 지중해각 지역과의 교류를 통해 좀 더 발달한 그리스 문명을 이룩하였다.

사가들은 그리스 문명은 이집트와 중동지역 오리엔트문명의 영향을 받은 것으로 보고 있다. 그러나 메소포타미아와 이집트 문명이 신 중심적인 종교사회이며, 왕은 곧 신의 아들 또는 대리인으로서 절대적 지배력을 형성하고 있었던 것과는 달리 그리스 문명은 인간 중심적 사상의 흐름을 형성하였다. 물론 그리스에도 유명한 그리스 신들의 이야기나 윤회설을 믿는오르페우스 종교가 전해지고 있으나 이는 인간과 신 그리고 사물의 근원에대한 신화적인 이야기이며, 실제 국가 통치에는 폴리스라는 여러 도시 국가를 형성하고 인간의 이성에 입각한 직접 민주정치를 행하였다.

인더스 문명

인도에서는 BC 3000년경부터 BC 2500년경에 인도의 서북부 인더스강 유역을 중심으로 독특한 문명이 일어났다. 이 문명은 20세기 초 고고학자들이 이 지역에서 모헨조다로와 하라파의 유적을 발굴함으로써 밝혀지게 되었다. 모헨조다로의 유적은 배수시설과 목욕 시설이 잘 갖추어진 정연한 도시 형태를 띠고 있으며, 유물들도 농경에 쓰이는 연장이나, 무기, 그릇들로서 실용적인 것들이다. 또한 그들이 남긴 비문이나 인장 속에 400여 가지 독특한 기호가 보이는데 그 형식이 그림문자가 아닌 표음문자일 가능성이 있어 만일 이 문자를 해독할 수 있게 되면 인더스 문명에 대한 새로운

고대 인도 문자와 그림

모습을 볼 수 있을 것으로 기대하고 있다.[26]

　역사가들은 초기 드라비다족이 형성한 모헨조다로와 하라파는 기후 변화, 대홍수, 강 물줄기의 변화, 지진 등 자연재해로 인해 점점 사양길에 접어들었고, 여기에 더해 BC 2000년 내지 BC 1500년 사이에 아리아인이 침입하여 완전히 소멸한 것으로 보고 있다. 철기 문명을 소유한 아리아인들은 인도에 들어와 베다 문명이라는 독특한 문명을 형성하였다. 베다 문명은 힌두교와 불교가 싹트는 역사적인 배경이 된 것으로 판단되고 있다.

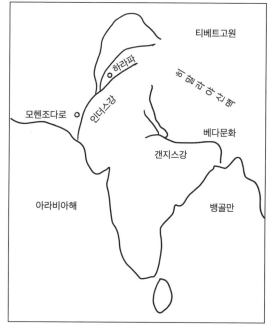

인더스 문명 지도

---

26 김형준. 2017. 『이야기 인도사』. 청아출판사. p.57

모헨조다로 유적

베다 문화는 문자 기록을 기반으로 한 철기 문명으로서 일상생활은 물론 철학과 종교에 있어 세계적인 영향을 미쳤다.[27]

베다 시대

후기 청동기 시대와 초기 철기 시대, 인더스 문명 종말과 기원전 600년 갠지스 평원 중부에서 시작된 두 번째 문명 사이의 시기를 말한다. 베다란 여러 인도 아리아인의 부족 연합인 쿠루 왕국에서 발전한 영향력 있는 브라만교적 이데올로기의 기초를 형성한 고대 문헌이다. 베다 사회는 가부장

---

27 김형준, 2017. 『이야기 인도사』. 청아출판사. p.64

적인 사회로 왕국보다는 부족으로 조직되었고 주로 목축 생활을 통해 사회가 유지되었다. 베다 문화는 BC 1200년에서 BC 1000년 사이 동쪽 갠지스 평야로 퍼져나갔다. 철기 도구로 숲을 개간하여 안정된 농업 생활을 할 수 있었다. 베다 종교는 브라만으로 발전했으며, 기원후 힌두교의 주요 구성 요소를 형성하였다. 또한 이때 카스트제도가 출현하였다. 이 시기의 문헌 리그베다는 BC 1500년경 만들어진 가장 오래된 문헌으로 10권 1028구(句)의 시(詩)로 되어 있으며, 자연신 숭배의 찬미가를 중심으로 혼인·장례·인생에 관한 노래, 천지 창조의 철학적 시, 전투 기록 등을 포함하고 있다. 대부분 자연신에 바치는 찬가로 구성되어 있다.(위키백과)

리그베다 이후 발생한 종교로 힌두교와 불교가 있다. 힌두교(Hinduism)는 'hindu'와 'ism'의 합성어로 '힌두'란 산스크리트어 신두(Sindhu : 大河, 인더스강)의 페르시아 발음으로 인도를 가리키는 말이다. 그러므로 힌두교는 문자 그대로 '인도의 종교'를 뜻하며, 인도에서 기원한 모든 종교, 즉 바라문교, 자이나교, 불교 등을 포함하는 말이 될 수도 있다. 그러나 일반적으로는 베다의 권위를 인정하지 않는 불교와 자이나교를 제외한 좁은 의미의 인도 종교를 의미한다. 세계에서 가장 오랜 종교의 하나인 힌두교는 특정한 교조나 교리, 중앙집권적 권위나 위계적 종교조직이 없으며 오랜 시간에 걸쳐 다양한 신앙 형태가 융합된 종교이다. 힌두교 안에는 원시적인 물신숭배, 애니미즘, 정령숭배로부터 주술, 제식, 다신교, 일신교, 고행, 신비주의 그리고 고도로 발달한 사변적 체계에 이르기까지 거의 모든 형태의 종교가 포함되어 있다. 그러므로 힌두교는 다른 종교에 대해 매우 관용적이다. 힌두교는 하나의 종교일 뿐 아니라 인도의 사회, 관습, 전통 등 모든 것을 포괄하는, 즉 힌두의 생활방식, 힌두 문화의 총체라 할 수 있다. 힌두교에 대한 이해 없이 인도인을 이해하는 것은 불가능하다. 힌두교의 경전은 리그베다, 우파니샤드, 바가바드기타 등으로 이어진다.

고대 인도에서 일어난 종교 특히 불교는 BC 560년경[28] 카필라국의 왕자 싯다르타의 탄생, 출가 및 고행으로부터의 깨달음, 그리고 그 깨달음에 대한 제자들과의 문답으로 교리가 형성되면서 방대한 불교 경전이 성립되었다. 자비와 평등을 근간으로 하는 불교사상은 인본주의를 바탕으로 한 중국의 유교 사상과 더불어 동양사상에 큰 줄기를 형성하면서 중국, 한국, 일본 그리고 동남아시아로 전파되었다. 산스크리트어 불교 경전의 결집은 종교적인 면에서뿐만 아니라 문헌사적으로도 역사적인 의미를 지니는 것으로, 후일 중국과 우리나라의 인쇄문화 발달에 큰 영향을 미쳤다.

황허문명

중국은 극동 문명의 발상지이다. 특히 황하(黃河)강[29] 유역을 중심으로 일어난 신석기의 앙소문화(仰韶文化)와 산둥 지역을 중심으로 발달한 용산문화(龍山文化)는 중국 문명의 기원이라 할 수 있다. 중국 고대국가의 탄생은 하(夏), 은(殷), 주(周)나라로 이어진다. 그러나 소위 어진 임금들이 다스린 태평한 요순시대(堯舜時代)와 그 후의 하(夏)나라는 아직 물증이 발견되

---

28 와다나베 쇼오꼬 저. 법정 역. 1990.『불타 석가모니』. 서울 : 샘터사. p.25
서기에 544를 더하면 불기가 된다. 예를 들어 서기 2023년 + 544 = 불기 2567년이 된다. 또한 서기가 예수 탄생을 원년으로 삼는 데 비해 불기는 석가가 열반한 해를 원년으로 삼기 때문에 불멸기원(佛滅紀元)이라고도 표현한다.
29 황하문명을 '황허문명'이라고도 하는데 이는 중국어 발음에 따른 것이다.

지 않아 전설적인 국가로 여겨지고 있다. 역사가들은 기록된 중국 역사의 시작을 대체로 BC 1500년경의 은(殷)나라(상商나라)로부터 잡고 있다.[30] 은나라의 기록은 은허(殷墟; 은나라 터)에서 발견된 수많은 갑골(甲骨)이다. 갑골문은 19세기 말에 발굴된 것으로 그 이전에는 그것이 문자인 줄을 몰랐었다고 한다. 그러나 이것이 한자(漢字)의 기원임을 알게 된 뒤로 중국 정부에서 본격적으로 발굴, 연구함으로써 '갑골학'으로 발전하였다.[31] 갑골문은 알려진 바와 같이 거북의 배 껍질이나 소의 늑골(肋骨) 등 짐승의 뼈에 그림문자를 새겨 넣어 길흉화복(吉凶禍福)을 점치는 데 사용하였다고 해서 이를 복사(卜辭)라고 부른다. 한자(漢字)는 갑골문을 기초로 하여 사물 및 여러 현상의 뜻을 나타내는 표의문자로 발전하였으며, 오늘날까지도 사용되고 있는 살아 있는 문자로서 동양의 문화를 형성하는 문자적 기반이 되었다.

주(周)나라는 중국 역사의 이상을 실현한 국가로서 후대의 공자(孔子)와 맹자(孟子)도 주나라의 임금인 주공을 칭송하였다. 하늘의 뜻에 따라 덕치(德治)를 베푸는 경천애인(敬天愛人)의 천명사상(天命思想)과 중국이 천하의 중심국가임을 의미하는 중화사상(中華思想)이 주나라 때 형성되었다.[32] 안정을 이루었던 주나라는 후대에 이르러 왕족 간에 세력 쟁탈이 일어나 사회가 매우 혼란해졌으며, 군웅이 할거하는 춘추전국시대(春秋戰國時代)가 도래하였다. 이 시대에 제자백가들은 저마다의 주의 주장을 펼쳤으며 후세

30 윤내현. 1988. 『商周史』. 서울 : 민음사
31 董作賓 저. 이형구 역. 1993. 『갑골학 60년』. 서울 : 민음사.
32 민석홍, 나종일, 윤세철. 2005. 『세계문화사』. 서울대학교 출판부. pp.32-33.

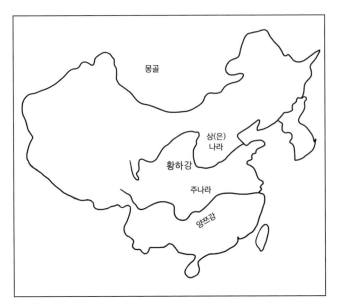
황허문명 지도

사람들은 이때를 가리켜 백가쟁명(百家爭鳴)의 시대라고 불렀다. 이 시대의 가장 괄목할만한 사상으로 공자의 인본주의(人本主義)와 덕치주의(德治主義), 그리고 맹자의 왕도정치(王道政治) 사상이다. 노자(老子)와 장자(莊子)의 자연주의와 순자(荀子)의 성악설, 법가(法家)의 사상도 중국의 정치사상사에 있어 괄목할만한 지혜를 제공하였다.

4. 언어의 발달

역사의 출발은 기록이다. 그렇다면 언제부터 기록이 시작되었을까? 흔히 역사를 선사시대와 역사시대로 구분하여 문자 기록이 시작된 이후를 역사시대라고 부른다. 그런데 국립중앙박물관, 국립공주박물관, 국립경주박물관, 국립제주박물관 등 여러 박물관에 소장 전시된 유물과 전국의 선사 유적을 관람하면서 필자는 한 가지 의문을 가지게 되었다. 저 유물과 유적들은 그 시대 사람들의 기록임에 틀림이 없다. 꼭 문자 기록만이 기록일까? 그림도, 도구도, 예술품도 그 시대 사람들의 기록이 아닐까? 책을 도서(圖書)라고 표현한 것은 그림[圖]과 글자[書]를 아우른 것이다. 도서의 단어 구성은 그림을 앞에, 글자를 뒤에 배치하였다. 그렇다면 그림도 엄연히 기록이 될 수 있다.

서양의 생물학자 헤켈은 진화재연설(進化再演說)을 주창했다. 진화재연설이란 생물체가 태동하여 적응하고 성장하는 과정은 태초에 생물체가 발생하여 진화하는 과정과 똑 닮았다는 것이다. 즉 아기가 엄마 뱃속에서 태동하여 열 달 동안 자라다가 태어나 성장, 적응하는 과정은 사람이 태초에 발생하여 진화해 온 과정과 비슷하다는 가설이다. 이 가설은 문명의 진화에 대입해도 잘 맞아떨어진다. 인류는 태초에 말을 배우고, 그림을 그려 의사표시를 하다가 문자를 만들고, 학문과 과학기술을 개발하여 서서히 오늘의 문명으로 진화하였다. 그리고 지금 개체 인간인 아기가 태어나면 엄마, 아빠, 물 등 말을 배우고, 그림을 그리다가 서서히 문자를 배우고, 학문과 예술, 과학기술을 익혀 문명에 적응하고, 문명을 발전시키는 것이다.

교보문고 태아 로고

또 현재 논문이나 책을 쓸 때도 사진, 그림, 그래프 등이 들어가면 이해력과 설명력이 높아지는 것은 그림도 일종의 중요한 기록이기 때문이다. 이와 관련하여 예전에 필자가 선친에게서 들었던 재미있는 이야기 하나가 생각난다.

어느 산골 마을에 순박한 농사꾼 부부가 살고 있었다. 그들은 글을 배우지 못해 둘 다 무식했다. 어느 날 장날이 되어 남편은 나무를 한 짐 지고 장에 팔러 갔고, 부인은 나물을 팔러 갔다. 그들은 약속 장소를 미리 정해 놓고 먼저 일을 마친 사람이 그 장소에서 기다렸다가 함께 집으로 돌아오기로 했다. 마침 부인이 나물을 먼저 다 팔았기에 약속 장소에 와서 기다렸다. 그러나 아무리 기다려도 남편이 나타나지 않았다. 그래서 하는 수 없이 땅바닥에다가 집 모양을 그리고 그 옆에 소 다섯 마리를 그려 놓고 먼저 집으로 돌아왔다. 나중에 남편이 그 약속 장소에 와보니 아내가 땅바닥에 그려 놓은 그림이 있어 금방 알아차리고 곧바로 집으로 돌아왔다. 소 다섯 마리는 '5 소'이므로 "집으로 오소"라는 의미였기 때문이다.

비록 소설(笑說 우스개)이지만 이렇게 그림은 의사전달의 효율적인 방법이 될 수 있다. 따라서 선사시대의 암각화, 기능적이고 예술적인 석기나 토기, 장신구, 집단 주거단지, 이것들이 모두 기록과 문명이 아니고 무엇인가? 그러니 문자사용 이전의 기록은 석기시대부터 이미 시작되었다고 보아야 할 것이다. 역사 이전의 사람들은 말을 하고, 그림을 그렸으며, 씨족을 이루어 집단생활을 하고, 서로 협력하여 농사를 짓고, 토기, 청동기, 철기를 만들어 촌락 생활을 하였으니 이는 비록 초보적이지만 서양 학자들이 말하는 도시 문명(civilization)을 이룩한 것이다. 이러한 도구 문명은 다른 동물들은 생각할 수 없는 영역으로서 오직 인간만이 창조해낸 문명의 여명이며 기록의 시작이라고 보아야 할 것이다.

암사동 유적지[33]

언어의 발생 가설

고대부터 현대에 이르기까지 문명의 발전은 언어의 기록을 통하여 이루어졌다. 언어와 문자는 인간을 문명화의 단계로 이끌어주는 가장 핵심적인 기능을 해 온 것이다. 그렇다면 이러한 언어(말과 문자)는 어떻게 발생하게 되었을까? 여기에 대해서는 대체로 3가지 가설로 설명되고 있다.[34]

---

33 강동구청 선사문화사업소. 2010. 『암사동 선사 주거지』. 강동구
34 고려대학교 문과대학 대학국어 편찬실. 1994. 『대학인을 위한 언어와 표현』. 고려대학출판부. 1994. pp.3-8.

첫째는 신수설이다. 언어는 전지전능한 신이 내려주신 것이라는 종교적 믿음으로서 인간은 하느님의 피조물이며 언어도 역시 하느님이 인간에게 내려주신 선물이라는 것이다. 이는 성경의 요한복음 제1장 1절에 '태초에 말씀이 계시니라, 이 말씀이 하나님과 함께 계셨으니 이 말씀은 곧 하나님이 시니라'는 문구에서도 나타나듯이 하느님이 인간에게 말씀을 내려주신 것이라는 의미로 받아들여진다. 예를 들어 이집트 신성문자는 토트신이 내려준 것이라고 하는 것과 같다.

둘째는 인간발명설이다. 언어는 인간이 의사소통을 위해 의도적으로 만들었다는 것이다. 개인이 혼자서 만들기는 어렵지만, 능력 있는 사람이 중심이 되어 언어를 만들어 냈다는 주장이다. 이 가설은 문자언어에서 인정될 수 있다. 한글은 세종대왕과 집현전 학자들을 중심으로 인간이 문자를 창제한 훌륭한 글자이다.[35] 또 에스페란토어, 화학, 수학기호 등 인공언어는 인간이 창안한 것이다.

셋째, 자연발생설이다. 언어는 사람들이 의사소통하는 과정에서 자연스럽게 형성된 것으로 보는 것이다. 소리, 손짓, 몸짓, 발짓, 그림 등으로 의사소통을 하다가 일정한 의미를 전달하는 소리와 몸짓과 그림과 문자가 자연스럽게 형성되었다는 가설이다. 이는 언어의 사회성을 잘 설명해준다. 언어는 사회적 약속으로서 지역사회의 자연 발생적 산물이라는 뜻으로 해석된다. 지역마다 말이 다르고 문자가 다른 것은 언어의 사회성 때문이다.

---

35 최근 훈민정음은 당시 유교 사회에서 한자 이외의 다른 글자를 만드는 일은 유생들의 반대에 부딪혀 임금이 아니면 사실상 불가능했을 것이므로 세종 단독으로 만들었다는 설이 설득력을 얻고 있다.

신이 언어를 내리셨다면 세계의 언어가 다 똑같아야 할 것인데 영국, 프랑스, 한국이 다르고, 한국 가운데서도 경기도, 충청도, 경상도, 전라도의 말이 조금씩 다르니 언어는 자연 발생적이며 사회적 산물임이 분명하다.

현재 지구상에는 약 6,000여 종의 언어(말만 있고 문자가 없는 언어도 포함)가 있다고 한다. 그러나 문명을 주도하는 언어는 한정적이다. 초기에는 수메르, 페니키아, 이집트, 히브리, 그리스, 산스크리트, 중국어 등이 있었고, 오늘날에 와서는 영어, 독일어, 프랑스어, 스페인어, 중국어, 한국어, 일본어 등으로 압축되고 있다. 그러나 문명의 전파와 더불어 각국은 다른 나라 언어를 수용하면서도 자국 언어의 보호와 유지 발전에 노력하고 있다.

도서관에서 수집하는 자료의 언어는 나라마다, 도서관마다 차이가 있다. 미국의 경우에는 영어 중심이나 소수민족이 많은 관계로 그들의 언어자료도 수집하고 있다. 미 의회도서관은 전 세계의 470여 언어로 된 자료를 수집하고 있다고 한다. 우리나라 도서관 자료는 한국어가 중심이나 국립중앙도서관, 국회도서관, 대학도서관, 전문도서관에서는 영어, 독일어, 스페인어, 프랑스어, 일본어, 중국어 등 각 학문 분야의 연구와 관련된 외국 자료들을 수집 제공하고 있다.

3

정보미디어의 발달

The history of book & library civilization

1. 미디어의 의의

"미디어는 메시지다(the medium is the message)." 이 말은 1960년대의 세계적 지성 마샬 맥루안(Herbert Marshall McLuhan, 1911~1980)이 미디어의 중요성을 강조하여 이른 말이다. 캐나다 출신 문명비평가이며 미디어 이론 연구자 맥루안은 미디어의 문화적 속성을 기반으로 현대문명을 분석하였다.[1] 그는 미디어의 형태와 기능에 따라 인간의 감각과 사고행위의 변화가 초래된다는 정보전달의 '기술결정론'을 주창하였다.[2] 기술결정론은 정보를

---

1 맥루안(Marshall McLuhan)은 『The Medium is The Massage』, 『Understanding Media』라는 책을 저술하여 일찍이 현대 미디어 문명을 통찰했다. 『Understanding Media』의 한국어 번역판은 민음사 간행, 김성기, 이한우 옮김 『미디어의 이해』이며 서울대학교 권장 도서 100권에 들어있다.
2 전석호. 1999. 『정보사회론』. 서울 : 나남출판. p.65.

전달하는 미디어 기술에 따라 내용 전달 효과가 달라진다는 주장이다. 이는 메시지를 돌에 새겨 전달하는 것과 종이에 쓰거나 인쇄하여 전달하는 것, 그리고 멀티미디어로 전달하는 것의 차이점을 생각해 보면 곧 이해할 수 있다. 문자가 발달한 사회라 하더라도 문자를 담는 그릇, 즉 미디어에 따라 정보의 전달 및 보존 효과가 다르며, 미디어 자체가 인간의 감정과 사고(思考)에 영향을 미친다는 것이다. 인류가 역사시대로 진입한 이후 정보전달 미디어는 인류의 기술 진보에 따라 동양과 서양에서 다양하게 발전하였다.

2. 종이 이전의 미디어 발달

금석문(金石文)

스페인의 알타미라 동굴 벽화, 이집트의 센드 석문(send inscription), 바빌로니아의 함무라비법전, 나폴레옹이 이집트의 로제타에서 발견한 로제타 석문 등은 대표적인 고대의 석문(石文)이다. 중국에는 유교 경전을 돌에 새긴 석경(石經)들이 있었다. 우리나라에도 신석기시대의 유적으로서 울산(蔚山) 태화강 암벽에 새겨진 반구대 암각화(盤龜臺岩刻畵)가 있고,[3] 고구려

---

3 이상목. 2011. 『반구대 암각화 이야기』. 서울 : 리젬.
  반구대 암각화盤龜臺岩刻畵는 1970년 동국대학교 미술사학과 문명대 교수가 발견, 학계에 알려졌다. 울산광역시 울주군 언양읍 대곡리의 대곡천 중류 암벽에 새겨진 그림으로 신석기

광개토왕비, 신라의 임신서기석(壬申誓記石),[4] 진흥왕순수비 등 수 많은 비갈(碑碣)이 남아있어 역사의 면면을 고증해 주고 있다.[5] 청동기도 글자를 새기는 미디어로 활용되었다. 주로 종(鐘)이나 솥[鼎 정]과 같은 용기에 새겨 넣었다 하여 종정문(鐘鼎文)이라 부르기도 한다. 이러한 석문과 금문을 통칭하여 금석문이라 하며 조선조 추사 김정희(金正喜, 1786~1856)는 금석학의 대가로 유명하다.[6]

금석문은 서사 재료가 발달하기 이전에 궁여지책으로 활용된 미디어라고 볼 수도 있지만, 한편 그 재질이 반영구적으로 보존 가능한 물성(物性)을 지니고 있기에 온갖 풍파를 다 이겨내고 고대사회의 역사를 전해주는 중요한 기록 자료로 남게 되었다. 또 가볍고 쓰기에 편리한 종이가 발달한 이후, 아니 현재의 디지털시대에 와서도 비석은 말 그대로 '기념비적(記念碑的)'인 용도에 많이 사용되고 있다. 도서관에서는 돌이나 쇠붙이 등 금석문의 실물 자료를 수집, 활용시키기는 어렵지만, 탁본(拓本)의 방법으로 금

내지 청동기 시대 전후의 것으로 추정된다. 1995년 6월 23일 국보 제285호로 지정되었다. 암각화는 울산시의 상수원 저수지 상류에 있어 비가 많이 오면 물에 잠겨 훼손이 우려되므로 2013년 문화재 당국에서 유리함을 설치하기로 했으나 나중에 적합하지 않은 것으로 판정돼 중단되었다. 필자는 2013년 8월 울산 반구대 암각화 유적지에 가보았다. 제법 산과 계곡이 깊은 그곳에 사람들이 모여 살면서 암석 절벽에 그들의 생활상을 그려 놓았다는 것이 신기하게만 느껴졌다.

4 신라 시대의 비갈. 첫머리에 임신(壬申)이라는 간지가 새겨져 있고 그 내용 가운데 충성을 맹세하는 글귀가 있어 '盟誓'를 기록한 돌'이라는 의미에서 서기석(誓記石)이라고 명명되었다. 두 명의 청소년이 부모에 효도하고, 나라에 충성하며, 시, 상서, 예기, 춘추 좌전을 배워 익힐 것을 서약한다는 내용이 새겨져 있다

5 비갈(碑碣)이란 비석의 윗머리에 지붕 모양을 얹은 비(碑)와 지붕을 얹지 않고 머리 부분을 둥그스름하게 만든 비석인 갈(碣)을 아울러 이르는 말이다.

6 김정희는 북한산 진흥왕순수비를 발견하고 비에 적힌 문장을 해독하였다. 과천 추사박물관에는 금석학의 대가 김정희의 생애와 작품이 전시되어 있다.

석문의 내용 복사본을 제공할 수 있다. 그리고 실제로 국책 연구기관이나 고전 관련 연구기관들에서 금석문을 탁본한 영인본들을 제작하므로 도서관에서는 이들을 수집하여 이용자들에게 제공할 수 있다.

 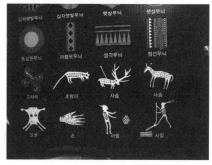

왼쪽 : 울산 반구대 암각화. 오른쪽 : 바위에 새겨진 문양(언양 암각화 박물관 전시물)

갈문 壬申誓記石   비문 월광사 월광선사비

석문 탁본 사례(보각국사 비명)

종(鐘)의 기원

　종은 언제부터 존재했을까? 동양 고대로부터 종정문(鐘鼎文)이 있는 걸 보면 종은 고대의 작품임에 틀림이 없다. 서양에서도 교회의 종소리가 울려 퍼진 지 오래다. 백과사전에 보니 우리나라 종의 시초는 큰 방울[鐸]로서 기원전 4세기에 출현하였고, 그 후 계속 제작, 사용해 왔다고 한다. 중국에서도 『삼국지』, 『후한서』, 『진서』 등에 종에 대한 단편적인 기록이 있다고 한다(한국민족문화대백과사전). 이렇게 보면 동양의 종은 방울이 그 효시인 것 같다. 방울을 주술적, 종교적 목적으로 사용하면서 불교에서는 범종(梵鐘), 풍경(風磬), 목탁(木鐸)이 되었고, 다른 종교나 민간에서도 크고 작은 종들이 널리 사용되어왔다. 서양에서의 종의 기원 연대 역시 확실하지 않으나 일찍이 로마 가톨릭에서 사용되었다고 하니 역시 고대로부터 종이 존재해왔다고 추정할 수 있을 것이다.

　필자는 개인적으로 종을 좋아한다. 이름에 쇠 북 종자가 들어있을 뿐 아니라 예전의 학교에서는 꼭 종을 울려서 수업 시간의 시작과 끝을 알렸다. 그래서 "학교 종이 땡땡땡 어서 모이자, 선생님이 우리를 기다리신다."(김메리(1904~2005) 작사 작곡) 라는 노래가 입학하여 처음으로 배우는 노래가 되었다. 종소리는 대개 경쾌하다. 예전에는 교회의 새벽 종소리가 마을에 시각을 알려 줘 사람들이 노동과 출근을 준비했다. 닭도 시계였지만 종도 시계였던 셈이다. 산사의 종소리는 지금도 은은하게 울려 퍼져 밀레가 아니라도 생각이 깊은 사람들에게 경건한 마음을 일으키게 한다. 이 세상에 종이 없었더라면 얼마나 답답하고 삭막했을까? 그래서 온갖 디자인과 아이디어가 가미되어 말방울, 소방울, 풍경, 범종, 목탁, 에밀레종, 교회 종, 보신각 종, 악기, 요령, 학교 종 등으로 전개되어 온 것으로 여겨진다. 자세한 것은 더 깊이 연구해 보아야겠지만. 참고로 충북 진천에 가면 종박물관이 있으니 한번 관람해 보면 좋을 듯.

종정문

점토판(clay tablet)

메소포타미아 문명을 일으킨 수메르인들은 그 지역의 기후 및 지리적 특성상 모든 구조물을 흙으로 만들었다. 가옥이나 왕궁 건축물은 흙벽돌을 만들어 갈대와 역청(瀝靑)을[7] 접착제로 사용하여 축조하였고, 문자를 기록하는 미디어 역시 진흙 판을 만들어 사용하였다. 메소포타미아 사람들은 당시 가장 발달한 문명을 구가하면서 인근 지역을 정복하고 중앙아시아, 인도, 중국 서부 등지와의 활발한 무역으로 풍요를 누렸다고 한다. 현재 이라크 영토인 이 지역 티그리스강 유역의 니네베와 유프라테스강 유역의 바빌론, 우르, 우르크 등지는 아시리아와 바빌로니아 시기에 번성했던 도시로 알려져 있다. 이들이 쌓은 지구라트라는 신전은 지금도 여러 곳에 남아있다. 바빌로니아와 아시리아 사람들은 진흙으로 기왓장 같은 크고 작은 판을 만들어 그들의 문자를 점토판에 쐐기를 찍듯 새겨서 이를 햇빛에 말리거나 불에 구워 보존, 활용하였다. 최초의 고대 도서관 유적은 바로 점토판을 질서 있게 분류하여 모아놓은 장소이다. 바빌로니아의 여러 도서관과 아시리아의 수도 니네베의 아슈르바니팔 도서관은 점토판을 소장한 도서관이었다.

점토판에 새긴 문자

---

7 역청(瀝靑)은 석유가 나는 지역에서 샘처럼 흘러나오는 푸른색을 띤 끈끈한 액체로서 아스팔트와 유사하여 배의 밑바닥의 방수제나 벽돌을 쌓을 때 중간 접착제로 쓰였다고 한다.

지구라트(출처 : 한국어 위키백과)

역청 채취 모습(EBS 다큐 "위대한 바빌론" 화면 촬영)

한편 흙으로 빚은 도자기에도 그림이나 글을 새겼다. 중국의 앙소문화 지역에는 그림과 글씨가 적힌 다량의 도자기(陶瓷器) 파편이 발견되었다. 이를 도편(陶片) 문자라고 부른다. 고대 그리스에서는 '도편추방'제도가 있었다.

파피루스(papyrus)

파피루스는 이집트의 나일강 유역에서 생산되는 사초(莎草 : 방동사니)과 식물이다. 고대 이집트인들은 나일강 유역의 습지대에 무성하게 자라는 파피루스를 이용하여 보트, 돛대, 매트, 의류, 끈 등 생활 도구들을 만들었고 식용으로도 사용하였으며, 가볍고 쓰기가 편리한 종이를 만들었다. 파피루스는 피라미드와 미라 못지않게 이집트를 대표하는 물품이다.[8] 이집트인들은 이 파피루스 용지에 갈대로 만든 펜으로 잉크를 찍어 글씨를 써서 두루마리 형태의 책을 만들었다. 이러한 연유로 파피루스는 영어 paper의 어원이 되었다. 그러나 파피루스는 부스러지기 쉬워 오래 보존할 수는 없었다. 고대에 70만 장서를 자랑하는 알렉산드리아도서관은 주로 파피루스 자료를 소장했던 것으로 알려졌다. 파피루스는 고대 이집트, 그리스, 로마 등 서구사회에 종이의 사용이 일반화된 중세에 이르기까지 거의 3500년 이상 활용된 미디어이다. 종이가 AD 105년부터 현재까지 1920년

---

8 키스 류스턴, 이은진 옮김. 2019. 『책의 책』. 김영사. pp.21-41.

정도 사용되어온 점을 미루어보면 파피루스가 종이보다 더 오랫동안 사용되었음을 알 수 있다. 또 파피루스 용지는 지금도 구할 수 있다. 필자는 수원 광교의 어느 주택 화단에서 화초로 심어 놓은 파피루스를 본 적이 있다. 그리고 충주의 어느 논 뒤 습지에서 방동사니를 본 적이 있다. 그런데 한국산 방동사니는 파피루스보다 훨씬 작고 약해서 종이를 만들 수는 없을 것 같았다.

파피루스 : 사초과에 속한 여러해살이풀. 갈대 비슷한 풀로 높이는 1~2m이며 마디가 없다. 잎은 퇴화하여 바늘처럼 줄기 밑부분에 달리고, 줄기 끝의 포엽(苞葉) 사이에서 작은 꽃이삭이 달린다. 나일강, 이집트, 팔레스타인 등지에 분포한다. 학명은 Cyperus papyrus. (국어사전)

방동사니 : 사초과에 속한 한해살이풀. 잎은 뿌리에서 나오고 꽃줄기에

파피루스   방동사니

서는 어긋맞게 나며, 꽃줄기는 잎 사이에서 한 개씩 나온다. 왕골과 비슷
하고, 작고 특이한 냄새가 난다. 들이나 밭에서 흔히 자라며, 우리나라,
중국, 일본 등에 분포한다. 학명은 Cyperus amuricus (국어사전).

파피루스 문서

양피지(羊皮紙, parchment)

양가죽을 가공하여 만든 가죽 종이이다. BC 500년경부터 가공, 사용한
양피지는 중세까지 오랫동안 사용된 미디어였다. BC 3세기에 이르러 소아
시아의 페르가몬(현재 터키의 서부 도시 Bergama)에서 가죽 가공 기술이 발전
하여 널리 사용되게 되었다고 한다. 양피지는 그 원료에 따라 양피지와
독피지로 구분되는데, 양피지는 양가죽, 독피지(犢皮紙 : vellum)는 송아지
가죽으로 가공한 종이를 의미한다. 독피지는 양피지보다 질이 좋아서 고급
책의 제작에 사용되었다. 양피지에 이르러 책의 모양이 두루마리[卷子本]
형태에서 오늘의 책 모양과 비슷한 방책(codex : 직사각형으로 재단하여
제본 한 책)으로 발전하였다.

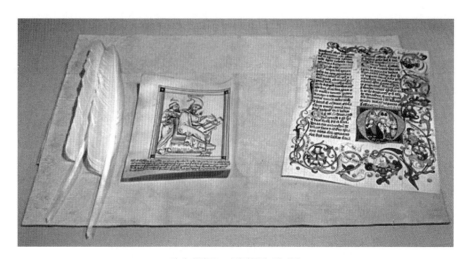

양피지(청주고인쇄박물관 전시물)

패엽경(貝葉經)

패엽경은 패다라(貝多羅), 즉 다라 나뭇잎 조각[貝]에 새겨진 경전을 말한다. 패다라는 고대 인도의 남부 열대 지방에서 종이 대신 사용한 필사 자료로서 종려나무의 일종인 다라(多羅, tala) 나뭇잎을 가공한 것이다. 貝多羅는 범어 'pattra'를 중국에서 한자(漢字)로 음역(音譯)한 것이다. 다라 나무는 열대 식물로 인도의 남부, 스리랑카, 미얀마, 타이 등에서 쉽게 구할 수 있고, 잎이 두껍고 단단하여 글자를 쓰기에도 적당하며 다루기도 쉬워 남방불교에서는 오늘날에도 경전 사본 제작에 패다라를 사용하고 있다. 불교의 삼장(三藏 : 經 律 論)은 흔히 이 다라 나무의 잎에 썼으므로 나뭇잎 조각에 쓴 경전이라는 의미에서 패엽경(貝葉經)이라는 명칭을 붙였다. 패엽경은 양산 통도사 성보박물관, 청주고인쇄박물관 등에 전시되어 있다.

그러나 우리가 흔히 알고 있는 불경 다라니경(陀羅尼經)의 다라니는 범어

dharani의 음역으로서 패다라와 패엽경과는 그 어원이 다르다. 다라니경에서의 '다라니'는 총지(總持)·능지(能持)·능차(能遮)의 의미로 불타(佛陀)의 진리 말씀을 부적처럼 항상 몸에 지니고 다니면서 암송하는 일종의 기도문이다. 한국어 사전에는 다라니를 "산스크리트 문장을 번역하지 않고 음 그대로 적은 비밀스러운 주문"이라고 풀이하고 있다. 현존하는 세계 최고(最古)의 인쇄물 무구정광대다라니경(無垢淨光大陀羅尼經)은 휴대용으로 만든 손안에 쏙 들어오는 작은 권자본 다라니이다.

패엽경(청주고인쇄박물관 전시품)

귀갑수골(龜甲獸骨)

고대 중국의 은(殷)나라 때 거북이의 배 껍질, 등 껍질, 소의 늑골(肋骨 : 어깨뼈)을 글자를 새기는 재료로 활용한 것이다. 19세기 이전에는 갑골편(胛骨片)이 문자가 새겨진 매체인 줄을 모르고 민간에서 한약재로 쓰고 있었다고 한다. 그러나 1899년 왕의영(王懿榮)이 안양현 소둔촌 옛 은허(殷墟 : 은나라의 터)에서 다량의 갑골편을 발견, 이들이 중국의 고대 문자 기록임을 처음으로 알게 되었다고 한다. 그 후 중국 정부에서는 1928년 중앙연구원을 설립하여 동작빈(董作賓) 선생 주도하에 갑골편을 본격으로 발굴, 조사하여 갑골학이 성립되었고[9] 현재까지 십육만 편을 발굴하고 그 가운데 약 1천 자의 글자를 해독하였다.[10]

갑골편

죽간(竹簡) / 목간(木簡) / 목독(木牘)

대나무는 단단하고 내구성이 강해 소쿠리, 대바늘, 부채(합죽선) 등 여러

---

9 董作賓 지음, 이형구 옮김. 1993.『갑골학 60년』. 서울 : 민음사.
10 한국어 위키백과 갑골 설명 참조

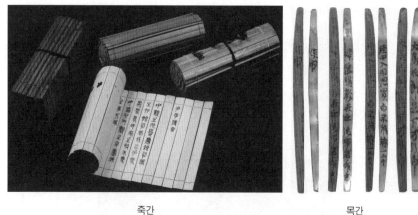

죽간   목간

가지 생활 도구를 만들어 사용하였으며 지금도 사용하고 있는데 종이가
나오기 이전에는 책을 만드는 데 유용한 재료였다. 고대 중국에서는 대나
무를 쪼개어 일정한 크기의 조각을 만들고 다듬어서 글씨를 쓴 다음 이러
한 조각들을 내용 순서대로 끈으로 엮어 책을 만들었다. 오늘날에도 전해
지는 사자성어 '위편삼절(韋編三絶)'은 공자가 가죽끈으로 엮은 죽간(竹簡)을
너무 많이 읽어서 그 끈이 세 번이나 끊어졌다는 의미이다. 册(책)이라는
漢字는 끈으로 엮은 죽간(竹簡)의 모양을 상형화한 것으로 오늘날에도 사
용되고 있다.[11]

---

11 책의 명칭은 우리나라에서는 본래 어원에 충실하여 주로 책(冊)이라고 쓰고 있으나, 중국은
書, 일본은 本으로 더 많이 사용한다. 또 우리나라에서는 공책과 노트를 다 사용하나, 중국
에서는 공책을 本子, 일본에서는 note의 일본어 발음 ノート를 사용한다. 나아가 노트북은
이제 공책이 아니라 휴대용 컴퓨터를 지칭하게 되었다.

또 간단한 기록은 목간을 만들어 물표 등에 사용하였다. 신안 앞바다에서 건진 유물 가운데는 물건을 받는 사람의 이름이 적힌 목간이 다수 발견되었다. 또 내용이 많은 것 또는 그림의 경우에는 좀 더 넓은 나무판(목독)을 사용하기도 하였다.

겸백(縑帛) / 비단

비단에 글씨를 쓰는 전통은 고대 중국에서 시작되었다. 비단을 서사(書寫) 내용의 분량에 따라 적절히 잘라서 그 위에 붓으로 글씨를 쓰거나 그림을 그려 사용하였다. 비단을 한자로는 겸백(縑帛)이라고 하며 겸백에 쓴 글을 백서(帛書)라고 부른다. 겸백은 전해지는 실물이 매우 적었으나 1973년 옛 초나라 땅이었던 장사(長沙) 동쪽 교외의 마왕퇴(馬王堆) 무덤에서 주역(周易)을 위시하여 12만여 글자가 새겨진 백서(帛書)와 백화(帛畵)가 발견되어 그 면모를 확실히 알 수 있게 되었다. 이 중 주역은 2만 자 정도이고, 경(經)과 전(傳)도 있었다. 백서 주역은 통행본 주역의 원형 또는 출현 시기가 이르다는 관점이 우세하다.[12]

비단은 폭이 넓고 유연하여 붓글씨를 쓰기에 편리하고 두루마리로 말아 보존할 수 있으므로[13] 권자본(卷子本)의 원형이었을 것으로 여겨지고 있

---

12 정병석. 2010. 『주역』 상권. 서울 : 을유문화사. pp.32-33. 마왕퇴에서 출토된 겸백 주역을 '백서 주역'이라고 부르고 있다.
13 오늘날에도 포목점에 가보면 옷감을 두루마리로 말아서 한 필, 두 필 셈하며, 자로 재어서

다.[14] 비단은 주로 문서용이나 행사용으로 사용하였고, 책으로 널리 유통되지는 않은 듯하다. 이는 비단이 귀하고 값이 비싼 점도 있으나 일찍부터 종이가 발명되어 값싸고 편리하게 사용하였기 때문일 것이다. 비단은 본문 내용보다는 책의 표지를 감싸거나 장식용으로 활용되었다. 비단은 가로, 세로, 올을 짠 것이어서 질길 뿐 아니라 넓게 펼칠 수도 있어 오늘날에도 행사용 현수막, 깃발 등은 천으로 제작, 활용하고 있다.

포목점에 진열된 직물 두루마리

판매하는 것을 볼 수 있다.
14 천혜봉. 1991. 『한국 서지학』. 서울 : 민음사. p.93

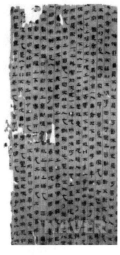

마왕퇴에서 출토된 백서.

백서 주역 대조 역주본
(정병석, 2010. 을유문화사)

3. 종이의 발명과 전파

채륜의 종이 발명

중국에서는 후한(後漢) 무제 때인 서기 105년에 환관 채륜(蔡倫)이라는
사람이 글씨를 쓰거나 인쇄하기에 편리한 종이를 발명하여 세계 역사상
획기적인 미디어 혁명을 이룩하였다.[15] 채륜은 왕실에서 일용 물품을 조달

---

[15] 오늘날 멀티미디어가 발전하면서 종이를 얕보는 경향이 있다. 특히 '종이때기'라고 하면서
함부로 찢거나 구겨버리기 일쑤이다. 그러나 종이가 인류문명에 끼친 영향을 생각한다면 종
이를 절대로 얕보지 말아야 할 것이다.

하던 하급 관리로서 당시의 서사 재료였던 죽간, 목독, 비단 등의 불편함을
개선하기 위하여 나무껍질, 마, 떨어진 천 조각 등을 물에 풀어서 종이를
만드는 방법을 개발하였다. 이는 후한서 채륜전에 다음과 같은 기록을 통
하여 확인할 수 있다.[16]

"自古書契多編以竹簡 其用縑帛者 謂之爲紙 縑貴簡重 並不便於人
蔡倫乃造意 用樹膚麻及敝布 魚網以爲紙 元興元年 奏上之 帝善其
能 自是莫不從用焉故天下咸稱蔡倫紙
예로부터 많은 서적과 문서는 죽간으로 되어 있었고 겸백을 사용한 것은
종이(紙)라고 불렀다. 비단은 귀하고 죽간은 무거워서 둘 다 사용에 불편
하였다. 이에 채륜이 나무껍질, 마, 헌 헝겊, 어망 등을 이용하여 종이를
만들어서 원흥 원년에 임금께 올리니 임금이 그 재능을 칭찬하였다. 이때
부터 종이가 쓰이지 않는 곳이 없게 되었고 사람들은 이를 '채륜지'라 불
렀다."

종이의 세계전파 / 페이퍼로드

그 후 종이는 동쪽으로는 우리나라와 일본으로, 서쪽으로는 중앙아시아
를 거쳐 중동과 유럽으로 전파되어 갔다. 동쪽으로는 384년 고구려에, 그

---

16 錢存訓저. 김윤자 역. 1990. 『중국 고대 서사』. 서울 : 동문선. p.149

리고 고구려의 승 담징(曇徵)이 일본(610)에 전하였다. 또 서쪽으로는 둔황 (150), 누란(260), 니야(300), 투루판(399), 사마르칸트(751), 바그다드(793), 다마스쿠스(795), 알렉산드리아(900), 시칠리아(1100), 모로코의 수도 페즈 (1100년경), 스페인 하티바(1150), 이탈리아 파브리아노(1276), 베네치아 (1276), 독일 뉘른베르크(1390), 런던(1494), 모스크바(1576), 오슬로(1690), 미국 필라델피아(1690) 등으로 전파되어 종이의 세계화에 무려 1500여 년 이 걸렸다.[17] 전파 후 유럽에서는 일찍이 곳곳에 제지공장이 세워지고, 종 이가 널리 보급되었으며, 1450년 구텐베르크의 인쇄술과 접목되면서 서적 의 대중화를 실현하게 되었다. 이러한 유럽 세계의 서적의 대중화는 유럽 의 문명을 세계로 확산하는 계기가 되었다.

우리나라의 한지

종이의 발명과 전파 및 개량으로 세계는 미디어의 통일을 이룩하였다. 중국의 제지술이 우리나라에 와서는 한지(韓紙)로 개선되어 중국의 마지(麻 紙)보다 훨씬 질 좋은 종이로 책을 만들 수 있었다.

한지 제지법은 2~3세기에 중국으로부터 들어왔다는 설, 4세기 말 삼국 시대에 불교가 들어오면서 경전과 함께 제지술이 들어왔다는 설이 있다. 한지는 일반적으로 닥나무를 주원료로 만들기 때문에 닥종이라고 불렀다.

---

17 편일평. 2009. 『페이퍼로드 기행』. 서울 : MBC프로덕션. pp.226-228.

그 밖에 조선종이, 창호지, 문종이, 등으로 불렀으나 20세기 초 서양의 양지(洋紙)가 들어오면서 한국의 종이라는 뜻으로 한지(韓紙)로 통칭하게 되었다. 다음은 한지산업지원센터 홈페이지에 있는 '한지의 역사'를 가져온 것이다.

"인류사회에 있어서 문화의 발달은 종이에서 비롯되었다고 해도 과언은 아닐 것이다. 우리나라의 종이인 '한지(韓紙)'는 예로부터 주변 국가에까지 널리 알려졌으며, 특히 '닥'을 주원료로 하여 만들었기에 순우리말로 '닥종이'라고도 불러왔다.

이러한 한지가 우리나라에서 언제부터 만들어지기 시작하였는지 자세히 알 수는 없지만, 기원전 2세기 중국 문경제년간(179~141 B.C.) 무렵에 제작된 방마탄에서 출토 된 종이가 지금까지 발견된 가장 오래된 종이이며 그 무렵에 우리나라에서도 종이생산 기술이 전해졌으리라 추측된다. 이후 서기 105년 중국 후한 때 채륜이 종이를 개량한 시기와 비슷하게 우리나라에서도 나름대로 창조적인 기술 개량을 통해 종이생산에 힘써왔으며, 신라 시대에 이미 중국에 희고 곱게 다듬은 종이가 수출되었으며 고려시대에 들어 수공업의 전문화와 인쇄술, 제지술이 발달하면서 더욱 질 좋은 종이를 수출하게 되었다. 특히 중국의 걸러 뜨는 방식과 달리 외발이라는 도구를 이용하여 뜨는 방식을 사용함으로써, 희고 광택이 있으며 질긴 종이를 생산, 수출하여 중국뿐만 아니라 인접 지역에까지 널리 우리나라의 종이가 알려져 천하제일로 여겨졌다. 한지는 예로부터 시대에 따라 이름이 달라지고, 색깔이나 크기, 생산지에 따라 다르게 부르기도 하였다. 대표적인 구분은 재료, 만드는 방법, 쓰임새, 크기에 따라 나누어졌으며, 이에 따른 종이의 종류는 대략 200여 종에 이르렀다. 이처럼 다양하게 생산된 종이는 주로 그림과 글씨를 쓰기 위한 용도로 가장 많이 소비되었고 일반 민중 속에서는 다양한 공예 기법을 창조적으로 발전시켜 다양한 용도의 생활용품과 장식적 아름다움을 표현한 예술로도 활용되었다."

원주 한지 테마파크

　어제 원주 동문 모임에 참석했다가 오늘은 일행과 따로 놀았다. 콘도에서 황태해장국으로 좋은 아침 식사를 하고 동문들에게 인사를 한 다음 차에 쌓인 눈을 장갑 손으로 밀어내고 시동을 걸었다. 길에 눈이 있었지만 녹고 있어 차를 모는 데는 지장이 많지 않았다. 하지만 군데군데 눈이 녹지 않아 기아를 2단에 넣고 서행했다. 목적지는 원주 한지 테마파크, 동문회에서는 박경리 문학관을 간다는데 그곳은 전에 가보았기에 너는 원주 한지의 역사와 현황을 좀 살펴보고 싶었다.

　인터넷 내비게이션 안내에 따라 10시 10분경 눈 쌓인 원주 한지 테마파크 마당에 도착했다. 춥고 쓸쓸해 보이는 건물, 현관으로 들어서니 안내원이 있었다. 입장 요금을 물으니 무료라고 했다. 아까 동문들은 입장료가 2만 원 정도로 비싸다고 했는데, 뭔가 달라졌나 보다. 무료라니 내심 반갑다. 전시장에서는 한지의 역사를 소상하게 볼 수 있었다. 한지로 만든 예전의 생활 물품들도 많이 진열되어 있었다. 사진을 찍으며 감상을 한 다음 현관에 있는 기념품점에 들어가 전시 도록이 있는지 살펴보았다. 도록이 있기는 있었다. 그러나 한지의 역사를 담은 도록이 아니었다. 그래서 점원에게 물어보니 한지 역사 도록은 일단 없다고 하면서도 여기저기 전화해서 한지의 역사 정보를 알 수 있는 인터넷 사이트를 친절하게 안내해 주었다. 도슨트(docent)는 덤덤한데 점원이 도슨트 보다 훨씬 친절했다. 하하. 그래서 정보봉사의 전문성은 지식에 있는 것이 아니라 적극성 그리고 친절에 있다는 걸 다시 한번 생생하게 볼 수 있었다.
　한지는 우리 문화이고 예술이다. 이번 체험을 문헌학책을 쓸 때 좀 써먹어야겠다. 예전에 어머니께서 코스모스 꽃잎을 창호지에 붙이고

> 투명하게 배접해 방문을 예쁘게 치장하셨던 기억이 새롭다. 매점에
> 서 한참 동안 한지로 만든 물품들을 구경했다. 한지로 된 스탠드 등
> 이 탐났지만 너무 비쌌다. 물건이 다 비싸서 몇 바퀴 돌며 구경만
> 하다가 한지 섬유가 들어간 예쁜 아기 포대기를 하나 샀다. 이번 금
> 요일 아들 며느리 손주를 보러갈 때 선물로 들고 가려 한다.
> 2017.12.10(일).

『페이퍼로드 기행』(편일평. 2009. 서울 : MBC프로덕션)

2천 년 종이의 여정을 좇아 지구촌 구석구석을 답사한 종이의 발명과 전파에 대한 문화 인류학적 탐구보고서. MBC 다큐멘터리로 방영된 내용을 담당 PD가 책으로 정리한 것이다.

『종이의 역사 - 2000년 종이의 역사에 관한 모든 것』(니콜라스 A. 바스베인스 지음, 정지현 옮김. 2014. 21세기북스)

종이의 탄생과 보급, 진화, 미래의 종이까지 한눈에 살펴보는 종이의 역사. 탐사보도로 명성을 얻고, 책과 종이, 문자에 관한 책을 집필하고 있는 저널리스트 출신 저자 니콜라스 A. 바스베인스가 발로 누빈 종이의 과거, 현재, 미래를 통해 종이가 어떤 구실을 해왔는지 재미있게 풀어냈다. 저자는 2000년 전 종이가 처음 만들어지기 시작한 중국부터 종이를 만드는 장인, 제지 기업과 공장, 종이 수집가, 예술가, 위인들의 종이 활용 및 다양한 종이를 소장한 박물관, 도서관 등을 소개한다.(교보문고)

4. 뉴미디어 / 디지털 미디어

미디어가 종이로 통일된 이후 종이 이외의 미디어는 부분적, 보완적으로 사용되어왔다. 그러나 산업혁명 이후 기술의 발전에 따라 새로운 시청각 미디어들이 나타나기 시작하였다. 사진술에서 비롯된 사진, 마이크로필름, 무성영화, 그리고 녹음 기술에서부터 축음기, 녹음테이프, 통신 기술에 의한 전신, 라디오방송, 비디오와 음향 기술이 융합된 텔레비전 방송 등등 미디어의 통합은 계속되었다. 그래서 사람들은 이러한 종이 이외의 새로운 매체들을 뉴미디어로, 또는 여러 미디어의 결합을 의미하는 멀티미디어로 지칭하였다.

뉴미디어는 문자 그대로 새로 나온 미디어로서 시대에 따른 상대적 개념이며, 언제든지 새로운 미디어가 나올 수 있어서 그 특성을 정의하는데 적합하지 않다. 멀티미디어는 음향 미디어와 정지화상 미디어, 동영상 미디어 등 여러 가지 단일 미디어를 복합적으로 사용함으로써 종합 미디어의 의미로 사용되었다. 그러나 최근에는 컴퓨터의 비약적인 발전에 따라 모든 미디어를 컴퓨터의 디지털 신호로 변환하여 저장, 유통할 수 있어 컴퓨터 기술에 의한 미디어의 융합개념으로 디지털 미디어[18] 라는 용어가 보편적으로 사용되게 되었다.

오늘의 정보사회에서는 분야마다 디지털이라는 말을 접두어로 붙여 정보사회의 대명사처럼 사용하고 있다. 디지털시대, 디지털 사회, 디지털 방

---

18 배영, 최항섭 외. 2021. 지능정보사회의 이해, 나남출판

송, 디지털 잡지 등등이다. 도서관도 디지털 자료실, 디지털도서관이 개설되어[19] 종이책이 없는 도서관을 부분적으로 실현하고 있으며, 완전한 디지털도서관을 목표로 노력하고있다. 또한 정보과학자들은 앞으로 디지털 미디어를 기반으로 머지않아 언제 어디서나 원하는 시간에 필요한 정보를 간편한 컴퓨터 통신 기기, 스마트폰 등을 통하여 이용할 수 있는 '유비쿼터스(ubiquitous) 사회', 나아가 인공 지능 기술에 의한 지능정보사회가 실현될 것으로 내다보고 있다.

---

[19] 우리나라 최초의 디지털도서관은 1996년에 설립된 LG 상남도서관이다.

4

인쇄술의 발달

1. 인쇄술 발명의 조건

인쇄술 발명의 요건은 대략 3가지다. 첫째는 책이나 자료에 대한 사회적 수요가 있어야 한다. 인쇄술은 교육과 정보 전달 등 사회적 수요가 있어야 가능하다. 둘째는 문화적 조건으로서 말과 문자, 종이와 필기도구, 잉크, 물감 등 문필 도구가 생산되어야 한다. 셋째는 기술적 조건으로 판각 기술, 붓, 먹 제조 기술, 금속 가공 기술, 제지 기술 등 책을 만들 수 있는 기본 기술이 있어야 한다.

2. 필사(筆寫)

문자 발명 이후 사람들은 판판한 곳이면 어느 곳에나 글씨를 써 왔다.

앞서 살펴본 바와 같이 글을 들여놓는 그릇인 문헌 미디어는 돌, 점토판, 파피루스, 양피지, 귀갑수골, 패엽경, 비단, 종이 등으로 병행 또는 대체되어왔다. 또 글자의 모양도 초기에는 그림처럼 그리다가 점점 더 능숙한 솜씨로 글씨를 쓰면서 여러 가지 문자체를 형성하게 되었다.

종이 발명 이후에도 손으로 직접 글씨를 써서 책을 만드는 사본 시대는 오랫동안 지속되었다. 동양에서의 목판인쇄와 목활자 및 금속활자 인쇄술, 그리고 서양에서의 구텐베르크 인쇄술이 발명된 후에도 책은 수요량 대비 생산량이 부족하였으므로 필사는 오랫동안 병행되었다.

메소포타미아의 고대 수메르인의 도서관, 바빌로니아와 아시리아의 도서관들에서는 점토판의 필사가 관습화되었고, 알렉산드리아도서관에서 대대적인 파피루스 필사가 이루어졌다고 한다.[1] 중세에 와서는 유럽 여러 지역에 산재해 있던 수도원에서 필사 작업이 수행되었다. 수도원의 사자생(寫字生)들은 파피루스나 양피지 또는 종이에 성서, 종교 서적 등 교회 관련 문헌들을 필사하였으며, 고대로부터 전승되어온 그리스, 로마의 고전들을 필사하여 수도원 도서관에 보존함으로써 고대의 문화를 후세에 이어주는 중요한 역할을 했다. 이렇게 전승된 필사 고전들은 12세기 대학의 형성 및 14~15세기 르네상스 운동의 기반이 되었다.

중국과 우리나라에서도 고대로부터 필사가 이루어졌다. 유교 경전을 비롯하여 정부행정기관을 중심으로 정치와 행정에 필요한 책이 필사되었고, 농업, 의약 관련 서적, 그리고 교육을 위한 서적들이 필사, 전승되었다.

---

1 James Thompson. 1977. A history of the principles of librarianship. p.52

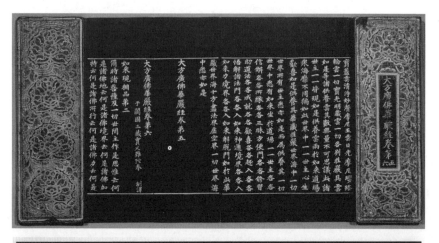

고려 사경

불교의 경률론(經律論) 3장 등 경전 및 경전과 관련되는 서적의 필사는 승려들의 주요 업무였다. 특히 고려 시대에는 불교를 국교로 정하였기 때문에 불경의 필사가 성행하였다. 불경의 필사는 불사(佛事)의 법공양(法供養)으로 이루어져 불자들은 목욕하여 몸을 청결히 한 후 일자일배(一字一拜 : 한자 쓰고 한번 절하는)의 지극한 정성으로 필사하였기 때문에 고려사경(高麗寫經)은 글자가 정연하고 아름답다.[2]

3. 목판 인쇄술

인쇄에 대한 아이디어는 같은 책을 손쉽게 많이 만들어 내고자 하는 인간의 욕구에서 비롯되었다. 필사에는 시간이 많이 소요될 뿐 아니라 한사람이 한 번에 한 책밖에 쓰지 못하므로 매우 답답한 일이었다. 특히 더욱 간편한 매체인 종이가 등장한 이후로 책의 대량생산을 위한 시도들이 지속되었다.

동양에서의 인쇄의 시원(始原)은 목판이라 할 수 있다. 이는 나무판에

무구정광대다라니경

---

2 오늘날에도 불교에서 사경공양(寫經供養)이 행해지고 있는 것은 경전을 정성껏 쓰는 것 자체가 기도이며 마음의 공부라고 생각하기 때문이다. 성경필사(聖經筆寫)의 모습은 기독교 교회에서도 흔히 볼 수 있는 일이다. 그러나 오늘날의 寫經은 불교도나 기독교도나 대부분 정성이 좀 덜한 것 같다. 붓펜이나 사인펜으로 빠르게 흘려쓰기도 하고, 틀린 곳은 화이트로 지우고 쓰는 경우도 많으니. 그러나 어쨌든 쓰기는 읽기에 비교하여 공부가 더 잘 되는 것 같다.

명필가가 쓴 글씨를 뒤집어 붙이고 도장을 새기듯이 칼로 파서 책판을 만든 다음 여기에 먹을 고루 칠한 후, 종이를 올려놓고 솔 같은 부드러운 도구로 문질러 찍어내는 기법이다.[3] 현존하는 세계 최초의 목판본은 신라 경덕왕 10년(751) 이전에 조성된 권자본인 무구정광대다라니경(無垢淨光大陀羅尼經)이다.[4] 중국 최고의 목판 현존 본은 868년에 간행된 금강반야바라밀경(金剛般若波羅密經)으로 알려져 있다. 우리나라의 목판인쇄 중 가장 방대한 것은 고려(高麗)의 팔만대장경판(八萬大藏經板)으로서 지금도 경판의 원형이 경상남도 합천 해인사(海印寺)에 보존되어 있다.

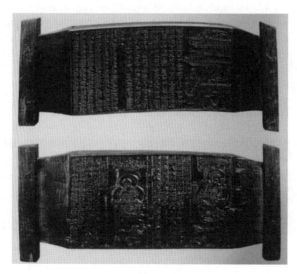

목판

3 천혜봉. 1993. 『한국 금속활자본』. 서울 : 범우사. p.9.
4 천혜봉. 1997. 『한국 서지학』. 서울 : 민음사. pp. 155-158.

4. 목활자 인쇄술

목활자 인쇄는 나무로 낱개의 글자를 만들어 책의 내용에 맞추어 책판에 글자를 한 자 한 자 심어서 고정한 다음, 그 위에 먹물을 바르고 종이를 올려 찍어내는 방법이다. 목판본은 한 번 만들어 놓으면 한 종류의 책밖에 찍지 못하나 목활자는 한번 사용한 후에도 다른 내용의 책을 활자를 조판하여 인쇄할 수 있는 장점이 있다. 그러나 글자를 심는 데 있어 목판에 새긴 것처럼 정연하게 되지 않는 단점도 있다. 목활자 사용

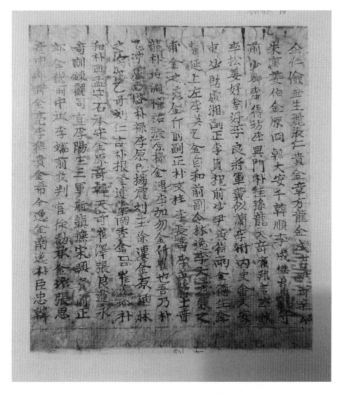

목활자본 개국원종공신녹권(開國原從功臣錄券)

의 확실한 기록은 1298년 중국 원나라 때의 인쇄된 것으로 알려진 농서(農書)의 인쇄기록이며, 우리나라에서는 조선 태조 4년(1395)에 인쇄된 개국원종공신녹권(開國原從功臣錄券)이라는 문서가 가장 오래된 목활자 인쇄물로 알려졌다.[5]

5. 금속활자 인쇄술

목활자에서 활자의 장점을 터득한 우리 선인들은 더욱 견고하고 오래 쓸 수 있는 금속활자를 만들어 냈다. 금속활자는 목활자에 비교하여 마모와 부식이 더뎌 오랫동안 많은 종류의 책을 찍어낼 수 있는 장점이 있다. 그간 몇몇 학자들에 의하여 우리나라에서는 11세기 말 또는 12세기 전반기에 금속활자를 만들었다는 주장이 제기되었으나 실물로 고증된 것이 아니어서 신빙성이 없는 상태였다. 그러나 주자(鑄字)로 인쇄된 남명천화상송증도가(南明泉和尚頌證道歌)[6]를 복각한 실물이 전해짐으로써 적어도 13세기 초에는 금속활자가 조성된 것으로 보고 있다.[7] 또 최근 이 남명천화상송증도가가 1239년(고려 고종 26)에 제작된 세계 최초의 금속활자 인쇄본임

---

5 천혜봉. 1993. 『한국 목활자본』. 서울 : 범우사. pp.9-10.
6 이 책은 남명천선사(南明泉禪師) 법천(法泉)이 당나라 영가선사(永嘉禪師) 현각(玄覺)이 지은 증도가 247구의 각 구절에 7자 3구, 그리고 원문이 3자인 경우에는 3자를 더한 형식으로 320편을 계송(繼頌)하여 선종(禪宗)의 진리를 한층 오묘하게 한 것이다. (천혜봉. 1993. 『한국 금속활자본』. 서울 : 범우사. p.22)
7 천혜봉. 1993. 『한국 금속활자본』. 범우사. pp.11-13.

을 밝힌 연구서가 출판되었다.[8] 이 책은 1377년에 나온 금속활자본 직지보다 138년이나 앞선 것이어서 학계의 공인 여부가 주목된다.

지금까지의 통설은 고려 우왕(禑王) 3년(1377)에 청주 흥덕사에서 주자로 찍은 백운화상초록불조직지심체요절(白雲和尙抄錄佛祖直指心體要節, 간략 서명으로는 佛祖直指心體要節이며 '直指'라고 줄여 쓰기도 한다)[9] 하권 1책(프랑스국립도서관 소장)이 현존하는 가장 오래된 금속활자본으로 세계적으로 공인되어 있다. 이 책 하권 1책은 1887년 콜랭 드 플랑시(Collin de Plancy, 1853~1922) 주한 프랑스 공사가 수집해 갔으며, 앙리 베베르(H Verver, 1854~1943)라는 골동품상에게 팔아넘긴 것을 베베르의 상속인이 1950년 프랑스 국립도서관에 기증함으로써 현재 프랑스국립도서관에 보존되어 있다. 한편 서울대학교 사범대학 국사교육과를 졸업한 박병선(1923~2011) 박사가 프랑스국립도서관 사서로 근무하던 중 이 책을 발견하고, 세계에 남아 있는 금속활자로 인쇄된 책 중에서 가장 오래된 책이라는 것을 밝혀냈으며, 1972년 유네스코 세계도서 박람회에 출품함으로써 세계 최초의 금속활자 인쇄본임을 세계적으로 공인받게 되었다. 이 책은 2001년 9월『승정원일기』와 함께 유네스코 세계기록유산에 등재되었다.

---

8 박상국. 2020.『세계 최초 금속활자본의 탄생 남명천화상송증도가』, 김영사.
9 이 책은 고려 말기의 고승인 경한(景閑, 1299-1374)이 역대 조사 스님들의 법어, 어록 등에서 선의 요체를 깨닫는데 필요한 내용을 뽑아 엮은 것이다. (천혜봉. 위의 책. p.29). 景閑은 백운화상(白雲和尙)이라고도 하며 전라북도 정읍에서 출생했다. 어려서 출가하여 일정한 스승 없이 전국 유명 사찰을 다니면서 수행하다가 구법(求法)을 위하여 중국으로 갔다. 10여 년 동안 중국에 머무르며 지공(指空)스님에게 법을 묻고, 석옥(石屋)스님에게서 임제종(臨濟宗)의 선법을 전해 받은 뒤 귀국하였다. 1353년(공민왕 2) 석옥은 임종하면서 그에게 전법게(傳法偈)를 지어 제자 법안(法眼)에게 전할 것을 당부하였고, 법안은 이듬해 고려로 와서 이를 백운 화상에게 전했다. (한국민족문화대백과사전)

청주 고인쇄박물관, 목판본 직지와 그 내용은 왜 말하지 않나?

우리나라 책의 역사를 정리하기 위해 직지에 관한 책을 찾아보았다. 직지의 원문을 구하고 싶었고, 원문을 한글로 해석한 책이 있는지도 알고 싶어서였다. 요즘 "인터넷에 찾으면 다 나온다."는 말이 있어 인터넷을 찾아보니 정말 성과가 있었다. 우선 무비스님의 『직지강설』이 2011년에 출판되었다는 사실을 알 수 있었다. 당장 서점에 나가 무비스님이 쓴 『직지 강설』 상·하권을 구입했다. 이 책에는 목판본 직지는 금속활자본 직지가 인쇄된 이듬해인 1378년에 백운화상이 머물던 여주의 취암사에서 상·하권이 간행되었으며, 현재 국립중앙도서관과 한국학중앙연구원에 상·하권 모두 보존되어 있다고 소개되어 있었다. 그리고 동국대학교에서 출판한 『한국불교전서』에 목판본 직지 상·하권 원문이 실려 있으며 무비스님은 이를 저본으로 『직지강설』이라는 책을 집필한 것이라 했다. (무비스님. 2011. 『직지강설』 상권 16쪽). 나로서는 새로운 발견이었다. 대학원 석사과정 때 서지학을 전공했다는 필자가 직지 상·하권 전체 내용이 다 존재한다는 사실을 이제야 알게 되었으니 마음속으로 무척 부끄러웠다.

이는 분명 필자가 과문한 탓이다. 좀 더 일찍 관심을 가지고 국립중앙도서관이나 동국대학교 도서관을 방문하여 직지를 찾아보았더라면 직지 목판본 상·하권이 오롯이 남아 있다는 사실을 진작 알 수 있었을 것이기 때문이다. 그러나 또 하나의 변명거리를 찾는다면 2001년에 유네스코 세계기록유산으로 등재된 금속활자본 직지를 대대적으로 전 국민에게 알리고 관람객들에게 체험교육을 실시하고 있는 청주 고인쇄박물관에게도 일말의 책임이 있다는 생각이 든다. 박물관 측은 프랑스국립도서관에 남아 있는 유일본 금속활자 직지 하권에 대해서만 강조할 뿐 국내에 목판본 직지가 있다는 사실은 별로 말하지 않고 있는 것이다(청주고인쇄박물관에 몇 번 가 보았으나 직지 목판본에 대한 이야기는 들어보지 못했다. 이 역시 필자의 과문 탓인지는 모르지만).

우리는 옛 책에 대하여 너무 형태적인 부분에 치우쳐 그 진정한 내용을 파악하지 못하는 경우가 허다하다. 다시 말하면 옛 책 속에 담긴 내용을 자세히 연구하기보다는 그 외형적인 것만을 두고 왈가왈부하고 있다는 것이다.

특히 형태 서지학은 옛 책의 외형적인 특징을 가지고 시대를 구분하고, 금속활자본인지, 목판본인지, 목활자본인지를 판단하는 기법들을 논하면서 책의 내용을 잘 파악하지 않는 약점을 드러내고 있다. 이는 한문이 어려워서일 수도 있고, 서지학에서 내용까지 다 파악하기에는 너무나 벅찬 면도 없지는 않을 것이다. 그러나 책을 말하면서 그 내용을 제대로 파악하지 않는다는 것은 너무나 부끄럽다. 책의 형태만을 보고 책의 진본 여부를 판단하는 것은 마치 어떤 사람을 외모만을 보고 그 인간성을 판단하는 것과 무엇이 다를까?

무비스님은 그의 『직지강설』 서문에서 "하지만 세상 사람들이 직지의 내용이 팔만대장경과 수많은 조사어록의 요점을 집약한 만고의 보물인 점에는 주목하지 않고 단지 인쇄 문화유산으로서의 가치만 보고 있으니 안타깝기 그지없었다. 이에 인쇄 문화적 가치보다 천만 배 이상의 가치가 있는 인류의 정신을 구제할 소중한 가르침이라는 사실을 알리고 싶은 마음에서 부족하나마 강설을 시도해 보았다."라고 쓰고 있다. 이는 종교를 떠나서 백번 옳은 말씀이며 우리 후학들이 깊이 배우고 반성해야 할 학문적 태도라고 생각된다. 옛 책은 형식도 중요하나 그 속에 담긴 내용을 깊이 연구 해석하여 오늘에 활용하는 학문적 태도를 가져야 할 것이다. 이러한 의미에서 청주고인쇄박물관은 직지 목판본 상·하권이 남아 있다는 사실과 그 원문과 내용을 해설한 책이 있다는 사실도 국민에게 소상히 알려야 할 것이다.

『백운화상초록불조직지심체요절(白雲和尙抄錄佛祖直指心體要節)』의 의미

직지의 원제목은 『백운화상초록불조직지심체요절』이다. 직지는 1377년 청주 흥덕사에서 간행한 세계 최초의 금속활자 인쇄본인데, 대대적인 홍보와 교육으로 이제는 초등학생도 '직지'라는 이름을 거의 다 알고 있다. 하지만 내용에 좀 들어가면 그 책 이름의 의미를 아는 사람은 많지 않다. 한문으로 된 불교 서적이기 때문이다. 그 책의 의미와 내용을 공부하는 분들은 아마 불교학자나 스님들일 것이다. 그래서 무비 스님이 그 책을 번역, 출간한 바 있다.

그런데 엊그제 한 청주고인쇄박물관 큐레이터로부터 그 책 제목의 의미에 대하여 부연 설명을 들었다. 그분은 그 제목의 의미를 '초록'과 '요절'은 결국 같은 의미인데 두 번 들어간 것으로 보아 백운화상이 초록했는데, 그 대상이 '불조직지심체요절'이라는 것이었다. 즉 기존의 '불조직지심체요절'이라는 책을 백운 화상이 초록하여 만든 책이라는 것이었다.

그래서 집에 돌아와 무비 스님의 책을 보니 "고려말 백운(白雲, 1299~1375) 화상은 1352년경에 스승 석옥(石屋) 선사로부터 손수 쓰신 『불조직지심체요절』이라는 작은 책자를 물려받았다. 아마 전법의 신표였을 것이다. 지금의 직지와는 비교할 수 없이 간략한 내용이었다. 백운화상은 스승 석옥 선사가 물려주신 작은 『불조직지심체요절』에다 한층 더 법어의 정수들을 가려 뽑아 기록하고 가르쳤다." 이렇게 나와 있다. 따라서 백운화상은 스승이 물려준 『불조직지심체요절』의 내용을 깁고 보태어 그때까지의 선승들이 남긴 법어의 요체를 정리하여 가르쳤고, 백운화상 사후 2년 만인 1377년 제자들이 이 책을 청주 흥덕사에서 주자로 간행한 것이라는 사실을 알게 되었다. 또한 백운화상이 마지막으로 기거하던 여주 취암사에서 1378년 같은 책 목판본을 간행했다는 사실도 확인하게 되었다.

조선조는 정부에서 아예 주자소(鑄字所)라는 활자 제조공장을 만들어 유교 서적뿐 아니라 많은 책을 금속활자로 찍어내었으며, 특히 세종대왕의 한글 창제 이후에는 한글 활자를 주조하여 석보상절, 월인천강지곡 등을 갑인자와 병용하여 인쇄함으로써 우리 전적 문화에 또 하나의 큰 획을 그었다.[10] 그러나 재래식의 수작업에 의한 인쇄 기술은 아이디어의 한계에 부딪혀 그 후 자동화 기술로 개발되지 못하고 독일의 구텐베르크 인쇄술에

---

10 이종권, 1989. 「조선조 국역 불서의 간행에 관한 연구」, 성균관대학교 대학원 석사학위논문.

직지 상·하권을 해설한 책. 『직지 강설 상, 하』
(무비 스님 번역 해설. 2020. 서울 : 불광출판사)

청주 고인쇄박물관 활자 제조 시연

자리를 내어주고 말았다.

6. 구텐베르크 혁명과 초기간본(incunabula)

서양의 인쇄문화는 확실히 늦은 것이었다. 구텐베르크(Johannes Guten-berg, 1390년대~1468)의 인쇄술 발명 이전에는 어떤 인쇄 시도도 보이지 않으며, 오직 필사의 방법을 유지하였던 것 같다.[11] 우리나라 최초의 인쇄

석보상절(갑인자 병용 한글활자본)

---

11 이희재. 2005. 『정보미디어의 역사와 문화』. 5장 4절(전자책). pp.10-11.

시기를 무구정광대다라니경이 목판으로 인쇄된 서기 751년 이전으로 본다면 서양은 서기 1450년에 이르러서야 인쇄술이 개발되었으니 출발 시점으로 보면 우리가 무려 699년이나 앞선 것이다.

구텐베르크는 인쇄기 발명 직후 직접 인쇄소를 차리고 사업에 착수하였다. 최초로 인쇄한 것은 면죄부였다고 하며 이어 36행 성서, 42행 성서를 인쇄한 것으로 알려져 있다. 42행 성서는 1455년경에 인쇄한 것으로 라틴어판이며 42행으로 짜여 있다. 이 책은 현재 독일 구텐베르크 박물관, 프랑스국립도서관, 영국도서관에 완벽한 상태로 남아 있으며 미국에도 의회도서관, 뉴욕공공도서관, 하버드대학교 도서관, 예일대학교 도서관 등에 소장되어 총 40여 권이 남아 있다. 독일에서 시작된 인쇄술은 곧 이탈리아, 프랑스, 네덜란드 등으로 퍼져나갔으며 주제 영역도 처음에는 신학 도서 중심에서 점차 여러 종류의 주제로 확대되었다.[12]

서양의 인쇄술이 동양보다 출발은 늦었어도 기술면에서는 획기적인 발명과 개선을 함으로써 마치 토끼와 거북의 경주에서 후발주자인 토끼가 거북을 앞질렀고, 또 그 토끼는 중간에 낮잠도 자지 않아 계속 선두를 지켜낸 것과 다름이 없다.[13] 그 결과 15세기 이후의 문명발전은 서양이 월등히 앞서 나아가게 된 주요 요인이 되었다고 생각된다. 서양이 동양보다 앞서 세계를 주도하게 된 주된 원인 중의 하나가 획기적인 인쇄술의 발명과 이를 통한 정보의 원활한 유통에 있었다는 역사적 교훈을 깊이 되새겨 보아

---

12 정필모, 오동근. 1991. 『도서관 문화사』. p.81.
13 동양과 서양의 인쇄술 비교에 대해서는 이희재 교수의 앞의 책 5장 4절. pp.42-47 참조.

야 할 것이다.

　서양에서는 구텐베르크 인쇄술의 등장한 1450년부터 1500년까지 간행된 인쇄본을 초기간본(incunabula)이라 부르고 있다. 인큐베이터에서 자라난 인쇄본이라는 의미가 깃든 용어 같아서 재미있다. 독일 마인츠에 있는 구텐베르크 박물관은 초기간본을 다수 보유하고 있으며, 2016년 서울 국제도서전(2016.6.5~19)에도 그들의 소장본 일부를 출품, 전시한 바 있다.

구텐베르크 박물관의 Incunabula 설명(독일어를 영어로 번역함)

　The collection comprises around 3,300 early prints (from Latin "incunabula" = diaper, cradle). In addition to the two Gutenberg Bibles, the holdings also include copies of the famous "World Chronicle" by Hartmann Schedel (1493) and the "Cosmographia" (1482), a printed atlas based on Ptolemy, which is regarded as a milestone in map printing. Also one of the most beautiful works of the 15th century. It is represented in the collection. Francesco Colonna's "Hypnerotomachia Poliphili" (The Dream of Poliphilus) from 1492 with woodcuts in the style of the Italian Renaissance is considered a masterpiece of early book printing.

구텐베르크 박물관,
https://www.mainz.de/microsite/gutenberg-museum/index.php

구텐베르크 42행 성서(이미지 출처 : 구텐베르크 박물관)

구텐베르크 박물관의 42행 성서 설명

Gutenberg created the two-volume work with a total of 1282 pages between 1452 and 1455 with the help of numerous collaborators. Of the approximately 180 copies produced in his edition, 150 were probably printed on paper and 30 on more precious parchment. After initial attempts with red printing, only the text was printed. The colored decoration and cover were made by each buyer independently by specialized craftsmen, the rubricators and illuminators. That's why every copy of the Gutenberg Bible is unique. With the "B42", Gutenberg placed the printed book aesthetically on the same level as the previously widespread manuscripts. The development of printing with movable type led to a true revolution in science, economics and culture and became a milestone in human history.

구텐베르크 박물관,
https://www.mainz.de/microsite/gutenberg-museum/index.php

인쇄 출판의 역사상 구텐베르크 이후 실질적으로 출판 산업을 발전시킨 사람은 이탈리아의 알두스 마누티우스(Aldus Manutius, 1449/1452~1515)였다. 그는 로마에서 대학을 졸업한 후 가정교사로 일하다가 30대 후반에 이탈리아 남부 베니스로 가서 Andrea Torresano라는 부호를 만나 그의 도움으로 출판사 Aldine Press를 공동 설립하고 많은 서적을 인쇄 제작하여 출판 사업에 성공하였다. 그는 '베스트셀러'라는 말뿐만 아니라 문장부호인 세미콜론, 아포스트로피, 악센트 등 출판용어를 만들어냈고, 책의 품질을 높이는 데 노력했다.[14][15]

그리스 라틴 고전 문헌학자인 서울대학교 인문학연구소 안재원 교수는 알두스 마누티우스(Aldus Manutius)가 출판 사업에 성공할 수 있었던 이유를 다음과 같이 설명했다. 첫째, 책의 편집을 전문가에게 맡긴 점, 둘째, 책의 가격을 저렴하게 정했다는 점, 셋째, 책 자체를 상품으로 인식하여 한번 보면 사지 않을 수 없도록 질적 수준을 높였다는 점 등이다.[16] Aldus Manutius에 관한 이야기는 출판 관련 역사서에 자주 등장하며 2020년 『알두스 마누티우스-세계를 편집한 최초의 출판인』이라는 단행본으로도 출간되었다.[17]

14 '알두스 마누티우스' 검색(위키피디아) 및 요약 번역
15 마틴 로리 저, 심정훈 역. 2020.『알두스 마누티우스-세계를 편집한 최초의 출판인』. 길
16 안재원 교수의 서울대 평생교육원 강의 자료 "인문학을 만든 고전들" : 필자는 안재원 교수의 강의를 한 학기 수강했다.
17 키스 휴스턴 저, 이은진 역. 2019.『책의 책』. 김영사. pp.446-464.
   Michael F. Suarez, H. R. Woudhuysen. 2013. 『THE BOOK A GLOBAL HISTORY』. OXFORD UNIVERSITY PRESS. pp.426-427

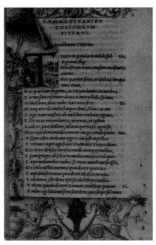

Aldus Manutius의 책 (출처 : 영어 위키)

구텐베르크 인쇄술이 서양 도서관에 미친 영향은 서적의 대중화를 통하여 중세 보존 위주의 도서관에서 이용 위주의 도서관으로 도서관의 본질을 변화시켰다는 점이다. 중세수도원 도서관이나 대학도서관에서는 책을 이용하려 해도 책이 희소하고, 값이 비싸 보존중심의 운영을 했기에 도서관 장서의 이용은 매우 제한적이었다. 그러나 인쇄술을 통하여 서적의 대량생산이 이루어짐으로써 서적은 점차 보존서고의 사슬에서 풀려나게 되었다.

도서관의 역사는 정보문화의 역사라 할 수 있다. 정보문화는 또한 커뮤니케이션의 문화이며 이는 인쇄 출판과 밀접한 관련이 있다. 또 문헌정보학의 연관 학문으로서 출판학, 신문방송학, 사회학도 밀접하게 관련된다. 또한 컴퓨터와 통신 기술이 정보의 가공, 저장, 유통을 급속도로 촉진시킴으로서 컴퓨터학과 통신공학도 중요한 커뮤니케이션의 학문 영역이 되었다. 그래서 이제는 어느 하나의 단일 분과학문만으로는 정보사회를 대처하기에 힘이 부족하다. 도서관이 문헌정보학은 물론 인접 학문을 아울러 섭렵하여 학문적인 경계의 벽을 넘어야 한다는 의미이기도 하다.

종이와 인쇄술의 접목으로 이루어진 573(2023－1450 = 573)년의 역사는 이제 서서히 컴퓨터와 통신이라는 기술에 그 구심력을 빼앗기고 있다. 처음에는 전자출판이라 하여 책의 출판 편집을 컴퓨터로 하더니 아예 종이를 쓰지 않고 출판을 하는 디지털 북이 등장하고, 이에 따라 디지털도서관이 출현하여 종이 없는 도서관, 종이 없는 사회의 도래를 예고하고 있다. 우리가 현재 실감하듯이 사회의 전반적인 모습은 10년이 다르게 변화하여 앨빈 토플러가 말한 정보사회를 실현해 감으로써 우리의 문명적 삶의 모습을 바꾸고 있다.

그러나 과연 종이와 인쇄술은 디지털에 완전히 자리를 내어 줄 것인가? 이점에 대해서는 아직 수많은 사람이 반신반의하고 있는 것 같다. 필자 역시 디지털의 진화 속도와 편리함을 인정하지만, 종이책의 장점 또한 아직 우리 곁에 고스란히 남아 있다고 본다. 우선 종이책은 우리에게 친숙하고 편리하다. 종이책은 보존 기술을 통하여 미디어를 대체하면서 영원히 보존할 수 있다. 그러나 디지털은 변화가 심하여 이전의 데이터가 없어지며, 한꺼번에 데이터가 바뀌고, 날아갈 수도 있다.

하지만 이러한 단순한 비교만으로 종이책의 존속을 항변하고 싶지는 않다. 종이책의 존속을 믿을 수 있는 보다 근본적인 이유가 있기 때문이다. 그것은 바로 인간은 디지털이 아니라는 사실이다. 만일 인간이 디지털이라면 디스켓을 머릿속에 내장할 수 있겠지만 인간은 그런 로봇이 아니다. 디지털보다 인간의 능력이 우수하므로 디지털을 도구로 이용하여 문명 생활을 편리하게 하면서도 인간 본래의 모습을 견지할 것으로 확신한다. 인간이 없으면 디지털도 없기 때문이다. 따라서 굿바이 구텐베르크로 결별하기보다는 아직은 정겨운 종이책을 품고 싶은 심정이다.[18]

---

18 김정탁. 2000. 『굿바이 구텐베르크』. 서울 : 중앙일보 새천년(주)

고대사회의 책과 도서관

1. 메소포타미아의 책과 도서관

메소포타미아문명 발생 이후 기원전 3000년경부터 기원전 400년에 이르기까지 수메르인, 바빌로니아인, 아시리아인이 이어서 이 지역을 지배하였다. 이들은 현재 이라크의 유프라테스강과 티그리스강 유역 우르(Ur), 우르크(Uruk), 라가시(Lagash), 니푸르(Nippur) 등에 도시를 건설하고 번영을 누렸다.[1] 수메르인들은 설형문자의 창시자로서 설형문자는 기원전 3000년경부터 약 3000년 동안 고대 오리엔트 지역에 광범위하게 사용된 대표적인 문자이며 외교 문자였다. 설형문자는 처음에는 그림문자로 시작되었으

---

[1] 수메르인들의 문화는 19세기에 이르러 위의 도시 발굴을 통해서 밝혀지게 되었다. 이라크는 고대 메소포타미아문명의 중심지로서 수많은 유적과 유물이 매장되어 있으나 이라크전쟁을 겪으면서 많은 유적과 유물이 훼손되었다고 한다.

나 점차 간소화되어 표음문자로 발전하였다. 현재까지 알려진 설형문자는 약 1천 자 정도이며 함무라비법전은 현무암에 설형문자로 새긴 고대의 법전 기념비로 유명하다.

에블라(Ebla) 도서관

고고학자들은 1975년 시리아 북부 고대 왕국 에블라(ebla) 지역의 모래벌판을 발굴하여 전설 속에 묻혀 있던 기원전 3000년경으로 추정되는, 세계에서 가장 오래된 도서관의 유적을 찾아냈다. 이 에블라 도서관 유적에서는 약 2만 점의 점토판 문서가 발견되었다. 지금까지 국내에서는 기원전 650년경 아시리아의 아슈르바니팔 왕이 조성한 니네베(Nineveh) 도서관을 역사상 가장 오래된 도서관으로 보고 있었지만, 구미에서는 기원전 3000년경에 수메르인들이 조성한 에블라(Ebla) 도서관을 역사상 가장 오래된 도서관으로 보고 있다.[2][3]

또 기원전 1700년 무렵에는 셈족이 들어와 바빌로니아와 아시리아에 왕국을 건설하고 전성기를 누렸다.[4] 이들 역시 설형문자를 사용하였으며, 그들의 문자는 인근 이집트에까지 영향을 주었던 것으로 보고 있다. 니푸르에서는 점토판을 소장한 대규모의 사원도서관과 기록관이 발견되었는데,

---

2 Stuart A. P. Murray. 2012. 『The LIBRARY-An illustrated History』. Skyhorse Publishing. pp.4-10.
3 James W. P. Campbell. 2013. The Library A world history. The University of Chicago Press. pp.37-39.
4 바빌론 이야기는 EBS 역사 다큐멘터리 '위대한 바빌론'에 생생하게 소개된 바 있다.

점토 상자가 벽을 따라서 목제 서가에 보관되어 있었고, 목제상자들을 역청으로 칠하여 부식을 방지하였다. 또 어떤 곳은 벽감(壁龕 niche : 벽에 움푹 들어간 장소로 물건을 올려놓거나 불을 밝히는 데 이용)을 만들어 점토판을 진열하였으며, 어떤 것은 가지런하게 묶인 모습으로 발굴되었다고 한다.

에블라(Ebla) 도서관 유적

니네베(Nineveh) 도서관 / 아슈르바니팔(Assurbanipal) 도서관

기원전 700년에서 기원전 600년경에는 아시리아가 이 지역을 지배하였고, 가장 강력한 국가를 건설한 아슈르바니팔(Assurbanipal BC 668~BC 628 재위) 왕은 BC 668년에 수도를 니네베(Nineveh)에 정하고 신하들을 교육하기 위한 시설로서 왕궁에 거대한 점토판 도서관을 세웠다.[5] 학자들은 약 3만여 점의 점토판이 발견된 이 유적을 메소포타미아문명을 집약한 '아슈르바니팔 도서관'이라고 보고 있다.[6]

이 도서관은 설형문자로 새겨진 점토판을 흙 항아리에 넣어 여러 개의 구획으로 배치하고, 각 구획에는 소장 자료 목록을 부착하였다고 한다. 아슈르바니팔은 신하들을 파견하여 페르시아만에서 지중해에 이르는 광대한 지역으로부터 모든 주제의 자료들을 수집하였으며, 모든 텍스트를 당시의 언어로 번역하기 위해 수메르어를 가르쳤다고 한다. 이 도서관은 당시 모든 시민에게 개방되었으며 공적, 사적으로 자유롭게 이용할 수 있도록 허용했다고 한다.[7] 후일 학자들은 이곳을 '아슈르바니팔 도서관' 또는 '니네베 도서관'으로 명명하였다. 영국의 도서관학자 에드워드 에드워즈(Edward Edwards, 1812~1886)는 이 도서관을 '점토판 공공도서관(public library in clay)'이라 불렀다.[8] 이 도서관 장서의 특징은 문학적인 저작보다 종교 서적과 예언서(omen),[9] 실용적 문서 등 주로 당시의 학문적 문헌이 많았다고 한다.

---

5 James Thompson. 1977. 『A history of the principles of librarianship』. LONDON : CLIVE BINGLEY.
6 아슈르바니팔 도서관 또는 니네베 도서관이라고 부른다. 아슈르(assure)는 수호신으로서 태양신을 의미한다.
7 Michael H. Harris. 1995. 『History of Libraries in the Western World 4th edition』. pp.17-24.
8 James Thompson. 1977. 『A history of the principles of librarianship』. LONDON : CLIVE BINGLEY. p.209.
9 예언서(omen)는 일종의 점성술에 관한 책이며, 점성술은 고대에 있어서는 중요한 하나의 학문으로서 오늘날의 '미래학과 비슷한 것으로 보인다. 한편 기독교인들은 'Amen'이라는 말을 자주 사용하는데 그 뜻은 어떤 기도나 기원하는 말끝에 '진실로 그렇게 되기를' 바라는 다짐의 뜻으로 쓰이는 말이다.

결론적으로 메소포타미아 지역에서는 총 20만 점의 점토판이 발굴되었고, 아시리아학자(Assyriologist; 아시리아를 연구하는 학자)들이 점토판의 설형문자를 해독하는 데 성공함으로써 점토판들을 어떻게 수집하고 진열했는지를 알 수 있게 되었다. 점토판의 모양은 다양하지만 대개 직사각형 모양으로 모서리를 둥글게 빚었다. 이처럼 설형문자로 된 점토판 유물이 다량으로 발굴됨으로써 학자들은 수메르문명이 시작된 기원전 3000년경부터 기록을 보존하고 활용했던 문서보존소 내지는 도서관이 존재했음을 실증적으로 확인하였다.

판사들의 판결문. 기원전 20~19세기.

2. 고대 이집트의 책과 도서관

앞서 이집트문명과 언어에서 살펴본 바와 같이 이집트에는 이미 신성문자, 신관문자, 민중문자가 사용되고 있었다. 그러나 기록 미디어는 메소포타미아에서와는 달리 주로 파피루스를 사용하였다. 따라서 메소포타미아에서처럼 실물 증거들이 풍부하게 남아 있지는 않다. 도서관의 흔적은 BC 2600년경 제4왕조 쿠푸(Khufu)왕이 '문서의 집(House of Writings)'을 가지고 있었으며, 이 문서의 집은 그 후 대대로 계승된 것으로 전해진다. 그리고 이 문서의 집은 '조상의 기록관(Archives of Ancestors)', '이집트 문서 홀(Hall of the Writings of Egypt)' 등으로 이름을 달리하여 명명하였다.

BC 1300년 무렵 람세스 2세는 테베(Thebes)의 궁전에 약 2만 점의 파피루스 두루마리를 보유하고 있었고, 이를 '영혼의 치료소(The Healing Place of the Soul)'라고 불렀다고 한다.[10] 이런 점에서 보면 이곳은 단순히 정부 문서 기록관이 아니라 일종의 철학, 종교도서관이었던 것으로 여겨진다. 또 한 묘지에서는 이 도서관에 근무했던 사서 아멘 엠 허트(Amen-em-haut)라는 서지 전문가의 이름이 발견되기도 했다. 고대 이집트의 왕궁 도서관들은 멤피스(Memphis), 테베(Thebes), 헬리오폴리스(Heliopolis) 등 시대에 따라 다른 장소에 설립하였다. BC 1350년경 설립된 텔 알 아마르나(Tell-al-Amarna)에는 궁전의 기록물 보존소로 지정된 장소가 있었다. 이 텔 알 아마르나(Tell-al-Amarna) 도서관에는 바빌로니아의 설형문자가 새겨진 점토판 문서들이 발견되었으며 이 점토판 문서들은 고대 세계의 여러 다른 지역과 교류한 외교 문서들이 있었다.

---

10 Michael H. Harris. 1995. 『History of Libraries in the western world 4th edition』. p.28.
  '영혼의 치료소'는 오늘의 '독서치료'를 연상하게 한다. 이는 고대인들도 마음을 치유하는 독서의 효과를 인식하고 있었다는 증표이다.

이집트에는 사원도서관들이 존재했던 증거도 남아 있다. 왕이 곧 신이던 당시 사회에서 사원도서관은 신성한 책들(sacred scriptures)을 주된 장서로 갖추었으며, 이러한 장서 가운데 핵심 장서는 이집트 학문의 신 토트의 책(The Book of Thoth)이었다. 토트(Thoth : 따오기(ibis)의 머리를 한 지식, 학예 등의 지배자)는 고대 이집트 신화에 등장하는 신으로 과학, 언어, 시간 등 지식을 관장했으며, 그 형상은 사람의 몸체 위에 따오기 모양의 머리를 한 모습으로 그려진다.[11] 토트의 책 이외에 이집트의 다른 신들에 관한 책들도 있었으며, 종교의식(ritual)에 관한 책, 찬송가(hymn), 마법(incantation)에 관한 책들도 있었다. 또 BC 1800년경의 작품으로 추정되는 '오시리스의 드라마(Drama of Osiris)'와 같은 성극(聖劇)도 있었으나 그 일부만이 전해질 뿐이다.[12] 이집트의 사원도서관들은 바빌로니아와 마찬가지로 종교와 밀접한 관련이 있는 과학, 의학, 천문학과 같은 세속(secular) 일반의 문헌들도 갖추게 되었다.[13] 이집트의 사원들은 곧 학교였으며 대부분의 공교육은 문자 해독과 글쓰기에 중점을 두었다. 따라서 사원에는 교육을 지원하는 참고도서 및 텍스트를 갖춘 도서관이 마련되어 있었다. 이집트 소년들은 필경사가 되기 위해 어릴 때부터 열심히 공부하였고, 수년 동안 도제로 봉사하였다. 필사를 위해서는 700여 자의 신성문자를 배워야 했는데, 신성문자는 각기 2가지 이상의 다른 의미와 2가지 이상의 표기법을 가지고 있어 이들을 익히는 데 많은 시간이 필요하였다고 한다. 이 학교도서관들은

11 위키백과 "토트" 검색 결과 일부 요약
12 오시리스(Osiris)는 고대 이집트의 신으로 식물, 대지, 곡물의 신이다.
13 Michael H. Harris. 1995. 『History of Libraries in the Western World 4th edition』. pp.27-35.

토트신 : 지식, 문자, 지혜의 신
(출처 : 위키백과)

학생들을 위해 텍스트와 문법, 사전, 업무용어뿐 아니라 역사, 문학, 윤리, 도덕에 관한 책들도 구비하고 있었다고 한다.

이집트의 사원도서관들은 치유센터, 즉 의학도서관이라고 여겨 질만큼 많은 의학서를 가지고 있었다. 나일 삼각주에 있던 태양신의 중심지 헬리오폴리스(Heliopolis)에는 '권자본의 집(Hall of Roll)'이라는 도서관이 있었는데, 이곳에서는 각종 질병과 치료에 관한 목록이 발견되었다. 또 멤피스(Memphis)의 프타흐 사원(the temple of Ptah)[14]에서는 의학적 처방에 관한

14 프타흐(Ptah)는 Memphis의 수호신인 창조의 신

책의 파편이 발견되었고, 애드푸(Adfu)의 호루스 사원(the temple of Horus)에서는 예방의학에 관한 흔적이 발견되었다. 의학 장서 가운데는 110면에 이르는 의학 정보를 수록한 파피루스가 발견되었으며 이는 BC 1550년경에 제작된 것으로 추정되고 있다.

이집트의 도서관 문명은 인근 팔레스타인과 이스라엘에도 영향을 미쳤다. 성서에 나오는 출애굽기(出埃及記)는 이스라엘 민족이 340년간 이집트에 살면서 이집트의 왕으로부터 박해를 받았고 그 후 이집트를 떠나 이스라엘로 돌아가 새로운 역사를 개척하는 이야기를 담고 있다.[15][16]

3. 고대 이스라엘의 도서관

유대인은 고대로부터 유대교를 믿고 성서와 율법서인 탈무드를 가르치는 지혜의 교육을 실천해 왔으며 그 대표적인 교육기관은 예시바(yeshivah, yeshibah)였다. 예시바는 유대인의 교육을 위한 학교이자 도서관으로 1세기 초에 그 기틀이 잡혔고, 그 이후 유대인이 사는 곳에는 어디에나 예시바가 있었다고 한다. 유대인들은 지금도 예시바에서 성경, 탈무드 등 책을 읽고 누구와도 자유롭게 대화하고 토론한다. 이러한 토론문화는 그들의 정신세계에 지혜의 폭을 넓혀주었고 학술 분야에서도 수많은 인재를 배출

---

15 '이집트(Egypt)' 또는 고대 그리스어 '아이굽토스(@Aigyptos)'의 음역어로 한글 음역어는 '애굽', 한자 음역어는 '애급(埃及)'이다.

16 NIV(New International Version) 한영 해설 성경. 2014. 고양 : 성서원. pp.82-146.

하였다.

미국 최초의 '예시바'는 '뉴욕 에츠 하임'(Etz Ḥayyim of New York : 1886)으로서 학교이자 도서관이었으며, 1928년에는 '예시바대학'으로, 1945년에는 '예시바대학교'로 발전하였다. 오늘날에도 예시바는 미국과 이스라엘에 산재해 있다.[17]

유대인의 도서관 예시바(KBS "공부하는 인간" 화면 촬영)

예시바는 토론하는 도서관으로서 우리에게도 알려진 하브루타 독서법은 예시바의 독서토론 문화에서 유래한 것이다. 예시바에서는 주로 성경과

---

17 KBS 다큐멘터리 "공부하는 인간"(2013)

예시바(KBS "공부하는 인간" 화면 촬영)

탈무드를 읽고 토론했으며 근대에 와서는 독서의 범위가 전 분야로 확대되었다.

『원전에 가장 가까운 탈무드』
(마이클 카츠, 거숀 슈워츠 지음, 주원규 옮김. 바다출판사. 2018)

비유대인은 물론이고 유대인에게도 여전히 신비하고 난해한 책으로 남아 있는 탈무드의 진면목을 소개하는 책이다. 미국 유대교신학교를 나온 현직 두 정통 랍비가 탈무드의 체제와 원문을 충실히 옮기고 친절히 해설한 책으로 1997년 출간 이래 20년 넘게 대표적 탈무드 입문서로 손꼽히고 있다. 탈무드의 기원과 체제, 특징을 상세하게 설명하고 탈무드 원전에서 그 정수를 보여주는 90여 개의 절을 뽑아 알기 쉽게 해설해 탈무드를 처음 접하는 초심자들도 쉽게 이해할 수 있도록 도와주는 책이다. 이 책은 이제까지 재미있는 우화집, 가벼운 처세훈 정도로 잘못 알려진 탈무드에 대한 오해를 불식하고, 탈무드의 진수를 새로이 만날 수 있도록 이끌어준다(교보문고).

탈무드 원전 영문판 『The Babylonian Talmud』
(Translated by MICHAEL L. RODKINSON. Volumes 1-10, 1918)

총 3,225쪽에 이르는 이 방대한 책은 구글에서 pdf로 내려받아 이용할 수 있다. 국내에 탈무드 원전 완역본이 없는 상태에서 탈무드의 원전을 읽고자 한다면 이 책을 입수해야 할 것이다. 기독교에서 성경은 번역 출판 보급하고 있으나 탈무드 원전을 번역 보급하지 않는 것은 무슨 연유일까? 헤브라이즘은 헬레니즘과 더불어 서구 문명의 양대 축이다. 헤브라이즘을 알기 위해서는 성경만이 아니라 탈무드 원전을 공부하는 것이 지름길이 아닐까 생각된다. 그리고 우리의 도서관들도 유대인의 도서관 예시바를 벤치마킹하여 동서양 지혜의 고전들을 읽고 토론하는 독서토론 문화를 조성할 필요가 있다고 본다.

4. 고대 그리스의 책과 도서관

고대 그리스에서는 BC 1400년~BC 1100년경 문자 문명이 출현한 것으로 알려져 있다. 이는 19세기 말부터 20세기에 걸친 고고학 발굴을 통하여 크레타(Crete) 섬의 크노소스(knossos 고대 미노아 문명의 중심지) 및 그리스 본토의 미케네(mycenae 미케네 문명의 중심지), 그리고 필로스(pylos 그리스 남서부의 항구)에서 기록 자료들이 발굴됨으로써 밝혀졌다. 그러나 이러한 초창기의 문명은 기원전 12세기경 도리아인들(Dorians)의 침입으로 사라지고, 기원전 7세기경에 와서야 다시 문자 문명이 시작된 것으로 보이며, 도서관의 역사도 대략 BC 6세기부터 시작되었다고 볼 수 있다.[18] BC 6세기 이전에도 문자 기록은 점토판이나 도자기 등의 파편 속에 남아 있으나 분산되어 있어 도서관의 흔적이라고 보기는 어려우며 도서관의 흔적은 BC 560년경 아테네의 폭군 페시스트라토스(Pisistratus, BC 605~BC 527)가 많은 장서를 수집하여 이를 아테네시에 기부하고 나중에 일반에게 공개한 일종의 공공도서관이 있었다는 이야기가 전해진다.[19] 또 그리스에는 학교들이 설립되어 강의가 이루어졌으며 교사들은 강의를 위해 자료를 참고하였을 것이라는 의미에서 분명히 도서관이 존재했을 것으로 믿어진다.

미디어의 측면에서도 그리스에는 기원전 7세기경에 이집트로부터 파피루스가 들어오고, 기원전 5세기경부터는 파피루스의 사용이 일반화되었다고 한다. 그리스어에서 하얀 파피루스를 의미하는 chartres는 라틴어의 charta, 영어의 chart, card가 되었으며, 글자가 적힌 파피루스는 그리스어로 byblion, biblion, 영어로 bibliography가 되었다는 점이 이를 뒷받침한다.[20]

---

18 Michael H. Harris. 1995. 『History of Libraries in the Western World 4th edition』. p.39.
19 Michael H. Harris. 1995. 『History of Libraries in the Western World 4th edition』. p.39.
20 정필모, 오동근. 『도서관 문화사』. 구미무역(주)출판부. 1998. p.33.

기원전 429년경 그리스의 페리클레스 시대에는 도서의 거래가 활발하였고, 개인 장서의 수집도 빈번하여 파피루스로 된 서적이 많이 유통되었던 것으로 전해진다. 특히 소크라테스, 플라톤, 아리스토텔레스 시대에는 학문과 교육이 융성하였다. 플라톤은 BC 327년 세계 최초의 사립대학인 아카데미아(Academia)를 세우고 대화의 방법으로 학생들을 가르쳤고 그 결과 40여 권이 넘는 대화록을 남겼다.[21] 따라서 플라톤의 사립대학인 아카데미아에는 많은 학술 장서를 갖춘 도서관이 있었을 것으로 여겨지고 있다.

소크라테스 이전에 그리스에서 인문학이 성립되는 체험적 고뇌의 과정은 호메로스의 『일리아스』와 『오뒷세이아』라는 서사시로 전해지고 있다. 호메로스의 서사시는 그리스 문명에서 가장 주목할 만한 최초의 기록으로서 저자로 알려진 호메로스는 한 사람이 아니라 여러 사람일 것이라는 주장이 널리 수용되고 있다. 즉 『일리아스』와 『오뒷세이아』는 BC 750년부터 BC 550년에 이르기까지 200여 년에 걸쳐 완성된 작품이므로 성립 기간으로 볼 때 한 사람의 작가가 쓴 것이 아니라는 것이다.[22]

『일리아스』(호메로스 지음, 천병희 옮김. 숲. 2007)

그리스문화의 원형이자 서양 정신의 출발점인 호메로스의 대표작으로

---

21 플라톤의 대화록은 한 종류의 책이 아니라 총 43종에 이르며 국내에서는 '정암학당'이라는 학술단체가 플라톤의 대화편을 번역 출판하고 있다.
22 버트런드 러셀 지음, 서상복 옮김. 『서양철학사』. 을유문화사. 2012. p.42

그리스 문학의 가장 오래된 작품이며 유럽 문학의 효시이다. 신의 뜻에 따라 트로이 전쟁을 수행하는 그리스군과 트로이 군대의 비극적인 운명, 즉 전쟁과 죽음과 삶에 대한 인간의 통찰을 담고 있다.

『오뒷세이아』(호메로스 지음, 천병희 옮김. 숲. 2006)

오뒷세이아는 '오뒷세우스의 노래'라는 뜻이며 기원전 700년경의 작품이다. 트로이 전쟁에서 목마를 고안해 승리를 이끈 그리스 영웅 오뒷세우스가 전쟁이 끝난 후에도 귀향하지 못하고 바다 위에서 떠도는 이야기로 그가 고향으로 돌아가기까지 10여 년 동안 전쟁보다 험난한 모험을 겪으며 삶의 본질, 인생의 위엄과 쾌락 등 인간의 문제를 체험적으로 그려내고 있는 서사시이다.

소크라테스 Socrates(BC 470경~BC 399)

BC 5세기 후반 서구문화의 철학적 기초를 마련한 철학자이자 세계 4대 성인 중 한 사람이다. "철학을 하늘에서 땅으로 끌어 내렸다"라는 키케로의 말과 같이 소크라테스는 이오니아 자연 철학자들의 사변철학으로부터 인간 생활의 성격과 행위를 분석하는 인본주의 철학으로 철학의 초점을 바꾸어 놓았다. 그는 도덕적 가치가 무너진 펠로폰네소스 전쟁의 혼란기를 겪으면서 "너 자신을 알라 Know thyself."라는 충고와 도덕적 깨달음의 의미를 제시하여 당시 생활윤리를 뒷받침했다.

소크라테스는 책을 쓰지 않았기 때문에 그의 인격이나 사상은 주로 플라톤의 대화편과 크세노폰의 회고록(Memorabilia)에 남아 있다.[23] 그는 많은 시간을 길거리와 시장에서 보냈으며, 젊은이들의 모임에 참여, 정치가, 시인, 예술가의 본분, 옳고 그름에 관한 생각 등을 자유롭게 설파했다. 소크라테스는 자신만이 무지를 깨닫고 있기 때문에 다른 사람보다 더 현명하다고 믿었으며 사람들에게 무지를 깨닫게 하고 영혼의 착한 지식의 중요성을 깨닫게 하는 임무를 신에게서 부여받았다고 믿었다(브리태니커).

플라톤(Platon, Plato, BC 427~BC 347)

BC 427년 아테네에서 태어났다. 플라톤은 펠로폰네소스 전쟁 시기에 청소년기를 보내면서 20대 때부터 소크라테스와 교분을 맺고 가르침을 받았다고 한다. 소크라테스는 70세가 되던 해에 사형 선고를 받고 처형되는데, 이 사건이 플라톤에게 매우 큰 충격을 주었다. 당시 28세로 정치에 관심이 많았던 플라톤에게 이 사건은 정치를 멀리하고 철학에 전념하는 결정적 계기가 되었다. 그는 40세 되던 해에 2년간 남부 이탈리아와 시칠리아를 여행하면서 몇몇 피타고라스학파 학자들과 교분을 쌓고 아테네로 돌아와 42세 무렵 아테네 근처에 '아카데미아'를 세우고 학문 활동과 강의에 주력

---

23 옛 성인들은 책을 쓰지 않고 말씀으로 가르침을 전했다. 이는 고대사회에서 언어 및 미디어 환경이 열악한 탓도 있었겠으나 성현들에게는 직접 말씀으로 소통하고 교화하고 인도하는 일이 현실적으로 더 시급한 과제였기 때문이 아닐까 생각해본다.

아테네의 아카데미아에서 제자들에게 기하학을 가르치고 있
는 플라톤(나폴리 국립고고학박물관 소장).

하였다. 플라톤의 저서는 거의 대화 형식을 취하고 있다. 『국가』, 『소크라
테스의 변명』, 『향연』, 『파이돈』, 등에서 소크라테스를 주인공으로 내세우
고 있다. 이로써 소크라테스의 사상이 그에게 큰 영향을 미쳤음을 알 수
있다. 플라톤의 책은 국내의 한 학술단체인 "정암학당"의 소속 학자들에
의해 2007년부터 번역 간행하고 있다. 지금까지 『소크라테스의 변명』, 『크
리티아스』, 『뤼시스』 등 19책이 출간되었고, 앞으로도 계속 번역, 간행할
예정이라 한다. 이미 간행된 책의 목록과 초록은 "정암학당"의 홈페이지에
서 살펴볼 수 있다.[24]

---

24 정암학당 홈페이지 http://www.jungam.or.kr/publications

아리스토텔레스 Aristoteles(BC 384~BC 322)

BC 384년 스타게이로스에서 출생하였다. 17세 때 아테네에 진출, 플라톤의 아카데미아에 들어가 스승 플라톤이 죽을 때까지 그곳에 머물렀다. 그 후 여러 지역을 여행하며 연구와 교수를 계속했으며 알렉산드로스 대왕도 가르쳤다. BC 335년에 아테네로 돌아온 그는 사립 학원 리케이온(Lykeion)을 세웠다. 리케이온은 아테네의 작은 숲속에 위치하여 학생들과 숲속을 거닐면서 대화와 강의를 했기 때문에 이들을 '소요학파(逍遙學派 Peripatetics)'라 불렀다. 지금까지 남아 있는 아리스토텔레스의 저작들은 대부분 이 학원에서 사용한 강의록을 제자들이 편집한 것이라 한다.

이처럼 아리스토텔레스가 지식의 전 분야에 확고한 토대를 구축한 것은 문헌과 도서관의 바탕이 있어 가능했을 것이다. 아리스토텔레스는 서양 학문의 기반을 마련한 대 석학으로서 철학, 윤리학, 정치학, 자연과학 등 모든 분야를 통섭한 학문의 시조로 칭송받고 있다. 그의 대표적인 저술로는 『오르가논』, 『자연학』, 『형이상학』, 『영혼론』, 『니코마코스 윤리학』, 『정치학』, 『시학』 등이 있다.

알렉산더대왕(Alexander the Great, Alexander of Macedonia, BC 356~BC 323)

그리스의 북부 마케도니아왕국 필립 2세(Philip 2, BC 359~336 재위)의 아들로서 부왕의 유지를 받들어 오리엔트를 정복, 대제국을 건설하였다. 역사학자 정수일 교수는 그의 책『고대문명교류사』에서 알렉산더의 동방 원정의 원인을 다음과 같이 3가지로 들고 있다.[25]

첫째로 선왕의 유지인 대 그리스제국의 건설을 위해서였다. 필립 2세의 원정의 목적은 소크라테스 등이 주장한 범 그리스주의에 입각하여 소시아의 하리스강 이서지역을 공략하여 대 그리스제국을 재건하는 데 있었다. 이러한 선왕의 유지와 계획을 실천에 옮기려고 혼연히 동방 원정에 나섰다.

둘째로 그리스 도시국가 간의 분쟁을 막고 독립을 회복하려는 그들의 기도를 억제하기 위해서였다. 기원전 5세기에 있었던 여러 차례의 페르시아전쟁에서 승리한 아테네는 크게 번성하기 시작했다. 그러자 스파르타, 테베 등 인접 도시국가들과 세력균형이 깨어져 갈등이 심화했다. 이러한 도시국가들간의 갈등을 동방 원정이라는 공동목표 속에 융해시키려는 것이 알렉산더의 숨은 의도였다.

셋째는 숙적인 페르시아에 보복하기 위해서였다. 중앙아시아와 서아시아를 지배하던 페르시아는 아테네를 네 차례나 공략했으나 매번 실패하면서 점차 쇠퇴하기 시작하였다. 숙적 페르시아의 쇠퇴는 그리스제국의 재건

---

25 정수일. 2001.『고대문명교류사』. 사계절. pp.353-361.

을 꿈꾸던 알렉산더로서는 장애의 제거와 보복의 좋은 기회였다.

알렉산더는 BC 334~BC 324년까지 10년간의 동방 원정으로 알렉산더 대제국을 건설하였다. 알렉산더 대제국의 영토는 동으로는 소그다아나, 남으로는 이집트, 북으로는 카스피해 남안까지 광활한 지역에 걸쳐 있었다. 그는 전쟁에 계속 승리하면서 정복하는 곳마다 도시를 건설하고, 그의 이름을 따서 알렉산드리아라고 명명하였다. 그가 세운 알렉산드리아는 소아시아, 중앙아시아, 인더스강 유역, 이집트 나일강 유역에 이르는 광활한 지역에 걸쳐 무려 70여 곳에 달하였다. 하지만 계속되는 전쟁의 혼란과 알렉산더의 갑작스러운 사망으로 인해 알렉산더 제국은 오래가지는 못하였다. 그러나 알렉산더의 동방 원정은 동서 융합의 헬레니즘 세계를 여는 서막이었다는 점에서 역사적 의의를 지닌다.

5. 지성의 횃불 알렉산드리아도서관

페르시아전쟁 후 그리스문화는 알렉산더대왕이 이룩한 대제국으로 전파되어 헬레니즘문화로 꽃을 피웠다. 세계 지성사에 빛나는 최초의 도서관은 아마도 알렉산드리아도서관일 것이다. 알렉산드리아는 본시 마케도니아왕국의 알렉산드로스 대왕의 이름에서 딴 도시명이다. 그 가운데서도 가장 번성하였던 곳은 이집트의 지중해 연안에 위치한 알렉산드리아였다. 알렉산드로스대왕은 20대에 왕위에 올랐으나 동방 원정에서 33세의 젊은 나이에 열병으로 죽었기 때문에 그의 통치는 10여 년에 불과하였다. 그러나 이집트의 알렉산드리아는 프톨레미 소터(Ptomemy Soter)와 그 후계자들에 의해 약 300년 동안 번영이 지속되었다. 프톨레미 소터는 BC 300~290에 알렉산드리아도서관을 건설하였다.[26] 알렉산드리아도서관은 원래 뮤세이온(museion)이라는 종합교육기관이었다. 박물관과 도서관을 겸한 당시 세계 최대의 교육기관이 아프리카에서 출발한 점은 인류의 최초 탄생지역이 아프리카였다는 점과도 우연히 일치된다. 뮤세이온의 설립 목적은 물론 그리스문화의 세계전파를 위한 것이었다. 그러나 그리스문화뿐만 아니라 메소포타미아와 이집트, 인도 문화를 융합하여 헬레니즘(hellenizein : 그리스인처럼 행동하다라는 뜻)[27] 문화라는 새로운 세계문화를 형성하였다. 알렉산드리아도서관에는 많은 학자 사서들이 근무하면서 도서관 관리 및 학문 연구에 매진하였다. 오늘날과 같은 사서의 개념이 형성되지 않았던 당시에는 도서관에 종사하는 사람은 당대의 지식인 학자들이었다. 해리스(Michael H. Harris)는 그의 『서양 도서관사(History of Libraries in the Western World. 4th edition)』에서 알렉산드리아도서관에 근무했던 12명의 인사들의 명단과 활동 기간을 알렉산드리아도서관의 발굴 자료에 근거하여 다음과 같이 소개하고 있다.[28]

학자 명	근무기간
팔레론 출신의 데미트리우스(Demetrius of Phalerum)	290-282 B.C
에페소스 출신의 제노도투스(Zenodotus of Ephesus)	282-260 B.C

---

26 James Thompson. 1977. 『A history of the principles of librarianship』. p.204
27 헬레니즘은 19세기 초 독일의 역사가 드로이젠(Johann Gustav Droysen)이 처음 사용
28 Michael H. Harris. 『History of Libraries in the Western World 4th edition』. 1995. p.44.

시레네 출신의 칼리마쿠스(Callimachus of Cyrene)	260-240 B.C
로데스 출신의 아폴로니우스(Apollonius of Rhodes)	240-230 B.C
시레네 출신의 에라토스테네스(Eratosthenes of Cyrene)	230-196 B.C
비잔티움 출신의 아리스토파네스(Aristophanes of Byzantium)	196-185 B.C
에이도그라프 출신의 아폴로니우스(Apollonius of Eidograph)	180-160 B.C
사모스레이스 출신의 아리스타커스(Aristarchus of Samothrace)	160-146 B.C
사이프러스 출신의 오네산더(Onesander of Cyprus)	100-89 B.C
알렉산드리아 출신의 카에레몬(Chaeremon of Alexandria)	50-70 A.D
클라우커스의 아들 디오니시우스(Dionysius, son of Glaucus)	100-120 A.D
가이우스 줄리어스 바시누스(Caius Julius Vasinus)	120-130 A.D

이들의 근무 기간이 대부분 서로 겹치지 않는다는 점에서 아마도 이들
은 업무를 인계인수하며 도서관의 경영책임을 맡았을 것으로 짐작된다.
여기서 제노도투스는 그리스 문학에 정통하였고, 에라토스테네스는 지리
학자로서 최초로 지구 둘레를 측정하였다. 아리스토파네스는 사전을 편찬
했고, 칼리마쿠스는 분류와 목록의 규칙을 확립하고 'pinakes'라고 불리는
장서 목록을 편찬한 것으로 유명하다.[29]

알렉산드리아도서관의 장서는 한때 70만 권에 이르렀다고 한다. 물론
거의 파피루스 권자본이었으므로 오늘의 장서 개념과는 많은 차이가 있다.
알렉산드리아도서관 직원들은 자료의 수집에 열정적이었다고 한다. 필사

---

29 A. 헤셀 지음, R. 페이스 증보, 이춘희 옮김. 1981. 『서양도서관사』. 한국도서관협회. p.13.

본에 의존해야 했던 그들은 수출입 시에 알렉산드리아 항으로 들어오는 개인 책들을 가져다가 필사하여 사본을 만든 다음 원본을 돌려주었으나 때에 따라서는 원본을 돌려주지 않는 염치없는 일도 행하였다고 한다. 또 소아시아의 페르가몬 도서관보다 우위를 점하기 위하여 페르가몬에 파피루스 수출을 금지함으로써 페르가몬에서 더욱 질 좋은 양피지가 개발되는 결과를 낳게 하였다.

알렉산더의 원정 이후 헬레니즘 시대에는 여러 지역에 수많은 도서관이 존재하였다고 한다. 이들 가운데는 공공도서관, 개인도서관, 의학 전문도서관들이 여러 곳에 산재하여 고대 그리스 문명의 발전과 전개에 문헌적 기반을 제공하였다.

번성했던 알렉산드리아도서관은 여러 차례의 전쟁으로 파괴되어 갔다. BC 48년 시저(Caesar)의 알렉산드리아 전쟁에서 화재로 일부가 소실되었고, 391년에는 기독교도들의 침입으로 파괴되었다. 최종적으로는 640년에는 이슬람교도의 칼리프 오마르(Caliph Omar)의 침입으로 완전히 소멸하였다. 그러나 프톨레미 소터(Ptolemy Soter)가 건설한 알렉산드리아 도시는 세계역사상 700년 동안이나 존속한 지상의 불가사의로 여겨지고 있으며, 알렉산드리아도서관은 약 900년 동안이나 존속한 인류 지성의 횃불이 되었다.[30]

---

30 James Thompson. 1977. 『A history of the principles of librarianship』. pp.204-205.

알렉산드리아도서관의 재건

헬레니즘 문화의 중심 알렉산드리아도서관은 멸망으로부터 약 1362년 만인 2002년에 유네스코에 의하여 다시 문을 열었다. 사업의 발단은 알렉산드리아대학의 역사학자 무스타파 엘 아바디 교수가 1971년에 이집트 정부에 알렉산드리아도서관의 재건을 건의함으로써 시작되었다. 그러나 이집트의 경제적 사정으로 착수하지 못하다가 호스니 무바라크 이집트 대통령이 1987년 유네스코(UNESCO)에 요청, 세계에 알렉산드리아도서관의 건립지원을 호소하여 국제사회의 관심을 끌게 되었으며, 중동 산유국을 비롯하여 독일, 일본 등 세계 여러 나라의 재정 및 기술지원으로 성사되게 되었다. 그 후 설계와 고적 발굴 등 사전 준비 기간을 거쳐서 1995년에 착공하여 2002년 10월 16일에 문을 열게 되었다. 비블리오테카 알렉산드리아(Bibliotheca Alexandria)로 명명된 이 거대한 도서관은 지중해를 향해 태양을 빨아들이는 웅장한 모습으로 부활하여 인류 앞에 새로운 세계 문명의 횃불을 밝히게 되었다.[31]

6. 양피지를 발전시킨 페르가몬도서관

아시아의 서쪽 끝 소아시아의 헬레니즘 제국 중 하나인 페르가몬왕국에

---

[31] DongA.com 2003.5.5(월). "古代 알렉산드리아도서관 재건"

도 훌륭한 도서관이 존재하였다. 아탈루스 1세(Attalus Ⅰ, BC 296~197)가 세운 이 도서관은 에우네메스 2세(Eumenes Ⅱ, BC 197~159) 때 더욱 발전 하였다. 그는 프톨레마이오스왕의 휘하 알렉산드리아도서관에서 일하던 유능한 사서 아리스토파네스를 페르가몬도서관으로 스카우트하려 시도하 였으나 뜻을 이루지 못하였다고 한다. 이 도서관은 초창기에 말러스 (Malus) 출신의 문법학자 크레데스(Crates)가 책임을 맡았고 이후 타르수스 (Tarsus) 출신의 아테노도루스(Athenodorus)가 운영하였다고 전해진다. 아 탈루스 2세(AttalusⅡ, BC 159~138) 역시 이 도서관의 발전에 노력하였으나 그의 사후에는 로마제국으로 넘어갔다. 페르가몬도서관의 조직은 알렉산 드리아도서관을 모델로 삼았던 것으로 보이며 장서의 규모 면에서는 알렉 산드리아에 훨씬 미치지 못하였으나 한때 20만 권이 넘었다는 사실은 안 토니(Antony)가 크레오파트라(Cleopatra)에게 20만 권을 선물로 주었다는 이야기를 통해서 짐작해 볼 수 있다. 장서는 주로 파피루스 권자본이었을 것으로 보이나 질 좋은 양피지의 개발로 양피지의 책도 상당수 보유했던 것으로 여겨진다. 양피지를 나타내는 영어 단어 Parchment가 '페르가몬의 종이(charter pergamena)'에서 유래한 점은 이러한 추정에 신빙성을 더해준 다. 또 양피지 필사본 가운데 한번 썼다가 지우고 다시 덮어쓴 이중필사본 (palimpsest)도 있어 당시 양피지가 귀하고 가격이 비쌌음을 알 수 있다. 양피지는 성경과 같은 고급의 성스러운 책의 표지에도 많이 사용되었다.

7. 고대 로마제국의 책과 도서관

모든 길은 로마로 통한다는 말처럼 로마제국은 한때 유럽의 고대사회를 지배하였다. 역사가들은 로마제국을 서로마제국과 동로마제국으로 구분하고 있는데 서로마제국은 이탈리아의 로마를 중심으로 BC 27년부터 AD 476년까지 번성했던 국가이며 동로마제국은 비잔틴제국이라고도 하며, AD 330년부터 1453년까지 1123년 동안 소아시아의 비잔틴(콘스탄티노플, 오늘의 이스탄불)을 중심으로 번영했던 중세 유럽의 중심 국가였다.[32]

서로마제국은 지중해 동부 헬레니즘 문화권과 이집트, 유대, 카르타고, 갈리아 등의 기존 영토는 물론 브리타니아, 라인강 서쪽의 게르마니아, 그리스 북쪽의 다키아까지 광대한 지역을 지배하였다. 이러한 정복의 결과 로마는 부강하게 되었으며 헬레니즘 문화를 고대 서양 문화의 지배적인 문화로 자리매김하였다. 로마의 장군들은 서적을 귀하게 여겨 전승 지역의 서적들을 전리품으로 적극적으로 획득하였다고 한다.

기록이 있는 로마의 첫 번째 도서관은 파울루스 아에밀리우스(Paulus Aemilius)의 개인 장서로 알려져 있다. 아에밀리우스는 로마의 장군이며 학자로서 전쟁에서 승리한 후 다른 병사들이 귀중품을 약탈하는 동안 오직

---

32 동로마제국은 중세에 로마제국의 뒤를 이은 국가로, 수도는 콘스탄티노폴리스(현재의 이스탄불)이었다. 서로마제국과 달리 인구 대다수가 그리스어를 썼다. '로마제국'과 '비잔틴제국'을 구분하는 것은 주로 현대 역사학자들의 관습에 따른 것이다. 비잔틴제국은 중세 유럽에서 가장 막강한 전제 군주제 국가였고 한때 활발한 정복 사업으로 구 로마제국의 고토를 거의 되찾아 광한한 지중해 세계를 통일하여 그 중심지 역할을 하였고, 중동 지역으로 진출하기도 하였다. 특히 수도인 콘스탄티노폴리스는 아시아와 유럽, 흑해, 에게해의 무역로에 자리 잡고 있어 수 세기 동안 유럽에서 가장 부유한 도시였다(위키백과 요약).

문헌만을 수집했다고 한다. 그 후로 전쟁에서 승리한 장군들은 전리품으로 문헌을 수집하여 개인도서관을 만들었다고 한다. 로마 시대에 문헌에 관심을 가진 장군이 많았다는 것은 아마도 고대 그리스의 학문과 교육, 그리고 도서관 등 헬레니즘 문화를 계승했기 때문이라고 할 수 있을 것이다.

공공도서관으로는 정부 기록관 및 전리품 도서로 구성된 도서관들이 있었다. 로마의 첫 번째 공공도서관은 가이우스 아시니우스 폴리오(Gaius Asinius Pollio, BC 76~AD 4)가 아벤틴 언덕(the Aventine Hill)에 세운 아트리움 리버태티스(the Atrium Libertatis)였다. 폴리오는 이전의 장서를 재정리하고 BC 37년 로마시민에게 도서관을 개방함으로써 이 도서관을 로마 최초의 공공도서관으로 만들었다. 프리니(Pliny)라는 학자는 이 도서관을 '인간의 재능과 지식을 공공이 소유하는 매우 기념비적인 도서관이라고 평한 바 있다.[33]

한편 로마 황제 아우쿠스투스(the first Roman emperor, Augustus, BC 63~AD 14)는 2곳에 공공도서관을 설립하였다. 그 하나는 BC 28년에 팔라틴 언덕(the Palatine Hill)에 세운 아폴로(Apollo)사원도서관으로 후대에 티베리우스(Tiberius) 황제와 칼리굴라(Caligula) 황제가 더욱 확장하였고, 문법학자 줄리우스 헤지누스(Julius Hyginus)가 사서로 근무했다고 하며 기원후 4세기까지 약 300여 년간 존속하였다. 또 하나는 캠퍼스 마티우스(the Campus Martius)에 황제의 여동생 옥타비아누스를 기념하기 위하여 세운 옥타비안 도서관(the Octavian Library)이었다. 이 도서관에는 카이우스 멜

---

33 James Thompson. 1977. 『A history of the principles of librarianship』. p.210.

리수스(Caius Melissus)라는 사서가 근무하였다고 하며 기원후 2세기까지 존속하였다. 로마 최대의 도서관은 트리안(Trajan)황제가 AD 114년에 설립한 울피안(Ulpian)도서관으로 목욕탕, 사교장, 극장, 강의실을 갖춘 복합 문화공간이자 사교의 공간으로 발전하였다고 한다.

로마의 전성시대에는 개인도서관, 공공도서관 등 많은 도서관이 산재에 있었다고 한다. 특히 부유한 사람들은 문헌 활용을 위하여 굳이 공공도서관을 이용하지 않아도 될 만큼 개인도서관이 많았다. 예를 들어 키케로(Cicero)는 그의 집에 개인도서관을 두고 '영혼의 집(The soul of house)'이라고 지칭하고 티라니온(Tyrannion)이라는 사서를 고용하여 도서관을 운영했는데 티라니온이 책에 라벨을 붙여 정리를 잘했으므로 그를 칭찬했다는 이야기가 전한다. 또 티투스 프로미넨트 아티쿠스(Titus Prominent Atticus)라는 사람은 장서 수집가이자 도서 중개상으로 활동하면서 개인도서관을 운영했는데, 그의 도서관에는 권자본 장서가 약 2만 권이 있었다고 한다. 이 무렵 개인으로 최대장서를 가진 사람은 사모니쿠스 세레니우스(Sammonicus Serenius)라는 사람으로 약 6만 권의 장서를 갖추고 있었으며 후일 공공도서관으로 개방하였다고 한다.

한편 도서의 수집 및 개인 소유가 유행하면서 학자들 간에는 글자를 읽지 못하는 무식한 사람들이 책을 수집하는 일을 조소하는 일도 있었다. 세네카(Seneca)는 책을 읽을 수 없는 사람들이 책을 사 모으는 것은 아무 소용없는 일이라고 지적했으며, 작가 루시안(Lucian)은 "무식한 장서 수집가(Ignorant Book Collector)"라는 표현을 써가며 책을 읽을 수 없는 사람이 책을 소유하고 만지고만 있는 것은 의미가 없다고 지적하였다.[34] 로마제국의 전성기가 쇠퇴하면서 고대 로마의 훌륭한 도서관들은 흩어지고 쇠퇴하는 운명을 맞았다. 대신 AD 313년 콘스탄티누스(Constantine)대제가 기독교를 공인하면서 교회가 그 세력을 급속히 확대하게 되었고,[35] 기독교 교회와 교회도서관들이 생겨나면서 중세 1천 년간의 기독교 시대의 서막이 열리게 되었다. 초기 기독교인들이 책을 중요하게 여긴 것은 신약성경 디모데후서 4장 13절에 사도 바울의 책에 대한 다음과 같은 언급이 있는 것을 보아도 알 수 있다.

> 디모데후서 4장 13절
> 네가 올 때 내가 드로아의 가보의 집에 둔 겉옷을 가지고 오고, 또 책은 특히 양피지에 쓴 것을 가지고 오라(When you come, bring the cloak that I left with Carpus at Troas, and my scrolls, especially the parchments). [36]

그리스 로마제국의 도서관 문화를 오늘의 관점에서 보면 개인 장서를 도서관이라고 말할 수는 없지만, 고대 그리스, 로마에서는 개인들이 문헌을 수집하고 일반에게 개방하는 등 부유층에서 도서관 봉사 마인드를 가졌다는 것은 매우 진보적인 발상이라 할만하다. 이렇게 기원전부터 문명국가에서는 도서관 봉사의 개념이 올바르게, 그리고 풍부하게 자리 잡았다는

---

34 Michael H. Harris. 1995. 『History of Libraries in the Western World 4th edition』. pp.56-59.
35 로마제국의 콘스탄티누스 1세는 313년 밀라노 칙령을 발표하여 기독교에 대한 박해를 중지하였다. 325년 콘스탄티누스 1세는 제1차 니케아 공의회를 열고 그동안 다양한 사상으로 분화되어 있던 기독교의 교리를 정리하도록 하였다. 콘스탄티누스 1세는 기독교를 통하여 정치력을 강화하고자 하였다. 324년에서 330년 사이 로마제국은 수도를 비잔티움으로 옮기면서 새롭게 도시를 건설하고 도시명을 콘스탄티노폴리스로 개칭하였다.
36 NIV(New International Version) 『한영 해설 성경』. 성서원. 2014. p.347.

사실은 놀라운 일이다. 고대 그리스와 로마제국 전성기에 도서관이 번영한 것은 도서관 봉사의 개념이 빈약한 오늘의 우리에게 경종을 울리고 있다. 오늘의 우리는 학자들이나 부유한 사람들이 개인도서관을 마련하여 일반에게 개방하는 경우는 극히 드물며, 몇몇 선진국을 제외하면 공공도서관, 학교도서관 등 도서관들도 아직 그 위상과 역할을 제대로 해내지 못하고 있기 때문이다. 우리가 그리스, 로마 도서관의 역사에서 배울 점은 바로 이러한 도서관의 개방과 서비스 정신이라 생각된다.

키케로(Marcus Tullius Cicero, BC 106~BC 43)

로마의 정치가, 웅변가이며 수사학의 혁신자. BC 106년 기사 가문에서 출생, 일찍이 로마로 유학하여 수사학, 웅변술, 그리스 철학을 공부했다. BC 63년에 로마의 최고 정치 지도자인 콘술을 역임했으며, 원로원 중심 체제를 옹호하여 독재자 카이사르의 정치적 노선에 반대를 표명하며 대립하다가 BC 56년에 정치에서 물러났다. BC 43년 카이사르가 암살당하고 안토니우스가 정권을 잡은 후 안토니우스가 보낸 자객으로부터 암살당했다.

키케로는 그리스 문헌에 대한 해석을 통해 그리스 정신과 문화를 복원하였다. 그의 수사학은 소크라테스, 플라톤, 아리스토텔레스 등 그리스 전통 수사학과 비판적 거리를 취하면서도 한데 어우러져 있다는 평을 듣는다. 그의 수사학은 단지 때와 장소에 따라 말을 어떻게 하느냐의 문제만이 아니라 논리적 설명의 제고를 통하여 서양 인문학의 새로운 세계를 열었다고 평가받고 있다. 저서로는『수사학』,『신의 본성에 관하여』,『도덕적 의

무에 관하여』 등이 있다.

『수사학-말하기의 규칙과 세계』(키케로 지음. 안재원 옮김. 길. 2006)

　이 책은 그리스 정신과 문화를 복원해낸 키케로의 수사학을 서양 고전 문헌학의 원전 작업 방법에 따라 번역한 서양 고전 수사학 연구의 주석서이다. 그리스 문헌학 전문가가 고전 문헌학에 기초하여 번역했으며 그리스, 라틴어 원문을 수록하고 있다(교보문고).

중세사회의 책과 도서관

1. 수도원 설립

중세는 고대 로마제국의 멸망(476)으로부터 동로마제국 콘스탄티노폴리스의 함락(1453)까지 약 1000년간으로 잡는다. 이 시기는 기독교가 전 서구사회를 지배하였다고 해서 '종교 시대'로 일컬어지며 인간의 이성이 잠자고 있던 시대라는 뜻으로 '암흑시대'라고도 부른다. 하지만 이러한 명칭들은 후대의 역사가들이 그 시대적 특징을 나타내기 위해 붙인 것이다.

수도원의 탄생과 번성은 이 시대의 특징을 잘 나타낸다. 기독교 시대인 만큼 기독교를 전도하고 실천하는 수도원은 당시로서는 어디에나 주요한 필수 교육시설이었다. 중세의 교회 성직자들은 유일한 지식 계급이었고, 교육자였으며, 모든 교육은 수도원에서 이루어졌다. 수도원은 교회이고 학교이자 도서관이었다. 수도원에서의 교육은 주로 신학교육, 성직자 양성교육이었기 때문에 고대 그리스의 인문주의적 교육은 이루어질 수 없었다.

따라서 인문 예술 문헌은 어디선가에 잠자고 있을 수밖에 없었다.

사실 수도원은 중세 때 처음 생긴 것은 아니다. 최초의 수도원은 3~4세 기경 이집트와 오리엔트 지역에서 금욕 생활을 하던 수도사들이 수도회를 형성하고 기도를 수행한 데서 시작되었다고 한다. 처음부터 건물을 지어 교회의 모습으로 출발한 것이 아니라 은둔 수도사들이 금욕을 실천하기 위해 떠돌다가 최소한의 의식주 생활의 필요성을 느껴 수도회를 결성하였고 이 모임이 점차 수도원으로 발전했다는 것이다.

고대 최초의 수도원으로는 쿰란 동굴이 있다. 성경 사해 사본이 처음 발견된 이곳은 와디 쿰란 수로(水路)의 북쪽, 사해에서 약 1.6km 떨어진 곳에 있다. 사해 사본의 소유자인 에세네파(派) 공동체가 살았던 곳으로 추정된다. 에세네파는 BC 2세기 요나단 마카베와 그 뒤를 이은 시몬 마카 베가 대제사장의 자리에 올라 교권과 왕권을 겸하게 되자 에세네파는 '정 의의 스승'(Teacher of Righteousness)을 따라 광야로 도피했고 BC 2세기 중 반 에세네파의 수도원 공동체를 세웠다. 에세네파 사람들은 성서학습, 노동, 예배, 기도에 힘썼으며, 구세주의 성찬을 예언적으로 기념하는 의미에서 식사를 공동으로 했다(다음 백과).

고대 이집트에서도 은둔자의 기도처로서 수도원이 발생했다. 은둔자들이 모여 살던 곳은 나일강 삼각주의 북서부 스케테(Sketis), 니트리아 (Nitria), 켈리아(Kellia), 테베(Thebais) 지역이었다. 홀로 기도하는 은둔자들이 늘어나면서 점차 기도 공동체인 수도원을 만들고 엄격한 규율 아래서 수도 생활을 하게 되었다. 은둔자들을 공동체로 결집한 초창기 인물은 이집트인 파코미우스(Pachomius)로서 그는 지도자를 중심으로 한집에 모여 공동생활을 하는 공주(共住 : 함께 거주하는) 수도원을 구성하였다.[1] 파코미우스는 종교 문헌 중심의 도서를 수도원 건물 벽장에 보존하면서 수도사들에

쿰란 동굴

게 수도원 내에서만 이용할 수 있도록 했다.

이러한 수도원의 사례는 4세기 말부터 유럽의 기독교사회로 퍼졌고, 5세기 이후에는 전 유럽에 우후죽순(雨後竹筍)처럼 전파되었다. 대표적인 수도원으로는 이탈리아의 마그네스 아우렐리우스 카시오도루스(Magnus Aurelius Cassiodorus)가 서기 540년경 그의 사재를 기증하여 남부 이탈리아에 세운 비바리움(Vivarium) 수도원이다. 그는 개인 장서로 도서관을 열고 여생을 연구와 신앙에 전념했다고 한다. 그의 도서관에는 종교의 기본서는 물론 그리스, 라틴의 고전문헌도 소장하였다고 한다.

후세에 큰 영향을 미친 수도원은 이탈리아의 베네딕트가 만든 몬테카시노 수도원이다. 수도사 베네딕트는 이탈리아의 몬테카시노에 독자적인 수도원을 세웠다. 그는 본래 다른 큰 수도원의 원장이었으나 원생들의 퇴폐

---

1 카를 수소 프랑크 지음, 최형걸 옮김. 2017(1977 초판).『기독교 수도원의 역사』. 은성. pp.43-49.

적이고 문란한 모습을 질책하다가 배척받은 바 있었다. 베네딕트는 초기 크리스트교 공동체의 순수성 회복을 목표로 청빈과 근면을 강조하는 새 수도회 규칙을 만들었다. 그 가르침은 현실 권력과 야합해 부패해 가던 크리스트교에 환멸을 느낀 이들로부터 많은 공감을 얻었고 베네딕트 교단을 탄생시키기에 이른다. 당시로서는 하나의 종교개혁이었던 셈이다. 순수한 열정으로 무장한 베네딕트 교단은 이후 게르만족을 상대로 한 포교 활동에서 맹활약할 뿐 아니라, 크리스트교 개혁 운동에도 지대한 영향을 끼쳤다. 베네딕트는 수도사들에게 청빈, 순결, 순종의 세 가지 계율을 지키게 하였고, "수도사들은 기도하며 일하라"는 표어를 내걸고 공동생활을 하였다. 이렇게 만들어진 이른바 베네딕트 규칙은 그 후 많은 수도원에서 채택되었다. 수도사들은 기도, 독서뿐 아니라 황무지를 개간하는 등 노동에 힘써 산업 개발에 이바지하였다. 또 그리스, 로마의 옛 문헌을 공부하고 이를 손으로 베껴 남김으로써 학문 발달에도 공헌하였다.

이후 베네딕트 수도원 규칙이 다른 지역의 수도원에 전파되었고 특히 아일랜드 지역의 수도원에서 수도 생활을 실천하는 모범적 사례가 되었다.

성 베네딕트(St. Benedictus, 480~547 추정)

영국에서는 597년경 그레고리 교황이 파견한 성 어거스틴의 노력으로 캔터베리에 수도원이 설립되었고, 성 베네딕트 규칙을 수도원 생활의 규범으로 삼았다. 또 7세기에 베네딕트 비스콥(Benedict Biscop)은 영국 북부 웨어마우스(Wearmouth)와 제로우(Jarrow)에 수도원을 세웠다. 베네틱스 비스콥의 제자인 베드(Bede) 부주교는 그 수도원 도서관의 장서를 이용하여 『영국 교회사』를 저술하기도 했다.

프랑스에서는 660년경에 세워진 꼬르비에(Corbie) 수도원과 수도원학교가 유명하며 그에 딸린 도서관과 사자실은 유럽에서 가장 훌륭했다고 한다.

독일에서는 8세기에 영국의 수도승 성 보니파스(St, Boniface)가 풀다(Fulda), 헤덴하임(Heidenheim), 후릿출러(Fritzlar) 3곳에 수도원을 설립하였으며, 특히 풀다(Fulda)에서 작성된 도서관 목록이 남아 있다.

스페인에서는 7세기 무렵에 활동한 세비르(Seville)의 주교 이시도르(Isidore)가 유명하다. 그는 당시 많은 문헌을 수집하여 교회 내에 서가와 벽장에 장서를 보존, 활용했다. 특히 저명 종교 작가의 책은 작가별로 별도 서가에 배치하였고, 종교서 뿐 아니라 문학, 역사 등 세속 문헌도 소장하였다. 이시도르(스페인어, Isidoro de Sevilla, 560~636)는 어원학적 백과사전인 어원사전(Etymologiae)을 편찬했다. 어원학은 수백 개의 고전 출처에서 풍부한 지식을 요약한 사전이다. 문법, 수사학, 수학, 기하학, 음악, 천문학, 의학, 법, 로마 가톨릭, 이단 종파, 이교도 철학자, 언어, 도시, 인간, 동물, 물리적인 것과 세계, 지리, 공공건물, 도로, 금속, 바위, 농업, 전쟁, 배, 옷, 음식 및 도구 등을 다루었다. 어원사전(Etymologiae)은 중세에 걸쳐 가장 많이 이용된 사전이었다.

어원사전(Etymologiae)

2. 수도원 도서관

중세수도원들은 반드시 도서관을 운영하였다고 한다. 당시에 책이 없는
수도원이나 수녀원은 없었으며, 이러한 신념은 "도서관이 없는 수도원은
무기고 없는 성과 같다."라는 중세 때의 경구에도 잘 나타나 있다. 초창기
에 도서관이 설치될 때는 불과 수백 권의 장서를 한두 개의 책 상자 속에
넣어 수도원의 한 모퉁이에 보관하였지만, 장서는 점점 증가하였다. 도서
관들은 이용자들이 적정하다고 생각하기 이전에 어떤 규모를 달성해야만
하는 규칙이 있었다. 예를 들면 베네딕토 규칙(Regula Benedicti)에는 최소
한 사제 1인당 1권을 확보해야 한다고 규정하고 있었다.[2] 또 베네딕토 수
도원에는 다음과 같은 독서에 관한 규칙이 있었다.[3]

베네딕토 규칙(Regula Benedicti) 중 독서에 관한 규칙

1. 형제들의 식사 시간에 독서를 생략해서는 안 되며, 우연히 책을 잡게 되는 사람이 책을 읽어서도 안 된다. 한 주간 동안 (계속해서) 독서 할 사람은 주일에 들어올 것이다.
2. 들어오는 사람은 하느님께서 거만한 정신을 자기에게서 물리쳐 주시도록 미사와 영성체 후에 모든 이들에게 기도를 청할 것이다.
3. 그가 성당에서 "주여, 내 입술을 열어 주소서, 그러면 내 입이 당신 찬미를 전하리이다" 하는 구절을 시작하거든 모든 이들이 세 번 외우고,
4. 그다음 강복을 받고 독서(당번)에 들어갈 것이다.
5. 완전한 침묵을 지켜 단지 독서자의 소리 외에는 그 어떤 수군거림이나 목소리도 들리지 않게 할 것이다.
6. 먹고 마시는 데 필요한 것들을 형제들이 서로 돌아가며 봉사하여 아무도 무엇을 청할 필요가 없도록 할 것이다.
7. 그러나 만일 어떤 필요한 것이 있거든 말로써 하지 말고 어떤 신호 소리를 내어 청할 것이다.
8. 또한 아무도 독서 그 자체에 대해서나 또는 다른 어떤 일에 대해서도 감히 물어보지 말 것이니, 이는 (말할) 기회를 주지 않기 위해서이다.
9. 그러나 장상(감독자)은 훈화를 위하여 짧게 무엇을 말할 수 있다.
10. 주간 독서를 맡은 형제는 영성체 때문에 또 금식함이 너무 힘들지 않도록 독서를 시작하기 전에 물을 탄 포도주를 마시고,
11. 그 후에 주방의 주간 당번들과 봉사자들과 함께 식사할 것이다.
12. 형제들이 순서대로 읽거나 노래하지 말고, 듣는 사람들에게 감동을 줄 수 있는 형제들이 읽도록 할 것이다.

출처 : 툿찡 포교 베네딕도 수녀회 대구수녀원
https://www.benedictine.or.kr/

---

2 James Thompson. 1977. 『A history of the principles of librarianship』. p.210
3 툿찡 포교 베네딕도 수녀회 대구수녀원, 성 베네딕도 수도 규칙 "38. 주간 독서에 대하여"

수도원 도서관들은 또 수도사 가운데 필경사를 지정하여 서적을 필사하는 작업을 전담시켰다고 한다. 서적 필사의 소임을 맡은 필경사들은 아침부터 저녁까지 수도자로서 정성스럽게 서적을 필사했다고 한다. 필사의 대상은 교회 관계 문헌만이 아니라 그리스, 로마 고전까지 포함되었다. 그들은 유럽 각지에서 종교 문헌뿐 아니라 세속의 문헌을 수집하고 도서관에 보존하면서 사명감을 가지고 필사함으로써 고전 문화의 맥락을 이었다. 그 결과 서기 1000년 무렵에 대학들이 유럽 각처에 발생하면서 대학 인문학 교육의 기초자료 역할을 했으며, 자유 교양 교육의 기반이 되었다. 중세 종교 시대에는 세속 학문의 발전은 부진했으나 수도원 도서관이 필사 전승한 자료를 기반으로 중세 대학과 14세기 르네상스가 피어난 점에서 수도원 도서관의 가치는 높게 평가되고 있다.

3. 서양 대학의 형성

대학의 역사는 학문의 역사라고 할 수 있다. 학문이 일어나는 주요한 장소가 대학이기 때문이다. 학문은 배우고(學) 묻는(問) 상호작용적 행위이기 때문에 혼자로는 거의 불가능하다. 물론 독학을 하면서 의문을 제기하고 책을 통하여 해결해 나갈 수 있으나 혼자만의 문답은 객관화에 있어서 한계가 있다. 따라서 대학은 이러한 한계를 극복하기 위하여 탄생하였다고 할 수 있을 것이다. 대학의 발생 양상은 서양과 동양에서 각기 다른 모습으로 형성되었다. 서양 대학 효시는 고대 그리스 플라톤의 아카데미아이지만 중세의 대학은 플라톤의 아카데미아와 달리 길드 형식으로 형성되었다.

여기서는 서양과 동양을 구분하여 대학의 역사를 간략하게 살펴보고자 한다.

유럽에서는 11세기 무렵에 본격적인 대학들이 출현하였다. 중세의 대학들은 학생들의 자발적인 조합으로 형성되었다. 길드와 유사한 대학 조합들은 공부하고자 모여든 학생들을 중심으로 교수들이 모이고, 문답과 강의를 진행함으로써 자발적으로 형성된 것이다. 따라서 처음에는 특별한 건물과 도서관은 없었으나 국가의 제도적인 인정과 더불어 서서히 장소적 존재로서의 대학을 갖추어 갔다. 중세 최초로 손꼽히는 대학은 이탈리아의 볼로냐대학이다. 이는 로마의 법학자 이르네리우스가 1088년 볼로냐에서 제자들을 가르침으로써 형성된 대학으로 법학 중심대학이었다. 이 대학은 1158년에 로마 황제 프레드리히 1세가 학생들의 집단을 자치단체로 공인함으로써 대학으로서 국가의 인정을 받게 되었다. 이후 1231년에 항구도시 살레르노에 의학교가 설립되어 이를 기반으로 살레르노대학이 의학을 중심으로 한 종합대학으로 발전하였다.[4]

프랑스에서는 1180년에 파리대학이 루이 7세의 인가를 받아 설립되어, 1215년 로마교황으로부터 자치권을 부여받음으로써 정식으로 인정되게 되었다. 파리대학은 소르본대학으로 더 알려졌는데 이는 1257년 신학자 소르본이 신학생들을 위하여 설치한 기숙사를 중심으로 대학이 발전한 데서 연유한 것이다. 이 대학은 소르본이 기증한 장서를 중심으로 도서관을 운영하였던 것으로 알려져 있다.[5]

---

4 이광주. 1995. 『대학사』, 민음사. pp.65~90

영국에서는 옥스퍼드대학과 케임브리지대학이 최초의 대학이다. 옥스퍼드대학은 12세기에 헨리 2세가 옥스퍼드시에 산재해 있던 학교들을 종합하여 설립하였다. 옥스퍼드대학은 파리대학을 본떠 1249년에 기숙사를 설치하는 등 대학으로서의 조직을 갖추었다.

케임브리지대학의 기원은 1209년에 옥스퍼드시에서 학생들과 시민들 간에 일어난 분쟁을 계기로 학자들이 케임브리지시로 이주하여 학생들을 가르치기 시작한 데서 비롯된다. 대학으로서의 법적 지위와 특권은 1231년 헨리 3세의 칙서와 1233년 교황 그레고리우스 9세의 교서에 의해 보장되었다. 1284년에는 최초의 칼리지(College) 피터하우스를 설립하였고, 1318년에는 교황 요한 22세로부터 일반연구소로 인가되기도 하였다.

서양 중세 대학 설립 연표

설립년도	도시명	국가
1088(1158 공인)	볼로냐	이탈리아
1100(12세기)	파리	프랑스
1100(12세기)	레죠	이탈리아
1100(12세기)	살레르노	이탈리아
1100(12세기)	옥스퍼드	영국
1204	비첸차	이탈리아

5 이광주. 1995. 『대학사』, 민음사. pp.91~141

1209	케임브리지	영국
1212	팔렌치아	스페인
1215	아레초	이탈리아
1222	파도바	이탈리아
1224	나폴리	이탈리아
1227	살라망카	스페인
1228	베르첼리	이탈리아
1229	앙제	프랑스
1229	툴루즈	프랑스
1245	발렌시아	스페인
1246	시에나	이탈리아
1248	피아첸차	이탈리아
1254	세비아	스페인
1289	몽펠리에	프랑스
1290	리스본	포르투갈
1291	그레이	프랑스
1293	알칼라 데 에나레스	스페인
1295	라미에르	프랑스
1300	레리다	스페인
1303	로마	이탈리아
1303	아비뇽	이탈리아
1308	페루라	이탈리아
1308	코임브라	포르투갈
1309	오를레앙	프랑스
1312	더블린	아일랜드

1318	트레비소	이탈리아
1332	카오르	프랑스
1339	그르노블	프랑스
1339	베로나	이탈리아
1343	피사	이탈리아
1346	바야돌리드	스페인
1349	피렌체	이탈리아
1350	페르피냥	프랑스
1353	키비달레	이탈리아
1354	우에스카	스페인
1361	파비아	이탈리아
1364	크라쿠프	폴란드
1365	하이델베르크	독일
1365	제네바	스위스
1366	쿨룸	독일
1367	페치	헝가리
1369	루카	이탈리아
1369	오랑주	프랑스
1377	오르비에토	이탈리아
1379	에르푸르트	독일
1388	쾰른	독일
1391	페라라	이탈리아
1392	밤베르크	독일
1398	페르모	이탈리아
1402	뷔르츠부르크	독일

1403	토리노	이탈리아
1409	라이프치히	독일
1409	엑스	이탈리아
1412	세인트 앤두루스	영국
1415	칼라타유드	스페인
1419	로스톡	독일
1422	돌	프랑스
1425	루뱅	프랑스
1430	바르셀로나	스페인
1432	칸	프랑스
1432	푸아티에	프랑스
1433	만토바	이탈리아
1441	보르도	프랑스
1444	카타니아	이탈리아
1446	헤로나	프랑스

〈이석우, 1998. 『대학의 역사』. 한길사. 64쪽 대학 지도를 연표로 재구성〉

18세기와 19세기에 이르러 민족국가가 출현함에 따라 대학의 발전도 새로운 양상을 띠게 되었다. 1809년에 설립된 독일의 베를린대학은 근대대학의 효시를 이루었고, 대학발달 사상 획기적인 위치를 차지하였다. 대학설립의 책임을 맡은 교육부 장관 훔볼트는 정치 권력에 제약받지 않는 교수의 자유와 학문의 자유를 대학설립의 이념으로 삼았다. 독일에서의 대학은 공동생활의 장소인 동시에 학문연구와 진리 탐구의 장이 되었다. 베를린대학은 대학의 자유를 중추로 학문을 연구하고 학자를 양성하는 것을 중요시하는 좋은 선례를 남겼다.

한편 프랑스에서는 나폴레옹이 1808년 제국대학을 설립하여 대학교육을 실시하고 중앙집권적인 교육 행정기능을 겸하게 하였다. 또 관료조직과 국가시험제도를 발전시킴으로써 관리의 등용문 역할을 하게 되었다.

앞서 언급한 영국의 옥스퍼드대학과 케임브리지대학은 오랫동안 귀족계급을 중심으로 인격교육을 존중하는 학풍을 형성함으로써 신사도의 함양과 지도자 양성에 주력하였다. 그러나 1836년 런던대학을 비롯한 새로운 대학들이 설립되어 대학은 대중화되었고, 교육의 내용과 방법에서도 새로운 변화가 일어났다. 그러나 영국의 대학은 신사교육, 인격교육, 지도자 양성 교육을 중시하는 전통을 이어오고 있다. 미국에서는 1636년에 설립된 사립 하버드대학이 최초로 꼽힌다. 매사추세츠주 식민지 일반의회의 결의에 따라 설립되고, 1639년 도서와 유산을 기증한 하버드 목사의 이름을 따서 명명되었다. 식민지 시대에는 목사양성을 위한 종교교육이 강조되었으나 1869년부터 독일대학의 영향을 받아 전문적인 학문연구와 교육기관으로 자리를 잡게 되었다. 미국의 대학은 그 후 학문의 실용성을 강조하는 학풍이 확립되었고 대학의 문호가 개방되어 시민적 교양을 강조하는 대중교육으로 발전되어 왔다.[6]

중세 대학의 특징은 최초에는 수도원학교에서부터 출발하거나 교수와 학생들의 자발적인 조합(길드)으로부터 출발하였다는 점이다. 즉 국가에서

---

6 이상 서양 대학의 역사는 이광주. 1997. 『대학사(대우학술총서 95)』. 민음사, 이석우. 1998. 『대학의 역사』. 한길사, 반덕진. 2018. 『대학의 역사와 교양 교육』. 계축문화사, 볼프강 E. J. 베버, 김유경 역. 2020. 『유럽대학의 역사』. 경북대학교 출판부 등 참조

설립한 것이 아니라 학자들과 학생들이 자발적으로 형성하고 이를 나중에 교황이나 국가가 공인하는 형식으로 성립하게 되었다. 도서관도 처음부터 설립되지는 않은 것으로 보인다. 학생들의 서적 수요는 필사와 임대를 영업으로 하는 사업자들에 의해서 조달되었으며 도서관은 뜻있는 인사들의 기증 도서를 중심으로 설립되었다. 영국 보들리경의 기증으로 이루어진 옥스퍼드의 보들리언도서관, 프랑스 신학자 소르본의 기증으로 이루어진 소르본대학도서관이 그 대표적인 예이다.

중세 대학의 발생은 신학 중심으로 제한되어 있던 교육의 전통을 전 학문분야로 확대하는 계기가 되었다. 수도원이 필사 전승한 문헌으로부터 철학, 법학, 문학, 의학 등 인문주의적 학문 연구풍토가 대학을 중심으로 조성되면서 14~16세기 르네상스와 종교개혁의 싹을 틔웠던 것으로 보인다. 또한 도서관은 대학의 중심에서 연구자와 학생들에게 풍부한 자료들을 제공함으로써 대학교육의 필수 요소가 되었다.

옥스퍼드 보들리언 도서관의 역사

History of the Bodleian

Oxford's libraries are among the most celebrated in the world, not only for their incomparable collections of books and manuscripts but also for their buildings, some of which have remained in continuous use since the Middle Ages. Libraries in the Bodleian Libraries group include major research libraries; libraries attached to faculties, departments and other institutions of the University; and, of course, the principal University library - the Bodleian Library - which has been a library of legal deposit for 400 years.

The Bodleian Library is one of the oldest libraries in Europe, and in Britain is second in size only to the British Library. Together, the Bodleian Libraries hold over 13 million printed items. First opened to scholars in 1602, it incorporates an earlier library built by the University in the 15th century to house books donated by Humfrey, Duke of Gloucester. Since 1602 it has expanded, slowly at first but with increasing momentum over the last 150 years, to keep pace with the ever-growing accumulation of books, papers and other materials, but the core of the old buildings has remained intact.

Known to many Oxford scholars simply as 'the Bod', these buildings are still used by students and scholars from all over the world, and they attract an ever-increasing number of visitors.

Early history

The University's first purpose-built library was begun in approximately 1320 in the University Church of St Mary the Virgin, in a room which still exists as a vestry and a meeting room for the church. The building stood at the heart of Oxford's 'academic quarter', close to the schools in which lectures were given. By 1488, the room was superseded by the library known as Duke Humfrey's, which constitutes the oldest part of the Bodleian.

Humfrey, Duke of Gloucester and younger brother of King Henry V, gave the University his priceless collection of more than 281 manuscripts, including several important classical texts. The University decided to build a new library for them over the new Divinity School; it was begun in 1478 and finally opened in

1488.

The library lasted only 60 years; in 1550, the Dean of Christ Church, hoping to purge the English church of all traces of Catholicism including 'superstitious books and images', removed all the library's books - some to be burnt. The University was not a wealthy institution and did not have the resources to build up new collections. In 1556, the room was taken over by the Faculty of Medicine.

The library was rescued by Sir Thomas Bodley (1545 - 1613), a Fellow of Merton College and a diplomat in Queen Elizabeth I's court. He married a rich widow (whose husband had made his fortune trading in pilchards) and, in his retirement, decided to 'set up my staff at the library door in Oxon; being thoroughly persuaded, that in my solitude, and surcease from the Commonwealth affairs, I could not busy myself to better purpose, than by reducing that place (which then in every part lay ruined and waste) to the public use of students'.

In 1598, the old library was refurbished to house a new collection of around 2,500 books, some of them given by Bodley himself. A librarian, Thomas James, was appointed, and the library finally opened on 8 November 1602.

Bodley's work didn't stop there. In 1610 he entered into an agreement with the Stationers' Company of London under which a copy of every book published in England and registered at Stationers' Hall would be deposited in the new library. This agreement pointed to the future of the library as a legal deposit library, and also as an ever-expanding collection that needed space. In 1610 - 12 Bodley planned and financed the first extension to the medieval building, known as Arts End.

Bodley died in 1613, shortly after work started on his planned Schools Quadrangle. These buildings were designed to house lecture and examination rooms ('schools' in Oxford parlance) to replace what Bodley called 'those ruinous little rooms' on the site, in which generations of undergraduates had been taught.

In his will Bodley left money to add a third floor designed to serve as 'a very large supplement for stowage of books', which also became a public museum and picture gallery, the first in England. The quadrangle was structurally complete by 1619, though work continued until at least 1624.

The last addition to Bodley's buildings came in 1634 - 7, when another extension to Duke Humfrey's Library was built; it is still known as Selden End, after the lawyer John Selden (1584 - 1654) who made a gift of 8,000 books. The library was now able to receive and house numerous gifts of books and, especially, manuscripts. It was these collections that attracted scholars from all over Europe, and the library still opens its doors to scholars from around the world.

Another tradition, still zealously guarded, is that no books were to be lent to readers; even King Charles I was refused permission to borrow a book in 1645. But with no heating until 1845 and no artificial lighting until 1929, the number of users should not be overestimated; in 1831 there was an average of only 3 - 4 readers a day, and the Library only opened from 10am - 3pm in the winter and 9am - 4pm in the summer.

18th - 19th centuries

The growth of the collection slowed down in the early 18th century, but the late 17th and early 18th centuries saw a spate of library-building in Oxford. The finest of all the new libraries was the brainchild of John Radcliffe (1650 - 1714). He left his trustees a large sum of money with which to purchase both the land for the new building and an endowment to pay a librarian and purchase books. The monumental circular domed building - Oxford's most impressive piece of classical architecture - was built between 1737 and 1748 based on the designs of James Gibbs, and it was finally opened in 1749. For many years the Library, as it was called until 1860, was completely independent of the Bodleian.

Meanwhile the Bodleian's collections had begun to grow again; more effective agreements with the Stationers' Company, purchases and gifts meant that, by 1849, there were estimated to be 220,000 books and some 21,000 manuscripts in the library's collection. The Bodleian also housed pictures, sculptures, coins and medals, and 'curiosities' (including a stuffed crocodile from Jamaica).

By 1788, the rooms on the first floor were given over to library use, and by 1859 the whole of the Schools Quadrangle was in library hands. This left more space for storing books, which was further increased in 1860, when the Radcliffe Library was taken over by the Bodleian and renamed the Radcliffe Camera (the word camera means room in Latin).

20th century and the New Library

By the beginning of the 20th century, an average of a hundred people a day were using the library; the number of books had reached the million mark by 1914. To provide extra storage space, an underground book store was excavated beneath Radcliffe Square in 1909 - 12; it was the largest such store in the world at the time.

But with both readers and books increasing, the pressure on space once more became critical. In 1931 the decision was taken to build a new library, with space for 5 million books, library departments and reading rooms, on a site occupied by a row of old timber houses on the north side of Broad Street. The New Bodleian, as it was known then, was designed by Sir Giles Gilbert Scott and went up in 1937 - 40.

In 1975 new office space was acquired in the Clarendon Building, built for the University Press in 1712 - 13, and occupying the crucial site between the Old and New Libraries. Thus the whole area between the Radcliffe Camera and the New Library - the historic core of the University - came into the hands of the Bodleian.

Most recently, the New Bodleian building was completely renovated and reopened with large public and new academic spaces as the Weston Library in 2015.

(출처 : https://visit.bodleian.ox.ac.uk/plan-your-visit/history-bodleian)

4. 동양 대학의 역사

문헌에서 대학이라는 단어는 일찍이 중국의 고전 사서삼경(四書三經) 중의 하나인 『대학(大學)』이라는 책에 등장한다. 여기서의 대학은 물론 책의 제목이지만 그 책의 목적이 소학에 비교되는 대인 교육에 있다고 볼 때, 동양 대학교육의 의미가 충분히 내포되어 있다고 볼 수 있다. 고대 그리스와 마찬가지로 중국의 공자, 맹자 시대의 교육은 문답법, 즉 스승과 제자 사이에 문답의 방법으로 이루어졌다. 제자가 묻고 스승이 답을 주고, 스승이 묻고 제자가 답하면 이에 정·오를 교정해주는 문답법은 바로 학문(學問) 그 자체였다고 할 수 있다.[7]

---

7 『논어』는 공자와 제자와의 대화를 구성해 놓은 책이다.

우리나라는 고구려 시대 중국의 5호 16국의 하나인 전진의 제도를 본떠서 소수림왕 2년(서기 372년)에 태학(太學)을 설립하였다.[8] 고구려의 태학은 우리 역사상 국립 대학교육의 효시로서 당시 상류계급의 자제들만이 다닐 수 있는 귀족학교였으며 경학, 문학, 무예 등을 가르친 것으로 전해진다.

백제에는 학자 왕인박사가 4세기 후반에 일본에 건너가 책과 한자를 전하고 교육하였다는 기록을 통해서 백제에도 대학이 있었을 것으로 추정된다. 또 신라에는 신문왕 2년(682)에 국학(國學)이 설립되었다는 기록이 있어 국립의 고등교육기관이 있었음을 알 수 있다.[9]

고려 시대에는 태조 13년(930)에 서경에 학교를 세웠다는 기록이 있어 이를 통해서 그보다 이전에 수도 개경에도 교육기관이 있었을 것으로 추정되고 있다. 문물제도가 정비되는 시기인 성종 11년(992)에는 국자감이라는 국립 고등교육기관이 설립되었다. 국자감은 중국의 당나라, 송나라의 제도를 참작하되 우리 실정에 맞는 대학으로 체계화시킨 것이다.[10] 국자감의 교육 목적은 유교 중심의 전인교육을 통한 국가의 인재 양성에 있었다.

조선조에는 고려의 제도를 그대로 계승하여 국자감(후에 성균관으로 명칭 변경)의 전통을 이어받아 성균관이라는 교육기관을 설립하였다. 조선 초기에는 개경에서 성균관을 운영하였으나 한양 천도 이후인 태조 7년(1398)에 서울에 성균관을 창건하고 조선조 500년간 유교 중심의 대학교육을 시행하였다.

---

8 서기 372년은 전진의 승 순도가 고구려에 불교를 전래한 해이기도 하다.
9 한기언. 2006. 『서울대학교의 정신』. 파주 : 한국학술정보(주). p.10
10 『성균관대학교사』. 1978. pp.3-4.

우리나라를 포함한 동양 대학의 특징은 첫째, 처음부터 국가가 관리와 인재를 양성하기 위해 설립한 국립대학이었다는 점이고, 둘째는 유교 사상을 중심으로 한 윤리적 교육을 했다는 점일 것이다.[11] 이는 중세 서양의 대학들이 길드 형태의 조합으로 출발한 점, 신학 중심의 대학에서 철학을 비롯한 자유 7과의 교양 교육 중심, 나아가 의학, 법률, 자연과학 등 전문 교육과 실용 위주의 교육으로 발전해온 점과 대비되는 특징이라 하겠다.

여기서 상기할 점은 우리나라가 근대에 와서 서양의 대학교육 제도를 도입하면서 우리의 유서 깊은 대학이었던 성균관의 전통을 접목하지 못했다는 점이다. 이는 구한말의 혼란과 일제 침략으로 36년간 일제 강점기를 겪는 등 불가피한 시대적 상황이 있었다고 하더라도 우리의 좋은 점과 서양의 좋은 점을 접목했더라면 현재 우리의 대학의 모습은 한국적이면서도 세계적인 대학으로 발전할 수 있었을 것이라는 점에서 아쉬움이 크다. 특히 국립대학인 성균관의 전통을 이어받아 국립 성균관대학교로 발전시키지 못했다는 점도 역사의 교훈으로 깊이 되새겨 보아야 할 문제인 것 같다.

5. 동서양 대학의 사명

대학의 사명과 목적은 대학의 존재 이유와 당위성을 말한다. 대학은 왜,

---

11 한기언. 2006. 『서울대학교의 정신』. 파주 : 한국학술정보(주). p.11

무엇 때문에 존재하고 존재해야 하는가? 그리고 우리는 왜 이토록 대학에 들어가기 위해, 또는 대학에 들어가서도 돈과 젊음을 바쳐야 하는가? 이에 대한 답은 곧 대학의 사명과 목적에서 찾을 수 있을 것이다. 대학의 사명은 대학일반이 추구하는 보편적 가치와 특정 대학이 추구하는 특수한 가치를 포함하는 '대학의 철학'이라고 말할 수 있을 것이다.

대학이 추구하는 보편적 가치는 인류가 추구하는 보편적 가치와 일치한다. 대학은 인류를 위해서 존재하며 인류는 '인류의 행복'이라는 궁극적 가치를 추구하기 때문이다. 따라서 한국의 대학이나 미국의 대학이나 대학이 추구하는 보편적 가치는 '인류의 행복'을 위한 것이 되어야 한다. 우리나라 학생이 미국의 대학에서 공부하건 미국의 학생이 대한민국에 와서 공부하건 '인류의 행복 추구'라는 커다란 사명은 변함이 없을 것이다. 따라서 오늘의 대학은 지구촌의 어떤 대학이든 세계적 대학(global academy)으로서 그 역할을 다해야 한다.

한편, 각 대학만이 가지는 특수한 가치란 각 대학의 설립 정신에 근거하는 것으로서 그 대학의 특수성을 말한다. 이러한 대학의 가치는 대학의 교훈 속에 담겨져 있으며, 예컨대 K 대학의 설립 정신은 성(誠), 신(信), 의(義)라는 가치를 추구하고 있다. 그러나 대학의 설립 정신은 대학의 보편적 가치에 위배되지 않으며 위배되어서는 안 된다. 한 대학만의 가치는 인류의 보편적 가치에 포함되는, 보편적 가치를 실현하는 수단적 가치이기 때문이다.

"인류의 행복 추구와 문명의 발전에 기여." 대학의 사명은 이렇게 크고 원대한 것이다. 따라서 이러한 원대한 사명을 구체화 시켜 나가는 것은 대학의 주체와 객체가 함께 수행해야 할 일들이다. 대학의 주체는 학생이다. 대학의 객체는 교수와 직원이다. 이렇게 말하면 거꾸로 된 게 아니냐고 반문할 것이다. 그러나 현재의 대학 구성원은 언젠가 대학을 떠나게 되어 있다. 학생은 졸업을 하면 대학을 떠나고, 교수와 직원도 임기를 다하면 떠나는 것이다.

대학은 학문을 하는 곳이다. 따라서 학문은 학생들이 주체가 되어야 하며, 교수와 교직원은 학생들을 도와주는 사람들이기에 대학의 진정한 주체는 학생이다. 그러나 교수도 교직원도 공부를 계속하면 학생이며,[12] 이때는 교수도 교직원도 대학의 주체가 될 수 있다. 따라서 대학의 사명 실현, 즉 인류의 행복 추구는 대학 구성원 모두가 '학생 정신'으로 무장해야 가능하다. 학생이건 교수이건 대학에 들어가기 위해 애를 쓰고, 대학에서 공부하고, 연구하고, 가르치느라 애쓰는 모든 활동은 우리 모두 스스로가 삶의 주체로서 인류의 행복을 추구하는 원대한 사명을 수행하기 위한 것이다. 이것은 학생, 교수, 교직원 모두에게 주어진 사명이라는 점에서 대학에는 주체와 객체가 따로 없는 대학인 모두가 주체가 되어야 한다.

한편 대학의 사명 수행은 자유와 질서 속에서만 가능하다. 자유란 신체의 자유, 학문의 자유, 예술의 자유, 양심의 자유, 언론 출판의 자유 등을 말한다. 질서란 대학의 자율성을 바탕으로 법률, 학칙 등 대학의 자유를 유지하기 위한 제반 규칙을 지키는 것을 말한다. 때로는 대학의 자유는 국가의 이념에 따라 제약을 받기도 하지만 대부분의 문명국가에서는 대학의 자유를 보장하고 있다. 우리나라는 헌법 제22조 ①항에 "모든 國民은 學問과 藝術의 自由를 가진다."라고 규정하고, 제31조 ④항에는 "敎育의 自

---

12 사실 교수가 학생들에게서 배우는 부분도 많다. 敎學相長이기 때문이다.

主性·專門性·政治的 中立性 및 大學의 自律性은 法律이 정하는 바에 의하여 보장된다."라고 규정하여 학문 예술의 자유와 대학의 자율성을 보장하고 있다.

6. 동서양 현대 대학의 기능

위와 같은 대학의 사명을 수행하기 위해서 대학은 구체적으로 다음 세 가지 기능을 수행해야 한다. 이는 바로 교육과 연구, 그리고 봉사이다.

교육

대학의 사명은 교육에 있다. 대학은 유망한 인재들을 모아 장차 훌륭한 일꾼이 되도록 인격과 지식, 기술 및 지혜를 연마하는 곳이다. 대학인 모두 스스로의 행복을 위해, 나아가 인류의 행복을 위해 각자 소질과 적성에 맞는 학문과 예술을 배우고 익히며, 스스로 학문하는 방법을 터득하여 평생 행복한 인생을 살아갈 수 있도록 철저한 준비를 하는 곳이다.

연구

연구는 새로운 것을 창조하는 것이다. 완전히 새로운 것이 아니라 선행 연구의 바탕위에서 새로운 아이디어를 보태는 것이다. 연구는 교육을 새롭게 한다. 연구가 없이는 교육이 어렵다. 학생도 교수도 연구하지 않으면 발전할 수 없다. 교수는 학생의 연구를 지도하고 연구 방법을 가르칠 뿐 아니라 자신의 연구에도 정진해야 한다.

봉사

교육과 연구는 봉사를 통해 빛을 발한다. 봉사는 소극적인 의미에서 농촌봉사, 의료봉사를 떠올리기 쉽다. 그러나 보다 궁극적인 봉사는 대학에서 배출된 인재들이 인류 사회를 위해서 기여하는 것이다. 소극적인 봉사는 1회성이며 단기적이어서 그 효과가 적다. 그러나 궁극적인 봉사는 대학인들이 사회에 나아가 대학의 사명인 '인류의 행복 추구'를 실현하기 위해 노력하는 제 활동이라 하겠다.

대학도서관의 유용성

거의 모든 대학은 대학도서관을 두고 있다. 대학도서관은 대학의 사명 실현을 위한 필수 시설이다. 따라서 대학도서관은 대학의 중심자리에 서 있다. 물리적으로만 중심자리에 있는 것이 아니라 교수와 학습 연구의 중심자리에 있어야 한다. 대학의 기능인 교육, 연구, 봉사를 위해서는 지식정보를 활용할 수 있는 장소가 학생들에게 늘 가까이 있어야 하기 때문이다. 대학인은 대학에 속해 있는 모든 시설 가운데서 특히 지식정보의 보고인 도서관을 잘 활용해야 한다. 그러기 위해서는 대학의 사명에 대한 이해가 필요하고, 내가 왜 대학에 다니는가에 대한 자기 정체성의 확립과 실천이 절실히 필요하다고 생각한다.

중세 이슬람 제국의 책과 도서관

1. 아라비아의 고대사

메소포타미아문명의 마지막을 장식했던 바빌로니아왕국과 아시리아왕국 멸망 이후 그 인접 지역인 아라비아반도의 고대사는 거의 알려진 게 없다. 세계사를 다룬 어느 책을 살펴보아도 중동 아랍 지역의 고대사는 생략되어 있다. 2022년에 출간된 『인류 본사』[1]에서조차 중동에서 가장 넓은 지역을 점유하는 아라비아의 고대사는 언급하지 않고 아나톨리아(튀르키예), 메소포타미아, 페르시아 중심으로 기술하고 있다. 포털 검색 결과 이 지역 고대사의 유일한 정보는 백과사전에 나오는 다음과 같은 기술뿐이다.

---

1 이희수. 2022. 『인류본사·중동의 눈으로 본 1만 2000년 전 인류사』. 휴머니스트

아라비아반도에 관한 고고학적 연구는 아직 초보 단계지만 이 지역이 구석기 시대 수렵민들의 본거지였다는 증거가 있다. 페르시아만에서 나온 유물들은 아라비아가 일찍이 BC 3000년 수메르 문명과 관련이 있다는 사실을 입증해 준다. 이슬람 시대 이전 남아라비아에는 큰 왕국들이 번성했다.

성서에서 시바로 등장하는 사바 왕국을 비롯해 마인, 카타반, 하드라마우트 왕국 등이 있어 유향과 향신료 무역을 통해 번성했다. 사바인들은 마리브에 댐을 건설하고 정교한 관개시설을 갖추기도 했다. 사바 왕국은 BC 100년경 히미아르 왕국에 의해 멸망하고, AD 525년까지 남아라비아를 지배했던 히미아르인들은 그리스도교도인 아비시니아인들에게 함락되었다. 남아라비아에서 BC 400년경 낙타를 가축으로 길들이고 북부에서 유향과 몰약의 수요가 늘어남에 따라 남부에 있던 예멘과 오만 지역이 번영을 누렸다.

BC 330년 반도 남부 산악지대를 잇는 도로가 생겨났으며 북부 지역에서는 나바테아인들이 홍해 연안을 거쳐 이집트와 시리아에 이르는 교역로를 지배했다. 아라비아의 주민들은 반도 바깥쪽 곳곳에서 온 여러 종족이 오랜 세월에 걸쳐 정착하면서 이루어졌다. 반도내륙에는 홍해 부근 헤자즈 북부의 타무드족, 데단과 그 부근에 근거지를 둔 리히안족 같은 토착 부족이 살고 있었다. 아라비아에 살지 않는 아랍인들도 오래전에는 반도의 대부분 지역에 영향을 미치거나 그 지역을 지배했다. 외곽지역에 거주하던 나바테아인들과 팔미라인들이 북부와 중부 지방까지 영토를 확장하여 교역로를 냈다. 273년 팔미라는 멸망했다. (다음 백과)

※ 세부 검색

시바 왕국

구약성서와 꾸란에 등장하는 왕국. 아라비아반도 남쪽에 존재했던 사바 왕국이 성서 속의 시바 왕국과 같은 것으로 알려졌으나 성서에 나오는 시

바 왕국이 아라비아 남부의 고대 셈족 계열의 사바라는 확실한 증거는 아
직 발견되지 않았다.

마인, 카타반 왕국은 검색 결과 정보가 없으며, 하드라마우트(Hadhra
-maut)도 고대의 왕국에 관한 자료가 없고, 현재위치만 나오는데, 아덴만
연안 예멘 중동부지역 해안 부근 구릉지대와 내륙 골짜기라 한다.

헤자즈(Hejaz)

아라비아반도의 홍해 연안을 따라 북쪽으로 요르단 접경지대에서 남쪽
으로 아시르 지방까지 펼쳐진 지역, 북부지방에는 BC 6세기부터 사람이
거주하기 시작, 그 뒤 나바테아 왕국(BC 100~AD 200)의 일부가 되었다.

나바테아인(Nabataean)

유프라테스강에서 홍해에 이르는 시리아와 아라비아 국경 지역에 살던
민족

팔미라(Palmyra)

고대 시리아의 도시

이처럼 아랍의 고대사 연구는 자료가 매우 부족하며, 이 지역의 문자문
화와 도서관에 관한 기록 역시 찾아볼 수 없다. 메소포타미아문명에 인접
한 이 지역의 고대사가 이렇게 빈약한 이유는 무엇인지, 사우디아라비아
현지 역사학자들의 연구 성과는 어떤지 매우 궁금해진다.

우리가 익히 들은 이 지역의 옛이야기는 『아라비안나이트』이다. 알라딘

과 알리바바 등 아라비아 상인들의 이야기를 담은 『아라비안나이트』는 아라비아반도와 그 인근지역에서 전승된 설화를 모은 책이다. 이 이야기 역시 고대 페르시아제국 사산왕조(AD 226~651)부터 등장한다. 『아라비안나이트』는 아라비아 지방의 민화(民話)를 중심으로, 페르시아, 인도, 이란, 이집트 등지의 설화가 첨가되어 이루어진 작자 미상의 설화집이다. 부정(不貞)을 저지른 왕비를 처단하고 매일 새로운 신부(新婦)를 맞아들인 후 다음 날 죽이는 아라비아 왕 샤리아르에게 시집가기를 자청한 샤흐라자드라는 지혜로운 여인은 첫날 밤 왕에게 재미있는 이야기를 들려주는데, 이야기의 끝을 맺지 않고 다음 날 밤에 마치겠다고 약속한다. 이야기가 몹시 흥미로웠던 왕은 하루하루 그녀의 처형을 연기하다가 결국 여성에 대한 보복을 단념한다. 이야기의 다양성과 지리적 범위로 볼 때 단일 작가의 작품은 아닌 듯하다. 학자들은 이 작품이 수 세기에 걸쳐 구전되어 내려오면서 발전한 이야기들이 다른 시대와 장소에서 내용이 추가된 혼성 작품이라고 보고 있다.(위키백과)

『아라비안나이트』(윤후남 옮김. 현대지성. 2016)

알라딘과 지니, 신밧드, 알리바바의 오리지널 이야기. 1,001일 밤의 환상적인 이야기를 생동감 넘치는 일러스트와 함께 만난다. 알라딘, 지니, 알리바바 등 아라비안나이트 이야기를 들어보지 못한 사람은 거의 없을 것이다. 용감한 샤흐라자드가 잔혹한 샤리아르왕에게 1,001일 동안 매일 밤 매력적인 이야기를 들려주기 때문에 '천일야화(千一夜話)'라고도 불린다. 그렇지만 이 방대한 이야기의 원작을 제대로 읽어본 독자는 많지 않

을 것이다. 『아라비안나이트』는 원래 아랍에서 전해지는 작자 미상의 이
야기들을 한데 모은 책이다. 그렇기에 분량이 많고, 읽다 보면 비슷비슷
한 이야기들이 나와 지루한 감이 있다. 그래서 이 책에서는 독자들이 가
장 궁금해하고 재미있게 읽을 수 있는 「알라딘과 요술램프」, 「알리바바
와 40인의 도둑」, 「신밧드의 모험」 등 총 26편의 이야기를 선별하여 엮
었다(다음 책).

2. 고대 페르시아제국의 흥망

고대 지구상에 등장한 세계의 제국은 그리스 헬레니즘 제국, 로마제국,
페르시아제국, 인도제국, 중국의 진한 제국 등이 있다. 페르시아제국은 아
케메네스조 페르시아가 기원전 559년에 성립하였으나 그리스와 여러 차례
의 전쟁으로 국력을 소진하고 마지막으로 알렉산더대왕과의 전쟁에서 패
배하여 기원전 330년에 완전히 멸망하였다. 이어 기원전 247년 파르티아
가 세력을 강화하였으나 로마와의 전쟁으로 224년 멸망했고, 224년 출범
한 사산조 페르시아는 번영을 누리다가 651년 아랍군에게 패하여 멸망할
때까지 페르시아제국은 약 1천 2백 년간 중동을 지배하였다. 중동의 역사
를 연구한 역사학자 이희수 교수는 그의 책 『인류 본사』에서 아케메네스
조 페르시아(기원전 559~기원전 330), 파르티아(기원전 247~기원후 224), 사산조
페르시아(224~651)를 3개의 장으로 나누어 그 흥망성쇠를 상세히 기술하고
있다.[2]

사산조 페르시아는 약 400년 이상 지속한 왕조로 로마와의 치열한 전쟁

과 내부의 권력 다툼이 있었지만 이란 역사상 가장 오랫동안 강력한 세력을 가졌던 왕조였다. 많은 도시에서 농부들, 유목민, 수공업자들, 상인들이 함께 어울려 살았다. 그러나 농부의 삶은 그렇게 순탄하지 않아 무거운 세금이 삶을 짓눌렀으며 좀 더 나은 생활을 할 수 있으리라는 희망조차 품을 수 없었다. 사산 왕조는 농부를 비롯한 하층민의 피와 왕족 귀족의 피는 원천적으로 달라서 태어난 핏줄에 따라 삶이 결정된다고 교육하고 사회 시스템을 그렇게 만들어갔다. 이런 이유로 하층민은 자신들의 생활에 대해 불만조차 품지 못했다고 한다.

페르시아제국 시대의 기록은 점토판이나 비문의 형태로 남아 있다. 이들은 엘람어와 바빌로니아(아람어)로 동시에 기록되어 있다. 페르시아제국의 다언어 정책은 비교언어학 연구를 통해 메소포타미아의 설형 문자 해독을 가능하게 하였다.[3]

페르시아제국의 예술, 건축, 문학은 부조물을 통해서 짐작할 수 있다. 하지만 문헌의 보존, 교육, 전승 등을 알 수 있는 기록이 남아 있지 않다.[4] 사산조 페르시아에 이르러 아테네에서 쫓겨난 철학자들을 중심으로 군데샤푸르(Gundeshapur)에 아카데미를 개설하여 의학, 철학, 천문학, 문학, 수학 등 교육과 연구가 이루어졌다. 호스로 1세 치세에는 역사서도 편찬되어 이란 민족의 장편 서사시 『샤나메』의 기초가 되었다.[5]

---

2 이희수. 2022. 『인류 본사』. 휴머니스트. pp.155~314.
3 이희수. 2022. 『인류 본사』. 휴머니스트. p.184.
4 이희수. 2022. 『인류 본사』. 휴머니스트. p.257.
5 이희수. 2022. 『인류 본사』. 휴머니스트. pp.302~303.

샤나메 또는 샤나마는 '왕들의 책'이라는 뜻으로 서기 977년부터 1010년까지 이란 시인 피르다우시가 쓴 방대한 페르시아어 서사시이다. 신화시대에서부터 7세기 이슬람의 이란 정복 시까지의 이란의 신화와 역사를 다루고 있다. 이 책은 페르시아 왕들의 역사서인 『흐와타이 나마크 Khvatay-namak』에 근거한다. 문학적인 중요성 외에도 샤나메는 거의 순수한 페르시아어로 쓰여 아랍어의 영향을 입은 페르시아어를 되살리는 구심점이 되었다. 이 방대한 작품은 페르시아인들에게 문학적인 걸작으로 여겨지며 이란의 역사, 문화적 가치와 고대의 신앙인 조로아스터 교를 반영하고 있다. (위키 백과)

『샤나메』(아볼 카셈 피르다우시 지음, 헬렌 짐머른 영역, 부희령 국역. 아시아. 2014)

유네스코 세계기록유산으로 등재된 페르시아 문학의 정수『샤나메』. '페르시아어의 아버지'라 불리는 아볼 카셈 피르다우시가 35여 년에 걸쳐 완성한 페르시아 문학의 영원한 고전이다. '왕의 책' 또는 '왕들의 책'이라는 뜻의 이 책은 창세부터 7세기 이슬람의 침입으로 멸망하기 전까지 이란의 신화, 전통, 역사가 담겼다. 아랍의 지배자들이 아랍어와 아랍문화를 강요하는 상황에서도 피르다우시는 페르시아어로 페르시아의 전설, 신화, 역사를 기록했고 이는 페르시아인들의 영원한 자랑이다. 그래서 페르시아인들은 이 작품이 페르시아인들의 심장에 자리 잡았다고 말하며 피르다우시를 인류 역사상 최고의 대문호로 칭송받는 호메로스, 셰익스피어, 괴테에 견줄만한 대문호라고 평가한다. (교보문고)

3. 중세 이슬람교와 이슬람 제국의 형성

바빌로니아와 아시리아가 멸망한 기원전 7세기 이후부터 기원후 7세기까지 1400여 년 동안 아랍의 고대사 기록은 자료가 매우 빈약하다. 메소포타미아문명이 점차 서양으로 넘어간 이후 이란고원은 강력한 페르시아제국이 1천 2백여 년 동안 지배했으나 아라비아 지역에서는 앞서 살펴본 것처럼 어떤 문명이 있었는지 확인하기 어렵다. 아랍에 관한 역사서들은 아랍의 고대사를 생략한 채 마호메트 이후 이슬람의 역사를 중심으로 다루고 있다. 마호메트 이전 그 지역 주민들의 종족, 산업, 언어, 문자, 교육, 책 등에 대해서는 사료 발굴을 통한 좀 더 깊은 연구가 필요하다. 고대 아랍의 책과 도서관에 관한 연구는 먼저 그 지역 고대 문명사의 윤곽이 드러나야 비로소 밝힐 수 있을 것이다.

아랍의 역사 기술은 서기 622년 이슬람 성립 이후를 대상으로 하고 있다. 이슬람 시대는 622년 예언자 무함마드(마호메트)가 메카에서 메디나로 피신하면서 시작되어 한 세대가 지나기도 전에 아라비아 전 지역이 이슬람화되었다. 지금 우리가 아는 아랍의 역사와 문화는 페르시아제국이 멸망한 이후 아라비아반도에서 마호메트가 창시한 이슬람교를 기초로 한다. 따라서 아랍의 책과 도서관의 역사도 현재로서는 이슬람 종교의 성립 이후를 중심으로 살필 수밖에 없다.

중세 아랍을 이해하기 위해서는 먼저 이슬람의 사회문화의 특징을 살펴보아야 한다. 이슬람교는 무함마드를 예언자로 하는 '하나님'을 믿는 종교이다. 이슬람교는 유대교와 기독교의 교리에 영향을 받았으며 우상숭배와 다신교를 부정하고 유일신인 알라 앞에 모든 사람은 평등하다고 가르친다.

후발 종교임에도 불구하고 불교, 기독교, 유대교, 힌두교와 함께 세계 5대 종교의 하나로 부상했다. '이슬람'이라는 명칭은 아랍어로 복종, 순종을 의미하며, '하나님'은 아랍어로 '알라'이다. 이슬람을 믿는 신자는 남자는 '무슬림', 여자는 '무슬리마' 라고 부른다. 대표적인 종파로는 전체 교인의 80~90%를 차지하는 사우디아라비아를 중심으로 하는 수니파와 10~20%를 차지하는 이란을 중심으로 한 시아파가 있다. 이슬람 안에서 이슬람교 교인은 모두 형제이며 종파 간에도 서로를 인정한다. 하지만 종파 간에는 보이지 않는 불신이 있다고 한다. 이슬람교의 경전은 '꾸란'이며 그 다음으로 중요시하는 책은 예언자 무함마드의 언행록 '하디스'이다. 하디스에는 "오직 알라만이 불로 심판할 수 있다"는 내용이 있어 이슬람권에선 장례 때도 화장을 금지한다. 이슬람교는 종교이자 정치이며 교리가 곧 국가의 법이다. 이슬람 국가의 휴일은 금요일이다. 이슬람교는 6신(信), 즉 알라, 천사, 경전, 예언자, 최후 심판, 정명과 5주, 즉 신앙고백, 기도, 단식, 자선, 메카 성지순례를 교도들의 실천 의무로 삼았다.

무함마드는 622년 메디나 피신 이후 630년까지 전쟁으로 아라비아반도를 통일하였다. 그 이후 무함마드의 후계자들은 정복 전쟁을 통하여 동으로는 바그다드, 메리(Mery), 다마스쿠스, 서쪽으로는 스페인의 코르도바, 톨레도, 세빌리아, 그리고 아프리카의 카이로, 알제리 등 중동과 아프리카 북부 및 서유럽에 이르는 대제국을 건설하였다.

---

6 김용선 편저. 2012. 『이슬람사』. 명문당. p.15

무함마드(Muhammad, 570~632)

마호메트(Mahomet)의 아랍어 이름. 무함마드는 메카에 사는 쿠라이시 부족의 하심 가(家)에서 출생했다. 아버지 아브드 알라는 그가 출생하기 이전에 세상을 떠났고, 6세 때 어머니도 세상을 떠났다. 고아가 된 무함마드는 조부 아브드 알 무탈리브, 숙부 아부 탈리브의 도움으로 자랐다. 청년 시절에는 메카에서 캐러밴(caravan)으로 참가했고 25세 무렵에는 하디자라는 미망인이 경영하는 대상 무역단에 고용되어 하디자와 결혼, 일약 큰 부자가 되었다.[6]

무함마드는 1년 중 일정 기간을 메카 교외 산중에 틀어박혀 명상과 기도로 시간을 보냈는데, 610년경, 어느 날 밤 히라산에서 무함마드는 영적 체험을 했다. 대천사 가브리엘에 의해 신의 말씀이 전해진 것이다. 처음에 그는 도망치려고 했다. 이윽고 계시가 끝나자마자 마음 깊은 곳에서 공허감이 그를 엄습했다. 결국 그는 사람들에게 가르쳐 전해야 할 사명이 주어졌다고 확신하고 613년경부터 전도를 시작했다.

무함마드의 가르침은 유일신의 전능을 열렬하게 그리고 되풀이하여 선언하는 것이었다. 유일신은 우주의 창조자이며, 부활의 날에 그 피조물의 모든 것을 최후의 심판을 위해서 불러 모으는 것이었다. 그러나 이 정의의 신은 동시에 자비의 신이기도 했다. 신은 지상을 자신의 영광과 은혜의 징표로 채운다. 모든 사람은 신에게 각자의 행동에 대한 도의적 책임을 진다. 모든 사람은 신앙, 예배, 희사로 신의 자애와 가호에 보답하지 않으면 안 된다.

그러나 무함마드가 이를 새로운 교리로 제창한 것은 아니다. 무함마드는 자신의 가르침이 예언자의 전통적 흐름을 따른다는 것을 분명히 했다. 아브라함, 모세, 예수 등 유대교와 그리스도교의 예언자들이 같은 사명을 띠고 인류에게 보내졌다는 것을 사람들에게 상기시키려고 했다.

630~631년 아라비아반도 각처에 사는 여러 부족의 사절이 메디나의 무함마드를 방문했지만, 동시에 군사 원정도 단행, 이슬람 국가는 확대되기 시작했다. 이때 무함마드의 권위는 견고하게 확립되어 아라비아반도의 통일이 점차 진척되었다.

'이별의 순례'라고 일컫는 632년의 순례에서 무함마드는 자신의 생명을 앗아갈 병이 상당히 진행되고 있음을 느꼈다. 무함마드는 최후

이슬람교의 교리는 이만(6가지 믿음)과 이바다(5가지 의무)를 기본으로 하
며, 이를 6신(信) 5행(行)이라 부르기도 한다. 또한 5행을 이슬람 교인들의
신앙생활을 받치는 다섯 기둥으로 보아 아르카(기둥)라 부르기도 한다.

꾸란

이슬람교의 경전 꾸란은 예언자 무함마드가 대천사 가브리엘로부터 받

꾸란

은 하나님의 계시를 기록한 것이다. '읽다'(아랍어로 까라아) 동사의 동명사로서 그 뜻은 '읽기'이다. 이는 무함마드가 받은 첫 계시가 "읽어라! 창조주이신 너의 주님의 이름으로."라고 시작하기에 붙여진 이름이다. 꾸란의 한국어 발음 표기는 꾸란, 코란, 쿠란 등이 있다.

라술룰라(rasūlu-llāh)

'성사(聖使)'라는 뜻으로, 이슬람에서는 주로 무함마드(영어로는 마호메트)를 가리킨다. 성사는 '알라가 보낸 사람'을 뜻하며, 이는 예언자보다 격이 높다. 성사는 아브라함, 모세, 예수, 무함마드이다.

이만

6가지 믿음, 즉, 알라, 천사, 경전, 예언자, 최후 심판, 정명에 대한 믿음.

이바다

5가지 의무, 다섯 기둥이라고 부르기도 한다. 다섯 의무는 ① 신앙고백 : 하나님(알라) 이외에 다른 신은 없으며 무함마드는 하나님의 예언자라는 선언, ② 기도(쌀라) : 매일 5회 기도, ③ 단식(사움) : 이슬람력 9월(라마단) 한 달 동안 일출부터 일몰까지 음식 및 음료의 섭취와 성행위를 금함. ④ 자선(자카) : 일반적으로 상공업에 종사하는 부자들은 재산의 2.5%, 농민들은 연 생산의 10~20%를 기부한다. 이 재화는 가난한 사람들에게 나누어줌. ⑤ 메카 순례(하즈) : 성지순례로 이슬람력 12월에 경제적 신체적으로 능력이 있는 모든 무슬림은 일생에 한 번 메카를 순례한다.

칼리프(Caliph)

원래는 대리인 혹은 계승자를 뜻하는 아랍어 칼리파(khalifa)이며, 예언자 무함마드가 죽은 후 그를 계승하여 교인들의 공동체를 다스리는 수장(首長)을 의미

아랍어

아프리카 아시아어족의 셈어파에 속하는 언어 중 하나로 주로 서아시아 및 북아프리카의 아랍권에서 사용된다. 같은 셈어족에 속하는 바빌로니아어, 아시리아어, 페니키아어는 사어(死語)가 되었으며 아랍어는 시리아와 이라크, 몰타의 일부 지방에서 보존되고 있다. 셈어족에 속한 아랍어는 남서 셈어에서 발달하였다. 남서 셈어는 아라비아반도 히자즈 지역을 중심으로 유목 생활을 했던 유목민들의 북방어와 농경 생활을 하던 예멘의 남방어로 나뉘어져 있었다. 그러나 마리브댐이 유실되면서 예멘인들이 히자즈 등 아라비아반도 북부로 이동하게 되었고, 북방어인 히자즈어가 예멘인들을 비롯한 주변 부족들의 언어와 섞이게 되었다. 한편 꾸라이쉬 부족은 메카의 시장을 장악하였다. 아랍어의 모체인 꾸라이쉬족의 말은 이슬람 이전 시대의 시에 쓰였고, 후에 무함마드가 꾸란을 기록하는 데 주로 쓰이면서 표준어가 되었다.

아랍어는 터키어, 페르시아어, 우르두어, 말레이어, 스와힐리어, 하우사어 등의 언어에 많은 영향을 끼쳤다. 오랜 역사와 넓은 분포를 가진 언어이지만 다른 언어에 비하면 변화가 비교적 보수적이며 매우 점진적이다. 이슬람교의 경전인 『코란』에 쓰였고, 모든 이슬람교도가 쓰는 종교 언어이

다. 보통 고전 아랍어라고도 하는 아랍 문자가 『코란』에 사용된 바로 그 언어 형태인데, 현대에서는 약간 수정되어 사용되고 있다. 이 언어는 모든 아랍 세계에서 똑같은 형태로 쓰고 있다. 아랍어는 아프리카, 아라비아반도 등의 아랍 세계에서 약 3억 명이 사용하며 UN 공용어(영어, 프랑스어, 중국어, 러시아어, 아랍어, 스페인어) 중 하나이다.

아라비아 숫자

우리가 사용하고 있는 아라비아 숫자는 기원전 2500년에서 1500년 사이에 번성했던 인더스 문명에서 비롯되었다. 이 숫자들은 고대 불교의 자료에서 최초로 발견되었으며, 짧은 눈금 하나를 그어놓은 것은 당연히 '하나'를 의미했다. 직관적으로 알 수 있는 이러한 형태의 표기는 다른 문화권에서도 널리 사용되었다. 그러나 눈금의 기원은 다양하여 서양에서는 수직 눈금인 '1'을 사용했지만, 중국에서는 수평 눈금인 '一'을 사용했다. 1을 제외한 나머지 숫자는 어떻게 형성된 것일까? 2, 3, 4 등을 이루는 불규칙한 형태의 선은 어떻게 생겨난 것일까? 가장 오래된 1, 4, 6은 기원전 3세기경 인도의 아소카 석문에서 발견되었다. 이 석문들은 불교도였던 인도 마우리아 왕조 아소카왕의 사상과 업적들을 적어놓은 것이었다. 그리고 기원전 2세기경에 만들어진 나나 가트(Nana Ghat)의 석문에서 2, 7, 9가, 서기 1~2세기경의 나시크(Nasik) 동굴에서 3과 5가 추가로 발견되었다. (수학 오디세이)

이 인도의 수체계가 점차 서쪽으로 전파되어 아라비아 지역에서 사용되게 되는데, 유럽에서 '아라비아 숫자'라고 부르게 된 연유는 이 수 체계를 이슬람세계에서 배웠기 때문이다. 하지만 이슬람세계에서는 이 숫자의 근원지를 좇아 '힌두 숫자'라고 불렀다.(위키백과)

4. 이슬람 제국의 도서관

이슬람은 강력한 군사력을 통해 주변국을 정복하고, 이슬람교를 바탕으로 정복지의 고유한 학문을 받아들여 보존, 전파하였다. 당시 지배자의 정복에 힘입어 상업으로 부를 축적한 귀족과 군인들은 자신들의 과시를 위해 장서를 수집하였다. 이에 따라 이슬람 국가에는 사립도서관이 성행하여 중세 최고의 사립도서관 문화를 형성하였다. 또한 교육과 학문을 추구하는 직업을 명예로운 직업으로 인식하였다.

이슬람 교인들은 꾸란을 필사하여 다른 사람들이 이용할 수 있도록 권장하였으며 이에 따라 수천 권의 꾸란이 필사되었다. 이슬람교도는 누구나 꾸란을 읽어야 하므로 이슬람사원은 이슬람 예배의 장소이자 민중의 학습기관 역할을 하였다. 이에 따라 종교의 거점인 이슬람사원은 꾸란을 익히기 위한 아랍어 교육, 일반 신도의 교육장으로 활용되는 한편 학자들의 연구기관이면서 장서를 보관하고 개방하는 도서관의 역할을 했다.

이슬람 세계에서도 서양 중세 수도원 도서관과 마찬가지로 이슬람사원인 모스크에 사원도서관을 설치하였다. 이슬람교 세력권이었던 이집트, 스페인 등에는 장서가 60만 권에 이르는 도서관이 있었던 것으로 알려져 있으며, 특히 스페인에는 70여 개의 대규모 도서관이 있어 각종 진본 및 선본(善本) 도서를 소장하였다고 한다. 또한 8세기경에 유럽에서 종이가 제일 먼저 이슬람 권역이었던 스페인으로 유입되었다.

이슬람의 도서 문화의 특징은 같은 시대의 다른 지역보다 다양한 도서가 유통되고 소장되었다는 점이다. 이슬람 최고의 문헌인 꾸란을 비롯하여 그리스와 라틴의 고전, 인도의 산스크리트 철학, 이집트의 역사 문헌, 힌두교의 서사시, 프랑스의 시 등 다양한 주제의 책들이 유통되면서 개인이나 사원도서관에 소장되었다.

다마스쿠스(Damascus)

BC 3000년경 세워진 시리아 남서부에 있는 도시로 세계에서 가장 오래된 도시 중 하나이다. 옛날부터 '동양의 진주'라고 불렸으며 우마이드(Umayyid)왕조가 통치한 661~750년 이슬람 제국의 수도였다. 통치자들은 교육을 증진하고, 690년경 왕실도서관을 세워 문헌을 소장하고, 국가 문헌은 문서의 집(House of Archives)에 보존하였다. 왕실도서관은 학생들과 학자들에게 개방하였고, 세계 여러 곳에서 수집한 종교, 문학, 역사, 철학, 연금술, 의학, 점성술에 관한 다양한 책을 소장하였다고 한다.

바그다드(Baghdad)

이라크의 수도, 8세기에서 9세기에 이르는 동안 하룬 알 라시드(Harun al Rashid)와 그의 아들인 알 마문(Al-Mamun)은 비잔틴 왕국으로부터 가능한 한 많은 고전을 수집하고, 이들을 아랍어로 번역하여 지혜의 집(the

House of Wisdom)에 보존하였다. 이곳에서는 모든 분야의 책을 수집 소장하고, 번역기관 및 천문관측소를 설치하여 학자들에게 개방하였다. 특히 그리스와 오리엔트의 고전문헌을 수집하고 번역하였다고 한다. 9세기에서 10세기경에는 바그다드에만 100개 이상의 서점이 있었으며 바그다드에는 이슬람 전 지역 가운데서 가장 모범적인 교육기관과 도서관이 있었다고 한다. 1236년 몽골군에 의해 바그다드가 정복되기 전에는 30여 개에 이르는 공공도서관이 있을 정도로 높은 문화 수준을 유지하였다.

이스파한(영어 : Isfahan 또는 Esfahān)

이란의 테헤란 남방 420km 이란고원 위의 교통의 요지에 있는 도시로, 이란에서 세 번째로 큰 인구 150만의 도시이다. 이 도시의 존재는 아케메네스 왕조 시대로 거슬러 올라가며, 10세기에는 이미 이스파한이란 이름으로 불리고 있었다. 이슬람 이후에는 특히 상업 도시로 번영했다. 이스파한에서는 서기 885년 부유한 지주 한 사람이 시 당국에 공공도서관을 기증하였다고 한다.

이집트

9세기와 10세기 사이에 이집트에서는 카이로가 정치문화의 중심도시였다. 파티마왕조의 칼리프 알 아지즈(Al-Aziz)는 시인과 학자들을 보호하고 학문을 장려하였으며 서기 988년에 카이로에 도서관을 세우고 학자들이 이용할 수 있게 하였다. 이 도서관에는 꾸란, 법률, 문법, 수사학, 역사, 천문학, 화학에 관한 10만 여권의 권자본을 소장하였고, 그 가운데 금과 은으로 장식된 2,400여 권의 꾸란도 보존하였다고 한다. 도서관은 관리인, 사서, 필경사, 제본사, 경비원 등 인력을 갖추고 주제 분야의 서지를 작성하여 자료를 체계적으로 정리하였다.

스페인

이슬람은 711년 이후 스페인을 정복하고 코르도바(Cordova, 세비야 북동쪽, 스페인 이슬람교 세력의 정점), 톨레도(Toledo, 마드리드에서 남서쪽으로 67㎞ 떨어진 도시, 그리스도교, 아랍, 유대 문화가 하나로 융합된 도시), 세비야(스페인어 : Sevilla, 영어 : Seville) 등의 도시에 이슬람 문화를 전파하였다. 코르도바에는 40만 권 이상의 장서를 소장한 도서관이 있었으며, 스페인 전역에 걸쳐 70여 개의 도서관과 이슬람 대학이 있었다. 칼리프 알하킴(al-Hakim)은 도서관의 책을 확충하기 위하여 세계 여러 곳에 사람을 파견하였으며 도서관에는 500명 이상의 직원을 고용하였다고 한다. 궁전에 도서관이 있었으며, 톨레도에도 대규모 도서관이 있었다고 한다. 스페인은 이슬람 제국의 붕괴 후에도 아랍어 서적을 라틴어로 번역하여 유럽에 전파하였다.

5. 이슬람 도서관의 특징

사립도서관의 성행

이슬람 제국에는 정복에 따른 공물과 무역으로 이루어진 부의 축적으로 높은 학문 수준에 도달한 사람들이 많았다고 한다. 또한 일부다처제도와 대가족제도가 일반화되어 있었고, 이 가족들 가운데 학문을 연구하는 사람들이 많았다고 한다. 당시 학문을 연구하는 직업은 존경받는 직업이었고 부자들은 도서를 경쟁적으로 수집하는 경향이 있었다고 한다.

장서의 다양성

이슬람 도서관의 장서는 주로 꾸란의 복사본과 그 해설서 및 주석서가 주류를 이루었으며 아라비아 고유의 학문인 신학, 법학, 문법학, 수사학 등이 중요시되었다고 한다. 그 밖에도 이슬람 지배자들의 전기물, 시집, 아라비안나이트 같은 문학, 역사 및 지리서, 전쟁에 관한 이야기 및 지배자들의 업적, 탐험 이야기, 점성술, 연금술, 과학서, 철학, 의학에 관한 서적도 풍부하게 갖추어져 있었다고 한다. 이슬람 도서관은 그들이 할 수 있는 모든 주제, 모든 시대, 모든 언어의 문헌을 수집하여 복사하고 번역하였다. 예를 들면 당시 아랍어로 번역된 도서에는 그리스와 라틴의 고전, 과학서, 정치철학, 이집트의 역사, 힌두의 서사시, 프랑스의 연애시 등이 있었다. 다마스쿠스 도서관에서는 아리스토텔레스의 저작을 소장하였고, 이집트의 가자도서관은 이집트 상형문자 사본, 유스티아누스법전을 소장하는 등 이슬람 도서관은 타 종교에서는 제외했던 철학, 의학, 점성술, 연금술, 마법, 역사, 문학, 과학, 법률 등 모든 주제 분야를 수집하였다.

미디어 형태의 다양성

서사 재료는 주로 양피지와 종이였으며 책의 형태는 방책(codex)이었고, 아시아에서 들어온 접장본(절첩장) 형태나 힌두의 패엽경도 가끔 있었다고 한다. 책의 장식 기술은 매우 높은 수준이었고, 필경은 하나의 예술이었다. 제본은 가죽에 채색하여 화려하게 장식했고, 표지는 두껍게 하여 양각으로 무늬를 넣어 제본하였다. 또한, 규모가 큰 도서관은 방마다 주제별로 배열하고, 주제전문가를 고용하였으며, 작은 도서관에서는 주제가 표시된 상자에 넣어 장서를 관리하였다고 한다.

한편 사립 및 공공도서관들은 학생들과 학자들이 책을 이용하기가 쉬웠다고 한다. 서기 987년에는 저자에 관한 서지사항이 붙어 있는 과학 색인(Index of the Science)을 간행하였고, 10세기의 작가 무하마드 알 타바리(Muhammad Al Tabari)는 150권의 세계사를 저술하면서 1만 권 이상의 문헌을 참고한 것으로 알려졌다.

이슬람 도서관의 쇠퇴

이슬람 내부의 종교적인 불화로 교파들 사이에 역사와 신앙에 관한 문헌을 파손하라는 명령이 빈번히 발생하였다. 또 당시의 종교적 신조에 맞지 않는 저작물의 출판을 금지하였다.

11세기부터 13세기에 걸친 기독교와 십자군 전쟁은 이슬람 도서관의 붕괴에 중대한 영향을 끼치게 되었다. 이때 스페인에 있던 대부분의 이슬람 도서관은 파괴되거나 소유자에 의해 반출되었고, 15세기 말 스페인의 그라나다는 아랍의 필사본을 태우는 장소가 되었다.

이슬람 도서관의 결정적인 붕괴는 13세기 몽골의 침입에 의한 것이었다. 몽고의 제1차 이슬람 침략은 1218년에서 1220년에 걸쳐 일어났으며 1258년 제2차 침입으로 수백 년 동안 모아온 이슬람의 유물과 도서관들은 불타거나 파괴되었으며 학자들과 학생들도 희생되었다. 당시 이슬람의 서적의 가죽 표지는 몽골군의 구두 수선용으로 사용되고, 사본들은 불을 지피는 데 이용되었다고 한다. 이 밖에도 화재와 홍수 등 재해에 의해서도 파괴되었다.

르네상스 시대의 책과 도서관

1. 르네상스란

르네상스는 14세기에서 16세기에 걸쳐 유럽에서 일어난 고전 학문과 예술의 부흥 운동을 이르는 말이다. 르네상스는 탄생(誕生, naissance)을 의미하는 단어에 재(再, re)라는 접두어를 붙인 말로 문자 그대로 재탄생(renaissance)을 의미한다. 이는 고대 그리스에서 싹튼 찬란한 인문 학문과 예술이 중세 종교 중심사회의 그늘에서 빛을 보지 못하다가 14세기에 이르러 다시금 태어났다는 의미이며, 따라서 우리말로는 문예부흥(文藝復興)이라고 부르고 있다.

르네상스는 먼저 이탈리아에서 일어났다. 이탈리아는 로마제국 후예의 땅으로서 기념비적인 로마의 도서관으로부터 수도원 도서관에 이르기까지 고전문헌들이 잘 보존 전승되었고, 대학의 형성과 발전을 통하여 학문 연구의 풍토가 일찍부터 조성되는 등 문예부흥의 기본적 조건이 갖추어지고 있었다.

르네상스는 먼저 이탈리아의 플로렌스(Florence)를 중심으로 전개되었으며 여기에 주도적인 문헌적 후원은 부호 메디치(Medici)가에 의해 이루어졌다. 코시모 데 메디치(Cosimo de Medici, 1434~1464)는 인문주의 학자와 필사자를 적극적으로 후원하고 여러 지역에 학자들을 파견하여 그리스 라틴의 고전문헌을 수집하였다고 한다. 이렇게 수집된 자료로 산 마르코(San Marco)에 도서관을 세웠으며, 플로렌스에도 그리스와 라틴의 문헌으로 이루어진 훌륭한 플로렌스도서관을 건립하였다. 르네상스의 발흥에는 이처럼 문헌의 수집과 활용을 적극적으로 지원한 도서관이 그 이면에 자리하고 있었다. 이러한 도서관과 문헌의 지원을 바탕으로 수많은 문인 예술가들이 탄생하였다. 그 시대의 정신과 경제적 뒷받침이 이루어 낸 성과였다. 르네상스는 이탈리아를 중심으로 하는 남유럽 르네상스와 독일을 중심으로 하는 북유럽 르네상스로 구분하는데 먼저 남유럽 르네상스의 주요 인물과 작품은 다음과 같다.

2. 남유럽 르네상스의 인물과 작품

페트라르카(Franciscus Petrarca, 1304~1374)

페트라르카는 청년 시절 법률가의 가업을 계승하기를 바란 아버지의 뜻에 따라 볼로냐 대학에서 법학을 공부하였다. 그러나 그의 관심은 법학보다는 문학에 있었다고 한다. 그는 1326년 아버지가 세상을 떠나자 법학 공부를 중단하고 아비뇽으로 가서 평소 좋아하던 고전 작품과 라틴어로 된 작품들을 탐독했다. 그는 1327년 4월 아비뇽에서 라우라라는 여인을 만나 사랑에 빠지지만 거절당했다고 한다. 그러나 페트라르카는 그녀에 대한 사랑을 평생 간직했으며 이러한 사랑의 감정을 라틴어로 쓴 시들을 모은 것이 바로 『칸초니에레』라 한다. 그는 아버지의 유산으로 처음에는 풍족한 생활을 했으나 얼마 지나지 않아 재산을 탕진하고 1330년경에는 경제난에 봉착하게 되어 생계유지를 위해 성직자의 길로 들어섰다. 성직자가 된 후에는 많은 인사와 교분을 쌓고 궁정을 드나들며 학식과 교양으로 사교계에서 명성을 얻었다. 이후 유럽 곳곳을 여행하며 여러 학자를 만나는 한편, 수도원 도서관을 탐방하며 분실된 고전 필사본을 발굴하는 데 주력했다. 그는 고전의 복원과 인문주의의 부활을 의미하는 '르네상스'라는 말을 처음으로 사용했고 문헌학적 방법을 통하여 고전 복원을 시도하였다. 그는 고대 문헌을 수집하기 위하여 프랑스 남부지방을 주로 여행하면서 많은 필사본을 찾아내어 직접 필사 또는 매입하는 등 문헌을 적극적으로 수집하였으며 이 자료들을 기초로 후일 개인도서관을 세웠다. 그의 개인도서관은 나중에 베니스 공공도서관으로 확장 발전하였다.[1]

『칸초니에레』(프란체스코 페트라르카 지음, 김효신 외 옮김, 민음사. 2004)

이 책의 제목인 칸초니에레는 원래 이탈리아어로 '시집'이라는 뜻을 가진 명사였지만 이탈리아어로 쓴 페트라르카의 시집을 가리키는 고유명사

---

1 안재원, 2011. 『인문학을 만든 고전들』. 서울대 평생교육원 강의자료.

처럼 사용되고 있다. 『칸초니에레』는 일부를 제외하고는 전부 그의 평생 마음에 둔 연인 라우라에 대한 사랑을 노래한 시집으로 거절당한 사랑으로 인한 비탄과 정열과 아름다움의 덧없음을 노래하며 지상의 욕망을 천상의 것으로 승화시키는 모습을 보여준다. 이 번역본에 실린 50편의 시들은 『칸초니에레』의 서시에서 50번째까지의 시에 해당한다.

단테(Alighieri Dante, 1265~1321)

이탈리아의 시인이다. 피렌체에서 태어나 9세 때 미소녀 베아트리체 (Beatrice, 1266~1290)와 처음 만나 플라토닉한 사랑을 느끼고, 그 후 평생 변함이 없었고 한다. 베아트리체가 젊은 나이로 세상을 떠나자 그 죽음을 깊이 애도하고, 정열을 학문 연구에 쏟아 철학, 신학에 심취하여 거기서 위안을 찾는다. 베아트리체는 천상적(天上的)인 사랑의 상징으로 아름답게 형상화되어 그의 작품 『신생』(La vita nuova), 『신곡』(Divina Commedia)에 등장한다. 피렌체대학, 볼로냐대학에서 수사학을 공부하고 상류사회에 출입, 1295년경 피렌체시의 여러 요직에 취임하면서 귀족의 딸과 결혼하여 4자녀를 얻었다. 피렌체의 행정장관으로 활약, 시의 자주독립을 꾀하고 정치 불안을 일소한 듯이 보였으나 반대당에 의한 정변으로 실각 추방되었다. 그 후 이탈리아 각지의 궁정과 프랑스에서 방랑 생활을 했고, 만년에는 라벤나의 영주(領主)에게 몸을 기탁하고 그곳에서 생을 마감했다. 작품으로는 『신생』과 『신곡』이 유명하다. 『신생』은 31편의 연애시를 모은 이탈리아어 작품으로, 이탈리아어 문학을 세계적 수준으로 끌어올렸다는 평가를 받는다. 『신곡』은 인간의 속세와 영원한 운명을 그리스도교적 시각으로 묘사한 작품으로 피렌체에서 추방당한 자신의 경험을 바탕으로 쓴 것이라 한다. 지옥, 연옥, 천국을 여행하는 형식을 취한 우화(寓話)로 우주 전체를 주제로 삼아 중세적 세계관과 근대적 비판 정신을 아울러 담아내고 있다. 이 작품으로 말미암아 이탈리아어가 수백 년 동안 서유럽의 문학 언어로 쓰이게 되었다. 그의 저술은 시 이외에도 수사론, 도덕, 철학, 정치사상에 이르기까지 다양하다. 고전에 매우 정통한 사람으로 베르길리우스, 키케로의 작품들을 인용했으며, 스콜라철학과 신학을 능숙하게 활용하였다. 중세 정치철학의 주요 논문인 『제정론(帝政論) De monarchia』을 쓰기도 했다.

『신곡』 전 3권(단테 알리기에리 지음, 박상진 옮김. 민음사. 2013)

선과 악, 죄와 벌, 정치와 종교, 문학과 철학, 신화와 현실을 다룬 서사시이다. 『신곡』의 세 부분을 이루는 「지옥편」, 「연옥편」, 「천국편」은 각각 33편의 독립된 곡(canto)으로 구성되며, 「지옥편」에만 서곡이 추가되어 모두 100곡을 이룬다. 그리고 곡 하나하나는 대체로 140행 안팎이며 모든 행은 11음절로 구성되고 전체 14,233행에 이른다. 또한 이 책에는 영국 최초, 최고의 낭만주의 시인이자 천재 화가였던 윌리엄 블레이크의 삽화 102점이 함께 수록되어 있다. (교보문고)

보카치오(Giovanni Boccaccio, 1313~1375)

피렌체의 문학자이며 인문주의자로서 라틴어 고전을 연구했다. 그는 페
트라르카를 열정적으로 존경하고 흠모했던 사람으로 많은 문헌을 발굴하
였다. 하지만 페트라르카와는 달리 문헌의 복원보다는 번역하는 일에 집중
하였다. 그는 여행을 많이 다니면서 중요한 필사본을 많이 발견하는데, 예
를 들면 『타키투스의 역사서술』을 몬테 카지노(Monto Casino)수도원에서
발견하였다고 한다. 그는 가끔 문헌을 슬쩍 훔치기도 했는데, 그가 한번
왔다 가면 뭔가 중요한 문헌이 사라졌다고 한다. 그의 문헌학적 기여는
첫째, 호메로스의 작품들을 최초로 라틴어로 번역했다는 점, 둘째, 필사본
의 학문적 가치 이외에 재산적 가치를 일깨워 돈 많은 사람들이 책을 수집
하는 계기를 제공했다는 점이다.[2]

그의 대표적인 작품은 『데카메론 Decameron』이라는 소설이다. 데카메
론은 '10일간의 이야기'란 뜻으로 1349~1351년에 쓴 것이라고 전해진다.
피렌체의 세 청년과 일곱 명의 숙녀가 페스트 병을 피해 교외 별장에 있으
면서 10일에 걸쳐 순번을 정해 이야기한 100개의 화제를 담고 있다. 등장
인물은 왕후 귀족에서 악한과 가난뱅이에 이르기까지 모든 계층을 망라했
고 내용도 익살스러운 이야기, 외설적인 이야기, 비극적인 이야기 등 다양
하다. 이야기의 무대는 이탈리아반도는 물론, 유럽, 동양(지금의 중동지방),
아프리카 각지에 이른다. 인간성의 진리를 묘사하여 단테의 『신곡』과 견

2 안재원. 2011. 『인문학을 만든 고전들』. 서울대 평생교육원 강의 자료.

주어 '인간희극'이라고도 불리며 근대 산문문학의 선구가 되었다.

『데카메론 1, 2』(조반니 보카치오 지음, 박상진 옮김, 민음사. 2012)

이탈리아 르네상스 문학의 태동을 이끈 조반니 보카치오의 작품. 국내 이탈리아 문학 연구자인 박상진 교수가 번역하고 풍부한 주석을 덧붙인 이탈리아어 완역본으로 여러 판본의 삽화와 관련 있는 동시대 명화들을 함께 수록했다. 단테의 『신곡』에 비견되어 '인곡(人曲)'으로도 불리는 이 작품은 열 명의 젊은 남녀가 페스트를 피해 피렌체 교외로 가서 자연과 어울리며 다양한 주제 아래 열흘 동안 100편의 이야기를 주고받는 내용으로 이루어져 있다. 흑사병으로 사람들이 죽고 중세적 가치들이 무너지는 시대를 온몸으로 겪은 보카치오는 이를 통해 혼돈과 불안 속에서 도덕과 신성함이 무너진 현실을 바라보고, 모든 인간이 자유롭게 자신의 욕망과 현세적 삶을 추구하는 근대적 세계관을 담아냈다. 유쾌한 속어와 기발한 재치로 거침없는 욕망과 생동하는 삶의 면모를 그려내며 민중들의 사랑을 받았다. (교보문고)

세르반테스(Miguel de Cervantes Saavedra, 1547~1616)

스페인에서 태어난 세르반테스는 1570~1575년 이탈리아의 나폴리 주둔 스페인군으로 복무하면서 틈틈이 이탈리아 문학을 접했다. 한때 해적선에 붙잡혀 알제리에서 노예생활을 했던 그의 특별한 경험은 『돈키호테』를 비롯한 여러 작품의 배경이 되었다. 『돈키호테』로 이름을 날리기 전까지는 생계를 유지하기조차 어려웠던 세르반테스는 이 작품으로 크게 이름을 떨치게 되었다. 대표작 『돈키호테』는 산문으로 된 서사시로 기사 돈키호테의 행동을 통해 기사사회의 이상이 현실에서 꺾이는 것을 풍자한 것으로 근대소설의 뚜렷한 형태를 갖춘 작품이다.

『돈키호테』(미겔 데 세르반테스 사아베드라 지음, 안영옥 옮김. 열린책들. 2014)

기사 소설에 탐닉하다가 정신을 잃어 기사가 되겠다고 나선 한 엄숙한 미치광이의 이야기를 그린 이 작품은 성서 다음으로 지구상에서 가장 다양한 언어로 번역된 책이기도 하다. 이 책은 고려대학교 스페인어문학과 안영옥 교수가 5년의 고증과 스페인에서의 답사를 걸쳐 번역한 것으로 마드리드 대학의 교수부터 스페인의 노인들에게까지 묻고 다니며 책에 나오는 구어체 표현이나 현재는 사용되지 않는 어휘들 및 역사적이고 문화적인 배경이 포함된 이야기들을 제대로 옮겨냈다. 스페인 라만차의 어느 마을에 사는 귀족 알론소 키하노가 신분에 어울리게 유유자적한 삶을 살다가 당시 유행하던 기사도 소설에 빠져 밤낮을 가리지 않고 식음을 전폐하며 탐독하다가 드디어 미치게 되며 벌어지는 이야기를 그리고 있다. 스스로 '돈키호테'라는 이름을 붙인 편력 기사로서 세상에 정의를 내리고 불의를 타파하며 약한 자들을 돕는다는 원대한 꿈을 실현하기 위해 두 번의 출정 길을 나서는 내용을 담고 있다. (교보문고)

레오나르도 다빈치(Leonardo da Vinci, 1452~1519)

이탈리아 피렌체 출신의 예술가, 과학자, 만능인으로 알려졌다. 그는 15세 때부터 안드레아 델 베로키오의 도제가 되어 회화, 조각 등 여러 분야에서 훈련을 받았다. 그는 밀라노 대공의 후원으로 17년간 밀라노에 머물렀는데, 이 시기에 〈최후의 만찬〉 등 대작을 그렸다. 〈최후의 만찬〉은 예수와 12제자를 그린 벽화로 성 마리아 델 그라체 교회에 있다. 그가 그린 〈모나리자〉는 피렌체 상인의 부인을 모델로 그린 인물화로 파리 루브르 박물관에 소장되어 있다.

그는 회화, 건축, 기계학, 해부학을 넘나드는 방대한 기초 자료를 많이 남겼다. 생애 후기에는 그림보다 과학에 매달려 인체 해부학, 새의 비행, 물의 성질 등을 연구했다. 말년에는 프랑스 왕 프랑수아 1세에 의해 왕의 수석 화가, 건축가, 기술자라는 칭호를 부여받았고, 왕의 궁전 근처에서 생의 마지막을 보냈다.

미켈란젤로(Michelangelo di Lodovico Buonarroti Simoni, 1475~1564)

이탈리아의 조각가, 화가, 건축가로 피렌체와 로마에서 활동했다. 그는 생존기간에는 물론 현대에 이르기까지 수 세기에 걸쳐 가장 위대한 예술가의 한 사람으로 추앙받고 있다. 가장 잘 알려진 작품은 〈시스티나 성당의 천장화〉이며 성 베드로성당의 돔 설계로 유명하다.

미켈란젤로가 생전에 유명해진 또 다른 이유는 그의 예술 생애에 대한 기록이 당시나 그 이전의 어느 예술가보다도 훨씬 많았기 때문이다. 그의 생존 시에 2편의 전기가 출판되었는데, 그중 하나는 화가이자 건축가였던 조르조 바사리가 쓴 『예술가 열전 Lives of the Most Einent Painters, Sculptors & Architects』(1550)의 마지막 장이다. 이 장에서 바사리는 현존하는 예술가로서 유일하게 미켈란젤로의 작품을 그 이전의 다른 모든 예술가들의 역작을 능가하는 예술의 최고봉으로 평가했다. 이와 같은 찬사에도 만족하지 못한 미켈란젤로는 조수였던 아스카니오 콘디비를 시켜 별도로 전기(1553)를 쓰게 했다. 또한 그가 남긴 수백 통의 편지, 스케치, 시 등의 유품은 당대의 누구보다도 많이 보전되고 있다.

라파엘로(Sanzio Raffaello, 1483~1520)

이탈리아의 화가이며 건축가로 작품으로는 〈젊은 여인의 초상〉이 유명하다. 그의 작품은 여성의 우아한 아름다움을 표현한 것이 특징으로 유연한 형태와 평이한 구도뿐 아니라 인간의 고결함에 대한 신플라톤주의적 이상을 시각적으로 표현해낸 것으로 평가받고 있다. 1508년부터 로마에서 바티칸 궁을 개조하는 대규모 계획에 참여했다. 라파엘로는 교황의 거처를 장식하는 일을 맡았는데, 여기에서 자신의 가장 중요한 프레스코화인 〈성체(聖體)[3]에 관한 논쟁 Disputa〉, 〈아테네 학당 School of Athens〉을 그렸다.

---

3 성체(聖體) : 빵과 포도주의 형상 속에 성인(예수)의 몸과 피가 들어있다는 인식. 하느님이 인간에 주신 최고의 은혜에 감사함을 의미(가톨릭 사전).

마키아벨리(Niccolò Machiavelli, 1469~1527)

이탈리아 피렌체의 정치학자이며 외교가, 역사가, 문학가로서 현실주의 정치의 필요성을 주장했다. 그의 역작 『군주론』은 목적만 정당하다면 수단은 아무래도 상관이 없다는 비윤리적 견유주의(犬儒主義 Cynicism : 세상의 풍속, 도덕, 사상 등을 비웃거나 무시하고, 인간의 본성에 따라 자연스럽게 생활하는 인생관이나 태도)를 제창한 것으로 인식되어 오랫동안 비난을 받아왔으나 정치와 종교의 분리 주장과 함께 권력현실에 대한 객관적인 분석을 시도했다는 점에서 근대 정치학에 초석을 놓은 것으로 평가받고 있다.

그는 13세기 이래 다수의 고위직 행정관을 배출해낸 피렌체의 명망가 집안에서 태어났지만 그의 아버지가 매우 가난하여 교육을 시킬 수 없는 형편이었다고 한다. 훗날 마키아벨리는 "나는 즐거움 이전에 인고(忍苦)를 먼저 배워야 했다"라고 고백하고 있다. 그의 라틴어 수업은 학교보다 가정에서 이루어졌다. 그러나 독학은 오히려 당시 인문주의 교육의 무절제와 오류로부터 그를 보호하는 결과가 되었고, 이로부터 사고의 독창성과 기품뿐만 아니라 설득력을 갖춘 문체의 힘이 형성될 수 있었다고 한다.

『군주론』(니콜로 마키아벨리 지음, 강정인, 김경희 옮김. 까치. 2015)

메디치가의 강력한 군주에 의해 피렌체의 자유가 지켜지기를 바라는 마음으로 저술한 책으로, 정치 행위가 종교적 규율이나 전통적인 윤리적 가치로부터 자유로워야 한다고 주장한다. 하지만 이러한 그의 사상은 당대의 메디치가를 통해 구현되지 못했으며 이따금 독재 정치가들이나 지도자들에 의해 오용되어 '마키아벨리즘'이라는 악명을 얻게 되었다. 그러나 역설적으로는 권력의 속성을 적나라하게 보여주었기 때문에 16세기 이후 수많은 사상가에 의해 실용 정치의 기술로 인정받게 되었다. 결국 세계는 '마키아벨리즘'을 통해 근대 정치학의 기초를 다지게 되었으며 발간 이후 5세기가 지난 지금까지 수많은 사람이 애독하는 유명한 고전이 되었다. (교보문고)

3. 북유럽 르네상스의 인물과 작품

독일과 네덜란드를 중심으로 한 북유럽 르네상스의 주요 인물과 작품은 다음과 같다.

에라스뮈스(Desiderius Erasmus, 1449~1536)

네덜란드의 인문학자로 『신약성서』를 최초로 편집했고, 교부학과 고전문학을 연구했다. 에라스뮈스는 이탈리아 인문주의자들이 개척한 문헌학적 방법을 이용하여 그리스어 『신약성서』와 교부들에 관한 연구에서 과거에 대한 역사적, 비판적 연구의 토대를 마련했다. 그의 교육에 관한 저술은 형식에 치우친 과거의 교과과정을 지양하고 인간성을 중시하는 고전문학을 새롭게 강조하는 방향으로 나아가는 데 이바지했다.

그는 교회의 적폐를 비판하고 고대의 좋았던 시절을 강조함으로써 점증하는 개혁 욕구를 더욱 부추겼다. 이 욕구는 프로테스탄트의 종교개혁뿐 아니라 가톨릭의 반종교개혁에도 나타났다. 그는 신앙고백을 통한 격렬한 논쟁의 시대에 어느 쪽에도 속하지 않는 독자적인 태도를 견지했다. 그는 마르틴 루터의 예정설도 받아들이지 않았고, 교황이 주장하는 권력도 인정하지 않았기 때문에 양쪽의 지지자들에게는 의혹의 대상이 되었고, 신앙의 정통성보다 자유를 더 높이 평가하는 사람들에게는 어둠을 비추는 횃불이 되었다. 그가 쓴 『우신예찬』은 우매한 여신의 자기 예찬 형식으로 성직자의 부와 권력, 제도와 관습을 풍자한 작품이다.

『우신예찬』(데시데리위스 에라스뮈스 지음, 문경자 옮김. 지식을만드는지식. 2012)

근대 자유주의의 선구자로서 유럽 문화에서 자유주의 전통을 세우고 르네상스 시대 인문주의가 나아갈 방향을 제시한 작품. 16세기 종교 논쟁의 소용돌이 속에서 중용의 태도를 견지한 저자가 신선하고 보편적인 예리한 시선, 그리고 위트와 유머 등으로 자신이 살아가는 시대를 비판하고 있다. 제도와 관습을 바라보는 유쾌하면서 의미심장한 시각의 전환을 통해 시대를 꿰뚫는 통찰력뿐 아니라 시대를 넘어선 전망을 제시하게 된다. 르네상스 인문주의의 대표적인 성과물로 인정되었으며 당대에 이미 세계 문학의 반열에 오른 작품이다. 저자가 세 번째 영국 여행을 하던 중 토머스 모어에게 편지와 함께 보낸 풍자로 자신을 '어리석은 여신'으로 내세우고 자유롭게 떠들 수 있는 '바보의 신성한 권리'를 이용, 세상의 온갖 부조리를 웃음으로 조롱하고 있다. (교보문고)

토마스 모어(Thomas More, 1478~1535)

영국의 인문주의자, 법률가, 저술가, 사상가, 정치가이자 로마 가톨릭교
회의 성인. 그는 평생 스콜라주의적 인문주의자로서 덕망이 높았으며,
1529년부터 1532년까지 대법관을 포함하여 여러 관직을 역임하였다. 그는
1516년에 자신이 저술한 『유토피아』에서 가공의 나라인 유토피아(Utopia)
를 그리면서 당시 영국 상업자본주의 사회를 비판한 것으로 유명하다.

『유토피아』(토마스 모어 지음, 권혁 옮김, 돋을새김. 2015)

원제는 '최상의 공화국과 새로운 섬 유토피아에 관하여'로 1516년에 간
행되었다. 라틴어로 쓰인 이 작품은 이상향을 뜻하는 '유토피아'라는 말을
처음 만들어낸 작품으로서의 의미가 있으며, 작품 그 자체로서도 가장 뛰
어난 유토피아 문학으로 평가를 받고 있다. 역설과 유머, 냉소와 위트로
당시 유럽 사회에 대한 예리한 비판을 담아냈다. 이 작품은 실존 인물인
피터 자일즈(앤트워프시의 서기관)가 제롬 버스라이덴(찰스 5세의 고문관)과 주
고받은 편지 형식으로 되어 있다. (교보문고)

초서(Geoffrey Chaucer, 1342(1343)~1400)

영국의 대표적 시인이자 국민문학의 시조로 칭송되는 셰익스피어 이전
의 탁월한 작가이다. 14세기 후반에 궁정 대신, 외교관, 공무원으로서 공사

(公事)를 경영하는 데 지대한 공헌을 했다. 그는 에드워드 3세, 리처드 2세, 헨리 4세의 치하에서 계속 신임을 받았다. 그러나 그의 명성은 취미로 쓴 시(詩) 때문에 더 알려졌다.

그의 작품들은 중요한 철학적 문제들을 진지하고 꾸준하게 성찰하면서 폭넓은 유머를 곁들여 표현하고 있다. 작품의 이런 특징으로 인해 독자들은 인간과 인간의 관계나 인간과 신과의 관계를 깊이 명상하면서 동시에 인간의 고귀함과 나약함, 어리석음에 대해서도 다양한 관점을 습득하게 된다. 대표작으로 『캔터베리 이야기』가 있다.

『캔터베리 이야기』(제프리 초서 지음, 김진만 옮김. 동서문화사. 2013)

14세기 초서가 지은 영어로 인쇄된 최초의 이야기책. 중세 영국 이야기 문학의 대표작 걸작으로 꼽힌다. 런던에서 캔터베리 대성당으로 가는 30여명의 길손들이 하나 둘씩 음담패설을 포함한 갖가지 재미있는 이야기를 들려준다. 새로운 시대의 태동을 알리는 작품으로 중세 영국 사람들의 생활, 문화, 예술, 역사를 비롯한 모든 것을 엿볼 수 있다. 그는 이 책을 집필하다가 사망하여 미완의 작품으로 남게 되지만 후대에 학자들의 노력으로 수많은 개수와 편집을 거쳐 오늘에 이르고 있다. (교보문고)

몽테뉴(Michel (Eyquem) de Montaigne, 1553~1592)

프랑스의 사상가로 16세기 후반 프랑스의 광신적인 종교 시민전쟁의 와 중에서 종교에 대한 관용을 지지했고, 인간 중심의 도덕을 제창했다. 그러한 견해를 피력하기 위해 그리고 그러한 견해가 자신에게 무엇을 의미하는가를 밝히기 위해 에세(essai)라는 문학 형식을 만들어냈다. 그의 작품『수상록 Essais』은 인간 정신에 대한 회의적인 시선으로 인생의 문제를 탐구하여 모럴리즘 문학의 선구가 되었다.

『몽테뉴 수상록』(몽테뉴 지음, 손우성 옮김. 동서문화사. 2007)

16세기 프랑스의 사상가 몽테뉴의 에세이. 세상의 다양한 일과 크고 작은 사건들, 그리고 자신의 독서에 관한 생각을 자유롭게 쓴 수필이다. 변화가 많고 다양한 자신을 충실히 드러냄으로써 가장 보편적인 인간상을 제시하고 있다. 그의 회의주의는 평화에 이르기 위한 수단이며, 이전까지의 신 중심 사고를 인간 중심 사고로 전환했다는 점에서 서양 근대 정신의 출발점으로 평가된다. 그는 개인과 사회, 아동교육, 신앙과 과학, 전쟁의 참화, 토론과 회의, 남녀평등, 문명과 자연, 그리고 식민정책의 비리 등 인생의 제 문제를 격언과 일화, 시, 유머, 역설을 섞어가며 고찰하고 있다. 나아가 자신에 대한 솔직한 고백을 드러내 흥미를 더해 준다. (브리태니커 참조)

라블레(François Rabelais, 1494경~1553)

프랑스의 소설가로 국가, 교회, 군주 등을 풍자한 작품을 써서 교회로부터 비난을 받았다. 소설 『팡타그뤼엘 Pantagruel』(1532)과 『가르강튀아 Gargantua』(1534)를 썼다. 라블레의 작품들은 스콜라철학, 성서 신학, 의학, 법학 등 여러 학문이 녹아들어 있다. 그는 생존 시 인문학에 조예가 깊다는 평판을 들었다고 한다. 그는 종교적으로 일관성을 갖지 않았지만, 프란체스코회는 라블레를 자기 교단의 작가로 생각했다고 한다. 트리엔트 공의회는 라블레의 작품들을 금서목록에 올려놓아 그의 작품들은 오랫동안 프랑스 밖에서만 출판될 수 있었다고 한다. 그의 작품들은 후세의 프랑스 작가들, 볼테르, 발자크, 샤토브리앙에게 많은 영향을 주었다.

『가르강튀아 팡타그뤼엘』(프랑수아 라블레 지음, 유석호 옮김. 문학과지성사. 2004)

전설적인 두 거인 왕의 출생에서 영웅적 활약상으로 이어지는 연대기 형식의 작품으로 당시 프랑스의 지적 풍토, 종교, 정치, 사회상을 충실히 반영하고, 프랑스 르네상스의 이상과 염원을 형상화했다. 거인왕의 행적에 관한 서술보다 화자의 사설 위주로 이야기를 풀어나가는 라블레 특유의 글쓰기 방식은 기본 줄거리와 상관없이 대화와 여담을 통해 계속 새로운 방향으로 확장되어나간다. 주인공 거인들은 단지 신체적 크기, 힘, 식욕 면에서 뿐 아니라 그들의 지적 능력, 정신적 깊이에서도 초인의 풍모를 갖추고 있다. 거인 왕들을 통해 인문주의의 이상을 실현하고, 현세적 삶

속에서 행복과 진실을 추구하려는 인간 중심적 가치관을 반영한 작품으로, 라블레는 그가 처해 있던 시대 상황을 충실히 재현하면서도 새로운 글쓰기라는 측면에서 다양한 시도를 펼쳐 보였다.

반 에이크 형제(Van Eyck). 형 후베르트(Hubert, 1370경~1426), 동생 얀(Jan, 1390경~1441)

네덜란드의 화가 형제. 형제 모두 마사이크에서 출생하였다. 두 형제의 합작인 켄트 시에 있는 〈성 바본 성당의 제단화(祭壇畵)〉는 회화 사상 일찍이 찾아볼 수 없었던 기념비적 작품으로, 제작 도중에 형이 죽자 동생 얀이 1432년에 완성했다고 새겨져 있다. 동생 얀은 유화를 발명한 사람으로 알려져 있는데 이것은 그가 색채 가루를 최초로 기름에 섞어서 사용했기 때문이다.

반 에이크 형제는 소박하고 겸손한 신앙심을 바탕으로 그림을 그려 '근대 초상화의 아버지'라고 불리고 있다. 형 후베르트의 대표작으로 〈기증자 부처의 초상〉, 〈어린 양의 예찬〉 등이 있으며, 동생 얀의 작품으로 〈아르노르피니 부처의 혼인도〉, 〈롤랑의 성모〉 등이 있다.

브뤼겔(Pieter Brueghel de Oude, 1525경~1569)

북유럽 르네상스의 대표적 화가이다. 1551년 앤트워프의 화가 조합에 들어간 후, 이탈리아와 프랑스에 유학했다. 처음에는 민간 전설, 속담 등을 주제로 하여 그림을 그렸고, 후에 네덜란드에 대한 에스파냐의 억압을 종교적 제재로 삼아 작품을 그렸다. 또한 농민 생활을 애정과 유머를 담아서 사실적으로 표현하여 '농민의 브뤼겔'이라고 불리었다. 그의 풍경 묘사는 풍경화의 역사에서 중요한 위치를 차지하고 있다. 작품은 동판화 1점을 포함하여 45점이 알려졌는데, 〈장님〉, 〈라벨의 탑〉, 〈농부의 혼인〉, 〈눈 속의 사냥꾼〉 등이 특히 유명하다. 그는 작품에 서명과 날짜를 기입하는 습관을 가지고 있었는데 1559년부터는 작품 서명에 'h'를 빼고 'Bruegel'로 적었다.

4. 메디치 가문

메디치(Medici) 가문은 13세기부터 17세기까지 피렌체에서 강력한 영향을 미친 일족이다. 메디치 가문은 세 명의 교황(레오 10세, 클레멘스 7세, 레오 11세)과 피렌체의 통치자(그 가운데서도 로렌초는 르네상스 예술의 후원자로 가장 유명함)를 배출하였으며, 나중에는 혼인을 통해 가세가 프랑스와 영국 왕실에까지 미치게 되었다. 다른 귀족 가문들처럼 그들도 그들의 도시 정부를 지배하였다. 메디치 가문은 피렌체를 자신들의 권력 아래 두었으며, 예술과 인문주의가 융성한 환경으로 만들었다. 그들은 밀라노의 비스콘티와 스포르차, 페라라의 에스테, 만토바의 곤차가 등 다른 위대한 귀족 가문과 더불어 이탈리아 르네상스의 탄생과 발전에 큰 역할을 했다.

메디치가의 유명한 인물

살베스트로 데 메디치(1331~1388), 피렌체의 절대 권력자

조반니 디 비치 데 메디치(1360~1429), 유럽 최고 부유한 집안으로 만듦

코시모 데 메디치(1389~1464), 메디치 왕조의 개조, 인문학, 예술학 지원

로렌초 데 메디치(1449~1492), 르네상스 황금기 동안 피렌체 군주

조반니 데 메디치(1475~1523), 교황 레오 10세

줄리오 데 메디치(1478~1534), 교황 클레멘스 7세

코시모 1세 데 메디치(1519~1574), 토스카나의 초대 군주

카트린느 드 메디치(1519~1589), 프랑스의 왕비

알레산드로 오타비아노 데 메디치(1535~1605), 교황 레오 11세

마리 드 메디시스(1575~1642), 프랑스의 왕비로 섭정

5. 르네상스와 동시대에 일어난 역사적 사건

지리상 발견(대항해시대)

15세기 초 해양 무역은 중국과 이슬람 세계가 주도하고 있었다. 원나라의 뒤를 이은 명나라는 이슬람 출신 환관 정화를 앞세워 인도양을 지배했다. 그러나 15세기 말 세계의 바다를 누비는 주역은 유럽의 탐험가들이었다. 바다의 주역이 교체된 것은 그대로 역사의 주역이 바뀐 것을 의미했다. 지리상 발견은 알렉산더의 동방 원정 이후 서세동점의 길을 완성한 역사적 사건이라 할 수 있다.

1488년 포르투갈의 탐험가 바르톨로메우 디아스(Bartolomeu Dias, 1450~1500)는 인도로 가는 길을 개척하기 위해 아프리카의 연안을 탐험하고 아프리카의 최남단 희망봉(폭풍의 곶)을 발견했으나 폭풍으로 더 항해하지 못하고 되돌아왔다.

1492년 스페인의 항해가 콜럼버스(Christopher Columbus, 1446~1506)는 지구 구형설을 믿고 항해를 계속하여 아메리카대륙 발견하였다. 그러나 그는 그곳이 신대륙인 줄 모르고 죽을 때까지 그곳이 인도라고 믿었다고 한다. 그 후 이탈리아의 탐험가 아메리고 베스푸치(Amerigo Vespucci, 1454~1512)는 그곳이 인도가 아니라 신대륙이라는 것을 밝혔고, 독일의 지리학자 발트 제뮐러(Martin Waldseemüller, 1470~1520)가 아메리고 베스푸치의 이름을 따 '아메리카' 대륙으로 명명했다. 그는 1507년 최초로 아메리카로 표기한 세계지도 1,000부를 목판으로 인쇄했다. 그가 제작한 지도는 12개의 판으로 구성되었으며, 아메리고 베스푸치의 여행기록에 근거하여 편찬했다고 한다.

1498년 포르투갈의 항해가 바스쿠 다가마(Vasco da Gama, 1460~1524)는 10년 전 바르톨로메우 디아스가 개척한 아프리카 남단 희망봉을 돌아 인도의 캘리컷에 이르는 데 성공하여 인도와의 교류, 인도 식민화의 길을 개척했다.

1519년 포르투갈의 항해가 마젤란(Fernão de Magalhães, 1480~1521)은 아메리카대륙을 넘어 동남아시아로 항해하는 계획을 세우고 에스파냐 국왕 카를로스 1세(훗날 신성로마제국 카를 5세)의 후원을 받아 1519년 8월 선박 5척에 선원 270명을 태우고 세비야를 출발했다. 그는 1519년 12월 중순 오늘날의 브라질 리우데자네이루에 닿았고, 이듬해 1월 라플라타강(우루과이와 아르헨티나의 경계에 있는 강)에 도착했다. 그 후 남쪽으로 내려가 아메리카대륙 서쪽에 있는 잔잔한 대양에 들어선 마젤란은 이 대양을 'Pacific Ocean(태평양)'이라고 명명했다. 3개월에 걸쳐 태평양을 횡단한 그의 함대는 1521년 3월 지금의 필리핀 세부섬에 도착했다. 그는 그곳 원주민을 크리스트교로 개종시키고 에스파냐 왕에게 충성할 것을 서약하게 했으나 원주민과의 전투에서 사망했다. 역사가들은 그의 죽음을 서유럽이 주도하는 세계화에 바쳐진 순교라고 평가한다.

종교개혁(宗教改革 Reformation)

16세기 교황청은 서유럽의 정치에 깊이 관여했다. 교회의 부와 권력에 결탁한 음모와 정치 공작은 영적 세력인 교회를 붕괴시키는 결과를 초래했다. 면죄부(또는 영적인 특권)와 성물 판매, 성직자들의 타락으로 인해 경건한 자들이 착취당하고 교회의 영적인 권위가 무너졌다. 성 프란키스쿠스, 페터 발도, 얀 후스, 존 위클리프 같은 중세 교회 내의 개혁자들은 이미 1517년 이전에 교회 생활의 악습을 폭로했다.

종교개혁의 결정적 지도자는 독일의 마르틴 루터(Martin Luther, 1483~1546)와 프랑스 출신의 장 칼뱅(Jean Calvin, 1509~1564)이다. 마르틴 루터는 당시의 면죄부 판매 등 교황청의 부패를 보고 비텐베르크 대학 교회 문 앞에 이를 반박하는 95개 조 반박문을 붙여 교황청에 정면으로 대응했다. 비텐베르크대학교의 주임사제이자 교수였던 루터는 면죄부와 선행의 복잡한 체계에 하느님의 가없는 은총의 선물이 얽매어졌음을 개탄, 95개 조 반박문에서 교황은 연옥에 관한 권한이 없고, 성인의 공덕에 관한 교리는 복음에 근거하지 않는다고 주장하면서 면죄부 체계를 공격했다. 즉 성서만

이 권위가 있으며, 의인(義認)은 선행에 의해서가 아니라 오직 믿음(sola fide)에 의해서만 가능하다고 했다. 이 일로 루터는 1521년 보름스 제국의 회에서 심문을 받고 파문을 당했다. 그 후 은거하며 라틴어로 된 신약성서를 독일어로 번역했다. 정치적, 경제적, 사회적으로 큰 영향을 미친 종교개혁은 그리스도교의 3가지 주요 분파 중 하나인 개신교를 세우는 기초가 되었다.

프랑스 출신 종교개혁가 장 칼뱅(Jean Calvin, 1509~1564)은 루터보다 26세 아래로 종교 개혁 운동의 제2세대에 속하는 지도자이다. 그는 스위스의 제네바에서 종교 지도자로 선출됐다. 칼뱅은 제네바 정부의 전폭적인 지지를 바탕으로 강력하고 엄격한 종교개혁을 단행했다. 그는 자신의 직업에 충실하고 근면 성실한 것이 구원을 예정 받은 자의 특징이라 주장했다. 이러한 칼뱅파의 교리는 결과적으로 상공업자들의 성실한 생산 활동과 검소한 저축 행위를 장려해 근대 자본주의 발전에 영향을 주었다. 장 칼뱅은 일반인을 위한 그리스도교 신앙의 지침서로『기독교강요』라는 책을 저술했다.

『마르틴 루터 95개 논제』(마르틴 루터 저/최주훈 역, 감은사, 2019)

1517년 10월 31일 비텐베르크 교회 정문에 게시된 것으로 알려진 '마르틴 루터의 95개 논제'(흔히 '95개 반박문')는 종교개혁의 신호탄으로 상징된다. 95개 논제의 중요성은 종교개혁 이야기가 나올 때마다 빠지지 않고 사람들 입에 오르내릴 정도로 교회 역사에서 그리고 신학적으로 막강하다. 그러나 역설적으로 '가장 유명한 문서, 그러나 가장 안 알려진 문서'라는 별칭이 붙어있을 정도로, 실제로 읽어 보았거나 그 내용을 이해하고 있는 사람은 그리 많지 않다.

『기독교강요(Institutes of the Christian religion)』

개신교 신학에 관한 장 칼뱅의 저서로 장 칼뱅의 신학을 명료하고 논리적이며 학문적으로 보여주는 기독교의 명저로 평가된다. 이 책은 종교개혁에 큰 사상적인 영향을 미쳤고 지금 개신교계에서도 그 영향력이 상당히 남아있다. 1536년에 6장으로 구성된 라틴어 초판을 시작으로, 1539년에 17장으로 늘어난 증보판을 라틴어로, 1541년에는 다시 칼뱅의 모국어인 프랑스어로 출판하였으며, 1543년에는 다시 21장으로 늘어난 증보판을 출판했다. 최종판은 1559년 판(라틴어)과 1560년 판(프랑스어)이다. 번역판으로는 1561년 영어판, 1572년 독일어판, 1597년 에스파냐어판이 있다. 한국

어판은 1964년에 나온 최초 번역본이 있고, 2020년 '생명의말씀사', 2022년 '복있는사람' 출판사에서 출판한 번역본이 있다.

9

계몽주의 시대의 책과 도서관

1. 계몽주의란

계몽(enlightenment)은 불을 밝히는 것이다. 따라서 그 이전에는 몽매했었다는 이야기가 되지만 이는 시대적 특징을 구분하기 위하여 후일의 역사가들이 명명한 이름일 뿐이다. 역사의 흐름을 조망할 때 인간 문명의 조명도는 매우 천천히 밝아진 것 같다. 고대의 횃불이 관솔불이었다면 중세의 불은 등잔불이었고 계몽주의 시대의 불이 촛불이라면 현대의 불은 전깃불(electric light)에 비유할 수 있을 것 같다. 어쨌든 문명의 불씨는 꺼지지 않아 오늘의 광명한 정보 문명을 일구어냈다.

인간중심의 합리주의 사상은 이미 고대 그리스에서 싹이 텄으나 중세 1000년의 터널을 지나 16~17세기 들어 더욱 본격적으로 발전하였다. 프랜시스 베이컨, 코페르니쿠스, 갈릴레오 갈릴레이의 경험적 과학과 르네 데카르트, G. W. 라이프니츠, 뉴턴의 수학이 이때 탄생하였다. 계몽사상가들은 이 같은 철학과 자연과학을 체계적으로 연구, 실천하면 행복한 세상을 만들 수 있다고 믿었던 것 같다. 그들은 무엇보다도 교육을 중요하게 생각했다. 존로크는 인간은 백지상태(tabula rasa)로 태어나 사회적 관계에서 인격을 형성하기 때문에 사회관계를 합리적으로 정립해 나가면 인간 본성을 훌륭하게 가꾸어 나갈 수 있다고 생각했다.

2. 계몽주의 시대의 인물

프랜시스 베이컨(Francis Bacon, 1561~1626)

16~17세기 영국의 정치인, 대법관이었고 경험론 철학의 선구자이다. 그는 철학사상에 기초한 지식을 바탕으로 자연을 정당하게 지배할 수 있는 새로운 방법을 제시했다. 저서인 신 오르가논(organon : '도구', '기관'이란 뜻으로, 아리스토텔레스의 논리학에 관한 모든 논문을 통틀어 이르는 말)에서 인간이 지식을 추구할 때 범할 수 있는 오류에 관한 심리적 요인으로 우상(idola : 올바른 인식을 방해하는 고정 관념)이라는 용어를 사용하여 이것을 네 종류로 나누어 설명했다(본서 제1장 역사학의 공부 방법 참조). 지식을 얻기 위해서는 추상적인 추론이 아닌 실질적인 관찰이 필요하다고 주장했다. 그는 학문을 분류하여 지식의 체계화를 시도함으로써 당시 주제분류의 개념적 기초를 제공했다.[1]

---

1 베이컨 저, 2015. 이종구 역. 『학문의 진보 / 베이컨 에세이』. 동서문화사, pp.507~511

그는 인간 지식의 전체 영역을 철저하고 상세하게 체계화했다. 베이컨은 기억, 상상, 이성에 대응하여 역사, 시가(詩歌), 철학을 제시하였다. 역사는 자연의 역사와 인간의 역사로, 시가는 서정시, 극시, 우화로, 철학은 자연철학, 인간철학, 신학으로 나누었다. 또 신학적 지식과 세속적 지식을 구분했으며, 학문 일반을 의미하는 이론 분야와 기술과 기능을 의미하는 실천 분야를 구분하였다.[2]

베이컨의 학문의 기본 분류표

역사	자연의 역사	정상적 자연
		변화된 자연
		기술의 역사
	인간의 역사	시민사
		학술사
		교회사
시(공상적 세계 묘사)	서정시	서정시
	극시	극시
	우화	우화
철학(이성)	자연의 철학	자연학
		형이상학
		기계학
		마술
	인간의 철학	인문철학
		사회철학
	시	자연신학
	초자연	계시신학

2 베이컨 저, 2015. 이종구 역. 『학문의 진보 / 베이컨 에세이』. 동서문화사, pp.508.

『학문의 진보 / 베이컨 에세이』(베이컨 저 이종구 역. 동서문화사, 2015)

영국 철학자 F. 베이컨의 저서로 1605년 간행. 이 책은 경험에 바탕을 둔 새로운 방법에 따라 지식의 체계를 혁신하고자 한 베이컨의 지식 체계 구상이다. 제1권에서는 종교로부터 국가의 통치에 이르는 인간 생활의 거의 모든 영역에서 지식과 학문이 큰 공헌을 한다고 보고, 학문의 존엄과 가치를 강조하였다. 제2권에서는 인류가 현재 소유하고 있는 지적 재산을 인간의 지적 능력의 종류에 따라 역사, 시, 철학으로 분류하고 저마다의 현상을 비판적으로 검토했으며, 다시 장래의 과제와 전망을 적시하였다. 이 책은 17세기 유럽의 지적 혁명 속에서 탄생했으며 학문의 방향 제시에 큰 영향을 끼친 것으로 평가되고 있다.

데카르트(René Descartes, 1596~1650)

근대 합리주의 철학의 창시자라고 일컬어지는 프랑스의 르네 데카르트는 스웨덴 스톡홀름 출신의 프랑스 철학자이다. 의사는 아니었으나 당대의 어떤 의사보다도 당시와 후대의 의학, 특히 생명관에 커다란 영향을 미쳤다고 한다. 그는 스콜라 철학에서 생명의 원리로 생각했던 식물 영혼이나 감각 영혼을 배제하고 기계론적 생명관을 주장했다. 스콜라 학파의 아리스토텔레스 주의에 처음 반대한 사람으로 근대철학의 아버지로 알려져 있다. 모든 형태의 지식을 방법적으로 의심하고 "나는 생각한다. 그러므로 나는 존재한다"라는 직관에 의한 지식이 확실한 지식이라고 생각했다. 데카르트의 형이상학 체계는 본유관념으로부터 이성에 의해 도출된다는 점에서 직관주의적이며 물리학과 생리학 등 과학적 지식은 인간의 감각적 지식에 기초를 두고 있다는 점에서 경험주의라고 할 수 있다.

『방법서설』(르네 데카르트 저, 이현복 역. 문예출판사. 2022)

원제목은 Discours de la Méthode로 데카르트가 자신의 학문적 생애를 되돌아보며 쓴 자전적 에세이다. 절대적 진리를 찾고자 한 데카르트는 '방법적 회의'를 통해 더 의심할 수 없는 진리에 도달하게 되는데, 그 명제가 이른바 '코기토 명제'이다. 코기토 명제란 데카르트가 『방법서설』에서 밝힌 '나는 생각한다. 그러므로 나는 존재한다(Cogito, ergo sum)'라는 라틴어 문구의 약칭이다. 데카르트는 이 확고한 진리로부터 기존의 학문적 기반을 허물고 새로운 토대에서 진리를 탐구할 것을 선언한다. 진리 탐구의 올바른 방법으로 21개의 규칙을 상세히 기술했다.

빌헬름 라이프니츠(Gottfried Wilhelm Leibniz, 1646~1716)

독일의 형이상학자이자 논리학자로서 미·적분의 발명으로 유명하다. 그는 1661년 부활절 학기에 라이프치히대학교에 들어가 법학을 공부하면서 갈릴레오, 프랜시스 베이컨, 토머스 홉스, 르네 데카르트 등 과학과 철학을 혁명적으로 발전시킨 사람들의 사상에 접하게 되었다.

라이프니츠는 이 계몽주의 사상가들과 스콜라주의화한 아리스토텔레스 철학을 아울러 탐독했다. 1673년 계산기를 발명했으며, 1675년 말 적분과

미분의 기초를 세웠다. 모든 방면에서 쓸모 있는 사람이 되고자 노력한 라이프니츠는 실용적 교육을 중요시했으며 이를 위해 아카데미를 설립해야 한다고 제안했다. 그는 1691년 독일 볼펜뷔텔도서관의 사서로 임명되어 도서관에서 일했고 여러 과학잡지에 논문을 기고하여 자신의 발견을 널리 일린 학자 사서였다.

『라이프니츠의 형이상학』(박제철 저. 서강대학교 출판부. 2013)

이 책은 라이프니츠의 생애에서부터 철학 체계까지 라이프니츠 전체를 고찰한 책이다. 총 9장으로 생애와 저작, 연구 동향, 철학 세계, 개념·관념, 진리론, 시간론 등 라이프니츠의 주요 형이상학적 견해들을 검토하고 있다.

존 로크(John Locke, 1632~1704)

영국 및 프랑스 계몽주의의 선구자, 미국 헌법에 정신적 기초를 제공했다. 당시 '새로운 과학' 곧 근대과학을 포함한 인식의 문제를 연구했다. 옥스퍼드대학에서 철학, 자연과학, 의학 등을 배웠고, 1659년 대학에서 자유로이 연구할 수 있는 영구 장학연구생이 되었다. 이후 학생 지도교수가 되어 그리스어, 수사학, 도덕철학을 가르쳤다. 한편 의학에도 관심을 가져 1675년에는 의학 특별연구원이 되었는데 그 명성이 상당했다고 한다. 그의 관심은 자연과학, 도덕적, 사회적, 정치적 삶의 근본원리에 있었다. 자신이 받은 교육의 편협성을 절감한 로크는 당대의 철학, 특히 근대철학의 아버지인 르네 데카르트의 철학을 공부했다고 한다. 로크는 왕립학회 회원이 되었고, 사교모임을 통해 합리성과 인간의 오성에 관하여 토론하기를 즐겼다고 한다.

그는 인간의 마음은 백지상태와 같아서 경험을 통해 새로운 사실을 하나씩 알게 된다고 보았고 이것을 경험론으로 이론화시켰다. 그의 경험론은 영국과 미국의 언어분석 이론, 공리주의, 실용주의와 같은 현대 철학에 많은 영향을 미쳤다. 그래서 그는 경험론의 창시자, 인식론의 아버지로 평가받고 있다.

그는 『통치론』, 『인간오성론』, 『교육에 관한 서한』, 『기독교의 합리성』 등의 저작을 남겼다. 평생을 독신으로 보냈으며 1704년 의자에 앉은 채로 조용히 72년의 생애를 마감했다고 한다.

로크의 윤리 사상

1. 백지설 : 타고난 관념을 부정 → 인간은 백지상태(白紙狀態, tabula rasa)로 태어남
2. 경험만이 지식의 원천이라고 봄 → 경험이 관념을 생성함
3. 자연 상태 : 자연법이 지배하는 평화로운 상태 → 모든 인간이 생명, 자유, 재산권을 가진다는 점에서 평등함
4. 사회 계약을 통한 국가의 수립, 국가의 역할은 시민의 기본권을 보장하는 것
5. 대의 민주주의를 옹호하고, 국민의 저항권을 인정함

『인간오성론』(존 로크 저, 이재한 역, 다락원. 2009)

　　인간의 지식의 범위, 확실성, 그리고 한계를 규정하고자 했던 로크는 경험의 한계 이전에 먼저 합리주의적 가정의 한계를 지적하고 있다. 데카르트로 대표되는 근대 합리주의의 핵심적인 가정은 한마디로 스스로는 그 기원이 설명되지 않는 본유관념과 보편적 진리가 존재한다는 것이다. 즉 의심할 수 없는 확실한 진리가 존재하고 그것을 인간의 본유관념에 기대어 발견할 수 있다는 믿음이다. 로크는 이러한 합리주의의 부당한 전제를 비판하면서 경험을 부각한다. 이데아, 신, 본유관념, 혹은 증명되지 않은 부당한 전제들도 모두 경험의 산물에 불과하다는 것이다. 보편적 동의가 가능하다고 믿는 수학적 지식조차 시대와 문화마다 수적 체계가 다른 것으로 보아 생득적인 것은 아니라고 한다. 이진법이 있는가 하면 십진법도 있고, 일정 숫자 이상을 세지 못하는 부분도 있다는 것이다. 보편성이 없기는 도덕적 지식도 마찬가지다. 전혀 신의 관념이 없는 종족도 있고, 보편적이지 못한 수많은 신이 공존하는 문화도 있다는 것. 따라서 로크는 진리가 있건 없건 그것에 대한 인식은 주어진 것이 아니라 백지상태로 태어난 인간이 경험을 통해 구성해 나가는 것이고 주장했다.

장 자크 루소(Jean-Jacques Rousseau, 1712~1778)

　　프랑스의 철학자, 교육학자, 음악가, 음악평론가이다. 이성의 시대를 끝맺고 낭만주의를 탄생시킨 사상을 전개했다. 장 자크 루소의 개혁 사상은 음악을 비롯한 여러 예술에 혁신을 가져왔고 사람들의 생활방식에 큰 영향을 끼쳤으며 자녀에 대한 부모의 교육방식에도 변화를 일으켰다. 우정과 사랑에서 예의 바른 절도보다는 자유로운 감정표현을 중시했다. 종교를 버린 이들에게는 종교적 감성을 숭배하도록 인도했으며, 누구나 자연의 아름다움에 눈뜨고 자유를 가장 보편적 동경의 대상으로 여길 것을 역설했다. 그의 사상을 집대성한 저작인 『에밀(Emile ou de l'éducation)』은 합리주의적 교육론으로서 교육학의 고전으로 꼽히고 있다.

『에밀』(장 자크 루소 저, 이환 편역. 돋을새김. 2015)

교육서이자 철학서로 인간 성장의 내면을 기록한 보고서이다. 이 책은 출간된 지 200년이 지난 지금도 우리 교육에 꼭 필요한 교육 지침서로 제일 먼저 손꼽히는 책이다. 『에밀』에는 아이가 탄생하는 순간부터 성년기, 그리고 배우자를 찾아 가정을 꾸리고 사회의 일원으로서 그 의무를 다할 때까지의 교육에 관한 모든 질문과 해답이 담겨 있다. 인간은 처음 태어났을 때는 자유롭고 선량하지만 인간 자신들이 만든 사회 제도나 문화 등에 의해 악한 것에 물들고 불행한 상태에 빠지게 되므로, 자연과 본성에 가까운 교육만이 참된 인간성을 형성한다는 루소의 인간중심 사상이 녹아 있다. 자연에 순응하는 교육, 선한 본성을 잃지 않게 하는 교육에 대해 설파했다.

코페르니쿠스(Nicolaus Copernicus, 1473~미상)

폴란드의 천문학자. 10세 무렵 아버지를 여읜 코페르니쿠스는 신부가 되기로 마음먹고 몇 년 후 알프스의 북쪽에 있는 크라쿠프 대학에 입학했다. 그 대학에서 그는 천문학과 수학을 배우고 다른 여러 지식을 접하게 되었다. 25세 되던 해에 그는 프라우엔부르크 대사원의 신부가 되었다. 그러나 얼마 후 문화선진국 이탈리아로 가서 볼로냐 대학에 들어갔다. 볼로냐 대학에는 유명한 전문학자 노바라가 있었으며 코페르니쿠스는 그의 제자가 되어 열심히 공부하였다. 노바라의 영향을 받은 코페르니쿠스는 볼로냐 대학에서 3년간 그리스의 수학과 천문학을 공부하고 천체 관측법을 완전히 익힌 후 로마로 갔다.

1543년 출간한 『천구의 회전에 관하여』는 서구사상의 발전에 커다란 변화를 일으켰다. 코페르니쿠스는 지구가 자전축을 중심으로 자전하고, 정지해 있는 태양 주위를 공전한다고 주장함으로써 근대과학의 출현에 지대한 공헌을 했다. 그래서 그의 지동설을 '코페르니쿠스적 전환'이라고 표현한다. '코페르니쿠스적 전환'이라는 용어를 처음 사용한 사람은 독일의 철학자 임마누엘 칸트(Kant I, 1724~1804)였다고 한다. 코페르니쿠스적 전환은 거의 모든 사람이 당연하다고 생각하는 것, 옳다고 믿는 것을 의심하고, 끊임없이 관찰하고 논의하고 뒤집는 것에서부터 시작된다.

갈릴레오 갈릴레이(Galileo Galilei, 1564~1642)

16~17세기 이탈리아 르네상스 말의 과학자. 갈릴레이의 과학적 업적은

크게 천문학과 물리학으로 나눌 수 있다. 특히 중력과 운동에 관한 연구에 실험과 수리해석을 함께 사용하여 일반적으로 근대물리학과 실험물리학의 창시자로 알려져 있다. 케플러와 동시대 인물이며 아리스토텔레스의 이론을 반박했고 교황청을 비롯한 종교계와도 대립했다. 어려서는 피렌체 근방의 수도원에서 교육을 받았고, 1581년 피사대학에 입학하여 의학을 공부했는데, 그해에 피사 대성당에서 등잔이 흔들리는 것을 보고 유명한 진자의 등시성을 발견했다. 그는 지구가 태양 주위를 돈다는 코페르니쿠스의 태양중심체계를 믿었으나 공개적으로 언급하기를 꺼렸다. 1609년 봄 베네치아에서 망원경 발명의 소식을 접하고 파도바로 돌아와서 3배율 망원경을 만들었으며 그 뒤 곧 32배율로 개량했다. 이 망원경은 새로 고안한 렌즈의 곡률 점검법을 사용하여 천체관측에 처음으로 이용될 수 있었고, 곧 전 유럽에서 주문이 쇄도했다. 그는 이 망원경으로 관찰하여 달 표면은 평평하지 않으며, 은하수는 많은 별로 이루어져 있고, 목성에 위성이 있다는 사실을 밝혀냈다. 또 태양의 흑점, 금성의 위상, 토성의 띠 등도 관측했다. 이런 관측은 『별의 사자(The Starry Messenger)』라는 책으로 출판했는데 엄청난 반향과 논란을 불러일으켰다.

지동설의 지지에 위협을 느낀 아리스토텔레스 추종자들은 성경에 위반된다는 이유로 갈릴레오 갈릴레이를 도미니쿠스 수도회와 연합하여 불경죄로 종교재판에 넘겼다. 이에 갈릴레오 갈릴레이는 교회가 과학적 사실의 진위에 대해서 관대한 입장을 견지해 줄 것을 탄원했고 많은 종교 지도자들도 그의 입장을 지지했으나 추기경은 수용하지 않았다.

윌리엄 셰익스피어(Willam Shakespeare, 1564~1616)

영국의 극작가이자 시인이다. 아버지 존 셰익스피어는 비교적 부유한 상인으로 피혁가공업과 중농(中農)을 겸한 데다가 읍장까지 지낸 유지로, 당시의 사회적 신분으로서는 중산층에 속해 있었기 때문에 셰익스피어는 풍족한 소년 시절을 보냈다. 그러나 1577년경부터 가세가 기울어 학업을 중단했고 집안일을 도울 수밖에 없었다고 한다.

셰익스피어는 주로 성서와 고전을 통해 읽기와 쓰기를 배웠고, 라틴어 격언도 암송하곤 했다. 11세에 입학한 문법학교에서는 문법, 논리학, 수사학, 문학 등을 배웠는데, 특히 성서와 더불어 오비디우스의 『변신 이야기』는 셰익스피어에게 상상력의 원천이 되었다. 이 당시에 대학에서 교육받은 학식 있는 작가들을 '대학 재사'라고 불렀는데, 셰익스피어는 이들과는 달리 고등 교육을 전혀 받지 못하였다. 그러함에도 불구하고 그의 타고난 언어 구사 능력과 무대 예술에 대한 천부적인 감각, 다양한 경험, 인간에 대한 심오한 통찰력으로 위대한 작가가 되었다.

1580년대 후반 수도 런던에 도착한 셰익스피어는 눈부시게 변한 런던 모습에 매료되었다. 엘리자베스 여왕(1558~1603)이 통치하던 시기 런던은 농촌 인구가 유입되어 몹시 붐비고 활기 넘치는 도시였다고 한다. 인구가 급격히 팽창하여 도시는 지저분해지고 많은 문제가 발생했지만, 북적거리는 런던 사람과 경제 활동, 각양각색 문화 활동과 행사, 특히 대중 여흥을 위해 빈번히 열린 연극은 셰익스피어가 성장하는 데 기반이 되었다.

셰익스피어가 작품 활동을 시작한 시기는 정확히 알려진 게 없으나 동시대 극작가 로버트 그린의 기록을 보면, 셰익스피어는 적어도 1592년 런던에서 유명한 극작가였음을 짐작할 수 있다. 그린은 대학도 안 나온 주제에 품격 떨어지는 연극을 양산하고 있다며 셰익스피어를 비난하였다. 하지만 셰익스피어는 1594년부터 당시 런던 연극계 양대 산맥 가운데 하나인 궁내부장관 극단 전속 극작가가 되었다.

폴저 셰익스피어 도서관(Folger Shakespeare Library)

미국 워싱턴 D.C.에 있다. 이 도서관에는 25만 권의 책과 4만 부의 필사본, 셰익스피어의 첫 번째 원고(1623) 79본, 두 번째 원고(1632) 58본, 세 번째 원고(1663~64) 24본을 비롯, 1641년 이전까지의 영국 서적을 세계에서 두 번째로 많이 소장하고 있다.

이 도서관은 또 18, 19세기의 극장 관계 물품들, 예를 들면 연극 안내문, 극장 프로그램, 연극 대본, 의상 및 16, 17세기 프랑스 정치선전물, 마르틴 루터를 포함한 여러 종교개혁 지도자의 논문들, 에라스무스와 드라이든에 관계된 물품 등을 소장하고 있다. 1932년에 설립, 애머스트대학 이사회에 의해 운영되는 이 도서관은 뉴욕스탠더드석유회사 이사인 헨리 클레이 폴저의 이름을 따서 명명되었다. 폴저는 자신의 셰익스피어 수집품을 미국 국민에게 기증하고 또한 이 수집품을 소장할 도서관의 건립·유지, 확장에 필요한 기금을 제공했다.

열람실은 최고 수준의 학자들에게만 개방하고 전시실과 엘리자베스 시대의 극장 모형은 일반에게 공개하고 있다. 출판물로는 『폴저 복사본 Folger Facsimile』 시리즈, 일반독자를 위한 문고본 시리즈, 계간지인 『셰익스피어 쿼털리 Shakespeare Quarterly』 등이 있다. 그리고 B.A. 케인의 『확대되는 원-폴저 셰익스피어 도서관과 그 소장품에 관하여 The

Widening Circle—the Story of the Folger Shakespeare Library and its Collections』(1976)라는 책이 있다. (다음 백과)

폴저 셰익스피어 도서관의 역사

The Folger Shakespeare Library's founders, Henry Clay Folger and his wife Emily Jordan Folger, established the Folger in 1932 as a gift to the American people. Emily Folger later wrote of Henry Folger's belief that "the poet is one of our best sources, one of the wells from which we Americans draw our national thought, our faith and our hope." This belief in the deep connection between Shakespeare and America is the reason the Folger is located in the nation's capital. Throughout a long career in the oil industry, Henry Folger, with his wife's assistance, built the world's largest collection of Shakespeare materials. Together, Henry and Emily Folger then planned the library that would house their collection.

The Folgers worked closely with architect Paul Philippe Cret to create a marble building which reads like a book, and whose placement testified to the hope that Washington, DC, would become the nation's civic and cultural capital.

In 1930, the library was placed in trust of Amherst College. The Folger Shakespeare Library and its independent Board of Governors remain proud of the continuing connection to Amherst College, whose Trustees manage the endowment of the institution.

After it opened in 1932, the Folger Shakespeare Library steadily expanded its holdings to become a world-class research center on the early modern age in the West, while remaining the premier center for Shakespeare studies and resources outside of

『한 권으로 읽는 셰익스피어 : 4대 비극, 5대 희극』(윌리엄 셰익스피어 저, 셰익스피어연구회 역. 아름다운날. 2021)

영국이 낳은 세계적인 대 문호 셰익스피어, 인간의 오욕칠정을 주무르고 영혼을 뒤흔드는 깊고 넓은 시적인 울림을 주는 그의 글은 시대와 공간을 넘어 재해석되고 재음미되는 불멸의 울림을 낳았다. 셰익스피어와 그의 희곡은 영문학사를 뛰어넘어 세계 문학사의 한 정점으로서 세상을 오연(傲然)하게 굽어볼 뿐더러, 창조의 원천이자 영감의 바이블로서 지상의 무대를 굳건하게 떠받치고 있다. 셰익스피어의 4대 비극으로 널리 알려진 『햄릿』(1600), 『오셀로』(1604), 『리어왕』(1605), 『맥베스』(1606) 등은 인간의 고뇌와 절망, 죽음 등 무거운 주제를 다룬다. 이 작품들 안에는 시대를 아파하는 셰익스피어의 우울한 심정과 염세적이고 절망적인 세계관이 깊이 새겨져 있다. 작품 『햄릿』의 줄거리는 사랑과 존경을 바치던 대상인 아버지를 잃은 왕자 햄릿이 아버지를 죽인 범인이 숙부라는 사실을 알게된다. 햄릿은 그런 숙부와 결혼한 어머니의 도덕적 타락과 배신, 그리고

용서받을 수 없는 숙부의 죄악과 그에 대한 증오, 연인 오필리아의 죽음 등으로 인해 극심한 고통과 절망감에 시달리다가 마침내 비극적인 최후를 맞는 이야기다. 『오셀로』는 악인 이아고의 간계에 빠진 무어인 장군 오셀로가 정숙하고 착한 아내 데스데모나의 정절을 의심하고 질투하다가 급기야 아내를 죽이고 마는 이야기다. 『리어왕』은 탐욕스럽고 간교한 큰딸과 둘째 딸에게 왕국을 넘긴 리어왕이 결국에는 딸들에게 버림을 받아 분노에 찬 광인이 되어 광야를 떠돌고, 자신을 진정으로 사랑했던 막내딸 코델리아도 결국에는 죽음을 당하는 이야기다. 『맥베스』는 사악한 마녀들의 꾐에 빠진 맥베스 장군이 권좌에 오르기 위해 아내와 함께 왕을 죽인 대가로 비참하고 가련한 최후를 맞는 이야기다.

또한 셰익스피어의 5대 희극 『베니스의 상인』, 『말괄량이 길들이기』, 『한여름 밤의 꿈』, 『뜻대로 하세요』, 『십이야』 등은 문학적, 극적 완성도와 유쾌한 반전에서 정점에 오른 작품으로 손꼽힌다. 어려운 상황에서의 돈독한 우정과 사랑, 기지를 발휘해 위기를 모면하는 『베니스의 상인』, 천방지축에다 성격이 고약한 카타리나와 페트루치오의 결혼을 통해 개인이 사회 속에서 어떻게 변모하는가를 다룬 『말괄량이 길들이기』, 사랑의 변덕스러움과 진실한 사랑의 승리를 그린 『한여름 밤의 꿈』, 가족으로부터 버림을 받은 두 남녀가 벌이는 유쾌한 사랑 이야기 『뜻대로 하세요』, 일란성 쌍둥이를 사이에 두고 벌어지는 위트와 해학의 집결 판 『십이야(十二夜)』에 이르기까지 주인공들의 유쾌한 사랑과 우정에 관한 이야기는 시종일관 우리의 얼굴에 미소를 띠게 하는 작품이다.

아이작 뉴턴(Isaac Newton, 1642~1727)

아이작 뉴턴은 영국의 수학자, 물리학자이다. 아이작 뉴턴은 갈릴레오 갈릴레이가 사망한 1642년의 성탄절에 잉글랜드 동부 링컨셔의 울즈소프라는 작은 마을에서 태어났다. 유년 시절은 그리 행복하지 않았다. 출생 당시 몸무게가 채 2킬로그램이 되지 않는 미숙아였던 뉴턴은 발육이 부진하고, 몸이 허약했다. 아버지는 그가 태어나기도 전에 사망했고, 어머니는 그가 세 살 때 재혼했다. 1661년 뉴턴은 케임브리지 대학에 진학했다. 성적은 평범했으나 수학에서만큼은 탁월한 재능을 보였다. 1665년 페스트가 창궐해 학교가 문을 닫자 뉴턴은 고향으로 돌아갔다. 그리고 약 2년 동안 고향에서 사색과 연구에 전념했다. 뉴턴의 천재성은 이 시기에 꽃을 피운다. 뉴턴은 만년에 "나의 모든 작업은 1665년과 1666년의 2년 동안에 이루어졌다."라고 회고했다.

'뉴턴의 사과' 일화도 이때의 일이다. 1666년 어느 날, 사과나무 아래에서 책을 읽던 뉴턴의 머리 위로 사과가 하나 떨어졌다. "사과는 왜 아래로 떨어질까?" 이 하나의 질문에서 위대한 발견이 시작되었다. 뉴턴은 '중력'이라는 힘이 지구상의 모든 물체에 적용된다는 사실을 깨달았다. 뉴턴은 연구를 통해 우주의 모든 천체와 입자는 거리의 제곱에 반비례하고 질량에 비례하는 힘으로 서로를 끌어당긴다는 사실을 증명했다. 이것이 우리가 알고 있는 중력으로, 우주의 모든 물체가 공통으로 가지고 있는 힘이다. 그래서 '만유인력'이라고도 부른다.

미적분학을 창시하였으며 만유인력의 법칙, 뉴턴 운동 법칙을 발견하여 고전역학을 확립하였다. 그의 저서인 『자연철학의 수학적 원리』는 과학사에서 가장 유명한 책 중 하나이다. 뉴턴은 강의에 소질이 없었는지 그의 강의는 인기가 없었다고 한다. 그러함에도 불구하고 뉴턴은 빈 강의실에서 강의를 계속하였다고 한다.

뉴턴의 명언

- 내가 다른 사람보다 더 멀리 앞을 내다볼 수 있었던 것은, 거인들의 어깨를 딛고 서있었기 때문이다.
- 모든 위대한 발견은 과감한 추측에서 비롯되었다.
- 나는 내가 세상에 어떻게 비춰질지 모른다. 하지만 나는 내 앞에 놓여있는 진리의 바닷가에서 놀며, 때때로 더 매끈한 조약돌이나 더 예쁜 조개를 찾고 있는 어린애에 지나지 않는 것 같다.

- 인류 역사상 뉴턴이 살았던 시대까지의 수학을 놓고 볼 때, 뉴턴이 이룬 업적은 그 이전까지의 인류가 이룬 것의 절반 이상이다. (독일의 수학자 라이프니츠가 말한 뉴턴에 대한 명언)

『뉴턴 역학과 만유인력』(일본 뉴턴프레스, 아이뉴턴(뉴턴코리아). 2011)

사과나무에 달려 있던 사과는 땅으로 떨어진다. 손에 쥐고 있던 돌멩이를 공중에서 놓아도 아래로 떨어진다. 그런데 허공에 떠 있는 달은 왜 지구로 떨어지지 않는가? 또 지구는 시속 1700km로 자전하는 동시에, 시속 11만 km로 태양의 주위를 공전한다. 이렇게 초고속으로 회전하는 지구 위에서 우리가 아무 문제없이 걷거나 달릴 수 있는 이유는 무엇일까? 태양계의 행성은 태양 주위를 공전하고, 달은 지구 주위를 공전하는데 그 이유가 무엇일까?

17세기에 아이작 뉴턴이 등장하기 전에는 이러한 의문점을 명쾌하게 설명할 수 없었다. 오히려 현재의 우리가 알고 있는 이유와는 다른 여러 가지 설명이 나와 사람들을 혼란스럽게 만들고 있었다. 뉴턴은 만유인력이라는 혁명적인 발상을 하고, 운동의 3 법칙(관성의 법칙, 가속도의 법칙, 작용 반작용의 법칙)과 연결해 그것을 증명함으로써, 2000년 이상 이어져 내려오던 천동설을 완전히 무너뜨리고 "지상과 천상은 모두 같은 물리 법칙으로 움직인다."는 새로운 우주관을 정립시켰다. 그 후 뉴턴의 만유인력과 운동의 3 법칙은 일상적인 물체의 운동을 설명하는 이론으로 자리를 잡았고, 오늘날에도 원자의 움직임을 다루는 미시(微視) 세계, 그리고 빛과 같은 정도의 초고속 운동과 거대 중력의 세계 등을 제외한 분야에서는 어김없이 적용된다.

이 책은 운동의 3 법칙을 바탕으로 하는 뉴턴 역학과 만유인력을 풍부한 사례와 그림 자료, 전문가의 상세한 해설을 통해 설명한다. 아울러 책에 나온 내용을 이해했는지를 스스로 확인해 볼 수 있는 역학 퀴즈와 간단한 계산 문제도 준비되어 있다.

몽테스키외(Charles-Louis de Secondat, baron de La Brède et de Montesquieu, 1689~1755)

프랑스 출신의 몽테스키외는 어릴 때는 당시 교육 풍습에 따라서 평민의 집에서 3년 동안 양육 받고 본가로 돌아와 가정교육을 받았으며, 11세 때 학교에 입학해 지리학, 과학, 수학, 프랑스 역사 등을 배웠다. 학교를 졸업한 후 보르도대학에서 법학을 공부했다. 1713년에 아버지가 세상을 뜨자 고향으로 돌아왔다. 1715년 결혼 후 1716년 자손이 없었던 백부의 땅과 관직, 작위를 상속받았다. 몽테스키외는 대지주이자 남작이 되었고 보르도 고등법원의 고등법원장이 되었다.

그는 주요저서인 『법의 정신』을 통해 정치이론 확립에 크게 이바지했다. 『법의 정신』이 나온 뒤 스코틀랜드 철학자 데이비드 흄은 이 책이 모든 시대에 걸쳐 칭송받을 것이라 극찬했고, 스위스의 과학자 샤를 보네는 뉴턴이 물리 세계의 법칙을 발견했듯이 몽테스키외는 정신세계의 법칙을 발견했다고 평가했다.

『법의 정신』(몽테스키외 저, 이재형 역. 문예출판사. 2015)

『법의 정신』은 프랑스의 철학자 몽테스키외가 20여 년이라는 오랜 세월에 걸쳐 쓴 필생의 대작이다. 진리, 미덕, 행복이 일체를 이룬다고 믿었던 그는 법은 새로 만들어야 하는 것이 아니라 원래 상태로 되돌려놓아야 하는 것이라 주장하며 모든 도덕적, 정치적, 종교적 편견을 벗어던지고 자유로운 정신과 깊은 식견으로 이 책을 집필했다. 특히 입법권, 행정권, 사법권의 분리 등 삼권분립을 가장 먼저 주장한 선구자적 저서로 미국 연방헌법 제정과 근대 법치국가의 정치이론에 큰 영향을 미쳤다. 군주정체, 전제정체, 공화정체의 등 다양한 정체를 비교 분석하고 '법과 풍토성의 관계'를 논했으며, 법과 상업의 관계, 법과 종교의 관계, 법과 화폐 사용의 관계 등 방대한 분야에서 풀어나가는 법과 관련된 이야기들은 독자들의 흥미를 유발한다.

볼테르(Voltaire, 1694~1778)

프랑스의 공증인 집안에서 출생하였다. 볼테르는 열 살에 예수회가 운영하던 루이 르그랑(Louis le Grand) 학교에 들어가, 어린 나이에 두각을 드러냈고 평생 이어갈 교우관계를 형성했다. 열두 살이 되었을 때 대부(代父)인 샤토뇌프 신부가 그를 쾌락주의적이고 무신론적인 귀족들과 시인들이 모이는 '탕플(Temple)'이라는 문학 살롱에 데리고 갔다. 17세에 루이 르그랑 학교를 떠나면서 아버지에게 문인이 되고 싶다고 말하지만, 아버지는 이에 반대하며 법조계를 택하라고 강경하게 권한다. 그래서 법학 대학에 등록은 하지만 탕플을 계속 드나들면서 사치와 방탕을 선망한다. 문학 살롱을 드나들면서 문학적 재능을 증명해 보이던 그는 24세에 『오이디푸스』(Oedipus, 1718)라는 비극 작품으로 유명해진다.

전제정치의 폐단을 통감한 그는 자유로운 영국에 공감하고 로크와 뉴턴의 영향을 받아 비판 정신을 더욱 굳건히 다졌다. 영국에 머무르는 동안 서사시 『라 앙리아드』(La Henriade, 1728)를 출판하였다. 라 앙리아드는 로마 가톨릭교회와 개신교 간 종교 전쟁의 에피소드와 앙리 4세의 즉위를 노래한 시이다. 광신의 무서움을 고발하고 프랑스의 정치 체제를 비판했다.

계몽주의 시대를 대표하는 인물로 비판 능력과 재치 및 풍자를 구현한 작품과 활동으로 유럽 문명의 진로에 상당한 영향을 미쳤다. 루이 14세의 죽음부터 프랑스 대혁명 직전의 시기를 살면서 그가 보여 준 비판 정신, 재치, 풍자, 지식 등은 당대 프랑스의 발전과 프랑스 특유의 정서를 구현했다. 디드로, 루소와 함께한 백과전서 운동은 18세기 유럽 문명의 방향에 큰 영향을 끼쳤다.

『인간 볼테르』(니컬러스 크롱크 저, 김민철 역. 후마니타스, 2020)

인간 볼테르에 대한 권위 있으면서도 간단명료한 책, 『관용론』의 저자로 알려진 볼테르는 유럽 계몽주의 시대의 주요 인물 가운데 한 명이다. 볼테르에 관한 당대 최고의 전문가인 니컬러스 크롱크는 『인간 볼테르 : 계몽의 시인, 관용의 투사』를 통해, 연극인, 시인, 영국인, 과학자, 궁정인, 제네바인, 운동가, 인기인 등으로서 볼테르의 주목할 만한 다양한 이력을 추적하며, 그의 사고가 계몽주의와 그의 시대에 대한 우리의 통념과 이해에 얼마나 중요한 것인지를 살핀다. 볼테르의 저작과 활동에 대한, 명료하면서도 생생한 검토를 통해, 당대 문학계 최고 명사로서 볼테르의 위상과 독특한 위치를 살피고, 그가 어떻게 그 자리에 올라가게 되었는지, 또한 그가 자신의 작품을 두고 벌였던 논쟁의 맥락 속에서 다양한 작품의 의미와 특징을 추려낸다. 이 책은 볼테르가 문학과 철학에 미친 영향뿐만 아니라, 프랑스인들의 정치적 가치와 현대 프랑스 정치에 미친 영향까지 추적한다. 이 책의 저자가 지적하듯, 한편의 공연과도 같았던 그의 삶을 통해 볼테르가 어떻게 계몽사상의 중심인물로 추앙되었는지, 그가 어떻게 관용과 반교권주의와 종교적 광신주의에 맞섰는지, 어떤 방식으로 사회의 통념을 뒤흔들었는지 보여준다.

백과전서파(Encyclopediste)

1751년부터 프랑스에서 출판된 『백과전서』의 기고자들을 말한다. 편집자는 디드로와 달랑베르였으며 집필자는 다채로웠는데, 이들은 대체로 가톨릭교회와 절대왕정에 반대하는 학자들이었다. 이것은 18세기 후반의 프랑스 자본주의화의 총괄적 반영이었으며 계몽사상을 비롯한 당시의 진보적 사상을 총동원하여 1789년 프랑스혁명의 사상적 기반을 닦아놓았다는 점에서 중요한 의미를 지닌다. 백과사전은 중세 때 어원지(語源誌, Etymology)에서 그 연원을 찾을 수 있으나 본격적인 것은 이 시대의 대표적 사상가인 디드로가 볼테르, 몽테스키외, 루소 등 당대의 최고의 학자들을 동원하여 편찬한 28권의 방대한 백과사전이었다. 당시의 모든 지식을 집대성한 이 사전은 곧 하나의 도서관이나 다름없는 것이었다.

백과전서(Cyclopaedia : An Universal Dictionary of Arts and Science)

과학, 예술, 기술에 관한 백과사전. 모든 지식 분야의 새로운 조류를 대표하는 지식의 진열장이다. 이 백과사전은 특히 진보적인 사상, 자유주의 관점, 또한 과학과 기술을 혁신적으로 다룬 것, 회의론적인 관점을 지니고 과학적 결정주의를 강조하며 당시의 입법, 사법, 종교 기관들의 폐해를 비판, 당대 진보적 사상의 대변자로서 광범위한 영향을 끼쳤고 실제로 프랑스혁명 발단에 사상적인 기초를 제공했다.

편집장이었던 디드로는 스스로 철학, 사회이론, 직업 등 수많은 항목을 직접 기술했다. 이 사업이 완수될 수 있었던 것은 디드로에게 강력한 추진력이 있었기 때문이다. 그는 사전의 편집·제작에 필요한 3,000~ 4,000개의 도판 제작을 직접 지휘 감독했다. 이 도판들은 상업미술과 그 발달 과정을 생생하게 보여주는 좋은 사례들이다. 1782년에는 알파벳 순으로 배열한 초판과는 달리 주제별로 배열한 새로운 확대·개정판 『Encyclopédie méthodique ou par ordre de matières』이 출간되었다.

드니 디드로(Denis Diderot, 1713~1784)

프랑스의 백과전서파를 대표하는 계몽주의 철학자이자 작가이다. 디드로는 12세때 랑그르의 예수회 학교에서 교육을 받았다. 아버지는 교구 참사원이던 외삼촌 디디에 비뉴롱의 자리를 잇길 바랐으나 디드로는 그 뜻에 따르지 않고 보헤미안(Bohemian : 사회 관습에 따르지 않고 방랑하면서 자유분방한 생활을 하는 사람) 생활을 하다 아버지에 의해 감금당하기도 했다. 디드로는 성직자가 되지 않았으며 성직자의 수도 생활이 인간 본성에 얼마나 반하는가에 대해 천착하게 되었다.

1732년에 문학 학사 학위를 받고 파리의 Collège d'Harcourt에 입학, 법학을 공부했다. 그러나 얼마 안 가 법학 공부를 그만두고 1734년부터 작가가 되고자 결심하고, 대서소, 가정교사, 서점 점원 등 생계를 위해 여러 가지 일을 전전했다. 전문직 취업을 포기한 것에 분개한 아버지가 의절했기 때문에 그는 이후 10년간 빈곤에 시달렸다. 32세에 거의 극빈 상태에서 있을 때 백과전서의 편집을 맡게 되었고, 이 과정에서 달랑베르의 도움을 얻고, 또 몽테스키외, 루소, 볼테르 등 180여 명의 집필자를 동원하여 『백과전서』를 편찬하였다.

3. 계몽주의 시대 출판 진흥

계몽주의 시대는 인간 이성에 더욱 눈뜨게 한 시기였다. 그 눈을 뜨게 한 것은 역시 책과 정보였다. 책을 보고도 글을 읽지 못하면 문맹이다. 이 '문맹의 눈'을 '문명의 눈'으로 만들어야 계몽이 될 것이다. 이 시대에는 그러한 노력이 급속히 확산하였다. 그 대표적인 것이 도서 박람회의 개최였다. 도서 박람회는 1564년 독일의 프랑크푸르트에서 처음 개최된 이래 라이프치히를 비롯한 유럽의 각국 도시에 확산하였다. 프랑크푸르트 도서 전시회의 전통은 오늘날에도 이어지고 있으며 1년에 1회 개최하는 세계인의 책 잔치가 되고 있다.

구텐베르크가 프랑크푸르트 근처의 마인츠에서 금속 활자를 발명하고 난 후 지역 상인들에 의해 최초의 도서전이 열렸다. 이후 15세기부터 인쇄 업자들이 직접 소비자에게 책을 판매할 수 있게 되면서, 서적 유통에 따른 이윤이 점차 증가하게 되었다. 그래서 책을 팔고 살 사람들이 독일뿐 아니라 네덜란드, 벨기에, 프랑스, 스위스, 이탈리아, 폴란드, 영국 등에서도 프랑크푸르트로 모여들게 되었다. 그러나 1618년부터 지속된 30년 전쟁으로 인해 독일 전 지역은 심한 불황을 맞게 되었으며, 프랑크푸르트 역시 그러하였다. 그래서 외국인들은 물론 서적 거래상들 역시 경제적으로 어려운 프랑크푸르트가 아닌 잘츠부르크, 프라하, 라이프치히 등으로 이동하였다. 30년 전쟁으로 인해 경제적 어려움에 빠지게 된 프랑크푸르트는 더 이상 주요 도서전으로서의 주도적인 역할을 할 수 없게 되었다. 반면, 이 전쟁을 계기로 기회를 얻은 라이프치히는 18세기부터 약 150여 년간 중요 도서전 개최 장소로서 지위를 얻을 수 있게 되었다. 제2차 세계대전의 종전과 함께 프랑크푸르트 도서전은 재개된다. 세계 2차 대전 후 전쟁의 피해로 인해 폐허가 된 라이프치히와 프랑크푸르트는 과거 도서전의 전통을 이어가고자 했다. 하지만, 라이프치히는 소련군에 의해 점령된 이후 많은 도서 관련 업체들이 비스바덴으로 옮겨가고, 동독 출판의 중심지 역시 동베를린으로 이동하게 되면서 도서전 전통의 재건이 어려워지게 되었다. 반면, 프랑크푸르트는 도서전 준비 위원회를 구성해 다시 재기하기 위해 노력했고, 결국 1949년 9월 17일 제1회 프랑크푸르트 도서전을 개최하게 되었다. 이렇게 개최된 제1회 프랑크푸르트 도서전은 205개 출판사가 참가하여 8,400여 종을 전시하였고, 14,000명이 방문하였으며 1년 뒤에 개최된 1950년 제2회 도서전에는 100개의 외국 출판사와 360개의 독일 출판사가 참가하였다. 이후 서독의 경제적 호황과 출판업의 급성장으로 프랑크푸르트 도서전은 독일 그리고 유럽을 넘어 국제적 행사로 자리매김했다. 2013년에 진행된 프랑크푸르트 도서전에는 총 100여 개국에서 온 7,300개 출품자와 주체 추산 280,000명의 관객이 모였다고 신문들은 보도했다.

현재 알려진 국제적 도서전은 카이로, 부다페스트, 페터스부르크, 런던 등을 포함해 약 70여 개에 달하고 있으며, 그중에서도 중요한 국제적 도서전은 볼로냐 아동 도서전, 런던 국제 도서전, 파리 도서전 등약 10여 개에 달한다. 일 년 내내 전 세계 곳곳에서 도서전이 열리고 있지만 가장 규모가 크고 가장 많은 출판사, 에이전트 등이 모여 계약이 이루어지는 도서전은 프랑크푸르트 도서전이다. 최근에는 백여 국가로부터 6천여 출판 관련 업체가 저작권과 번역에 관한 거래를 나누는 장소로 이용되고 있으며 도서전 기간의 관람객 수는 150만 명에 육박한다.

4. 신문 잡지의 출현

이 시기에는 또 신문, 잡지와 학술지가 출현하였으며 백과사전이 편찬됨
으로써 학술문화의 창달로 이어졌다.[3] 학술 잡지는 1665년 프랑스의 『Le
Journal des Savants』를 시작으로 영국과 이탈리아, 독일, 미국 등으로 전
파되었다.

1789년에 일어난 프랑스의 시민혁명은 책과 도서관의 민주화를 촉진시
켰다. 프랑스혁명은 전국의 귀족과 도서관이 소장한 책들을 국가의 소유라
고 선언하고 전국의 책들을 수집, 몰수하였다. 이러한 자료를 기반으로 프
랑스 왕립도서관을 개편하여 프랑스국립도서관(BN; Bibliothque Nationale
de Paris)을 출범시켰다. 프랑스국립도서관은 오늘날에도 프랑스 지성의 상
징이며 자랑이 되고 있다.

5. 공공도서관 사상의 발전

공공도서관은 민주주의의 산물이다. 왕실이나 사원에 갇혀 있던 책과
도서관이 시민의 품으로 들어오는 데는 수십 세기가 필요했다. 그것은 미
디어 및 인쇄술과 같은 기술적인 요인도 있었으나 근본적으로는 정치의
영향이 컸다. 절대왕정 또는 절대군주 통치에서 대중이 똑똑해지는 것은

---

3 이희재. 2005. 『정보미디어의 역사와 문화』. 서울 : 북토피아. 제6장 2절 pp.10-30.

통치에 장애가 된다.

그러나 계몽주의 이후 구미 세계의 학술과 지식은 착실히 성장하고 대중화되어 갔다. 서적의 수요도 급격히 늘어나서 도서관이 충족시킬 수 없는 지적 욕구는 시민들이 스스로 해결하기 시작하였다. 회원제도서관과 교구도서관, 유료대출도서관은 바로 시민들의 자발적인 노력으로 형성된 것이다. 회원제도서관은 도서관이라고 하기는 어렵지만 뜻을 같이하는 회원들이 공동으로 책을 사서 돌려보던 전통으로 도서관 조합으로 발전되었다. 교구도서관은 영국의 브레이(Bray)목사를 비롯한 종교인이 중심이 되어 영국과 미국에서 펼쳐졌던 시민 도서관 운동이었다. 또 유료대출도서관은 서적상에서 돈을 받고 책을 빌려주는 상업적 도서관이었다.

이러한 시민들의 도서관에 대한 수요는 영국에서 먼저 제도화되었다. 영국의 도서관 사상가인 에드워드 에드워즈(Edward Edwards)와 의회 의원인 윌리엄 에워트(William Ewart)의 연구와 노력으로 1850년에 공공도서관법을 제정함으로써 법제화되었고, 1852년에 맨체스터공공도서관이 개관되었다.[4]

미국에서는 1731년 프랭클린(Frankin, B)을 중심으로 필라델피아 도서관조합(Library company of Philadelphia)이 설립, 운영되었다. 또 1748년에는 찰스톤도서관조합(Charleston Library Society), 1754년에는 뉴욕도서관조합(New York Library Society)이 설립 운영되었으며, 1733년부터 1850년 사이에 각지에 회원제도서관이 운영되었다. 그리고 마침내 1848년 보스턴

---

4 이만수. 2003. 『공공도서관 길라잡이』. 서울 : 학술정보(주). pp.118-142.

(Boston)시에서 공공도서관법을 제정하고, 1854년 미국 최초로 보스턴 공
공도서관이 문을 열었다.

벤저민 프랭클린(Benjamin Franklin, 1706~1790)

18세기 미국의 정치가, 사상가, 발명가. 미국 독립선언서 작성에 참여해
건국의 아버지로 일컬어진다. 전기(電氣)에 관한 실험보고서와 이론은 유
럽 과학계에 널리 알려지게 되었는데, 한 번도 과학에 대한 체계적인 교육
을 받은 적이 없다고 한다. 1757년에 정계에 발을 디딘 뒤 30여 년 동안
큰 발자취를 남겼다. 정치가로서 프랭클린은 영국의 관리들과 토론을 벌일
때 식민지의 대변인으로 활약했고, 독립선언서 작성에 참여했으며, 미국

Benjamin Franklin(1706~1790)

독립전쟁 때 프랑스의 경제적, 군사적 원조를 얻어냈으며, 2세기 동안 미국의 기본법이 된 미국 헌법의 골격을 만들었다.

필자는 중3 때 영어교과서에서 벤저민 프랭클린의 이야기를 처음 접했다. 그 교과서에서 감명 깊게 읽었던 프랭클린의 명언을 여기에 인용해 본다.

Once Benjamin Franklin said, "Honesty is the best policy."

(강성익, 송욱, 이홍훈. 1966. 『Tom and Judy』. 대동문화사. p.37)

근대 산업사회의 책과 도서관

1. 산업사회의 태동

산업사회란 농경사회에 대비되는 말로 18세기부터 농업기술에서 공업기술로 변모되어 형성된 과학기술 기반의 사회를 의미한다. 산업사회는 계몽주의 이후 과학기술의 발전으로, 기계공업, 교통, 통신, 미디어의 급격한 변화를 초래함으로써 고대로부터 지속되어온 농경문화를 상공업 중심의 문화로 급속히 변화시켰다.

유럽에서는 중세 봉건제도가 서서히 해체되면서 농촌에서는 자유로운 농민층이 많이 늘어났다. 이들 자유 농민층을 기반으로 하여 농촌에서는 모직물 공업이 발달하게 되었다. 이에 따라 점차 농민층이 분산되어 공장형태의 초기 자본주의 생산 시스템이 형성되게 되었다. 또한 르네상스와 계몽주의 이후 정치적으로는 시민혁명을 통해 절대 권력을 몰아냈다. 또 지리상 발견으로 인한 해외시장의 개척, 식민지 확장, 국가 간의 무역이 성행하면서 과학기술을 기반으로 한 산업자본주의와 상업자본주의가 서서히 형성되게 되었다.

과학기술의 산업화는 영국에서 먼저 시작되었다. 영국에서는 16세기 중엽 이후의 목재 자원이 고갈되었고 이로 인해 에너지의 위기가 초래되었다. 이 위기를 극복하기 위해 탄광 산업이 일어났다. 영국의 탄광 산업은 16세기부터 17세기에 걸쳐 확대 발전하였고, 석탄 산업 관련 산업도 발전하게 되었다. 탄광 산업의 확대에 따라 기술적으로 해결이 필요한 관련 산업이 등장했다. 탄갱(炭坑) 내부의 배수, 석탄의 수송, 제철 기술의 개발 문제 등이다. "필요는 발명의 어머니"라는 말처럼 이러한 기계 기술적 문제들이 발명을 통해 해결되면서 18세기 산업혁명의 조건이 형성되었다. 탄갱의 배수처리와 수송문제는 증기기관의 발명을 촉진하여 제임스 와트가 증기기관을 발명하기에 이르렀다. 와트의 증기기관은 수력, 풍력, 축력(畜力), 인력 등 농경사회의 기본적인 동력을 훨씬 능가하는 획기적인 동력 기술이었다. 석탄 수송문제는 도로 개설, 운하 건설 등 사회간접자본(SOC; social overhead capital)의 개발로 해결되고, 사회간접자본의 구축은 국내시장의 확대를 촉진하였다.

이러한 여러 가지 과학기술이 실용화되면서 광업과 공업이 급속하게 발전하게 되었다. 영국은 전통적으로 모직물 공업이 주도했으나 산업혁명 시기에 와서는 면직물공업(綿織物工業)이 주도하였다. 이는 영국이 동인도 무역으로 17세기 말에 유입된 인도산(印度産) 목화가 영국을 비롯한 유럽에 의료혁명(衣料革命)을 일으켰다. 산업을 일으킨 사람들은 전통적 지주나 직물업자가 아니라 주로 상인들과 자영 농민층이었으며 그들은 대부분 자조 정신으로 기업을 이룩한 사람들이었다. 이러한 기반 위에서 발명과 발견이 계속 촉진되고 대량생산을 위한 공장의 건설, 이에 따른 노동력의 이동과 도시 집중, 공장 경영의 과학적 관리 등 생산의 효율과 효과를 중대하기 위한 새로운 사회제도들이 출현하였다.

2. 사회변동의 요인

사회변동의 요인, 특히 획기적인 변동은 정치와 과학기술의 발전이 주도해왔다. 정치적으로는 프랑스 시민혁명, 러시아혁명 등을 들 수 있고, 기술로는 구텐베르크 인쇄 혁명, 산업혁명, 정보혁명 등을 꼽을 수 있다. 하지만 문명의 발전은 주로 기술적 요인에 의해 획기적으로 달성되었다. 학자들은 사회변동의 원인을 물리적 환경의 변화, 인구의 변동, 기술혁신, 정치경제, 전통 등 여러 복합적인 요인에서 찾고 있다. 이 가운데 가장 크게 영향을 미치는 요인은 인구의 변동과 기술의 혁신이다.

인구는 사회를 구성하는 요체이다. 인구의 규모와 인구밀도, 인구구성분포 등이 사회변동에 영향을 미친다. 인구 규모의 증가와 감소, 인구밀도의 변화, 인구의 도시 집중과 농촌의 공동화, 노인인구의 증가, 탈북자 및 외국인 근로자의 유입에 따른 인구구성의 변화, 교육 수준의 변화 등 인구학적 요소들은 사회변동의 요인으로 작용한다.[1]

인류문명의 발전은 과학적 발견과 발명을 통한 기술혁신이 주도해왔다. 오늘의 문명이 있게 한 가장 주된 요인은 인간 지혜의 산물인 과학과 기술

---

[1] 조영태, 2017. 『정해진 미래』, 북스톤.

의 발전이라 할 수 있다. 과학과 기술은 물질적 생산의 풍요를 이루어낸 원동력이었다. 공업 기술, 교통 통신 기술, 정보기술의 발달은 오늘의 글로 벌 네트워크 사회[2]를 이루어냈다. 이처럼 사회변동은 기술발전이 주도해 왔다. 농업사회에서의 1000년간의 변화보다 산업사회의 100년간, 정보사 회의 10년간의 변화가 더욱 빠르게 전개되고 있다.

하지만 과학기술만이 문명 발전의 주요 요인이라고 단정하기는 어렵다. 사회학자들은 기술이 사회발전을 주도한다는 논리를 '기술결정론'이라고 부른다. 그러면서 사회발전의 요인은 과학기술에만 있는 것이 아니라 정치 사회적 요인도 크게 작용한다고 본다. 과학기술은 정치 사회적 가치에 따 른 선택의 문제로 귀결되므로 정치적 의사결정은 과학기술 못지않게 사회 변화에 영향을 미친다는 것이다. 민주주의와 사회주의는 추구하는 가치가 다르며 과학기술도 정치, 경제, 사회적 선택에 따라 그 방향과 속도가 달라 진다는 것이다.

3. 산업사회의 농업기술

농업 부문에도 생산기술의 혁신이 이루어져 토지제도의 개혁, 대규모 농장경영을 통한 농업생산력도 비약적으로 발전하게 되었다. 기술 면에

---

2 마누엘 카스텔(Manuel Castells Oliván)이 명명. 마누엘 카스텔은 스페인의 사회학자로 정보사 회, 커뮤니케이션 그리고 세계화연구로 유명한 미래학자이다.

서는 윤작법이 개발되고, 경영 면에서는 농업자본가가 토지를 빌려 자본주의적 경영을 하였다. 토지를 잃은 자영 농민은 임금노동자가 되어 산업혁명을 촉진하였다. 농업은 토지 소유관계의 변혁을 통하여 사회경제적 구조의 급격한 변동을 초래하였고 농업국에서 공업국으로 전환, 산업자본주의를 확립하는 계기가 되었다. 17세기의 시민혁명 후 대지주의 승리와 중농의 몰락 등 농민층의 와해, 18세기의 통일 시장의 성립은 대규모 경영과 중소규모 농민 간의 경쟁을 촉진, 대농이 결정적인 우월성을 확보하게 되었다. 이렇게 한편에서는 다수의 농민 및 농촌의 인구가 토지와 일터를 잃고, 근대적인 화폐 노동자로 노동 시장에 진출하고, 다른 한편에서는 새로운 농법의 개발, 농업자본 투자의 증대 등으로 농업생산력이 증대되었다.

인클로저운동

미개간지나 공유지 또는 농민 보유지를 울타리로 에워싸 완전 사유지로 전환함으로써 배타적인 소유권을 형성하는 것을 말하며 종획운동(縱劃運動)이라고도 불린다. 인클로저는 주로 영국에서 나타났던 토지 소유 및 경영의 근대화를 대변하는 현상으로, 울타리로 둘러치는 토지의 종류와 목적도 다양했고 그 방법도 갖가지였다. 영국에서 인클로저 운동의 역사는 이미 중세 때에 시작되었고, 19세기까지 끊임없이 계속되었다. 인클로저가 가장 활발하게 이루어진 것은 15~16세기와 산업화를 향해 나아가고 있던 18~19세기의 두 시기였는데, 일반적으로 그 첫 번째 시기를 제1차 인클로저, 두 번째 시기를 제2차 인클로저라고 부른다.

제1차 인클로저는 농촌에서 널리 전개되고 있던 모직물 생산이 곡물 생산보다 더 유리했기 때문에, 경작지를 목초지로 전환하기 위해 공유지와 농민 보유지를 울타리로 에워싸는 것으로 이로 인해 농민의 이농현상과 농가의 황폐, 그리고 빈곤의 증대 등으로 인클로저에 대한 격렬한 반감과 비난을 일으켰고, 정부도 이를 막기 위해 자주 금지령을 내렸지만, 거의 효과를 거두지 못하였다.[3]

제2차 인클로저는 17세기 중엽 이후 경작능률을 증진하기 위해 개방 경지와 공유지를 울타리로 둘러싸고 경작지 면적의 확대를 위해 미개간지를 둘러싸는 일이 대규모로 이루어진 현상을 의미한다. 특히 1차 때와는 달리 정부는 의회를 통해 인클로저를 합법화하고 촉진했다. 이처럼 1차 인클로저는 모직물 생산 확대를 위한 목적, 2차 인클로저는 농산물 생산의 확대를 위한 목적으로 전개되었다.

4. 영국의 산업혁명

계몽주의 이후 영국에서는 일찍부터 산업혁명의 전제조건이 갖추어지고 있었다. 그 요인으로는 시민혁명에 의한 정치적 속박으로부터의 해방, 외국무역의 발전과 공장제 수공업의 전개에 따른 자본 축적, 식민지 전쟁의 승리에 따른 광범한 시장의 확보, 농업혁명에 따른 충분한 노동력의 공급,

---

3 서울대학교 역사연구소 편. 2015. 『역사용어사전』. 서울대학교 출판문화원. p.1434.

풍부한 자원과 과학기술의 발달을 들 수 있다. 이와 같은 배경으로 영국의 산업혁명은 면직물공업이 주도했다.

제임스 와트(James Watt, 1736~1819)의 증기기관 발명

제임스 와트는 스코틀랜드의 기계공학자, 발명가로 산업혁명에 중대한 역할을 했다. 열에너지를 기계 동력으로 바꾸는 증기기관에 대한 아이디어와 실용화 시도는 그 이전 오래전부터 있었으나 기술적 효율성을 높이고 이를 상용화하는 것이 문제였는데 이 문제를 해결한 사람이 바로 제임스 와트였다. 그는 증기기관 자체의 발명자가 아니라 기존 증기기관의 단점을 대폭 개선하고 새로운 아이디어를 가미하여 증기기관의 효용성을 높인 발명가였다. 증기기관은 와트의 생전에는 광산에서 지하수를 배출시키는 용도에만 이용했으나 그의 사후인 1825년부터 광산에서 광물을 운송하는 증기기관차로 발전하였다. 또 1790년 새뮤얼 크럼프턴이 증기기관을 바탕으로 뮬 방적기(mule : spinning frame)를 발명하여 면직물의 대량생산이 가능하게 되었다.

면직물공업의 발전

영국은 17세기 후반부터 인도산의 면을 대량으로 수입하였다. 인도의 면은 품질이 좋고 가격도 저렴하였다. 이에 따라 영국의 면직물공업이 크게 발전하였다. 17세기 후반 동인도회사가 인도산 면을 수입하게 되면서 모직물을 대신하여 면직물의 수요가 높아지자, 면직물공업이 발달하기 시작하였다. 면직물공업은 영국의 산업혁명을 선도하였다.

제니방적기

영국의 직물 기술자 하그리브스(Hargreaves, James)가 1767년경에 발명한 방적기로 이로 인해 실업을 두려워한 직공들의 습격을 받았다. 후에 하그리브스는 노팅엄으로 이주하여 방적공장을 경영하였다. 한 번에 8줄의 실을 자을 수 있으며 나중에 16줄의 실을 자을 수 있게 개량되었다. Jenny는 그의 아내의 이름이라 한다.

아크라이트의 수력방적기

영국의 방적 기술자 아크라이트(Arkwright, Richard)가 발명, 산업혁명의 선구자로 칭송받았다. 수력방적기는 수력을 동력으로 한 기계로 면사의 연속생산이 가능해지고 입지상의 제약도 없어져 공장제 대규모 생산의 길이 열렸다.

카트라이트의 역직기(力織機 : 동력을 이용하는 베틀)

영국의 방적 기술자 카트라이트(Edmund Cartwright)가 발명한 방적기로

서 증기기관을 동력으로 이용하여 북을 사용하는 것보다 3.5배의 능률을
올려 면직물공업의 대량생산을 촉진하였다.

제철 공업의 발전

기계와 기자재의 원료인 철의 생산이 기계화되어 제철산업이 발전하였
다. 다비(Abraham Darby) 부자는 제철법을 개발하여 제철업 발전의 기초를
세웠다. 그는 1709년 처음으로 철광석을 녹이는 데 성공하였다. 아들과
손자가 대를 이어 제철 기술을 발전시켰고, 손자 다비 3세는 세계 최초로
콜브룩데일(Coalbrookdale)에서 철교를 건설했다. 콜브룩데일은 영국 잉글
랜드에 있는 마을로 영국 철광석 제련의 역사가 시작된 곳이다. 아브라함
다비가 이곳에 세운 용광로에서 생산된 고품질의 주철제품은 영국 산업혁
명을 이끈 핵심 요소가 되었다. 이곳에서 세계 최초의 철도 레일이 생산되
었고 세계 최초의 철제 교량이 건설되었다. 영국 제철산업의 역사는 콜브
룩데일 제철박물관에서 살펴볼 수 있다.(네이버 지식백과)

교통혁명

산업혁명으로 급증한 원료와 제품을 대량으로 수송할 필요에 부응하여
교통이 비약적으로 발달하였다. 18세기 말부터 19세기 초 운하의 발달에
서 시작, 증기기관의 발명을 거쳐 증기기관차와 증기선이 교통기관의 중심
역할을 했다. 이로써 세계 각지와의 시간 거리 단축, 대량의 물자와 인력의

수송이 가능해졌다.

증기기관차

증기기관을 철도 교통에 응용한 것으로 처음에는 무궤도였으나 1804년 트레비식이 레일 위를 달리는 궤도식 증기기관차를 발명하고, 스티븐슨이 개량하여 실용화했으며 1830년에는 리버풀과 맨체스터 사이에 철도가 부설되었다. 철도는 1830년 영국에서 개통된 후 다른 나라에도 급속히 보급되었다. 곧 1831년 미국, 1833년 프랑스, 1835년 독일과 벨기에, 1837년 러시아, 1839년 네덜란드, 이탈리아에 전파되었다.

우리나라에는 1899년 최초로 인천역과 노량진 사이에 31.5km 경인 철도가 부설되었다. 당시 경인 철도의 부설권은 미국인 모스(James R. Morse)가 획득하였으나 일본의 집요한 공작에 의해 공사 도중 경인 철도 부설권은 일본의 경인 철도 인수 조합에 넘어갔다. 그때 모스가 진행한 공사는 이미 토목 공사가 절반, 그리고 한강 철교도 건설 중이었다.(네이버 지식백과)

해양교통

선박에도 증기기관을 이용했는데, 증기선을 개발한 사람은 풀턴(Fulton, Robert)이었다. 풀턴이 제작한 작은 증기선 노스리버(north river) 호는 1807년 8월 11일에 허드슨강에서 뉴욕과 올바니를 최초로 왕복 운항했다.

1820년에는 미국 동부의 거의 모든 하천에서 증기선이 운행됐고, 1838년에는 영국에서 로버트 멘지(Robert Menzies & Sons)가 제작한 시리우스(Sirius) 호, 1845년 이점바드 킹덤 브루넬(Isambard Kingdom Brunel)이 만든 증기선 그레이트 브리튼(Great Britain) 호가 대서양을 횡단하는 데 성공하였다. 증기선은 증기의 힘으로 운행되는 배로 증기를 공급하는 보일러, 증기로 운동에너지를 얻는 엔진, 배의 추진 장치, 선체의 설계 등을 포함하는 복잡한 기술이다.(네이버 지식백과)

항공교통

18세기 후반 많은 사람이 비행기 개발을 시도했지만, 동력을 이용한 유인 비행기는 1903년 라이트 형제(Wright brothers : Orville Wright와 Wilbur Wright)가 개발하여 비행에 성공한 일을 비행 기술 실용화의 출발점으로 보고 있다. 이들은 1903년 역사상 최초로 자신들이 만든 동력 비행기를 조종, 비행에 성공하였다. 그 후 라이트 형제는 기체와 기관의 제작에 전념하며 각국에 그들의 비행기 개발을 원조해 줄 것을 호소하였다. 그 결과 1908년 미국 연방정부는 그들의 비행기 1대를 구매하였고, 같은 해 프랑스에서는 그들이 설계한 비행기 제작을 돕겠다는 회사가 나타났고, 다음 해 라이트 형제는 아메리칸 라이트 비행기 제조회사를 설립, 프랑스에서 비행기 생산을 시작하였다.

라이트의 비행기는 제1차 및 제2차 세계대전 때 군용기(軍用機)로 발달하면서 본격적인 교통수단이 되었다. 또 레이더의 발명으로 안전도를 확보하여 항공교통 산업이 성립되었다. 1938년 독일에서 발명된 제트엔진은

제2차 세계대전 말부터 실용화되고, 1949년 영국에서 최초로 상업용 제트 여객기(드 하빌랜드 DH.106 코멧)를 개발하여 상용화를 촉진하였다.(네이버 지식백과)

라이트 형제(Wright brothers)

왼쪽 : 형 윌버 라이트(Wilbur Wright, 1867~1912). 중간 : 동생 오빌 라이트(Orville Wright, 1871~1948). 오른쪽 : 첫 비행 날(1903.12.17) 윌버의 일기장.

주요 산업도시

맨체스터(Manchester)

잉글랜드 중서부, 랭커셔에 있는 도시. 산업혁명 이후 면직물공업의 중심지가 되면서 대공업도시로 성장. 19세기에는 자유주의 운동과 노동운동의 중심이 되었다. 1852년 영국 최초의 공공도서관인 맨체스터도서관이 설립된 곳이다.

버밍엄(Birmingham)

잉글랜드 중부의 도시로 근교에서 철, 석탄이 생산되어 제철업과 기계공업 중심의 대 공업도시로 성장했다. 증기기관을 발명한 제임스 와트를 비롯해 증기기관 개발의 선구자들인 매슈 볼턴, 윌리엄 머독 같은 기술자, 화학자 조지프 프리스틀리, 인쇄업자 존 배스커빌 등이 당시 모두 이 도시에 살면서 버밍엄과 영국의 산업 발전에 큰 공헌을 했다.

리버풀(Liverpool)

잉글랜드 북서부의 항구도시, 맨체스터의 외항으로 산업혁명과 더불어 영국 제1의 항만으로 성장하였다. 원자재 수입과 공산품 수출은 물론 대서양 노예무역이 이루어진 곳이다. 1800년대 세계 물동량의 절반이 리버풀 항구를 거쳤다. 이러한 리버풀의 역사로 인해 현재도 다양한 문화, 종교를 가진 여러 인종의 공동체가 존재한다. 아일랜드, 웨일스 출신의 영국인이 많이 살며 가장 오래된 아프리카 흑인 공동체와 유럽에서 가장 오래된 차이나타운이 있다.

5. 산업혁명의 사회적 영향

영국은 '세계의 공장'이라고 할 정도로 선진 공업국으로 발전하여 세계 각지에서 원료를 수입하고 제품을 수출하면서 세계 시장을 독점적으로 지배하였다. 이러한 과정에서 산업자본가들과 상업자본가들이 출현하였다. 산업자본가란 생산에서 이윤을 얻는 자본가로서 자본주의 사회의 지배적 지위를 확보한 세력이다. 또 상업자본가는 상품의 거래와 무역에서 이윤을 얻는 자본가들로서 이들 산업자본가와 상업자본가들을 아울러 부르주아(bourgeois : 자본가 계급에 속하는 사람을 가리키는 말로, 자본가는 곧 부(富)와 직결되므로 부자를 일컫는 속어로도 쓰임)라고 부른다. 자본주의란 생산수단을 소유한 자본가가 노동력밖에 갖지 못한 노동자를 고용하여 상품을 생산하고 이윤을 추구하는 경제 제도로서 산업혁명을 거쳐 19세기 구미에서 확립된 제도이다. 이에 따라 생산수단을 갖지 못하고 노동력을 팔아 생활하는 임금 노동자들이 나타났고 이들을 프롤레타리아트(proletariat)라고 부른다.

산업사회의 사회문제

자본주의 경제의 발달과 더불어 부녀자, 연소자 노동, 장시간 저임금 노동 등 불공정한 사회문제가 발생하게 되었다. 사회문제란 자본주의 사회의 왜곡으로부터 파생된 노동, 빈곤, 도시, 여성, 교육 등의 제반 문제를 가리킨다. 노동문제를 드러낸 대표적인 사례는 러다이트운동이었다.

러다이트(Luddite)운동이란 19세기 초반 영국에서 일어난 사회 운동으로 섬유 기계를 파괴한 급진파부터 시작되어 1811년에서 1816년까지 계속된 지역적 폭동으로 확대되었다. 그 후 이 용어는 일반적으로 산업화, 자동화, 컴퓨터화 또는 신기술에 반대하는 사람을 의미하게 되었다. 흔히 러다이트 운동은 기계를 파괴하였다는 사실 때문에 민중의 우매한 감정적 폭동으로 여겨지지만, 실제로는 노동자들이 자본가에 맞서 계급투쟁을 벌인 노동운동이었다. 영국의 섬유 노동자들은 자본가로부터 하청받아 일하는 비정규직 노동자들이었는데, 노동에 비교해 이윤의 분배가 적어 고통을 받고 있었다. 더구나 영국 정부가 자본가와 결탁하여 단결금지법을 제정했다. 그래서 노팅엄셔(Nottinghamshire), 요크셔(Yorkshire), 랭커셔(Lancashire)[4]를 중심으로 자본가로부터 빌려 사용하던 기계를 파괴함으로써 자본가의 착취에 맞서 계급투쟁을 벌였는데 이를 러다이트 또는 기계파괴운동이라고 부른다. 이는 노동조합 결성, 단체교섭, 파업 등으로 이어지는 노동운동의 제도화에 시발점이 되었다.

6. 미국의 산업혁명

영국의 산업혁명은 빠른 속도로 미국으로 확산하였다. 미국은 독립전쟁 (American War of Independence, 1775.4.19~1783.9.3, 영국과 13개 미국 식민지 사이에서 발발한, 미국 독립을 위한 전쟁)을 겪으면서 산업 자립화가 촉진되었다. 미국은 풍부한 천연자원에 비해 노동력이 부족하므로 공업과 농업에 있어 기계화가 빠르게 진행되었다. 1830년대 면직물공업, 금속 기계공업을 중심으로 발전하였다. 또한 남북전쟁(1861~1865, 사회경제적 조건이 달랐던 미국의 북부 산업지역과 남부 농업지역 간 일어난 내전으로 노예 해방 성과)에서 북부가 승리하자 국가의 정치 경제적 시스템은 하나로 통합되었다. 노예제도가 폐지되자 남부의 대규모 목화 플랜테이션은 과거만큼 많은 수익을 올리지 못했지만, 북부의 산업은 급격히 팽창하였다. 또 국내시장이 통일되면서 공업의 대규모화가 진행되었다. 공업은 신발, 모직, 면직물 산업이 주도했

---

4 노팅엄셔(Nottinghamshire)에서 셔(shire)는 주(州)를 의미한다.

고 기계류 산업도 발전하였다. 노동력의 상당수는 이민자들이었는데, 1845년과 1855년 사이에 30만 명의 유럽 이민자들이 해마다 이주해왔다. (미국의 경제, 2004. 주한 미국대사관 공보과)

남북전쟁

북부 연합과 남부 연합 간 4년간의 미국 내전(1861~1865). 당시 남부의 경제는 노예 노동에 의한 대농장을 기초로 했으나 북부의 경제는 자유농민과 제조업이 주를 이루었다. 북부에서는 산업 발전을 위해 노예제도의 완전한 폐지를 요구하였다. 하지만 남부에서는 노예를 소유할 권리를 지키기 위해 연방에서 탈퇴하겠다고 맞섰다. 노예제를 반대하는 공화당 후보 에이브러햄 링컨(Abraham Lincoln, 1809~1865)이 대통령으로 당선되자 남북 간의 대립은 최고조에 달했다. 1861년 4월 12일 남부군의 발포로 시작된 전쟁은 결국 북군의 승리로 막을 내렸고, 연방은 유지되었다. 노예제가 폐지되고 해방 노예에게 시민권이 주어졌다. 또한 전쟁으로 급속히 공업화되고 점점 도시화하고 있던 북부의 주들이 정치적, 경제적으로 새롭게 발전하게 되었다.

에이브러햄 링컨(Abraham Lincoln, 1809~1865)

링컨은 1809년 영국에서 일리노이 주로 이주해온 이민의 아들로 태어났다. 집안이 가난해 정규학교 교육을 받지 못했지만 그를 사랑했던 새어머니의 후원으로 어려서부터 수많은 책을 읽으며 성장했다.

정규 교육을 받지 못한 링컨은 주로 가게 점원으로 일했으며, 선원으로 일하기도 했다. 링컨은 늘 책을 가까이하는 성실한 청년이었다. 그의 성실성은 주변 사람들로부터 인정을 받아 주민들의 후원과 사랑을 얻게 되었다. 주민들의 권유로 그는 주의회 선거에 입후보했으나 낙선한 후 변호사 공부에 몰두하여 불과 2년 만인 1836년 변호사 시험에 합격했다. 1837년 링컨은 일리노이주의 스프링필드로 이사해 1844년부터 변호사 일을 했다. 링컨은 곧 주지사 연봉보다 많은 연간 약 1,500달러의 돈을 벌었다. 링컨은 철도회사, 은행, 금융회사 등 회사와 관련된 소송부터 특허 신청, 형사 소송까지 모두 다루었다. 20년 후 그는 정치 사건을 변론하면서 치밀함과 상식, 소송의 핵심을 꿰뚫어 보는 날카로운 안목으로 일리노이주에서 가장 저명한 변호사 가운데 한 사람이 되었다. 정직함과 공정성으로도 이름이 높았던 그는 1834년부터 1840년까지 일리노이주 의원으로 네 번 당선되었다. 이어 지역 주민들의 지원을 받아 하원 의원에 당선되었다. 성실과 정의를 앞세운 링컨은 결국 공화당의 대통령 후보로 지명되고 대통령 선거에도 당선되어 1860년 미국 제16대 대통령이 되었다.

당시 미국은 남북의 상황이 달랐다. 남부는 흑인 노예를 일꾼으로 삼아 목화를 기르고 있었고, 북부는 상공업을 주로 하고 있었다. 북부는 미국 안에서 만든 제품이 잘 팔리도록 수입품에 비싼 세금을 매기길 원했지만, 남부는 목화 수출 때문에 세금이 없는 자유로운 무역을 원했다. 점차 도시 지역인 북부와 농촌지역인 남부가 경제적으로도 격차가 커져 노예제도가 문제가 되었다. 그런데 노예제도를 반대하는 링컨이 16대 대통령이 되면서 남부에서는 크게 반발했다.

결국 남부의 7개 주가 남부 연합 조직을 만들고, 제퍼슨 데이비스를 대통령으로 뽑았다. 데이비스가 링컨에게 선전 포고를 해 1861년 남북전쟁이 시작되었다. 전쟁은 4년 동안이나 계속되었으나 1863년 링컨 대통령이 노예 해방을 선언하면서 남부는 힘을 잃어 갔고, 결국 북부가 승리하였다. 링컨은 1863년 11월 19일 미국 남북전쟁의 격전지인 펜실베이니아주 게티즈버그에서, 전사한 장병들의 영혼을 위로하는 행사에서 다음과 같은 연설을 했다.

링컨의 게티즈버그 연설

Four score and seven years ago our fathers brought forth on this continent a new nation, conceived in liberty, and dedicated to the proposition that all men are created equal.

Now we are engaged in a great civil war, testing whether that nation, or any nation, so conceived and so dedicated, can long endure. We are met on a great battle-field of that war. We have come to dedicate a portion of that field, as a final resting place for those who here gave their lives that that nation might live. It is altogether fitting and proper that we should do this.

But, in a larger sense, we can not dedicate, we can not consecrate, we can not hallow this ground. The brave men, living and dead, who struggled here, have consecrated it, far above our poor power to add or detract. The world will little note, nor long remember what we say here, but it can never forget what they did here. It is for us the living, rather, to be dedicated here to the unfinished work which they who fought here have thus far so nobly advanced. It is rather for us to be here dedicated to the great task remaining before us-that from these honored dead we take increased devotion to that cause for which they gave the last full measure of devotion-that we

here highly resolve that these dead shall not have died in vain
—that this nation, under God, shall have a new birth of
freedom—and that government of the people, by the people, for
the people, shall not perish from the earth. 신의 보호 아래 이
나라는 새로운 자유의 탄생을 이루어낼 것입니다. 그리고 국민의, 국
민에 의한, 국민을 위한 정부는 이 지구상에서 절대 멸망하지 않을
것입니다. (위키백과)

7. 산업사회의 뉴 미디어

산업사회의 기술 발전과 더불어 새로운 미디어들이 속속 등장하였다.
이들은 이전까지의 종이 인쇄 미디어와는 달리 주로 시청각 미디어였다.
『기계공학 대사전』에 의하면 미디어의 발달 시대를 다음과 같이 4기로 구
분하고 있다.

(1) 제1기는 기록, 저장, 전달을 가능케 한 활자 미디어 시대
(2) 제2기는 거리와 시간 개념을 크게 단축한 전파 미디어 시대
(3) 제3기는 화상 전달을 가능케 한 비디오 미디어 시대
(4) 제4기는 기존 미디어를 복합적으로 활용하는 뉴 미디어 시대

여기서는 이러한 구분을 참조하면서 산업사회에 등장한 미디어에 대하
여 개략적으로 살펴본다.

축음기

1877년 에디슨이 원통식 축음기 발명, 녹음의 시초, 에디슨은 1,300여개의 발명특허를 획득. 오늘의 세계적 기업 GE사의 시조, 1887년 독일의 Emile Berliner가 원반식 축음기 개발, SP판 창안 실용화, 1948년 LP판, 1949년 EP판 출현

녹음기

1898년 덴마크의 Valdemar Poulsen이 鋼線을 사용한 자기녹음기 발명 1941년 Brown Muller와 Weber가 자기 녹음테이프 발명

카메라

1878년 Kodak을 설립한 George Eastman이 최초로 카메라 출시, 1900년에 박스 카메라 유통

비디오

VTR, VCR 1951년 빙크로스비(Bing Closby) 연구소가 개발, 방송업계에 널리 보급

무선통신

1895년 굴리엘모 마르코니(Guglielmo Marconi) 처음으로 단파 무선 통신 장치 개발, 1901년 유럽과 미국 캐나다 간 통신 성공, 1906년 Lee D. Forest가 신호 증폭기 3극 진공관 발명, 1909년 마르코니는 노벨물리학상 수상

라디오

1920년 미국의 웨스팅하우스사가 음악프로그램 방송, 라디오방송국이 출현, 1920년대 초에 222개 라디오방송국 출현

영화

1889 토머스 에디슨이 촬영기 기네토그래프와 영사기 기네토스코프 개발(1명씩 동전을 넣고 보는 '들여다보는 영화'), 1895년 뤼미에르 형제가 파리에서 시네마토그래프 공개, 1분짜리 기록영화 "뤼미에르 공장 공원들의 퇴근" 제작, 현재와 같은 형식의 최초의 영화로 무성영화, 1927년 미국의 워너브러더스사가 발성영화 제작, 1932년 3원색에 의한 천연색 영화 등장

복사기

1938년 미국의 Carson이 정전식 복사기 개발, 1950년 Haloid가 제록스 1호기를 생산, 1959년에 자동 고속복사기 개발, 한국은 1964년부터 도입.

전자산업

1897년 영국의 물리학자 Thomson(Sir Joseph John Thomson)이 전자 발견, 원자구조의 지식을 혁명적으로 변화, 양자역학 시대 개막, 전자산업 발전의 초석 마련

텔레비전

1930년에 미국 RCA가 텔레비전 개발, 한국은 1956년 5월 12일에 흑백 텔레비전 전파 송출, 세계 15번째. 컬러 TV는 : 1954년 미국 RCA가 21인치 컬러텔레비전 개발, 한국은 1980년 도입

컴퓨터

제1세대 컴퓨터(1960년 이전의 컴퓨터), 1946년 펜실베이니아대학교에서 최초의 전자계산기 에니악(ENIAC : 전자식 수치적분 계산기) 완성, 1949년 케임브리지대학교에서 에드삭(EDSAC)개발, EDSAC에서는 프로그램 작성을 쉽게 하는 연구가 이루어져 '초기명령'이 만들어짐.

제2세대 컴퓨터는 트랜지스터가 진공관을 대체하였고, 프로그램 언어의 개발과 계산기를 효율적으로 사용하기 위한 운영체계(operating system / OS)를 실현(IBM-7090).

제3세대 컴퓨터 실리콘 기반의 집적회로(IC)가 채용되어 전자계산기의 소형화, 고성능화 실현.

제4세대컴퓨터 반도체 고밀도 집적회로(large-scale integration / LSI)가 개발되어 수만 개의 트랜지스터를 포함한 LSI를 사용한 마이크로컴퓨터가 실현되었고, 개인용 컴퓨터와 사무용 컴퓨터를 대량생산 보급(586 펜티엄), 자기테이프, 자기디스크, 플로피디스크 등 기억장치 사용.

제5세대 컴퓨터(fifth generation computer)는 인공지능 컴퓨터, 추론형 컴퓨터라고도 부른다. 제5세대 컴퓨터는 사용자와 자연언어에 의한 음성 및 영상정보를 직접적으로 이해할 수 있는 지적 대화방식(intelligent interface), 이러한 지식을 저장하고 관리하기 위한 지식정보관리 시스템(KBMS), 수집된 지식을 이용하여 추론을 수행하는 추론기구(LE) 및 주위의 상황을 이해하고 이에 대응할 수 있는 학습기능을 주요내용으로 하고 있다.

8. 노벨상 제도

알프레드 베르나르 노벨(Alfred Bernhard Nobel, 1833~1896)의 유언과 유산으로 창설된 세계적인 상. 노벨은 스톡홀름 출신의 스웨덴의 발명가로 화학자, 사업가로 고형 폭약을 완성하여 다이너마이트 사업에 성공하였다. 그는 세계 최초의 국제 회사 '노벨 다이너마이트 트러스트'를 창설, 많은 돈을 벌었고, 1896년에 타계했다. 스웨덴 과학아카데미는 과학의 진보와 세계의 평화를 염원한 그의 유언에 따라 그가 기부한 유산을 기금으로 물리학, 화학, 생리학·의학, 문학, 평화 부문에서 매년 그 전해 인류에게 가장 큰 공헌을 한 사람들에게 시상하고 있다. 그 첫 시상은 노벨의 사망 5주기인 1901년 12월 10일에 시행되었고 그 후 해마다 같은 날에 시행한다. 경제학상은 1968년 스웨덴 국립은행(Sveriges Riksbank)에 의해 추가로 제정되어 1969년부터 시행하고 있다.(Sveriges : Sweden의 스웨덴어 명칭, 스베리예)

수상자 선정은 시상이 있기 전 해 초가을에 시작되며 심사 기관들은 노벨상 정관에 비추어 추천 자격이 있다고 여겨지는 사람들에게 후보자를 지명하도록 안내장을 보낸다. 선정기준은 전문 능력과 국제 지명도이며, 자기 자신을 추천하는 사람은 자동 실격된다. 매년 2월 1일에 6개 분야별 위원회는 접수한 추천서를 검토하기 시작, 필요하다면 국적을 불문하고 전문가들을 심사위원으로 초빙할 수도 있다. 분야별 위원회는 9월과 10월 초 사이에 추천장을 노벨 위원회에 제출한다. 노벨 위원회는 11월 15일까지 최종결정을 내리고, 물리학, 화학, 생리학·의학, 문학, 경제학상은 스톡홀름에서, 평화상은 노르웨이 오슬로에서 노벨의 기일인 12월 10일에 시상한다.

9. 도서관의 세계화

1927년 유네스코 산하에 국제도서관협회연맹(IFLA)이 결성되었다. 네덜란드 헤이그의 왕립도서관에 본부를 두고 서지와 정보봉사, 직원교육 등 도서관 활동의 모든 분야에 걸쳐 국제간의 이해와 협력 토론, 연구개발 증진을 목적으로 하는 국제기구이다. 매년 세계총회를 개최하고 있으며 2006년 8월에는 서울에서 총회를 개최하였다.

IFLA의 연혁

세계도서관협회연맹(IFLA)은 도서관정보서비스 및 이용자들의 관심을 반영하고 선도하는 국제기구이다. 이는 도서관 정보 전문분야의 세계적인 목소리다. IFLA는 도서관 활동 및 정보서비스 분야에서 아이디어 교환, 국제협력 증진, 조사연구 및 개발을 위한 논의의 장을 제공하는 세계정보전문가들의 광장이다. IFLA는 도서관, 정보센터, 그리고 정보전문가들이 세계적으로 소통하는, 그들의 목적을 설정하고 전문성을 개발하며, 권익을 옹호하고, 세계적인 문제를 해결하는 하나의 제도적 장치이다.

IFLA의 목적, 목표, 각종 전문프로그램은 회원들의 적극적 협력과 참여가 있어야만 달성 가능하다. 현재 회원은 세계 각국의 다양한 문화적 배경을 가진 150개국 약 1,700의 개인, 협회, 기관단체 회원들이 세계도서관연맹의 목적을 달성하기 위해 노력하면서, 각국 회원 도서관들을 세계적 수준으로 발전시키기 위하여 함께 일하고 있다. IFLA는 공식적 회원 제도를 통하여 전 세계 500,000 도서관 및 정보전문가들에게 직접·간접으로 기여하고 있다.

IFLA는 광범위한 주제에 걸쳐 가이드라인, 저널, 보고서, 단행본의 출판
등 다양한 채널을 통하여 연맹의 목적 달성을 추구하고 있다. IFLA는 디지
털 시대에 도서관의 중요성에 대한 인식을 증진하고 전문성을 제고하기
위하여 전 세계에서 각종 워크숍 및 세미나를 개최하고 있다. 이 모든 활
동은 UNESCO, WIPO와 같은 수많은 비정부 국제기구의 협력 하에 이루어
지고 있다. 세계도서관협회연맹의 웹사이트인 IFLANET(www.ifla.org)은
세계도서관협회연맹의 기본 정보원 및 정책과 활동 정보를 제공하고 있다.

도서관 정보 분야의 전문성 향상을 위해 IFLA는 년 1회, 매년 8월 세계
주요 도시에서 세계 도서관 정보대회를 개최하고 있다.

IFLA는 1927년 스코틀랜드 에든버러에서 개최된 세계 국립도서관장회
의에서 처음 발의하여 설립되었다. IFLA는 1971년 네덜란드에서 법인등록
을 하였고, 헤이그에 있는 네덜란드 왕립도서관이 제공한 건물에 연맹 본
부를 두고 있다. 지역 사무실은 남아메리카 브라질의 리우데자네이루 및
아시아의 싱가포르에 두고 있다.

10. 공공도서관의 법제화

산업사회에 이르러 영국과 미국을 중심으로 공공도서관이 제도화되기
시작했다. 영국에서는 먼저 1835년 영국 의회 의원이었던 버밍엄(James
Silk Buckingham)이 처음으로 의회에 세금으로 운영하는 박물관과 도서관
의 건립을 위한 법안을 제안했다. 그의 제안은 성사되지 못했으나 후일

에와트(William Ewart) 의원과 브라더톤(Joseph Brotherton) 의원이 박물관 법을 만드는 데 영향을 미쳤고, 그 결과 1845년 박물관법이 입법되었다.

에와트(William Ewart)와 브라더톤(Joseph Brotherton)은 이어 공공도서관 법 제정을 위한 보고서를 작성, 제출하여 공공 도서관법의 입법을 공론화 했다. 그 제안은 공공도서관의 설립을 위해 1845년 박물관법을 개정 또는 확장하는 것이었다. 반대파는 증세 문제를 거론했다. 하지만 법안은 1850 년 대다수 의원의 찬성으로 통과되었다. 의원들은 각계각층 시민들이 공공 도서관을 이용하여 교육의 향상과 자기 계발을 촉진하고, 아울러 범죄율도 낮출 수 있다고 생각했다. 1850년 영국의 공공 도서관법은 현대 영국 공공 도서관 제도의 기초가 되었다. 이 법에 따라 1852년 영국 맨체스터 공공도 서관이 문을 열었고, 이어서 윈체스터(Winchester), 러버풀(Liverpool), 볼턴 (Bolton), 키더민스터(Kidderminster), 케임브리지(Cambridge), 버컨헤드 (Birkenhead), 셰필드(Sheffield) 등에 공공도서관이 설립되었다.(WikipediA 검색 "Public library" 발췌 번역)

미국에서도 18세기부터 공공도서관이 출현하여 더욱 풍요롭게 발전하 였다. 교육의 증진과 지식공유의 열망은 무료 공공도서관 확산을 촉진하였 다. 나아가 자선가들의 기부금은 많은 공공도서관의 기초 자산이 되었다. 장서 애서가들도 공공도서관의 장서 확충에 공헌하였다. 미국 최초의 공공 도서관은 1833년에 설립된 뉴햄프셔주 피터버러 마을의 작은 공공도서관 이다.(The first modern public library in the world supported by taxes was the Peterborough Town Library in Peterborough, New Hampshire. It was "established in 1833." This was a small public library). 대규모 공공도서관은 매사추세츠주 법에 의거 1848년에 설립하여 1854년 개관한 보스톤 공공도서관이다.(The first large public library supported by taxes in the United States was the Boston Public Library, which was established in 1848 but did not open its doors to the public until 1854.)

Boston Public Library(BPL) History

Established in 1848 by an act of the Great and General Court of Massachusetts, the Boston Public Library (BPL) was the first large free municipal library in the United States. In 1839, French ventriloquist M. Nicholas Marie Alexandre Vattemare became the original advocate for a public library in Boston when he proposed the idea of a book and prints exchange between American and French libraries. The Mayor of the City of Boston, Josiah Quincy, Jr., first president of the Board of Trustees, Edward Everett, and his successor, George Ticknor, were also at the forefront of the library's establishment.

Boston Public Library's first building of its own was a former schoolhouse located on Mason Street that opened to the public on March 20, 1854. However, it was obvious from opening day that the quarters were inadequate for the library's collection of sixteen thousand volumes. In December 1854, library commissioners were authorized to locate a new building on a lot on Boylston Street, which opened in 1858 at 55 Boylston Street with seventy thousand volumes. Twenty years later, as the library outgrew that space, the Trustees asked the state legislature for a plot in the newly filled Back Bay. On April 22, 1880, the state granted the City of Boston a lot at the corner of Dartmouth and Boylston Streets. (BPL 홈페이지 https://www.bpl.org/bpl-history/)

11. 주요 국가도서관

프랑스국립도서관(프랑스어 : Bibliothèque nationale de France, BnF, 1368)

프랑스 파리시에 있는 국립도서관이다. 프랑스국립도서관의 역사는 1368년 프랑스의 샤를 5세대로 거슬러 올라간다. 루브르 일대에 터를 마련했다가 루이 15세 때 규모가 증대됐으며 1692년 일반에 개방됐다. 프랑스혁명 때 귀족과 개인 서적이 압류되면서 국립도서관 서적 수는 30만 권을 넘기도 했다. 혁명 이후 개최된 프랑스 제헌의회 결의안으로 1793년 시민에 개방했다. 1988년 프랑수아 미테랑 대통령은 국립도서관을 세계에서 가장 큰 규모로 보수하겠다는 계획을 발표하고, 새롭게 건축하여 1996년 12월 20일 다시 일반에 공개했다.

영국도서관(British Library, BL, 1753)

영국도서관은 1753년 대영 박물관도서관을 모태로 한다. 대영 박물관도서관은 Sir Hans Sloane, Sir Robert Cotton, Edward Harley 등 개인 소장 자료를 기반으로 하였다. 또 1823년 조지 3세(George III)의 도서관을 인수하여 인쇄자료가 2배로 증가하였으며, 이어 현재의 대영박물관 자리에 이전하였다. 1857년에는 거대한 돔 지붕 아래 원형의 독서실을 설치하여 런던에서 도서관의 종착역과 같은 모습으로 자리매김했다. 이 원형 독서실은 Charles Darwin, Charles Dickens, Karl Marx, George Bernard Shaw, Virginia Woolf, Lenin 등 유명 인사들이 이용한 곳이다.

1973년 대영 박물관도서관(British Museum Library)은 영국국립도서관 (British Library)으로 분리, 독립하였다. 20세기 초부터 장소가 협소해 증축이 필요했지만, 대영박물관 한가운데 있어 증축할 수 없었다. 그러나 1998년 대영박물관 인근 유스턴 가(Euston Street)에 새 건물을 짓고 이전, 개관하였다.

미국 의회도서관(the Library of Congress, 1800)

1800년 정부가 필라델피아에서 워싱턴으로 이전함에 따라 이를 지원하기 위해 아담스(John Adams) 대통령이 의회에 도서구입 예산 5,000달러를 승인 하였는데 이것이 미국 의회도서관의 출발점이다. 1802년 제퍼슨(Thomas Jefferson, 재위 1800~1809) 대통령은 의회도서관 사서직 제도를 대통령령으로 승인하고 의회도서관과 대통령 간 밀접한 관계를 유지하도록 했다. 제퍼슨 대통령은 또 도서관 업무를 총괄할 2명의 사서를 임명하였다. 제퍼슨은 1809년 대통령직을 은퇴한 후 1812년 영미전쟁 중에 자신의 집(Monticello) 에 도서관 장서를 보존했다. 1814년 전쟁으로 워싱턴이 불탔을 때 의회도서 관의 서쪽건물 일부가 소실되었다. 의회는 제퍼슨의 제안으로 그의 종합 장서 6,487권을 구입했다. 제퍼슨의 장서 개념은 종합적이고 합리적이어서 오늘날 미 의회도서관의 장서 정책으로 이어졌다.

영미전쟁 후 나라가 안정을 되찾고 경제가 확대되자 연방정부와 워싱턴 시는 급속히 성장하였다. 당시 1864부터 1897까지 사서로 근무한 스포포 드(Ainsworth Rand Spofford)는 의회를 설득하여 도서관을 국가의 중요 문 화기관인 국립도서관으로 발전시켰다. 스포포드는 또 의회를 설득하여 1873년 의회도서관의 독립 건물 건축에 착수하여 1897년에 완공하였다.

1897년에 개관한 이 건물은 이탈리아 르네상스 스타일로 세계 최대규모의
도서관이 되었다.

미 의회도서관

12. 산업사회 18~19세기 인물

이마누엘 칸트(Immanuel Kant, 1724~1804)

독일 관념 철학의 기반을 확립한 프로이센(Preussen, Prussia)[5]의 철학자. 칸트는 21세기의 철학에까지 영향을 준 새롭고도 폭넓은 철학적 관점을 창조했다. 그는 종래의 경험론 및 독단론을 극복하고 비판철학을 수립하였다. 인식 및 실천의 객관적 기준을 선험적 형식에서 찾고, 사유가 존재를, 방법이 대상을 규정한다고 보았다. 그의 저서 『순수이성 비판』은 이성 그 자체가 지닌 구조와 한계를 연구한 책이다. 이 책에서 칸트는 전통적인 형이상학과 인식론을 공격하고 칸트 자신이 그 분야에 공헌한 점을 부각하고 있다. 만년에 윤리학을 집중적으로 다룬 『실천이성 비판』과 미학, 목적론 등을 연구한 『판단력 비판』을 저술했다.

찰스 다윈(Charles Robert Darwin, 1809~1882)

영국의 생물학자, 지질학자. 그는 해군측량선 비글호에 박물학자로서 승선하여, 남아메리카, 남태평양의 여러 섬과 오스트레일리아 등을 항해, 탐

---

5 프로이센(Preussen, Prussia) 1701년 프리드리히 3세가 세운 독일 북부와 폴란드 북부에 걸친 왕국, 영영사전 preussen: a former kingdom in north-central Europe including present-day northern Germany and northern Poland

사했고 그 관찰기록을 『비글호 항해기』로 출판하여 진화론의 기초를 확립하였다. 다윈은 생물의 모든 종이 공통의 조상으로부터 이어졌다고 보고, 앨프리드 러셀 월리스(Alfred Russel Wallace)와의 공동 논문에서 인위적인 선택, 즉 선택적인 교배와 비슷한 현상이 생존경쟁을 거쳐 이루어지는 자연선택론(Natural Selection)을 주창했다. 1859년에 진화론에 관한 자료를 정리한 『종(種)의 기원(起原)』이라는 저작을 통해 진화론을 공개 발표하였다.

찰스 디킨스(Charles John Huffam Dickens, 1812~1870)

영국의 소설가, 사회 비평가. 그는 가난한 사람에 대한 깊은 동정, 사회의 악습에 대한 비평 등 사회에서 일어나는 모습을 소설로 그려냈다. 작품으로는 자전적 요소가 짙은 『데이비드 코퍼필드』, 『위대한 유산』과 『올리버 트위스트』, 『크리스마스 캐럴』, 『두 도시의 이야기』 등이 있다.

조지 버나드 쇼(George Bernard Shaw, 1856~1950)

아일랜드의 극작가, 소설가. 연극에 사실주의를 도입하며 영국 근대극을 확립했다. 셰익스피어이래 가장 위대한 영국의 극작가로 꼽히며, 1925년 노벨 문학상을 받았다. 그는 생애 70여 년간 작가로 활동하면서 도덕적, 철학적 문제들에 천착, 보수적 가치관과 우상 파괴를 시도했다. 그는 "훌륭한 예술은 교훈적이어야 하며, 사회 진보에 공헌해야 한다", "인생에 도움이 되지 않는 글은 단 한 줄도 쓸 수 없다"라고 생각하고 사회 개혁, 의식

개혁을 목적으로 글을 썼다고 한다. 작품으로는 『카이사르와 클레오파트라』, 『브래스바운드 대위의 개종』, 『인간과 초인』, 『의사의 딜레마』, 『바버라 소령』, 『피그말리온』 등이 있다.

버지니아 울프(Adeline Virginia Woolf, 1882~1941)

영국의 여류소설가, 페미니즘과 모더니즘의 선구자. 그녀는 여성의 교육 및 사회 진출이 제한되던 시대에 남성 중심의 문명사회를 비판하고, 사회적, 경제적, 자아의 측면에서 여성의 독립을 주장했다. 버지니아 울프의 페미니즘적 메시지는 문학사적인 측면에서 여성의 지위가 새로이 조명되었다. 작품으로 『댈러웨이 부인』, 『등대로』, 『올란도』, 『자기만의 방』, 『파도』, 『세월』, 『3기니』(기니는 화폐단위) 등이 있다.

카를 마르크스(Karl Marx, 1818~1883)

독일의 철학자, 경제학자, 역사학자, 사회학자이다. 마르크스의 정치사상과 철학사상은 그 이후의 사상사, 경제사, 정치사에 큰 영향을 미쳤다. 마르크스의 사회경제정치이론을 집합적으로 마르크스주의라 부르는데, 마르크스주의에서는 인간 사회가 계급투쟁을 통해 진보한다는 관점을 가지고 있다. 자본주의 사회에서 계급투쟁은 지배계급인 부르주아와 피지배계급인 프롤레타리아 사이의 투쟁으로써 나타난다. 그는 노동계급이 혁명적 행동을 통해 자본주의를 무너뜨리는 사회경제적 해방을 추구해야 한다고 선동했다. 마르크스는 근대 사회학의 뼈대를 세운 인물 중 하나로 평가된다. 마르크스는 프리드리히 엥겔스와 합작, 대영박물관 도서관에서 연구하며 주요 저작을 남겼다. 그의 대표작은 1848년 출간된 『자본론』이다.

11

중국의 책과 도서관
(문자발달, 고전의 형성)

The history of book & library civilization

1. 동양문명의 중심 중국

이집트문명을 제외한 메소포타미아문명, 인더스문명, 황하문명은 모두 동양에서 일어났다. 그러나 메소포타미아문명과 이집트문명은 그리스 문명과 융합하여 유럽으로 방향을 틀었다. 인더스문명은 후대로 이어지지 못하고 2500년 전에 멸망하고 그 자리에 힌두문화와 불교문화가 탄생했다. 아시아에서 일어난 문명 가운데서 황하문명만이 유일하게 그 근원을 유지하면서 동아시아로 반경을 넓혀 동방의 문명을 지켜왔다.

중국의 문자 발달

앞서 제2장에서 살펴본 바와 같이 중국 최초의 문자는 갑골문(甲骨文)이다. 이것이 점점 개량, 발전되면서 유구한 동양의 역사를 기록하여 왔다.

현재까지 전해지는 가장 오래된 한자는 商(殷 나라) 나라 때 청동기에 새겨진 종정문(鐘鼎文)과 갑골편(甲骨片)의 문자이다. 갑골(甲骨)이 문자로서 확인된 것은 1899년으로서 그때부터 20세기 초까지 중국 정부에서 본격적으로 발굴하여 16만 편의 갑골을 수집, 연구하였다.[1] 한자학자들은 甲骨文이 기원전 14세기부터 12세기에 성행했던 것으로 보고 있다. 따라서 한자(漢字)의 나이는 약 3400년이 되는 셈이다. 갑골문 이후 한자의 글자체는 여러 가지 모양으로 변화해 왔다. 한자는 고문자와 근대 문자로 구분되는데 그 변천을 살펴보면 다음과 같다.

먼저 AD 100년 중국의 한나라 때 허신(許愼)이 지었다는 『설문해자(說文解字)』의 서문과 반고(班固)의 『한서(漢書)』에 의하면 황제의 사관(史官 : 역사를 기록하는 관리)이었던 창힐(蒼頡 : 푸를 창, 곧을 힐)이라는 사람이 한자(漢字)를 창제하였다고 한다. 그러나 학자들은 이 기록은 한자의 기원에 관한 하나의 전설적인 이야기일 뿐 고증된 역사적 사실은 아니라고 생각하고 있다. 『역사 인물 사전』에 나와 있는 반고의 초상화를 보면 눈이 네 개로 매우 기이한 모습을 하고 있다. 이는 중국의 삼황오제의 전설 시대에 복희씨가 몸은 뱀이고 얼굴은 사람이었다는 것과 농법을 개발하고 천하를 평화롭게 다스렸다는 신농씨가 몸은 사람이고 머리는 소의 형상으로 묘사되는 등의 기이한 이야기와도 유사하다. 따라서 창힐(蒼頡) 역시 같은 전설 시대 황제의 사관이었다는 점에서 전설 속의 인물이라 할 수 있다.[2]

1 董作賓 저, 이형구 역. 1993. 『갑골학 60년』. 서울 : 민음사
2 아주문물학회. 2003. 『그림으로 보는 역사 인물 사전』. pp.12-15.

한자를 만들었다는 전설적 인물 창힐

　한자의 글자 수는『설문해자(設文解字)』에는 9,353자였던 것이 청나라 때
『강희자전(康熙字典)』에는 42,174자, 1969년『중문대사전(中文大辭典)』에는
약 50,000자로 늘어났다. 한자는 발전과정에 따라 갑골문, 금문, 대전, 소
전, 예서, 해서 등 여러 가지 명칭으로 변화해 왔으며, 지금은 해서가 일반
화되어 사용되고 있고, 현대중국에서는 해서의 획을 간략하게 줄인 간체자
2,235자를 만들어 문어와 구어에 사용하고 있다.

한자의 변천

古文字

은나라 : 갑골문(甲骨文), 금문(金文 : 청동기에 새긴 문자)

주나라 : 대전(大篆)

진나라 : 소전(小篆) : (진시황 때의 승상이었던 이사(李斯)가 문자의 통일을 위해
이전의 문자를 개량함)

近代文字

한나라 : 예서(隷書) : 진나라 때 정막이라는 사람이 실용 위주로 개량하
였다고 하며 진나라 때에는 통용되지 못하다가 한나라에 와서 통용되어
한예(漢隷)라고 함.

해서(楷書) : 왕자중이 예서를 개량하여 만든 것으로 오늘날까지 널리 쓰
이는 가지런한 글자체임.

위에 소개한 내용은 글자의 자체(字體)에 관한 것이다. 그러나 한자에는
서체라는 말도 자주 쓰이는데 서체(書體)는 자체(字體)와 의미가 다르다. 서
체는 같은 글자라도 어떻게 운필(運筆)하느냐에 따라 구분된다. 서체(書體)
는 대전(大篆), 소전(小篆), 예서(隷書), 팔분(八分), 초서(草書), 행서(行書) 등
으로 구분되며 이를 육서(六書)라고 부른다. 갑골(甲骨), 금문(金文), 전서(篆
書), 예서(隷書), 해서(楷書)는 한자 발달상의 구분이지만 예서(隷書), 전서(篆
書)는 서체(書體)로도 사용되고 있음을 알 수 있다. 서체 중 팔분(八分)은
전서(篆字) 8分, 예서(隷字) 2分의 비율로 운필(運筆)했다는 의미이며, 초서
(草書)는 풀잎처럼 흘려 쓴 글씨, 행서(行書)는 해서(楷書)를 약간 흘려 쓴

글씨를 말한다. 이 밖에도 서체는 쓰는 사람이 해서를 어떻게 운필(運筆)했느냐에 따라 명필가의 이름을 붙여 왕희지체(王羲之體), 구양순체(歐陽詢體), 안진경(顔眞卿體), 한석봉체(韓石峯體), 추사체(秋史體) 등 여러 가지 서체가 있다.

우리 민족이 한자를 사용해온 주된 방식은 대략 향찰식(鄕札式)과 한문식(漢文式)의 2가지였다. 향찰식은 한자의 음과 훈을 빌려 국어를 기록한 것으로서 신라 향가에서 나타난다. 한문식은 한문의 언어구조에 그대로 따르는 사용 방법이다. 우리나라의 옛 책은 거의 한문식으로 기록되어 있다. 따라서 동양고전을 읽으려면 한문을 해석할 수 있어야 한다.

한자와 관련한 국어사용의 방식은 3가지가 있다. 첫째는 한글과 한문을 섞어 쓰는 것으로 예를 들면 다음과 같은 최남선의 '독립선언문' 형식이다.

"吾等(오등)은 玆(자)에 我(아) 朝鮮(조선)의 獨立國(독립국)임과 朝鮮人(조선인)의 自主民(자주민)임을 宣言(선언)하노라. 此(차)로써 世界萬邦(세계만방)에 告(고)하야 人類平等(인류 평등)의 大義(대의)를 克明(극명)하며, 此(차)로써 子孫萬代(자손만대)에 誥(고)하야 民族自存(민족자존)의 政權(정권)을 永有(영유)케 하노라."

둘째는 한자의 어휘는 취하되 한자의 글자 형은 버리고 쓰는 것이다. 모든 어휘를 한글로만 표기하는 것이다. 우리가 현재 사용하는 방식이다.

셋째는 기존의 한자 어휘를 우리 고유의 말로 바꾸어 쓰는 것이다. 공처가(恐妻家)는 '아내 무섭 장이'로, 비행기(飛行機)는 '날틀'로 쓰는 것과 같다. 그런데 어떤 경우는 우리말이 없어지고 한자로 고쳐 쓰는 역 현상도 나타나고 있다. 예를 들면 품삯을 노임(勞賃), 임금(賃金), 급여(給與)로 흔히 쓰고 있으며, 부엌을 주방(廚房)으로, 뒷간을 화장실(化粧室) 또는 변소(便所)로 쓰는 경우 등이다.

이들 중 어느 것이 완벽하게 옳다고 할 수는 없지만, 우리의 문자 생활에서 한자를 완전히 배제하기는 어렵다는 것은 명백하다. 그렇다면 우리는 한자문화권에서 국제적으로 쓰기에 불편함이 없도록 한자와 한문을 공부할 필요가 있다. 서양인도 한자를 배우고 있는데, 동양인으로 우리 문화의 뿌리를 형성하고 있는 한자를 도외시해서는 안 될 것이다.

동양 옛 문헌 해독의 선결과제

동양이라고 하면 동으로는 일본열도로부터 서로는 중동과 튀르키예에 이르는 아시아대륙 전체를 의미하겠으나 여기서는 한국, 중국, 일본에 한정하여 동양이라는 용어를 사용하고자 한다. 한, 중, 일 3국은 동양에서도 고대로부터 가장 발달한 문화를 유지해 왔기 때문이다. 따라서 동양의 옛 문헌은 중국과 한국 그리고 일본 자료를 지칭하는 경우가 대부분이다.

이들 동양 3국의 문헌을 읽기 위해서는 우선 옛사람들이 사용했던 문자를 알아야 한다. 주지하는 바와 같이 동양 3국의 문자는 중국에서 발달한 한자를 공통 문자로 하고 있다. 물론 우리나라는 세종대왕이 창제하신 훌륭한 한글이 있고 일본도 나름대로 '가나'라는 문자를 만들어 사용하고 있으며, 하물며 중국까지도 간체자를 만들어 사용해왔으므로 현대에 와서 한자의 중요성은 많이 퇴색되어 있다.

그러나 옛 문헌을 소장하고 있는 서울대학교 규장각이나 한국학중앙연구원, 그리고 국사편찬위원회의 고서들을 한 번이라도 접해 본 사람은 자신의 문맹 함에 실망을 금하지 못하였을 것이다. 필자도 그런 경험을 하면서 허탈과 서글픔을 느낀 적이 있다. 옛 문헌은 거의 한자로 된 전적들이어서 그 의미를 읽어내기가 대단히 어렵다. 물론 동양학 계열 전공자는 좀 다르겠지만 동양학 전공자라고 하더라도 한문에 그렇게 능통한 사람은 그리 많지는 않은 것 같다. 따라서 우리나라의 서지학 연구물들을 보면 옛 문헌에 관한 내용 위주의 분석 연구보다는 문헌의 형태적 특징을 연구한 논문이 대부분이며 이는 한문(漢文) 읽기의 한계 때문일 것이다.

따라서 동양 3국의 옛 문헌을 해독하기 위한 선결과제는 한문 해독 능력을 갖추는 일이다. 글을 보고도 해석을 못 한다면 글을 모르는 것이므로 문맹이라 하지 않을 수 없다. 어떤 분은 지금 이 대명천지 발달한 21세기 과학 문명 시대에 한문을 배워서 어디에 써먹겠는가, 라고 그 필요성을 일축한다. 그러나 21세기 지식 정보사회에서 옛 선인들이 남겨 놓은 지식과 정보를 활용할 수 없다면 학문적으로나 실용적으로나 큰 손실이다. 물론 한문학, 역사학, 동양철학 등 전공자들이 있어 그분들에게 맡겨두면 된다는 의견도 있다. 한문은 그 분야 전공자만 배우면 된다는 것이다. 학문의 업무 분담 면에서는 일리 있는 말씀이긴 하다.

그러나 동양학 전공이 아닌 다수의 사람이 '한자 문맹'이라는 것은 어쩐지 우리 학문의 기반이 너무 허약하다는 느낌을 지울 수 없다. 대학인으로서 큰 학문을 한다는 교수들과 학생들이 우리의 옛 문헌을 제대로 읽지 못한다는 것은 우리의 학문과 교육에 문제가 있다고 볼 수밖에 없기 때문이다. 한문 독해가 가능한 학자와 그렇지 못한 학자는 학문의 깊이에 있어서 큰 차이가 있음을 느낀다. 예를 들면 행정학을 전공한 고려대학교 이문영 교수가 펴낸「논어 맹자와 행정학」[3]은 행정학의 깊이를 더해준다고 볼 수 있지 않을까?

우리는 한글만을 터득했다고 문맹을 면한 것은 아니다. 선조들이 남겨 놓은 지혜의 글들을, 그리고 중국이나 일본에서 나온 수많은 옛 문헌들을 읽고 활용할 수 있다면 우리 학문은 동서양을 넘나들며 창조적 발전을 이룩할 수 있을 것이다. 우리가 한문을 소홀히 다루고 있는 사이에 푸른 눈의 서양인들이 동양학을 전공하고 심도 있는 논문들을 발표하고 있다. 하버드대학의 옌칭도서관이 동양학의 보고로 알려진 지는 이미 오래다.[4] 어떤 전직 미 외교관은 우리 국어를 배우기 위하여 한자를 분석하여「Chinese Characters in Korean」이라는 저서를 내기도 했다.[5] 또한 서울대 국어교육과에는 국어교육 방법론을 가르치는 외국인 교수가 있다고 한다. 이러한 상황을 볼 때 동양학을 하기 좋은 우리가 왜 서양인에게 추월당하고 있는지 새삼 정신을 차리지 않을 수 없다. 그들과의 대화에서 우리가 학문적으로 우리의 옛 문헌을 어떻게 소개하고 설명할 수 있을 것인지 답답하기만 하다.

우리는 한국인으로서, 그리고 동양인으로서, 나아가 세계인으로서
우리의 책, 동양의 책, 세계의 책을 읽을 수 있는 대학인이 되어야
한다. 교수와 학생들이 부지런히 갈고 닦아 연구하고 가르치고 학습
하는 가운데 우리 학문은 세계적으로 더욱 창조적인 발전을 이룩할
수 있을 것이다. 동양 3국의 문헌 해독은 우리 학문의 발전을 위해
대단히 중요하며 이의 선결과제는 한문 해석 능력의 배양임을 다시
한번 깨닫게 된다. (글. 이종권)

2. 주(周)나라

주나라는 하(夏)나라, 은(殷)나라에 이어 기원전 1,150년~기원전 249년까
지 존속한 중국의 고대국가이다. 하(夏)나라는 요순(堯舜)임금이 다스린 태
평성대로 알려진 전설적인 국가로 생각되고 있고, 은나라(商나라)는 은허
(殷墟)의 발굴에서 보듯이 동양 최초의 문자 기록이 형성된 국가이며, 주나
라는 문물제도가 어느 정도 잘 갖추어진 고대국가로 이해되고 있다. 주나
라의 무왕은 하와 은의 제도를 기초로 하여 정치, 경제, 문화 제도의 기틀
을 마련하였다. 정치적으로는 요순의 정치를 본받고 경제적으로는 홍수의

---

3 이문영, 1996.『논어맹자와행정학』. 나남출판
4 윤충남, 2001.『하바드한국학의요람』. 을유문화사
5 James C. Whitlock Jr., 2001.『Chinese Characters in Korea』. ILCHOKAK

통제와 농업 경제의 기반을, 문화적으로는 문자 기록의 기반을 다져나갔다.

기록관리 제도 형성

건국 이후 주나라는 조정의 공문 기록을 생산 관리하기 위하여 기능이 다양한 여러 기록담당 관리들을 두었던 것으로 전해진다. 관리의 명칭으로는 태사(太史), 내사(內使), 외사(外史), 중사(中使), 어사(御使) 등 기록을 관리하는 직명이 있으며, 이들은 왕궁의 내외에서 활동을 기록하고, 관리하며, 사료를 정리 편찬하는 사무를 담당하였던 것으로 여겨지고 있다. 이렇게 기록을 담당하는 사관을 두고 기록을 관리함으로써 주나라에는 도서관의 기초가 형성된 것으로 보인다.

주나라에서 기록을 보존 관리했던 국립 장서 보존소로 수장실(守藏室)이 있었고, 이를 관리하는 관직으로 주하수장사(柱下守藏史), 즉 주하사(柱下史)를 두었다고 한다. 주하사는 주나라 왕실의 자료를 관리하는 도서관장으로서 도덕경으로 유명한 노자(老子)는 주나라의 수장실을 관리하는 주하사였다고 한다. 따라서 노자는 중국 최초의 사서이자 도서관장이었다고 할 수 있다. 공자가 일찍이 노자에게 예(禮)[6] 물은 것도 노자가 당시 주나라 왕실의 장서를 관리하는 사관이었기 때문이었다.

---

6 禮는 '예'라고 발음되는데 이는 긍정과 존경을 의미하는 우리 말 예, 예와 발음이 같아 재미있다. 어원적으로 어떤 연관성이 있는지 연구해볼만 하다.

주나라 말기에는 정치사상이 혼란해져서 제후와 군웅이 할거하는 춘추전국시대가 전개되어 중국 사회는 다시 혼돈상태에 이르게 되었다. 이때 노자와 공자를 비롯한 제자백가(諸子百家)가 출현하여 백가쟁명(百家爭鳴)의 시대가 전개되었다.

3. 춘추전국시대

주나라 왕실이 동쪽으로 천도하여 세력이 약해지자 100여 개국이 넘는 중원(中原) 지방의 제후들이 반독립적인 상태로 활약하기 시작했다. 제후국들이 서주시대 이래 존재하던 읍제국가(邑制國家)가 발전한 것이었다. 이들은 국도(國都)의 세력권 내에 크고 작은 읍들을 복속시켰고, 국도의 정치력이 약해지면 곧 제후들의 이합집산이 격심하게 되어 제후 세력은 급속히 약해졌다. 그래서 춘추 제후는 국도에서 정권을 확립하고 여러 읍의 맹주라는 입장을 확고히 하는 데 노력했다. 이렇게 성립된 제후는 다시 회맹(會盟) 외교를 통해 상호 간의 세력과 균형을 도모했다. 허약해진 주나라 왕실을 대신하여 제후국 가운데 강자를 중심으로 여러 국가가 회맹을 하게 된 것은 남방의 강국인 초(楚)나라에 대한 두려움이 크게 작용했기 때문이었다. BC 658년 초나라가 정(鄭)나라를 침입했을 때 제(齊)나라의 환공(桓公)이 다음 해 제후들을 이끌고 초를 물리치는 데 성공했으며, 그 여세를 몰아 환공은 다른 제후들과 연맹하여 패권을 잡았다. 환공이 죽은 후 제나라는 내분으로 쇠약해지고 그 뒤를 이어 진(晉)나라의 문공(文公)이 중원의 맹주가 되었다. 그는 BC 633년 북진해온 초나라를 대파하고, 다시 제후들과 연맹했다. 문공이 죽은 후 진나라가 내분으로 세력이 약해지자 초나라가 다시 진(陳)과 함께 송을 침입했다. 이때 패자가 된 초나라를 위협한 것은 춘추 후기에 세력을 키워 급성장한 오(吳)나라였다. 오나라의 왕 합려(闔閭)는 BC 506년 초의 도읍인 영(郢 : 지금의 후베이성(湖北省))을 함락시키고 BC 482년 맹주의 지위에 올랐다.

춘추시대 초기에 200여 개가 되던 제후국은 춘추시대 말기에 이르러 10여 개국으로 감소했다. 각 제후국 내에서는 실력을 키운 일부 세력이 독자적인 가계(家系)를 형성했다. BC 5세기 말경 제나라에서는 진항(陳恒)이 간공(簡公)을 살해하고 실권을 장악했으며, 진(晉)나라는 한(韓), 위(魏), 조(趙), 제(齊), 연(燕), 진(秦), 초(楚)의 7개 국가로 갈라져 세력을 형성하고 서로 패권을 다투었다. 이 전국 7웅(七雄) 가운데 가장 먼저 발전한 나라는 위나라였다. 위나라의 문후(文侯)는 서문표(西文豹)를 등용하여 농업생산력을 증진하는 한편, 오기(吳起), 악양(樂羊) 등의 장군을 기용하여 영토를 확대했다. 그러나 중앙집권체제를 강화하고 급속히 강국으로 부상한 진(秦)의 공격을 받아 BC 340년 수도를 안읍(安邑 : 지금의 산서성(山西省))에서 허난성으로 옮겼다. 진나라가 강성해지자 BC 318년 초의 회왕(懷王)은 진나라 동쪽의 위, 조, 한, 연, 제와 함께 남북으로 동맹하는 합종책(合從策)으로 진에 대항하려 했지만 성공하지 못했다. 진나라는 6국과 동맹하는 연횡책(連橫策)을 써서 합종책을 방해하고 계속 침략 전쟁으로 중원의 여러 국가 가운데 우위를 차지했다. 진은 BC 260년 장평(長平) 싸움에서 조나라를 이겨 조의 세력을 물리치고 BC 221년 중국 전역을 통일했다.

농업과 상공업의 발전

춘추시대 이래 중국에서는 철기가 사용되기 시작했다. 중국에서는 다른 문명과 달리 주철이 먼저 일반화되었는데 무기로 적당하지 않은 주철은 주로 농기구로 사용되었다. 철제 농기구의 사용과 소를 이용한 우경(牛耕)의 출현은 농업생산력을 현저히 증대시켰다. 또한 수리 관개 시설의 발달로 경지가 확대되었다. 이것은 농민의 이주를 촉진하여 세수(稅收)를 증진하였다. 또 공동체 안에서의 농민을 포함한 전 토지와 백성을 국가가 다스리는 효과를 거두었다. 농업의 발전과 함께 상공업 분야에서도 두드러진 변화가 있었다. 이 시기에 제철업, 제염업, 상업으로 막대한 부를 쌓은 대상인들의 이야기도 전해지며, 민간수공업자나 중소 상인들의 활동도 활발했다고 한다. 상공업의 발달로 도시발전이 촉진되어 각 제후국의 수도가 상업 도시로 크게 번영했다.

제자백가(諸子百家)의 출현

춘추전국시대에는 여러 나라가 분립하는 정치적 혼란 가운데 사상과 문화가 꽃을 피웠다. 또한 천문, 역법, 수리, 토목, 건축, 공예도 크게 발전하였다. 특히 예(禮)를 중심으로 한 유교 사상의 성립은 주목할 만하다. 노나라의 공자는 부자와 형제를 축으로 하는 가족 도덕을 기본으로 하고 사회적 규율로 예(禮)를 중시했다. 또한 덕치주의에 의한 정치론을 전개했고, 군신(君臣)의 의(義)를 강조했다. 그는 인(仁)의 사상을 확립하여 유교의 기본원리로 삼았다. 전국시대에 위나라의 문후, 제나라의 위왕(威王), 선왕(宣

王) 때에는 유가를 비롯한 사상가들이 자신의 교단을 이끌고 제후왕과 공(公)의 정치에 접근하여 세력을 확대하려 했다. 이들 교단과 그들의 저작을 총칭하여 제자백가라고 부른다. 이 가운데 묵가(墨家)는 공리주의(功利主義)의 입장에서 겸애(兼愛), 비공(非攻), 상동(尙同), 상현(尙賢), 천지(天志) 등의 이념을 강조하고 군권(君權)의 강화를 주장했다. 유가(儒家)의 맹자는 천명의 지배하에 도의 정치, 즉 왕도(王道)를 행할 것을 주장하고, 사람의 인성은 본래 착하다고 믿어 수양을 중시했다. 법가(法家)는 군권을 절대화하고 법(法)과 술(術)에 의해 신상필벌(信賞必罰)을 엄격히 할 것을 주장했다. 노자의 도가(道家)는 무위자연(無爲自然)의 도를 주장했다. 이들 제자백가는 각각 자신들의 입장을 내세우고 서로 비판하면서 깊은 영향을 주고받았다. 제자백가의 계보는 다음과 같다.

유가(儒家) － 공자·맹자·순자

도가(道家) － 노자·열자·장자

음양가(陰陽家) － 추연·추석

법가(法家) － 관중·상앙·신불해·한비자

명가(名家) － 등석·혜시·공손룡

묵가(墨家) － 묵자·별묵

종횡가(縱橫家) － 귀곡자·소진·장의

잡가(雜家) － 여불위·유안

농가(農家) － 허행

소설가(小說家) － 육자·청사자

4. 고전형성 시대의 인물

노자(老子 Laotzu, BC 6세기~미상)

노자는 생몰연대가 확실하지 않으나 BC 6세기경에 활동한 중국 제자백가 가운데 하나인 도가(道家)의 창시자이다. 공자와 동시대 인물이나 공자보다 나이가 많았던 것으로 보인다. 성(姓)은 이(李), 이름은 이(耳), 자는 백양(伯陽) 또는 담(聃). 노군(老君) 또는 태상노군(太上老君)으로 신성화되었다. 도교경전인 『도덕경道德經』의 저자로 알려져 있다. 현대 학자들은 『도덕경』이 한 사람의 손에 의해 저술되었을 가능성은 받아들이지 않으나, 도교가 불교의 발전에 큰 영향을 미쳤다는 사실은 통설로 받아들이고 있다. 노자는 유가에서는 철학자로, 일부 평민들 사이에서는 성인 또는 신으로 숭배되었다.

공자(孔子 Confucius, BC 551~ BC 479)

노(魯)나라 출생. 중국 춘추시대의 교육자, 철학자, 정치사상가, 유교의 개조(開祖). 공부자(孔夫子)라고도 한다. 본명은 공구(孔丘). 자는 중니(仲尼). 그의 철학은 아시아 문명권에 깊은 영향을 끼쳤다.

유교의 역사가 공자에서 시작된 것은 아니다. 부처는 불교의 창시자이고 예수는 그리스도교의 창시자이지만 공자는 엄밀히 말해 유교의 창시자가 아니다. 공자는 자기 자신을 '옛것을 살려 새로운 것을 알게 하는' 온고지신(溫故而知新)의 전수자로 여겼다. 공자는 제사, 천제(天祭), 장례 등의 의식들이 수세기 동안 존속해온 이유를 알아내고자 하다가 옛 것에 대한 애착을 느끼게 되었다. 그의 과거로의 여행은 근원에 대한 탐구로 공자는 그 근원은 소속감과 일체감에 대한 인간의 절실한 필요에 바탕을 두고 있다고 느꼈다. 그는 문화의 축적된 힘을 믿었고, 전통적 방식이 활력을 잃었다고 해서 장래에 되살아날 수 있는 잠재력마저 없어졌다고는 보지 않았다. 실제로 그의 역사관은 너무나 투철해서 자기 자신을 주(周)나라 때 꽃피웠던 문화적 가치와 사회적 규범이 존속되도록 전수시켜야 할 의무가 있는 사람이라고 생각했다.

공자의 생애는 그가 끼친 엄청난 영향력에 비해 너무나 보잘것없는 것이었다. 그래서 한 중국인은 그의 생애가 '평범하고 현실적인 것'이었다고 표현했다. 그러나 공자 생애의 평범성과 현실성은 그의 인간성이 영감이나 계시에 의해 주어진 것이 아니라 자기수양과 자기 운명을 장악하려는 노력의 결과임을 드러내주는 것이다. 평범한 사람도 노력하면 위대한 성현이 될 수 있다는 믿음은 유교적 전통에 뿌리 깊은 것이다. 또 인간은 교화(敎化)와 발전이 가능하고 개인적, 사회적 노력을 통해 완벽하게 될 수 있다는 주장은 유교의 핵심사상이다.

공자의 생애에 대해 알려진 사실은 많지 않지만 정확한 연대와 역사적 배경이 뒷받침되어 있다. 공자는 BC 551년 주나라의 제후국인 노나라에서 태어났다. 노나라는 주의 건국공신인 주공 단(旦)의 아들이 개국한 유서 깊은 나라였다. 공자가 음력 8월 27일에 태어났다는 통설은 많은 역사가들이 의문을 제기하고 있으나, 양력 9월 28일은 여전히 동아시아에서 공자탄신일로 널리 봉축되고 있다. 타이완에서는 이날을 '스승의 날'로 지정하여 국정 공휴일로 지키고 있다.

공자의 고향 곡부(曲阜)는 지금의 산동성山東省에 있는 마을로, 주대 문화의 전통의례와 전통음악의 보존지로 유명한 곳이었다. 공자의 조상은 귀족계급이었을 것으로 여겨지나, 공자가 태어났을 때 그의 가문은 영락한 평민에 지나지 않았다. 공자는 3세 때 아버지를 여의고 처음에는 어머니 안징재(顏徵在)에게 가르침을 받았고, 10대에 벌써 지칠 줄 모르는 향학열로 이름이 높았다.

공자는 창고를 관장하는 위리(委吏), 나라의 가축을 기르는 승전리(乘田吏) 등의 말단관리로 근무하다가 19세에 가정환경이 비슷한 여인과 결혼했다. 공자의 스승이 누구였는지는 분명하지 않지만, 공자는 특히 의례와 음악을 가르쳐줄 훌륭한 스승을 찾기 위해 고심했다. 공자는 6예(六藝) ― 예(禮)·악(樂)·사(射 : 활쏘기)·어(御 : 마차술)·서(書 : 서예)·수(數 : 수학) ― 에 능통하고 고전(古典), 특히 역사와 시(詩)에 밝았기 때문에 30대에 훌륭한 스승으로 이름을 날리기 시작했다. 공자는 모든 사람에게 교육을 개방하기를 원했고 교직을 직업으로, 즉 하나의 생활수단으로 확립시킨 첫번째 교사로 알려져 있다. 공자 이전의 시대에 귀족가문에서는 가정교사를 고용하여 특정분야에서 자식들의 교육을 담당시켰고, 정부 관리들은 하급관리들에게 필요한 기술을 가르쳐주었다. 그러나 사회를 개조시키고 향상시킬 목적으로 일평생 배우고 가르치는 일에 전념한 사람은 공자가 처음이었다. 그는 모든 인간이 자기수양으로부터 덕을 볼 수 있다고 믿었다. 장래의 지도자들을 위한 인문과목 교육과정을 처음 실시했고, 모든 사람에게 교육의 문호를 개방했으며, 배움이란 지식을 얻기 위한 것일 뿐만 아니라 인격의 도야까지도 포함한다고 정의했다.

공자는 56세에 이르러 주위의 사람들이 자신의 정책을 지지하지 않는다는 것을 깨닫고, 자신의 이상을 펼 수 있는 다른 나라를 찾아보기 위해 노나라를 떠났다. 공자의 정치적 좌절에도 불구하고 많은 제자들이 공자를 수행했다. 고결한 이상과 소명의식을 가진 사람이라는 공자의 명성은 널리 퍼져 나갔다. 실제로 공자는 자기 자신이 성공할 수 없다는 것을 잘 알고 있으면서도 정의의 신념에 불타 꾸준히 자신이 할 수 있는 것은 모두 실행하려고 하는 '행동하는 양심'으로 널리 알려졌다. 67세에 고향으로 돌아와 제자들을 가르치며 저술과 편집에 몰두하면서 고전의 전통을 보존하는 일에 열중했다. BC 479년 73세의 나이로 생을 마쳤다. 『사기』에 따르면 그의 제자 중 72명이 예를 통달했고 제자로 자처하는 사람의 수가 3,000명을 넘었다고 한다.

관중(管仲, 출생년 미상~BC 645)

춘추시대 제나라의 재상. 제나라 환공을 춘추 5패 최초의 패자로 만들었다. 죽마고우 포숙(鮑叔)과 깊은 우정으로 관포지교(管鮑之交)라는 고사성어를 탄생시켰다. 정치, 경제, 의례 등 국정 운영 원칙과 사상, 천문, 지리, 경제, 농업 등의 지식을 담은 『관자』를 저술했다.

맹자(孟子, BC 371경-BC 289경)

공자의 정통유학을 계승 발전시켜 공자 아성으로 불린다. 맹자의 어머니는 어린 아들의 교육을 위해 묘지, 시장, 학교 부근 등 세 번이나 이사를 한 것으로 유명하다. 이 어머니의 교육열을 '맹모삼천지교(孟母三遷之敎)'라고 부른다. 맹자는 결국 학교 근처의 면학 분위기에 젖어 일찍부터 학문에 힘을 쓸 수 있었다. 또한 맹자가 공부하다 지쳐서 학업을 그만두고 집으로 돌아오자 맹자의 어머니는 짜고 있던 베를 단칼에 찢어 학문을 그만두는 것이 이와 같다며 학업 정진에 인내가 얼마나 중요한지를 가르치기도 했다. 이 이야기 역시 '맹모단기(孟母斷機)'라는 고사성어로 전해진다. 맹자는 젊은 시절 공자의 손자인 자사의 문하생으로 수업했다. 이후 남을 가르치는 교육자가 되었고 잠시 제 나라의 관리로도 일했다. 중국 역사상 전국시대라고 불리는 난세 속에서도 맹자는 자신의 주장을 펴나갔다.

우선 백성에 대한 통치자의 의무를 지적했다. 통치자는 백성들의 생계를 보장하는 물질적인 상황을 만들어 주어야 하고, 그들을 교육하는 도덕적, 교육적 지침을 마련해야 한다고 강조했다. 그리고 인간의 태생적 성선설을 주장, 사상체계의 핵심으로 삼았다. 성선설은 수천 년 동안 중국 사상가들 사이에서 끊임없는 토론의 주제가 되어왔는데, 맹자는 한 걸음 더 나아가 개인의 덕성 함양은 자신의 마음을 수양하는 데 달려 있다고 말했다. 맹자는 그의 정치사상을 담은 『맹자』라는 책에서 왕도정치를 주장했다.

5. 중국 고전의 형성

중국에서 지적 에너지가 충만했던 주나라와 춘추전국시대는 서양의 고대 그리스의 철학자들, 헤브라이 예언자들, 그리고 인도의 석가모니를 비롯한 초기 지도자들이 출현한 시기와 일치한다.[7] 중국의 사상가들은 나름대로 새로운 개혁적 사상을 가진 사람도 적지 않았으나 과거의 모범적인 역사와 전통으로부터 새로운 영감을 얻고자 노력한 사상가들이 더 많았다. 중국의 학자들은 고대로부터 근대에 이르기까지 새로운 문제를 만날 때마다 고전을 재음미하고 재해석함으로써 문제 해결의 지혜와 해답을 찾으려고 노력하였다. 그러나 중국인들은 질서정연하게 배열하고 분류하는 것을 좋아하기 때문에 그들에게 있어 고전이란 말은 단순히 옛 문헌을 일반적으로 가리키는 막연한 용어가 아니라 주요한 유교적 전통과 관련된 몇몇 특정한 책들을 의미했다.[8] 따라서 오늘날 우리가 동양고전이라고 말하는 고전의 범위와는 큰 차이가 있다. 중국에서 가장 오래된 고전은 기원전 2세기에 형성된 주요 경전들을 의미한다. 5경이라고 불리는 이들 고전은 시경, 서경, 역경, 춘추, 예기를 말한다.

시경(詩經)

중국 최초의 시가집으로 공자(BC 551~479)가 편집했다고 전해진다. 그는 시경을 문학적 표현의 정형이라고 말했다. 많은 주제를 포괄하고 있음에도 불구하고 그 제재가 줄곧 "즐겁되 음탕하지 않고 슬프되 상심하지 않기(樂而不淫, 哀而不傷)" 때문이다. 주(周)나라 초기(BC 11세기)부터 춘추시대 중기(BC 6세기)까지의 시 305편을 모았다. 크게 풍(風)·아(雅)·송(頌)

---

7 존 K.페어뱅크 외 저, 김한규 외 역. 2011. 동양문화사(상). p.52
8 존 K.페어뱅크 외 저, 김한규 외 역. 2011. 동양문화사(상). p.54

으로 분류되며 모두 노래로 부를 수 있다. 풍은 민간에서 채집한 노래로 모두 160편이다. 여러 나라의 노래가 수집되어 있다고 하여 국풍(國風)이라고 부른다. 대부분이 서정시로서 남녀간의 사랑이 내용의 주류를 이룬다. 아는 소아(小雅) 74편과 대아(大雅) 31편으로 구성되며 궁중에서 쓰이던 작품이 대부분이다. 형식적, 교훈적으로 서사적인 작품들도 있다. 송은 주송(周頌) 31편, 노송(魯頌) 4편, 상송(商頌) 5편으로 구성되는데, 신과 조상에게 제사지내는 악곡을 모은 것이다. 주송은 대체로 주나라 초기, 즉 무왕(武王)·성왕(成王)·강왕(康王)·소왕(昭王) 때의 작품으로 보인다. 노송은 노나라 희공(僖公) 때의 시이다. 상송은 『시경』 중에서 가장 오래된 시로 여겨져 왔으나, 청대 위원(魏源)이 후대의 작품이라는 증거를 제시했다. 『시경』의 내용은 매우 광범위하여 통치자의 전쟁, 사냥, 귀족계층의 부패상, 백성들의 애정, 일상생활 등의 다양한 모습을 담고 있다. 형식상으로는 4언(四言)을 위주로 하며 부(賦)·비(比)·흥(興)의 표현방법을 채용하고 있다. 부는 자세한 묘사, 비는 비유, 흥은 사물을 빌려 전체 시를 이끌어내는 방법을 말한다. 이러한 수법은 후대 시인들이 계승하여 몇 천 년 동안 전통적인 예술적 기교로 자리 잡았다. 시경은 고대 그리스의 호메로스의 일리아드, 오디세이아에 비견할 수 있는 중국 최고(最古)의 시 작품집이라 할 수 있다.(위키백과)

서경(書經)

중국 유가 5경(五經) 가운데 하나로 『상서尙書』라고도 한다. 『서경』의 일부는 후대에 작성된 것으로 밝혀졌지만 그 부분을 제외한 나머지는 중국에서 가장 오래된 역사책이다.『서경』은 모두 58편으로 구성되어 있는데, 그중 33편을 '금문상서(今文尙書)'라 부르고 나머지 25편을 '고문상서(古文尙書)'라 한다. '금문상서'는 원래 29편이었지만 일부를 분할하여 편수가 늘어났다. 대부분의 학자들은 이것을 BC 4세기 이전에 작성된 진본으로 생각하고 있다. 고문상서는 원래 16편으로 이루어져 있었지만 오래전에 소실되었다. 4세기에 나타난 모작(模作)은 원본의 제목을 붙인 16편에 9편을 더하여 모두 25편으로 되어 있다. 처음의 5편은 중국의 전설적인 태평시대에 나라를 다스렸다는 요(堯) · 순(舜)의 말과 업적을 기록한 것이다. 6~9편은 하(夏 : BC 2205경~1766경)나라에 대한 기록이지만 역사적으로는 아직 명확히 밝혀지지 않고 있다. 그 다음 17편은 은(殷)나라의 건국과 몰락(BC 1122)에 대한 기록으로 은나라의 멸망 원인을 마지막 왕인 주왕(紂王)이 타락한 탓으로 돌리고 있다. 주왕은 포악하고 잔인하며 사치스럽고 음탕한 인물로 묘사되어 있다. 마지막 32편은 BC 771년까지 중국을 다스렸던 서주(西周)에 대해 기록하고 있다. (위키백과)

주역(周易)

易經이라고도 하며 음양오행에 의해 운행되는 우주와 인간의 미래를 내다보는 철학서라 할 수 있다. 경(經) · 전(傳)의 두 부분으로 구성되어 있으며 주(周)나라의 문왕이 지었다고 전해진다. 괘(卦) · 효(爻)의 2가지 부호를 중첩하여 이루어진 64괘 · 384효, 괘사(卦辭), 효사(爻辭)로 구성되어 있는데, 괘상(卦象)에 따라 길흉화복을 점쳤다. 주나라 사람이 점을 치는 책이었으므로 『주역』이라고 했다. 정이(程頤)의 주석서 『역전易傳』은 경전의 해석을 통해 철학적인 관점을 나타내고 있을 뿐만 아니라 세계관, 학설이 풍부하고 소박한 변증법을 담고 있어, 중국 철학사상 중요한 위치를 차지하고 있다. 『역전』에서는 음·양 세력의 교감작용을 철학 범주로 격상시켜 세계 만사만물(萬事萬物)을 통일된 체계로 조명했다. 이로써 진대(秦代)·한대(漢代) 이후의 사상계에 많은 영향을 끼쳤으며 서양 학자들의 관심을 끌었다. 우리 국기인 태극기는 주역의 원리를 기본으로 디자인한 것이다. (위키백과)

춘추(春秋)

공자가 쓴 중국 최초의 편년체 역사서이다. '춘추'라는 이름은 '춘하추동'을 줄인 것으로, 사건의 발생을 연대별과 계절별로 구분하던 고대의 관습에서 유래했다. 이 책은 공자가 BC 722년부터 죽기 직전인 BC 479년까지 그의 모국 노(魯)나라의 12제후가 다스렸던 시기에 일어난 주요 사건들을 기록한 것이다. 개략적이기는 하나 완전히 월별로 기록되어 있다. 공자는 타락한 제후에 대해서는 존칭을 생략하는 등 자구(字句)를 미묘하게 사용하여 각 사건에 대한 도덕적 평가를 내리고 있다. 한 대(漢代)의 유학자 동중서(董仲舒 : BC 179~104경)는 『춘추』에 담겨 있는 깊은 뜻을 찾아내고자 연구한 후대의 학자 가운데 한 사람이다. 그는 여기에 기록된 일식, 낙성(落星), 가뭄 등과 같은 자연의 이변들은 제후들이 천명을 어기면 어떤 일이 생기는가를 알려주기 위하여 쓰였다고 주장했다. 유학자들이 이 책을 비롯한 다른 유교 경전들을 공식적으로 해석하기 시작한 이래 이 책은 조정에서 유교의 이상을 강요하는 수단이 되었다.

예기(禮記)

　중국 유가 5경(五經) 중의 하나로 원문은 공자(BC 551~479)가 편찬했다고 전해진다. 공자가 직접 지은 책에는 '경(經)'자를 붙이므로, 원래 이름은 『예경』이었다. 그러나 BC 2세기경 대대(大戴 : 본명은 戴德)와 그의 사촌 소대(小戴 : 본명은 戴聖)가 원문에 손질을 가한 것이 분명하므로 '경'자가 빠지게 되었다. 『예기』에서는 그 주제인 곡례(曲禮) · 단궁(檀弓) · 왕제(王制) · 월령(月令) · 예운(禮運) · 학기(學記) · 악기(樂記) · 대학(大學) · 중용(中庸) 등을 다룸에 있어서 도덕적인 면을 매우 중요하게 보았다.

사서(四書) : 論語, 孟子, 中庸, 大學

　『논어』는 공자(孔子 : BC 551~479)의 가르침을 전하는 책이다. 인(仁), 군자(君子), 천(天) 예(禮), 정명(正名), 지(智) 등 공자의 기본 윤리와 사상을 모두 담고 있다. '정명'이란 사람이 일을 행함에 있어 그가 가진 이름의 진정한 뜻에 일치하게 해야 한다는 가르침이다. 그 예로 "결혼은 내연의 관계가 아닌, 명실상부한 정식 결혼이어야 한다."는 등이다. 공자가 예로 들어 설명한 것 중에는 효도에 대한 내용이 많다. 부모에 대해 진정으로 존경하는 마음이 없이 효도는 있을 수 없다는 것이다. 예를 들어 먹을 것을 주는 것은 짐승에게도 할 수 있으니 부모를 단지 부양만 하는 것은 개에게 음식을 주는 것과 다를 바 없다. 진정으로 부모를 보살피고자 하는 마음이 있어야만 효도라 할 수 있다는 것이다. 『논어』는 또한 그의 제자들이 기록한 공자의 일상적인 모습을 담고 있다. 반면에 전반적으로 체계적이지 못하고 같은 내용이 자주 되풀이되며, 가끔 역사적으로 정확하지 못한 부분도 있다.

논어의 한 문장(위정편)

子曰 "由, 誨女知之乎! 知之爲知之, 不知爲不知, 是知也."

공자께서 말씀하셨다. "유야! 너에게 안다는 것에 대해 알려주겠다. 아는 것을 안다고 하고, 모르는 것을 모른다고 하는 것, 이것이 곧 안다는 것이다."

『맹자(孟子)』는 정치사상을 논한 책이다. 맹자는 당시 모든 제후가 시행하는 정치를 힘에 의존하는 패도정치로 비판하면서, 통일된 천하의 왕이 되는 가장 빠른 방법으로 왕도정치를 통한 민심의 획득을 제시한다. 왕도정치란 곧 왕의 덕에 바탕을 둔 어진 정치인데, 왕도정치의 조건으로 왕의 도덕적인 마음, 민생의 보장을 통한 경제적 안정, 현명하고 능력 있는 관리의 등용, 적절한 세금 부과, 도덕적 교화 등을 제시하고 있다.

『대학(大學)』과 『중용(中庸)』은 1190년 성리학자 주희(朱熹, 주자)가 『예기』 중에서 대학, 중용 2편을 분리하여 각각 별개의 책으로 편찬하였다. 이때부터 고전은 『논어』, 『맹자』, 『중용』, 『대학』의 四書와 『시경』, 『서경』, 『역경』, 『춘추』, 『예기』의 5경, 즉 사서오경(四書五經)으로 정리되었다. 사서오경은 동양학 특히 중국 고전을 공부하려면 반드시 읽어야 할 고전으로 자리 잡았다.

12

중국의 책과 도서관
(진나라 ~ 근대 중국)

The history of book & library civilization

1. 진(秦, BC 221~BC 207)의 중국 통일

진시황(秦始皇)은 춘추전국시대의 혼란을 수습하고 BC 221년 중국을 통일하였다. 진시황은 중앙집권적인 봉건 제국을 건설하고 문물을 정비하였다. 그는 여러 모양으로 쓰이던 한자체를 소전체(小篆體)로 통일하였다. 이 소전체(小篆體)는 진시황 때 승상(丞相)이었던 이사(李斯)가 문자의 통일을 이루기 위하여 이전의 문자를 개량하여 만든 것이라고 한다. 이때에는 또 정막(程邈)이라는 사람이 한자의 字體를 실용 위주로 개량한 예서(隷書)가 출현하였다. 隷書는 秦나라 때에는 통용되지 못하다가 漢代에 와서야 정비되고 통용되었기 때문에 특히 한예(漢隷)라고 불리우게 되었다. 예서(隷書)는 동한(東漢)의 장제(章帝, 76~88 在位) 때에 이르러 王次仲이 해서(楷書)로 개량하였다고 하며, 이때부터 오늘날까지 楷書가 일반적으로 널리 쓰이게 되었다.

진시황은 이와 같은 업적에도 불구하고 그의 전제적 통치를 위하여 책을 불태우고 유학자들을 생매장하는 과오를 범하였다. 그가 BC 213년에 단행한 분서갱유(焚書坑儒)는 역사적으로 진시황이라는 이름을 폭군으로 등재되게 하였다. 그는 역사, 의약, 점술, 농사 이외의 책을 불태우고 일반인이 책을 보유하는 것 자체를 금지하여 그 이전의 고전의 전래를 막았다. 동양과 서양이 약속이나 한 듯 전제 권력은 권력 유지에 장애되는 책과 학자를 탄압하고 배척했던 것이다.

진시황(BC 259~210/209)

중국 진(秦)나라의 황제. 성은 영(嬴), 이름은 정(政). 중국을 최초로 통일했으나 통일제국 진나라는 그가 죽은 지 4년 만에 멸망했다. 자신의 업적을 알리기 위해 전설적인 지배자의 신성한 칭호를 취하여 자신을 시황제라고 선언했다. 그는 중앙집권화를 확립하기 위한 일련의 개혁을 단행하여 지방 관리에 의한 독립된 통치지역이 생기지 않도록 했다. 또한 도량형을 비롯하여 마차 바퀴의 폭과 법률·문자를 통일했다. 도로와 운하망도 건설하기 시작했으며 북방 변경에는 흉노족의 침입을 막기 위한 요새를 건설하기 시작했다. 이 요새들은 후에 만리장성으로 연결되었다.

시황제의 말년에는 측근들의 불만이 증대되고 백성들도 등을 돌렸다고 한다. 실제로 그에 대한 암살 기도가 3번이나 있었다고 한다. 거대한 황궁은 사람들의 접근이 금지되었다. 그는 반 신적(半 神的)인 존재였다고 한다. BC 210(또는 209)년 그는 순행 도중에 죽었고, 우주의 상징적인 형태를 본떠 산을 깎아 만든 거대한 능에 묻혔다. 진시황릉에서는 실물 크기의 토우

(土偶)가 6,000점 이상 발견되었다. 그는 죽음에 대비해 50㎢에 달하는 무덤 부지와 그 속에 묻을 부장품들을 마련해두었다. 그 속에 든 보물들은 시황제의 사후 약 2,100년이 지나 1974년 3월 우물을 파던 농부들이 처음으로 지하에 묻힌 방을 발견했다. 이를 병마용갱이라 부른다. 병마용갱(兵馬俑坑)은 중국 산시성 시안시 린퉁구에 있는 진시황릉에서 1km가량 떨어진 유적지로 흙을 구워 만든 많은 병사, 말 등 모형이 있는 갱도다. 고고학자들은 이곳에서 6,000구가 넘는 실물 크기의 병사와 병마 도용(陶俑)을 찾아냈다. 이들 도용은 모양이 똑같은 것이 하나도 없는 것으로 보아 실물을 모델로 했으리라고 추측되고 있다. 실제의 마차, 철제 농기구, 청동 재갈, 가죽 재갈, 비단, 아마, 옥, 뼈 등으로 만든 물건들이 출토되었다. 또 활, 화살, 창, 칼 등 무기들과 13가지 성분을 합금한 주형(鑄型)도 출토되었다. (브리태니커)

진시황과 병마용갱

분서갱유(焚書坑儒)

BC 221년 천하를 통일한 진시황은 법가(法家)인 이사(李斯)를 발탁하여, 종래의 봉건제를 폐지하고 군현제(郡縣制)를 시행하는 등 철저하게 법가사상에 기반을 둔 각종 통일정책을 시행했다. 그러나 이러한 법가 일색의 정치에 대해 유가를 비롯한 다른 학파들은 이에 반대하고 공공연하게 자기 학파의 학설을 주장했다. 이에 시황제는 이사의 진언을 받아들여 진(秦)의 기록, 박사관(博士官)의 장서, 의약, 복서(卜筮 : 길하고 흉함을 점침), 농업 서적 이외의 책은 모두 몰수하여 불태워버렸다. 또 이것을 위반하는 자, 유교 경전을 읽고 의논하는 자, 정치를 비난하는 자 등은 모두 극형에 처했다. '갱유'란 방사(方士 : 신선의 술법을 닦는 사람)들의 신선 사상에 열중한 채 모든 수단을 동원하여 불로불사(不老不死)의 영약을 구하던 시황제가 그들에게 속은 것을 알고, 분서를 시행한 다음 해에 방사뿐만 아니라 다른 학자들도 잡아들여, 금령(禁令)을 범하고 요언(妖言)을 퍼뜨렸다는 이유로 웅덩이를 파고 460여 명을 생매장한 사건이다. 분서가 철저하게 법가에 근거하여 학문의 자유를 탄압한 것과는 달리, 갱유는 방사들의 터무니없는 언동에 대한 시황제의 분노가 직접적인 동기였다고 한다. 그러나 이로 인해 유가를 비롯한 많은 학자가 살해되어 결과적으로 분서와 유사한 학문, 사상의 억압 효과를 가져왔다. 이 분서갱유에 의해 많은 학자와 고서가 사라져 춘추전국시대 이래 제자백가(諸子百家)의 학문은 별로 발전하지 못했다. (브리태니커)

2. 한(漢, BC 202~AD 220)

한 왕조는 고조 유방(劉邦)이 건국하였다. 한나라는 전한(서한, 기원전 202년~8년)과 후한(동한, 25년~220년)으로 나뉜다. 약 400년간 지속하였으며, 중국의 역사상 가장 강대했던 시기 중의 하나로 오늘날 중국의 약 92%를 차지하는 민족인 한족 역시 이 왕조의 이름에서 유래됐다.

은(殷)나라에서 시작된 漢字는 원래 문자의 이름이 없었던 것 같다. 그래서 후일 사람들은 오래된 문자라는 의미에서 古文이라고 불렀다. 漢字(한자)는 한나라에 와서 붙여진 이름일 것으로 추정된다. '漢의 문자'라는 뜻이기 때문이다. 어쨌든 한나라에 이르러 개량된 해서체가 오늘날까지 이어지고 있다.

진시황의 협서(挾書) 정책에도 불구하고 고대의 책이 완전히 사라진 것은 아니었다. 한나라 혜제(惠帝)는 기원전 191년 협서율(挾書律 : 고대 중국에서 서적을 사적으로 소유하는 것을 금지한 형법)을 철폐하였다. 또 그 뒤 성제(成帝)는 더 적극적인 서적 수집정책을 폈다. 성제는 대 유학자 유향(劉向)에게 훼손된 서적들을 바로잡아 정리하도록 했다. 유향은 이 일에 전념했으나 결국 완성하지 못하고 죽자 그의 아들 유흠(劉歆)이 계승하여 '칠략(七略)'이라는 최초의 종합 도서 목록을 완성하였다. 이는 중국의 책과 도서관의 역사에 획기적인 것으로 후대 중국의 서적 분류와 정리의 모델이 되었다. 한대(漢代)에 도서관 역할을 담당했던 기관으로는 석거각(石渠閣), 천록각(天祿閣), 난치각(蘭治閣), 기린각(麒麟閣), 비부(秘府) 등의 명칭이 전해지고 있다.

칠략(七略, Compendium of Books in Seven Categories)

중국 최초의 종합적인 도서 분류목록으로 전한 시대 유흠(劉歆 : ?~23)이 완성했다. 유흠은 아버지 유향(劉向)과 함께 궁정의 장서를 비교 검열했고, 후에는 유향의 『별록別錄』을 기초로 하여 『칠략』을 지었다. 이 책의 구성은 ① 집략(輯略) : 여러 책에 대한 총론과 각론, ② 육예략(六藝略) : 유교 경전에 소학(小學 : 文字學) 9종을 추가함, ③ 제자략(諸子略) : 유가(儒家), 도가(道家), 음양가(陰陽家), 법가(法家), 명가(名家), 묵가(墨家), 종횡가(縱橫家), 잡가(雜家), 농가(農家), 소설가(小說家)의 10가, ④ 시부략(詩賦略) : 부 4종, ⑤ 병서략(兵書略) : 권모, 형세, 음양(천체현상·기후·미신), 기교의 4가지, ⑥ 술수략(術數略) : 천문, 역보(曆譜), 5행, 시귀(蓍龜), 잡점(雜占), 형법(刑法 : 興地 形勢)의 6가지, ⑦ 방기략(方技略) : 의경(醫經), 경방(經方), 방중(房中), 신선(神仙)의 4가지이다. 원서는 유실되어 전하지 않으며, 청나라 홍이훤(洪頤煊) 등의 집본(輯本)이 남아 있다. 반고(班固)의 『한서漢書』예문지(藝文志)도 유흠의 『칠략』을 모범으로 삼았다. 『칠략』에 수록된 모든 책은 교감(校勘 : 대조 검열), 분류, 목록편찬 등의 순서를 거쳤다. 이 책은 중국 목록학과 교감학(校勘學)의 시발점이 되었다. (브리태니커)

『교감학개론』(예기심 저, 신승운 역. 한국고전번역원. 2013)

이 책은 북경대학출판사에서 출판한 『교감학대강(校勘學大綱)』을 번역한 책이다. 교감학이란 여러 판본의 책이 한 가지 내용을 담고 있을 때 이 책들을 비교·대조하여 자구(字句)의 같고 다름을 살펴 원문을 정확하게 바로잡는 작업을 하는 학문이다. 한문 고적에서 정확한 번역과 연구를 하기 위해서 가장 먼저 요구되는 것이 텍스트를 확정하는 문제이다. 텍스트에 오류가 있는 경우 교감을 거쳐 바로잡지 않고 행해진 연구나 번역, 색인 등의 학술적 작업은 그대로 잘못된 결과로 나타나게 된다는 점에서 가장 먼저 거쳐야 할 과정이 교감이다.

이 책은 한문 고적 교감의 시대별 발전 과정, 교감의 근본 원칙과 방법을 담고 있다. 특히 이 책의 특징은 다양한 실례와 교감의 일반적 규칙을 정립했다는 점이다. 광범위하게 각종 고적의 실증 사례들을 선택해서 이론적인 논술과 논증을 밝혀 교감의 기본 지식과 기능을 소개하였고, 이를 바탕으로 풍부한 실례 중에서 개인의 의견이 아닌 역대 학자들이 고적을 교감한 경험을 모으고 교감 과정에서 발생할 수 있는 오류 원인을 분석하여 교감 원칙과 규칙을 제시하였다. (교보문고)

3. 수(隨, 581~618)

수나라는 고구려의 을지문덕 장군이 수나라 양제의 100만 대군을 물리친 사건(살수대첩)으로 우리의 귀에 익다. 수나라의 문제는 중국을 평정한 후 과거제도를 통하여 관리를 선발하였다. 이에 따라 교육이 융성하고 교육에 필요한 서적이 보급되었다. 교육 및 도서관 기능을 했던 곳으로는 수문전(修文殿), 관문전(觀文殿) 등이 있었고 이곳에 서적을 필사하여 보존하도록 하였다. 수나라가 진(晉)나라를 평정한 후에는 많은 책을 획득하였으며 이를 정리하여 사부목록(四部目錄)이라는 도서 목록을 만들었는데, 도서는 3만 권에 이르렀다 한다. 양제(煬帝) 때에는 문화가 더욱 번창하였다. 이 시기에 가칙전(嘉則殿)이라는 왕실도서관이 있었으며, 비서감 유전언(柳殿言)에게 명하여 장서를 해제하게 한 것으로 전해지고 있다.[1]

과거제도의 시작

수 문제는 한나라 멸망 이후 400여 년간 계속되었던 남북조 시대의 분립을 무력으로 제압하여 중국을 재통일하였고, 새로운 관리를 선발하기 위해 과거를 시행하였다. 과거제도는 지역별로 할거하던 귀족 세력에 대한 견제를 위한 것이었다. 이후 당나라에서도 정기적인 과거가 시행되었고, 송나라에 이르러 과거에 의해 관리를 선발하는 것이 보편화되었다. 신라의 최치원이 당나라의 과거에 응시하여 합격하였던 것에서 보이듯 당나라는 외교관계 개선의 목적으로 주변 국가의 인재들에게 과거 시험의 응시 자격을 주기도 하였다. 원나라 시대에 과거제도가 폐지되었지만, 명나라에서 부활하여 청나라에 이르기까지 지속되었다. 과거제도는 중국과 동아시아 유교 문화권의 교육제도에 큰 영향을 미쳤다.

---

1 정필모, 오동근. 1991. 『도서관문화사』. 서울 : 구미무역(주). pp.214~216.

4. 당(唐, 618~907).

당(唐)나라 때에는 중국의 문물이 더욱 정비되어 이웃 나라 제도의 모델이 되었다. 도서관도 곳곳에 설치되었다. 당나라 초기에는 국가도서관으로 굉문관(宏文館)을 두었는데 그 이름만으로도 굉장(宏壯)한 느낌을 준다. 그 뒤에도 집현서원(集賢書院)을 두었고 후일 집현원(集賢院)으로 개칭되었으며, 이곳에서 책을 필사, 분류, 정리, 열람하는 도서관 업무가 이루어졌다. 분류는 진(晉)나라의 목록 '중경신부(中經新簿)'에서 사용된 경사자집(經史子集 : 經書, 歷史書, 諸子百家의 書, 文集類)의 四部分類였으며 이 분류에 따라 사고(四庫)에 나누어 보존하였다. 사부 분류는 지금도 동양 고서정리의 기준이 되고 있다.

경사자집(經史子集)

동양 도서분류법의 하나로 경부(經部)·사부(史部)·자부(子部)·집부(集部)의 준말이며 동양의 전통적인 사부분류법(四部分類法)을 뜻한다. 사부분류법은 3세기에 위(魏)나라의 정묵(鄭默)이 엮은 『중경부(中經簿)』와 진(晉)나라의 순욱(荀勗)이 엮은 『신부(新簿)』에서 채택한 '갑(甲)·을(乙)·병(丙)·정(丁)'이 효시인데, 이 갑을병정 사분법의 주제순서는 경·자·사·집이었다. 이 갑을병정 사분법이 4세기 초인 동진(東晉)의 원제(元帝) 때 이충(李充)이 엮은 장서 목록에서 비로소 경·사·자·집으로 명명되었다. 그 뒤 『수서경적지(隋書經籍志)』에서 갑·을·병·정의 순차기호 대신 바로 주제 표시어인 경·사·자·집의 명칭이 사용되었으며 오늘날과 같은 사부분류법의 틀이 확정되었다. 이 사부분류법은 중국의 정사(正史), 예문지, 경적지를 비롯한 사지보찬(史志補撰)·관장목록(官藏目錄)·사장목록(私藏目錄) 등에 주로 채택되면서 21세기에 이르기까지 유지되고 있다.

우리나라에서는 언제 이 사부분류법이 고서 정리에 적용되었는지 자세히 알 수 없다. 서긍(徐兢)의 『고려도경』에는 12세기 초기에 설치된 청연각(淸讌閣)에 경사자집의 사부 책이 가득 차 있었다는 기록이 있다. 이것이 경사자집의 주제영역에 걸친 많은 장서를 뜻하는 것인지, 혹은 경사자집의 사부분류법으로 정리한 장서를 뜻하는 것인지는 자세하지 않다.

15세기 초기에 집현전의 장서각 5영(楹)에는 벽에 서가를 만들어 책을 꽂았는데, 부문별로 분류하고 아첨(牙籤 : 상아(象牙)로 만든 작은 표, 책 이름을 기록하고, 책 표지의 바깥으로 늘어뜨려 표시하는 쪽지, 오늘날의 bookmark)에 표시하여 열람을 편리하게 하였다는 기록이 있다. 이 기록이 사부분류법으로 책을 분류하여 서가에 배열해 놓은 것으로 여겨진다. 사부분류법으로 정리한 현존의 목록 중 앞선 것은 1781년(정조 5)에 엮은 『규장총목(奎章總目)』이며, 그 뒤 오늘에 이르기까지 고전자료의 정리에는 대부분 이 사부분류법이 채택되어왔다.

경부에는 사서오경인 유교 경전의 원문을 비롯하여 주석서와 연구서가 분류된다. 『효경』과 소학류(小學類)의 책도 포함된다.

사부에는 일반사서(一般史書)를 비롯한 고실(故實)·전기·금석·지지·조령(詔令)·주의(奏議)·육직(六職)의 직관과 정서류(政書類)들이 모두 속한다. 일반사서는 정사·편년사·기사 본말사·별사류가 해당하고, 고실류는 위의 네 항에 분류되지 않는 정사와 군국에 관한 잡사류가 분류된다. 전기는 별전과 총전이고, 금석은 각종의 비문·명문 등이다. 조령·주의류는 천자나 임금이 내린 칙명 또는 교서, 신하가 천자 또는 임금에게 올린 국정 문제에 관한 글로, 모두 국정의 추기(追記)가 되기 때문에 정사의 자료 중 기(紀)와 전(傳)에 밀접한 관련이 있다. 직관류에는 역대 육직의 관례를 비롯한 일조일사(一曹一司)의 고사(故事)와 관잠(官箴)이 해당되며, 정서류에는 육직을 중심으로 한 여러 정서(政書)와 조장(朝章) 관계자료, 즉 문물제도 일반과 통제(通制)를 비롯한 전례·외교·통상·교통·통신·과거·교육·공영 및 관서의 각종 문서 등이 분류된다.

자부에는 제자백가서(諸子百家書)를 비롯하여 경사집부(經史集部)에 해당하지 않는 주제들이 모두 분류된다. 이러한 점에서 자부는 사부(四部)의 총류라고도 말할 수 있다. 그 자부 내용을 세분하여 보면 유가·도가·불가·병가·농가·술수·보록(譜錄)·정음(正音)·역학(譯學)·잡가(雜家)·유서(類書)·서학(西學) 등이 된다.

집부에는 한시문(漢詩文)의 총집과 별집류를 비롯하여 시문을 특정 형식별로 모은 것들이 모두 분류된다. 그 중 총집은 2인 이상의 시문합집이고, 별집류는 개인 문집이다. 시문의 특정 형식별 분류란 시문평(詩文評)·척독(尺牘)·사곡(詞曲)·소설 등이다. (천혜봉, 민족문화대백과사전)

돈황석굴과 불교문화

둔황의 불교와 석굴도서관

중국 공무원들의 출근시간에 맞추어 둔황석굴로 향했다. 둔황석굴은 통상 '막고굴'이라 부르고 있었다. 안내원은 '막고'라는 명칭은 이곳에 수도하던 고승의 별명이라고 했다. 그 스님의 수행이 매우 높아 莫高 스님이라고 불렀다는 것이다. 그러나 그 막고스님이 어떤 분이었는지는 확인하지 못하였다. 사실 막고굴은 우리 여행단이 방문을 예정한 최고 목표점이다. 그만큼 세계적으로 널리 알려져 있는 곳이기도 하다. 영국과 독일, 프랑스, 일본 등 각국의 역사학자들이 둔황 막고굴을 답사하고 연구함에 따라 이제는 '둔황학'이 성립되었다. 인터넷에 들어가 보면 영국 학자들이 운영하는 '둔황프로젝트'가 있다. 둔황에 가지 않아도 둔황의 많은 부분을 자세히 알 수 있는 학술사이트다. 둔황에 가보았자 정보는 이 사이트보다 더 빈약할 수 있다. 다만 현지의 땅을 밟아본다는 의미가 좀 있을 뿐이다.

오전 9시경, 막고굴 앞에 도착했다. 세계문화유산에 등재된 유적지답게 입구에서부터 치장이 범상치 않다. 흙으로 쌓은 왕원록(장경동 문서를 발견한 인물)의 기념탑을 비롯하여 석굴 입구에 이르기까지 안내표지와 설명게시판, 그리고 전시관과 둔황연구원의 '접대부' 사무실, 기념품 판매장, 정문격인 건축물 등이 여유롭게 띄엄띄엄 늘어서 있다. 인터넷에 들어가면 사진을 매우 흔하게 볼 수 있는 막고굴의 중심굴 모습이 눈에 들어왔다. 정말 사진 그대로였다. 따라서 별로 신기한 느낌은 들지 않았다. 차이라면 '사진과 실물의 차이'일 뿐이다. 그러나 석굴에 대한 나의 오해 하나가 풀렸다. 그것은 우리나라에서는 석굴이라 하면 고수동굴이나 성류굴 같이 천연동굴을 연상하게 되어 굴 입구에서부터 전등을 들고 몇 백 미터 안쪽으로 몸을 숙이고 기어 들어갔다 나오는 것인데, 이곳 석굴은 그렇지 않다는 것이다. 인터넷에서 막고굴의 사진을 처음 보았을 때 나의 연상은 저 주출입구를 통하여 캄캄한 굴속을 과연 몇 백 미터나 들어갈까 하고 의아해 했었는데, 실제로 와보니 그러한 오해가 풀리면서 다소 허탈감이 왔다. 모든 석굴이 깊지 않고, 한 개 한 개 굴이 다 얕아서 굴 밖에서 시야를 180도 넓혀 보면 마치 벌집모양을 하고 있다는 것이다. 그런데 선행 여행자들은 어느 누구도 이러한 사실을 설명하지 않았으니 나 같은 촌놈은 오해하기 '딱'이었던 것이다.

카메라를 관리소에 맡기고 안내원의 감시 겸 안내를 받으며 석굴 입구에 들어섰다. 높이 35m 거대한 미륵불상이 인자한 모습으로 넌지시 우리를 굽어보고 있다. 나는 일행의 눈치를 볼 것도 없이 바로 두 손을 합장하고 예배를 했다. 다른 종교인들은 '우상숭배'라고 할지 모르나 나는 우상숭배건 뭐건 부처님의 인자하고 자비로운 모습을 뵈면 언제나 저절로 합장이 된다. 물론 물리적으로는 저 불상은 하나의 흙이나 돌에 불과하다. 그러나 물질은 정신을 담는 그릇일 수 있다. 우리 인간도 물질인데 다 정신을 담고 있지 않은가. 저렇게 웅장한 부처님의 상을 모셔놓은 것은 부처님의 정신을 생각하라는 뜻이다. 저 물질에 생명이 있건 없건, 정신이 있건 없건, 부처님의 상을 통해서 '너희들'의 정신을 부처님의 정신으로 합치시켜 보라는 것이다. 그리고 부처님의 가르침을 깨달아 중생을 팔정도의 바른 길로 인도하고, 세계평화를 달성하라는 웅대한 불교의 정신이 담겨 있는 것이다. 우상 운운하는 것은 한낱 소인배들의 평가에 불과할 뿐이다.

여러 석굴을 둘러보았다. 학자들을 따라 한 굴, 한 굴, 굴마다 비슷하지만 조금씩 다른 특징들이 보이는 것 같았다. 그런데 지금까지 석굴을 많이 보아 온 탓인지 내 눈에는 그 굴이 그 굴 같아서 굴 자체만으로는, 그리고 벽화 자체만으로는 별 흥미를 느낄 수 없었다. 불교미술이나 불교사에 문외한이라 그럴 것이다. 나의 관심은 벽화보다는 이곳에서 발견된 둔황문서에 관한 것이다. 이곳에 문서가 발견된 장경동(요즘 개그 잘하는 목사님 이름과 한글로는 동명)이 있다는 정보를 알고 왔기에 장경동(藏經洞)이 나타나기를 기다렸다. 그런데 중국 돈황연구원 '접대부(接待部)' 소속의 여성 안내원은 장경동으로 가기 전에 우리를 다른 곳으로 데리고 갔다. 장경동에 관한 별도의 전시관이었다. 그곳에는 장경동의 발굴 내력과 문서 유출 경위, 현재 문서의 소장 기관들이 소개되어 있었다. 안내원은 한국의 국립중앙도서관에도 일본인을 통해 흘러 들어간 둔황문서가 있다고 했다(국내에서는 국립중앙박물관에 있는 것으로 알려져 있음). 그러나 역시 '빨리빨리 주마간산', 전시물들을 읽어볼 시간 여유를 주지 않았다.

장경동이 우리에게 역사적으로 중요한 의미를 갖는 것은 신라의 고승 혜초스님의 인도 여행기 '왕오천축국전'이 여기서 발견되었다는 점이다. 프랑스 사람 펠리오가 왕원록 도사에게 약간의 돈을 주고 가져간 둔황의 문서 속에 왕오천축국전이 포함되어 이 책은 현재 프랑스에 있다고 한다. 프랑스, 그들은 우리 문화재를 다량으로 가지고 있다. 세계 최초의 금속활자본인 직지심체요절을 비롯하여 병인양요 때 약탈해 간 강화의 외규장각문서들을 억류하고 있고(2011년 5월 임대 형식으로 반환), 둔황에 있던 혜초의 왕오천축국전까지 가져갔으니 그들은 마치 파리처럼 세계를 날아다니며 문화재들을 약탈 내지 수집해 간 것이다. 이래저래 파리가 밉다. 날아다니는 파리도 밉고 프랑스의 파리도 밉다. 파리채로 그냥 확!

　　바로 제17굴 장경동으로 우리를 데리고 갔다. 장경동은 공허했다. 발견된 자료들이 다 흩어져버렸기에 역시 껍질만 남은 것이다. 허무한 감정으로 안내원의 설명을 들으며 고개만 끄덕였다. 안내원은 왕원록 도사는 장경동 문서를 발견했지만 문서를 보존하지 않고 외국으로 헐값에 넘겼기에 공적이 없다는 점을 강조했다. 내가 보기에도 그런 것 같았다. 문화재를 발견했으면 정부에 알려 잘 보존하면서 연구에 힘쓸 일이지 다른 나라 사람들에게 팔아넘기다니 그는 도사가 아니라 무식한 졸부에 불과하다고 아니할 수 없다(다른 자료에 보니 왕도사는 장경동을 발견하고 당국에 보고하였으나 당시 중국 정부에서 아무런 조처를 하지 않았다고 한다). 그의 기념탑이 있지만 아무도 경배하지 않는 데는 다 이유가 있다. 다른 굴들을 좀 더 보다가 점심을 해결하러 막고굴을 나왔다.

　　식사 후에는 둔황박물관을 관람했다. 별로 특별한 것은 보이지 않았다. 죽간 몇 개가 눈에 띄어 사진을 찍었다. 오후에는 다시 석굴로 들어가자는 최교수님의 제의가 일행을 압도했다. 원래는 '명사산'이라는 관광지를 갈 예정이었으나 기왕 이곳에 왔으니 놀러 가는 것보다는 둔황석굴을 좀 더 보고 가자는 학자다운 말씀이었다. 그래서 일행 중 일부만 명사산에 모래 썰매를 타러 가고, 대다수는 입장료를 또 내야하는 막고굴로 들어가기로 했다. 나는 처음에는 명사산으로 가서 관광을 해야겠다고 생각했으나 장경동 전시관을 보고부터 마음이 바뀌었다. 뜨거운 모래사막에 가서 노느니 전시관을 한 번 더 보고 싶어졌다. 둔황문서의 실물은 별로 없지만, 문서의 내력에 대한 것을 좀 천천히 관람하기 위해서였다. 그래서 최교수님의 뒤를

따라 막고굴로 갔다. 다른 학자들이 특굴 관람료를 내고 석굴 벽화
를 보는 동안 나는 장경동 전시관에 들어가서 여유로운 시간을 보냈
다. 처음부터 끝까지 하나하나 전시 설명을 읽어보며 눈도장을 찍었
다. 사진 촬영을 좀 허락하면 좋으련만 사진을 찍지 못해 매우 아쉽
다. 노트에 적어가며 두 시간에 걸쳐 전시관을 한 바퀴 돌아 나왔
다. 그래도 석굴 벽화를 감상하는 학자들이 나올 때까지는 약 한 시
간이 남았다. 나는 관리소로 나와 중국어로 된 막고굴에 관한 단행
본을 샀다. 둔황연구원에서 나온 책이라 막고굴 하나하나에 대한 전
반적인 설명들이 빼곡히 인쇄되어 있다. 책값은 비쌌지만 중국어도
좀 익힐 겸 둔황도 좀 알 겸 좋은 자료라고 생각되었다. 또 기념품
상점에 나가 다른 책을 샀다. 신강 지역과 실크로드에 관한 책들이
다. 주차장 앞 계단에 걸터앉아 이 책 저 책 책장을 넘기고 있는데
기다리던 일행이 하나둘 모습을 드러냈다.
(이종권. 실크로드 여행일기. 2008년 7월 13일).

5. 송(宋, 960~1277)

송은 오대(五代)의 혼란기를 거쳐 당나라에 이어 중국의 중세를 안정되
게 이끈 국가였다. 송나라에서도 태조(太祖) 때부터 도서관을 세우고 역대
의 전적(典籍)을 수집하였다. 가장 대표적인 도서관은 숭문원(崇文院)이었
다. 여기에서는 『숭문총목(崇文總目)』이라는 장서 목록을 편찬하고 체계적
으로 서적을 관리하였다. 숭문원은 국가의 역사자료 보존소 역할을 하였던
것으로 보인다. 자료는 경사자집(經史子集)으로 분류하여 6개의 건물에 분
리 보존하였으며 총 8만여 권의 책을 소장하였다고 한다. 이 밖에도 비서
성(秘書省), 어사대(御史臺), 태청루(太淸樓) 등 궁내에서 왕의 도서와 문집을
보존 활용했던 도서관들이 있었던 것으로 전해지고 있다. 또 국립대학인

국자감(國子監)에 소속된 대학도서관이 있었으며, 지방 교육기관인 서원(書院)에서도 교육과 연구를 위한 자료가 수집 보존되어 학교도서관의 역할을 한 것으로 보인다.

자치통감강목(資治通鑑綱目)

송대(宋代)의 역사책(史書), 『통감강목』이라고도 한다. 사마광(司馬光)의 『자치통감』을 토대로 그 이전의 기사(記事)를 보충해서 중요한 사항을 강(綱)으로 삼고 부수적인 세부 항목을 목(目)으로 삼아 만든 편년체 역사책이다. 남송 시대 주희(朱熹)의 저서라고 전해지나 그는 대체적인 범례를 밝혔을 뿐, 문인(門人) 조사연(趙師淵) 등이 유언을 받들어 59권으로 지었다고 한다. 『춘추(春秋)』의 대의명분을 사실(史實)에 의해 드러내려고 했기 때문에 강 부분은 『춘추』의 경(經)에 해당하며, 기술의 체례(體例)는 매우 엄밀하다. 또한 왕조의 정통성을 중시해서 삼국(三國)의 촉(蜀)·동진(東晉) 등 그때까지 정통성이 인정되지 않았던 여러 왕조를 정통왕조로 인정했다. 이는 북방을 여진족(女眞族)에게 점령당한 남송 한족(漢族)의 저항정신을 반영한 것으로 주자학(朱子學)의 확립과 함께 후세의 정론(定論)이 되었다. 이 책은 유교 도덕의 표준을 실증하는 주자학파의 기본적인 교과서로서 중국은 물론 동아시아의 유교문화권에 영향을 주었다. (브리태니커)

6. 원(元, 1271~1368)

원은 1206년 몽골족 징기즈칸이 세운 몽골제국으로 출발하였다. 징기즈칸은 남방으로 세력을 확대하여 갔다. 그의 손자 쿠빌라이칸(원세조)은 1271년에 중국의 정통왕조임을 내세우기 위하여 국호를 대원(大元)이라고 정하고 세력을 더욱 확대하였다. 쿠빌라이칸은 마침내 동아시아와 중앙아시아 전체를 지배하는 대제국을 건설하였다. 이는 마치 마케도니아의 왕 알렉산드로스와 그 후계자들의 세계정복에 견줄만하다. 그러나 원제국은 문화적으로는 헬레니즘 문화에 비견되는 세계적인 문화를 형성하지는 못하였다.

원나라는 문헌을 별로 남기지 못하였으며, 따라서 정복하는 지역에도 자기들의 문화를 전파하지 못하였다. 도서관으로는 전성기인 쿠빌라이 때 비서감(秘書監)을 두고 전적(典籍)을 수집하고 이의 보존과 이용을 관장하도록 하였다.[2]

7. 명(明, 1368~1644)

명은 1368년 주원장이 몽골족 원나라를 퇴치하고 중국에 세운 한족 국

---

2 秘書監은 그 문자적 의미도 특이한데 비밀리에 책을 수집 보존 감독하는 관청으로 풀이된다. 이렇게 보면 오늘날에도 비서(秘書)는 상급자의 측근에서 비밀 서류들을 관리하는 직책이다.

가였다. 명나라에 와서 도서관 문화는 다시 활력을 찾았다. 성조는 문연각(文淵閣)이라는 도서관을 설치하고 원대(元代) 비서감의 도서를 비롯하여 천지 사방으로부터 도서를 수집하였다. 문연각의 소장 목록은 양사기(楊士奇) 등이 편찬한 '문연각 서목'을 통해서 알려지게 되었다. 그 뒤 문연각에 화재가 발생하여 서고를 임금의 실록 등 기록을 보존하는 황사찬(皇史宬 : 황제의 역사를 숨겨 놓는 곳)으로 옮겨 철저하게 관리하였다고 한다.

동서양 학문의 교류

16세기와 17세기에는 동서양의 학문 교류가 진행되었다. 특히 문헌을 중심으로 하는 동서 교류는 17세기에 매우 활발하게 이루어졌다. 이미 16세기 말부터 중국에서는 동양고전과 서양고전의 번역이 매우 체계적이고 심도 있게 이루어졌다. 동서양 학자들은 토론과 논의를 통해서 고전을 번역하였다고 한다. 하나는 서양 고전의 한문 번역, 또 다른 하나는 동양고전의 라틴어 번역이었다. 서양 고전이 한문으로 번역된 것은 아리스토텔레스의 『범주론』, 유클리드의 『기하학』, 키케로의 『우정론』 등이다. 동양고전이 라틴어로 번역된 사례는 사서삼경 중 『대학』, 『중용』, 『논어』 등이다. 명나라의 이지조(李志操), 서광계(徐光啓)와 같은 학자들은 동양고전의 라틴어 번역에 도움을 주었다.

번역작업의 중심에는 예수회 선교사들이 있었다. 이탈리아 출신의 예수회 선교사 마테오리치는 명나라에 와서 유럽의 과학을 전했다. 그는 서양 지리학을 중국에 알린 세계 지도 『곤여만국전도』, 『유클리드기하학』을 중국어로 번역한 『기하학 원본』, 가톨릭 교리를 동양 사상과 비교해 설명한

『천주실의』등을 저술했다. 동양고전들은 서양이 동양에 끼친 영향 못지 않게 서양의 학문에 영향을 미쳤다.

마테오리치(Matteo Ricci, 1552~1610)

한자 이름은 이마두(利瑪竇). 1571년에 예수회에 들어가 해외 선교의 뜻을 세웠고, 10여 년 뒤인 1582년 마카오에 도착하여 중국어를 익힌 후, 중국에서 선교 활동을 시작하였다. 먼저 중국 광둥성에서 그 지방을 다스리는 지배자의 허락을 받아 선교를 시작하고, 1601년 북경으로 가서 명나라 황제에게 자명종(탁상시계)과 대서양금(피아노의 전신), 자신이 저술한 '만국도지(萬國圖志)' 등을 선물하였으며, 그 덕분에 북경에서 자리를 잡고 활발한 선교 활동을 할 수 있었다. 그는 중국에 오기 전 로마 대학에서 천문학과 천문 기구 제작법, 지리학과 지도학, 수학 등을 공부했다. 그는 종교 교리보다 과학적 지식을 포교의 수단으로 삼았다. 명나라에 살면서 중국 방식을 존중하고 혼천의, 지구의, 망원경 등 서양의 발명품들을 소개함으로써 중국인들의 마음을 사로잡았다. 그는 서양의 과학 지식을 한문으로 번역하여 소개하였는데, 그 가운데서 가장 대표적인 번역서가 유클리드의 『기하학 원론』과 세계 지도에 지리학, 천문학적 설명을 덧붙여 놓은 『곤여만국전도(坤輿萬國全圖)』이다. 또 천주교 교리를 중국어로 번역한 『천주실의』를 저술했다. 이렇게 동양에 처음 서양 문물을 소개하면서 천주교를 전파하고, 공자와 유가 사상을 서양에 최초로 소개한 인물이다. 그가 도입한 서양학으로 인해 서광계(徐光啓, 1562~1633), 이지조(李之藻, 1571~1630) 같은 관료는 서양의 과학 지식을 배우는 운동을 전개하였으며 그의 선교 활동을 도왔다.

곤여만국전도(坤輿萬國全圖)

1602년에 예수회 이탈리아인 신부 마테오리치와 명나라 학자 이지조(李
之澡)가 함께 만들어 목판으로 찍어 펴낸 지도(가로 533cm, 세로 170cm). 이
지도는 아시아, 유럽, 아프리카, 남북아메리카, 오세아니아, 남극을 나타내
고 있고, 각지의 민족과 산물에 대해 지리지의 방식으로 서술하였다. 중국
에서 만들어진 이 지도는 조선에 전해져 목판으로 인쇄되었다. (서울대학교
규장각 소장)

마테오리치

마테오리치(1552~1610) 이후 선교 : 루이 14세의 후원

루이 14세(재위 1643~1715)는 1685년 청나라에 예수회 선교사 부베 (Joachim Bouvet 1656~1730)를 비롯한 6명의 신부를 파견했다. 이들 일행이 1685년 파리를 떠나 35개월만인 1688년 2월 베이징에 도착했다. 이들은 자금성에서 청의 강희제(康熙帝, 재위 1654~1722)를 알현하고 포교를 허락받 았다. 강희제는 다양한 과학지식을 습득하고 있던 이들에게 호의를 보이며 유럽의 수학, 기하학과 같은 학문을 직접 배웠다. 부베가 1693년 파리 예 수회에 선교 활동을 보고하러 귀국할 때 강희제는 루이 14세에게 선물을 보냈다. 강희제가 보낸 선물은 중국에 관한 한적(漢籍) 49권이었다. 이 책 을 받은 루이 14세는 이를 왕립도서관에 보내 보관하게 했다. 이 책은 현 재도 프랑스국립도서관에 소장돼있는 것으로 알려졌다.

부베는 1699년 다시 베이징에 돌아왔는데 이때 루이 14세는 강희제에게 프랑스 판화를 답례품으로 보냈다고 한다. 부베는 루이 14세와 강희제 사 이에 사절 역할을 하며 유럽의 수학 발전에도 공헌하였다. 그가 프랑스에 가져온 육십사괘(일명 선천도(先天圖) : 북송 유학자 소옹(邵雍, 1011~1077) 그림) 를 독일의 라이프니츠(Gottfried Wilhelm Leibniz 1646~1716)에게 보냈는데 이것이 라이프니츠의 이진법 관련 논문에 큰 도움이 되었다고 한다.

부베는 유럽 최초로 청나라 황제에 대한 직접적인 정보를 제공하였다. 그는 1697년 강희제에 관한 책『중국 황제의 역사적 초상(Portrait historique de l'empereur de la Chine)』을 출판했다. 부베는 강희제를 현명하고, 이성적 이며, 학구적인 지도자로 기술했다.

(출처 http://www.koreanart21.com/column/japanMuseum/view?id=7370)

8. 청(淸, 1636~1912)

청나라는 만주족의 누르하치가 세운 국가이다. 만주족은 여진족으로도 알려진 민족으로 조선 초 김종서의 여진 정벌 등 우리의 역사와도 관련이 깊다. 중국의 역사는 북방의 몽골족, 만주족과 남방의 한족 간 세력다툼의 역사라고도 할 수 있다. 명이 청에게 망한 것은 정권을 다시 북방 민족에게 내어 준 것이다. 청나라는 민심 수습과 국가의 정통성 유지를 위하여 주자학을 숭상하였다. 그 결과 고전에 대한 실증적 비판적 학문인 고증학이 발전하였다. 학자로서는 대진(戴震, 1724~1777), 단옥재(段玉裁, 1735~1815), 전대흔(錢大昕, 1728~1804) 등의 인재가 배출되었으며, 『사고전서(四庫全書)』, 『고금도서집성(古今圖書集成)』 등 학문 연구를 위한 안내 서적의 편찬이 이루어졌다. 또한 실천적 학문 노선이 주류를 이루면서 중국의 근대사상으로 이어졌다. 도서관의 역할을 한 곳으로는 소인전(昭仁殿), 홍덕전(弘德殿), 사고전서관(四庫全書館) 등 왕실 중심의 도서관이 있었고, 교육 기관인 서원(書院)의 교육 문고도 도서관의 역할을 담당하였다.

사고전서(四庫全書)

수(隋), 당(唐) 이래 황실의 도서관이었던 집현서원(集賢書院)에서 황실의 장서를 4부(四部) 즉 경(経), 사(史), 자(子), 집(集)으로 분류 정리하였기 때문에 사고전서라고 부른다. 사부의 책의 표지는 각각 녹색(경부), 적색(사부), 청색(자부), 회색(집부) 등의 색깔로 구분되어 있다.

건륭 38(1773)년 편수에 착수하여 건륭 47년(1782)에 완성했다. 모두

3,503종 7만 9,337권을 수록했다. 분류는 경, 사, 자, 집의 4부 44류로 나누었다. 경부는 역, 서, 시, 예, 춘추, 효경 등의 10류로 나누었고, 사부는 정사, 편년, 기사 본말 등의 15류로 나누었다. 자부는 유가, 병가, 법가 등의 14류로, 집부는 초사, 별집, 총류 등의 5류로 나누었다. 전체를 7질로 만들어서 7곳에 분산 보관했다. 책을 수집하는 데서부터 초고를 만들 때까지 16년이 걸렸고, 편수 및 기록에 참여한 문신, 학자, 기록관은 4,000여 명에 달했다고 한다. 그 가운데 문란각본은 현재 항저우 저장성 도서관에, 문연각본은 타이완에, 문소각본은 란저우 간쑤성 도서관에, 문진각본은 베이징 도서관에 보관 중이다.

고금도서집성(古今圖書集成)

18세기 청대(淸代)의 백과사전(類書)이다. 이 책은 중국 역사상 최대 규모로, 수록된 책은 10,000여 권에 달한다. 정식 명칭은 흠정고금도서집성(欽定古今図書集成)이다. 고금도서집성은 널리 예로부터 전해 내려오는 전적에서 같은 분류와 관계있는 기사를 발췌해서 모은 것이다. 이 책에는 출전이 명기되어 있어 어떤 사항에 관한 관계자료의 소재를 조사하기 편리하다. 청나라 강희 연간에 진몽뢰(陳夢雷) 등이 원본을 편찬해 강희 45년에 완성했다. 원래 명칭은 『고금도서 휘편』이며 그 당시에는 인쇄하지 않았다. 옹정제가 즉위한 뒤에 장정석 등에게 명해 재편집하게 했고, 이때 『고금도서집성』으로 이름을 바꾸었다. 옹정 3년에 편집을 완성, 다음 해에 동 활자판을 사용해 64부로 나누어 조판·인쇄했다. 총 1만 권, 5,022책, 목록 40권이며, 천문(天文)을 기록한 역상휘편(曆象彙篇), 지리·풍속의 방여휘편

(方輿彙篇), 제왕·백관의 기록인 명륜휘편(明倫彙篇), 의학·종교 등의 박물휘편(博物彙篇), 문학 등의 이학휘편(理學彙篇), 과거·음악·군사 등의 기록인 경제휘편 등의 6휘편으로 되어 있다. 휘편(彙篇)은 모음집을 의미한다. 이 책은 수집된 자료가 풍부하고 분류가 세밀하여 찾아보기에 편리하다. 현존 분류서 중에서 규모가 가장 크고 완벽한 체제를 갖추고 있다. 조선은 1777(정조 1)년 청나라에 사은사로 파견된 이은(李溵), 서호수(徐浩修) 등이 정조의 명으로 2,150냥을 주고 이 책을 1부 사 왔다. (다음 백과, 네이버 지식백과)

9. 중화민국(자유중국)(1912~)

서세동점으로 인해 근대의 동아시아는 서구제국의 지배를 받았다. 타의에 의한 서양 문물의 유입과 이의 수용과정에서 정치적 마찰과 사회적 혼란은 불가피했던 것 같다. 아시아의 여러 나라는 근대화 과정에서 거의 공통으로 서양의 식민지였거나 아니면 크고 작은 침략을 받았다. 중국도 예외는 아니었다. 중국은 외부의 세력을 수용하는 과정에서 정치 사상적인 혼란기에 빠져들었다. 손문의 개혁 사상에 기초한 자유 세력은 장개석을 중심으로 1912년에 중화민국을 건국하고 정통 중국의 계승국가임을 천명하였다. 그러나 일본의 제국주의 정책으로 청일전쟁이 일어나고 제2차 세계대전을 겪으면서 공산주의 세력이 득세하여 장개석 정부는 타이완섬으로 물러나게 되었다. 중화민국은 타이완섬에 물러나 있지만, 중국 본토 전체에 대한 관할권도 주장하고 있다. 그런 관점에서 보면 이 섬은 타이완

지역 혹은 타이완 지구가 된다. 반면에 중화인민공화국 정부 역시 타이완에 대한 관할권을 주장하고 있다. 두 정부 모두 타이완이 중국의 1개 성(省)이라는 데는 동의하고 있다. 타이완섬은 태평양의 북회귀선에 걸쳐 있다. 1949년 이래 타이베이(臺北)는 국민정부에 의해 임시수도로 지정되었다. 중화민국은 건국 연도인 1912년을 기점으로 '民國(민국)'이라는 연호를 사용하고 있다.

건국 초기에 도서관은 1913년(민국 2년) 교육부에서 도서관 규칙 10조를 제정하고 경사통속도서관(京師通俗圖書館)을 창립하였다. 교육부는 이어서 1915년(민국 4년)에 도서관 규정 11조와 일반도서관규칙 11조를 정식으로 제정 반포함으로써 각성의 도서관 설립 근거를 마련하였다. 이에 따라 도서관은 학술 중심의 교육부 도서관과 공중을 위한 일반도서관으로 구분되었다. 1927년(민국 16년)에는 대학도서관의 규칙이 공포됨으로써 최고학술기관으로서의 대학도서관이 제도화되었다. 이렇게 체계화되어가던 도서관은 청일전쟁(1938~1948)으로 인해 다시 혼란에 빠졌고, 국립도서관만이 대만으로 피난하여 현재의 대만 국립중앙도서관으로 이어지게 되었다. 그후 자유중국의 도서관은 대만에서 시립도서관, 연구소도서관, 대학도서관 등 여러 종류의 도서관이 설립되면서 근대적인 도서관의 모습을 갖추어왔다.

타이완 국립중앙도서관(臺灣國立中央圖書館)

타이완 타이베이시에 있는 중국에서 장서가 가장 많은 도서관이다. 1933년에 난징[南京]에서 개관했지만, 1937년 중일전쟁이 일어나자 도서관을 사천성(四川省) 중경(重慶)으로 옮겨야 했다. 1945년 8월에 전쟁에서 승리하자 다시 난징으로 옮겼다. 이때 도서관이 보유한 국내외 서적은 이미 100만 권에 이르렀다. 1948년 여름 서방(徐蚌) 전투에서 국민군이 패하자 진귀한 책을 분류하여 타이완으로 옮겼는데 대략 12만 권이었다. 1954년 8월 중앙도서관은 타이완에서 다시 개관했다. 1973년 7월에는 이전의 타이완 성립(省立) 타이베이 도서관을 중앙도서관 타이완 분관으로 재개관했다. 1981년『중화민국 도서관 연감』을 편찬했는데, 중국도서관 사업의 발전과 현황에 대해 상세한 내용을 담고 있다.

타이완에서 개관 이후 장서가 늘어나 곧 신관 건축계획을 세웠다. 1986년 9월 타이베이 중산남로(中山南路)에 신관이 준공되어 모든 장서를 옮겼다. 1987년 2월 장서는 84만 8,000여 권에 달했으며, 분관의 장서도 50만여 권에 이르러 모두 134만 9,000여 권에 달했다. 이 가운데 귀중본의 고서적들은 모두 14만 4,667권으로 송판(宋版), 금원본(金元本), 명간본(明刊本), 명가고본(名家稿本), 역대수초본(歷代手抄本), 명청내부여도(明淸內部與圖), 돈황사경(敦煌寫經) 등이 포함되어 있다.

10. 중화인민공화국(1949~   )

1949년 중국의 거대 본토는 사회주의의 지배하에 들어갔다. 소련의 마르크스 레닌의 공산주의 사상을 들여온 모택동(마오쩌둥)은 중국 사회에 새로운 정치를 실험하면서 소련의 '철의장막'에 비교되는 '죽의 장막'을 치고 자유 진영과 대립하였다. 그들은 선인들의 전통적인 유교 사상을 버리고 문화혁명이라는 이름으로 공산주의 혁명을 전개하였다.

도서관도 이러한 시대적 조류 속에서 사회주의 건설의 도구로 활용되었다. 초기에는 소련의 도서관 제도와 기술을 도입하여 도서관이 크게 확충되었다. 최고의 과학원 부속도서관을 비롯하여 인민의 학습을 위한 농촌도서관과 노동조합 도서관들이 설립되었다. 또 도서관 간의 협력을 위해 북경도서관, 교육부 도서관, 문화부 도서관, 과학원 도서관의 협조방안이 모색되었다. 그러나 1966년 문화혁명이 시작되면서 그 이전의 도서관 사업은 사회주의 건설에 방해된다는 이유로 중단하고 도서관의 역할을 공산주의 건설을 위한 도구로 제한하였다. 그러나 어떤 사상이든 억압과 제한만으로는 영구적으로 버틸 수 없다는 것은 역사의 진실인 것 같다. 문화혁명에 대한 반성과 비판이 일면서 중국은 1971년부터 경제발전을 위하여 개혁 개방을 추진하고 사회주의 현대화를 모색하게 되었다. 도서관도 성, 시, 자치구 도서관의 도서관을 새롭게 개편하여 나갔다. 현대 중국은 문호를 거의 개방하였으며 도서관 제도도 공공, 대학, 학교도서관 등 세계적 추세를 따라 서서히 발전하고 있다.

문화 대혁명(文化大革命) 실패와 개혁 개방

1966년부터 1976년까지 중화인민공화국에서 벌어졌던 사회적, 정치적 격동으로, 공식 명칭은 무산 계급(프롤레타리아) 문화 대혁명(无产阶级文化大革命, 無産階級文化大革命)이며, 약칭으로 문혁(文革)이라 한다.

이 운동은 1966년 5월 16일 중국 공산당의 중앙위원회 주석이었던 마오쩌둥의 제창으로 시작되었다. 그는 부르주아 계급의 자본주의와 봉건주의 요소가 공산당을 지배하고 있으니 이를 제거해야 한다고 주장하였다. 또한 중국의 젊은이들이 사상과 행동을 규합해 민족해방(民族解放)을 위한 혁명 후의 영구적 계급투쟁을 통해 이런 것들을 분쇄해야 한다고 하였다. 이는 중국 전역에서 벌어진 홍위병의 움직임으로 구체적으로 실현되었다.

마오쩌둥이 문화혁명을 제창하게 된 동기는 소련의 잘못된 수정주의가 중국에서 재연되는 것을 방지하고, 중국에서 이상적인 사회주의 국가를 건설하기 위한 것이었다. 하지만 마오쩌둥 자신이 시도한 대약진운동에서 파멸적인 결과를 빚어 당에 대한 권력과 영향력이 덩샤오핑과 류샤오치에게 넘어가자 이를 만회하기 위해 시도한 것이라는 설도 있다.

1969년 마오쩌둥은 공식적으로 문화혁명이 끝났다고 선언하였으나 사실상 1976년 마오쩌둥의 사망과 사인방의 체포까지 벌어졌던 여러 혼돈과 변혁을 통틀어 문혁 기간이라고 지칭하는 것이 일반적이다. 중국에서는 이 기간을 십년동란(十年動亂)이라고 부르기도 한다. 문화혁명은 중국인들이나 외부인, 심지어는 중국 공산당 내에서도 국가적 재난이라고 간주하고 있다. 문화혁명의 공과에 대해서는 다양한 견해가 존재하지만 중국 공산당은 1981년 이를 '마오쩌둥의 과오'로 공식 인정했다.

베이징대학교(Peiching University, 北京大學校)

1898년 중국 베이징에 설립된 대학교이다. 베이징대학교는 문화혁명 (1966~1976) 기간 중에 논쟁의 중심지였으며 논쟁이 격렬해지자 3년 동안 휴교하기도 했다. 1970년 휴교령이 폐지되고 교육과정은 실천적 경험과 노동을 강조하는 방향으로 개정되었다. 입학은 2년 동안 농촌이나 공장에서 노동에 참여하여 현장 동료의 추천을 받은 사람에 한하여 입학시험 성적에 따라 허락되었다. 입학시험은 폭넓은 노동 경험으로 대치될 수도 있었다. 1970년대 후반 중국의 지도부가 문화혁명을 비판하면서 교육의 경향도 바뀌기 시작했다. 비록 노동 연구 프로그램이 대학 내에서 완전히 사라지지는 않았지만, 기초연구가 다시 강조되었으며, 학문적 능력이 탁월한 학생은 중등교육을 마친 후 바로 대학에 입학할 수 있게 했다. 1978년 문화혁명 이후 최초로 표준화된 전국 대학 입학시험이 실시되었다. 모든 베이징대학교 학생들은 기숙사에서 생활하며 정부로부터 식비 보조를 받는다.(브리태니커)

칭화대학교(Tsinghua University, 清華大學校)

1911년 중국 베이징에 설립된 대학교이다. 처음 명칭은 청화학당으로 미국 유학을 준비하는 학생들을 교육 대상으로 하는 학교였다. 1928년 청화대학교로 개명하고 국립대학교로 승격되었다.

1952년에는 중국 공산당에 의하여 베이징대학교와 연경대학교(燕京大學校)의 공학 부문을 옮겨오고, 문학·이학·법학 부문은 베이징대학교로 이관했다. 1970년대 말에서 1980년대 초에 걸쳐 이공계열, 문과계열, 관리계열 등을 복원했다. 사회과학 분야의 학과들을 개설하고 중문학과, 사상문화연구소, 교육연구소를 개설하면서 역사상의 인문 전통을 회복하기 시작했다. 잘 갖추어진 교육 시스템과 교육자원으로 중국 고교생들이 가장 입학하고 싶은 대학 1, 2위를 차지한다. 베이징대학교와 함께 중국 최고의 명문 종합대학교로 평가되고 있다.

청화대학교는 명성만큼이나 많은 지도자급 인물을 배출했다. 이론물리학자 리정도(李政道)와 양진녕(楊振寧), 주용기(朱鎔基) 전 총리, 호금수(胡錦濤, 후진타오) 전 국가주석, 습근평(習近平, 시진핑) 현 국가주석 등이 청화대학교 출신이다.

한국의 책과 도서관
(고조선 ~ 고려)

The history of book & library civilization

1. 한국인의 기원

우리를 지칭하는 용어로는 한국인, 한민족이 있으며 이들을 또 법적인 한국인, 지정학적 한국인, 체질 인류학적 한국인, 문화적 한국인 등으로 나누기도 한다. 그만큼 한국인을 단일한 기준으로 정의하기가 어렵다는 뜻이다. 이들 용어를 간단히 나열해보면 다음과 같다.[1]

- 한국인 : 한국 국적을 가졌거나 한민족의 혈통과 정신을 가진 사람들
- 한민족 : 한반도와 그 북쪽에 연한 만주 일부에 사는 종족으로 공통된 한국 어를 사용하며 공동문화권을 형성하고 있는 민족

---

1 전곡선사박물관. 2021. 『한국인의 기원』. pp.8-9.

• **법적 한국인** : 대한민국의 국적을 가진 사람들

• **지정학적 한국인** : 한반도라는 지리적 위치에 사는 사람들

• **체질 인류학적 한국인** : 체질적 특성으로 보아 다른 민족과 구분되는 사람들

• **문화적 한국인** : 선사시대로부터 오늘에 이르기까지 긴 역사 속에서 한국

　　문화를 형성하고, 한국인의 특성을 간직하고 공유해온 사람들

　한편 2017년『한국 민족의 기원과 형성 연구』라는 책이 서울대학교출판문화원에서 출간되었다. 서울대학교 사회학과 명예교수인 신용하 박사가 내놓은 연구물이다. 이 책에 의하면, 동아프리카에서 발생한 인류는 약 100만 년 전에 유라시아에 들어와 살았다. 그때는 기후가 따뜻하여 아시아 북부에도 공룡이나 열대식물이 무성하게 번성했으나 약 5만 년 전~1만 5천 년 전 사이에 최후의 빙하기가 찾아와 북위 40도 이북에는 모든 동식물이 멸종했다. 이에 북위 40도(신의주) 이남의 사람들만이 살아남아 주로 한반도 동굴지대에서 살았다. 그런데 약 1만 2천 년 전 기후가 다시 온난해져 구석기인들은 농사를 짓기 시작했다. 그래서 구석기시대에는 한반도에 인구가 많았으며, 다시 기후가 온화해진 북위 40도 이북에도 농업 경작이 가능하여 인구가 북서 지역으로도 이동했다. 한민족의 형성은 한반도에 거주하던 새 토템의 '한' 부족, 곰 토템의 '맥' 부족, 범 토템의 '예' 부족으로 이들 종족 간의 혼인동맹을 통하여 한민족이 형성되었다고 본다. 단군은 이러한 종족 간의 혼인동맹에서 탄생한 인물로 고조선을 건국하였다.[2]

---

2 신용하,. 2017.『한국 민족의 기원과 형성 연구』, 서울대학교출판문화원. pp.5-8.

한반도의 고인류

위의 구석기시대 한민족 기원설을 뒷받침하는 고인류 화석이 한반도 곳곳에서 발견되었다. 지금까지 남북한 고고학계에서 발굴 확인한 한반도의 인류화석은 다음과 같다.[3]

덕천인(德川人)

평안남도 덕천군 승리산(勝利山) 동굴에서 발굴된 네안데르탈인 단계 (Homo sapiens)의 인류이다. 승리산은 평양에서 동북쪽으로 약 75㎞가량 떨어져 있고, 묘향산맥과 낭림산맥 사이에서 발원하는 대동강 상류에 위치한다. 이 동굴 유적은 1972년과 1973년 2차에 걸쳐 북한의 사회과학원 고고학연구소가 여러 점의 인골편(人骨片)과 2,000여 점의 동물화석 및 고고학적 유물을 발굴하였다.

승리산인(勝利山人)

덕천인과 같이 승리산 유적에서 발굴된 인골 화석으로 35살쯤 되는 남자의 것으로 보이며 이 화석은 슬기 슬기인(Homo sapiens sapiens) 단계의 인류로 조사되었다.

---

3 전곡선사박물관. 2021. 『한국인의 기원』. pp.39-43.

역포인(力浦人)

평양시 대현동 구석기시대의 동굴 유적에서 1977년에 7~8세 정도 된 고인류(古人類 : Homo Sapiens Neanderthalensis)단계의 두개골 화석이 발견되었다. 이 유적에서는 인류화석과 함께 중기 홍적세 이른 시기의 동물화석들도 출토되었다.

용곡인(龍谷人)

1980년 5월~1981년 1월에 걸쳐 북한 김일성대학 인류진화발전사연구실이 용곡 제1호 동굴에서 발굴한 인류화석이다. 이 동굴에서는 모두 13개의 층이 확인되었다. 용곡동굴은 평안남도 상원읍 흑우리 검은모루동굴에서 남쪽으로 5km 정도 떨어진 석회동굴이다. 이 동굴은 100만 년 전의 구석기시대의 유적으로 추정되고 있다. 이 화석은

용곡인

형태적으로 모두 현대인의 특징을 보여 주고 있어 구석기 말기의 호모 사피엔스 사피엔스로 추정하고 있다.

만달인(晩達人)

평양에서 동쪽으로 40㎞ 지점인 만달리에 있는 석회암동굴에서 1979년에서 1980년 사이에 발굴된 인골이다. 25~30세 정도 되는 남자의 인골로 출토지역인 만달리의 이름을 따서 '만달인'으로 명명하였다. 만달인은 현생인류 단계의 인류화석으로 같은 동굴에서 석기 13점과 뼈나 뿔로 만든 골기도 발견되었다. 이러한 점에서 이 인골은 후기 구석기시대의 인골로 추정된다.

흥수(興洙)아이

흥수아이

1982년 12월~1983년 1월 충청북도 청주시 상당구 문의면 노현리 두루봉에 있는 여러 동굴 중 하나인 흥수굴(興洙窟)에서 발굴되었다. 흥수굴이라는 이름은 당시 이 유골을 발견한 광산 탐험가 김흥수(金興洙)의 뜻을 기리고자 우리나라에서는 처음으로 사람 이름을 유적 이름에 붙이고, 이 동굴에서 발견된 소년 유골도 '흥수아이'라고 부르게 되었다. 흥수아이의 나이는 5~8살 정도로 추정되며 유골 근처에서는 간단한 석기들이 발견되었다.

상시인(上詩人)

충청북도 단양군 매포읍 상시리에 있는 석회암 바위 그늘의 작은 동굴 유적에서 출토된 사람 뼈이다. 1980년 8월 연세대학교 박물관 팀이 발견하였다. 기원전 3만 9천 년에서 3만 년 경 사이에 살았던 것으로 추정되는 남성의 인골이다.

2. 고조선 문명론

앞서 한민족 기원과 형성을 연구한 신용하 교수는 또 같은 맥락에서 '고조선 문명론'을 주장하고 있다. 그 근거로는 앞서 말한 기후 변화와 한반도의 동굴지대 인구 생존, 그 후의 기후 변화로 인한 농업 발달과 유물 유적을 들 수 있다. 유라시아 대륙의 극동인 한반도, 만주, 연해주 일대에 약 5천 년 전 동양 최초의 독립 문명이 있었다는 것이다. 고조선 문명의 형성과 특징에 관한 실증 자료로는 농업혁명을 들고 있다.[4][5]

- 세계 최초의 단립벼 재배(1만 2천 년 전~5천 년 전), 단립벼란 온대지방에서 나는 알곡. 길이가 짧은 벼로 우리들이 먹는 쌀이다. 장립벼는 열대지방에서 생산 가능한 알곡 길이가 긴 벼를 뜻한다.
- 세계 최초의 콩 재배(7175~7160년 전)
- 단립벼 + 콩 식문화 유형 성립
- 청동기 문화 형성(5100~3800년 전)
- 동아시아 최초의 고대 국가와 고조선 문명권 형성

> 중앙 본국 : 밝달조선, 발조선
> 남부 후국 : 진
> 동부 후국 : 옥저, 읍루
> 북부 후국 : 부여
> 요동지역 후국 : 양맥, 구려, 비류, 개마, 구다, 행인, 임둔
> 요서지역 후국 : 고죽, 불영지, 불도하, 청구, 진반, 동호, 원오환,
>   선비, 고마해, 원정령, 오손
> 동내몽고 후국 : 산융, 원유연, 실위

---

4 신용하 외 5인, 2017. 『왜 지금 고조선문명인가』. 지식산업사. pp.26-53.
5 고조선 문명론에서 가장 아쉬운 부분은 우리 고유 문자가 없다는 점일 것이다.

• 최초의 기마문화 형성
• 공동의 신앙과 종교의 형성
• 고조선어의 형성과 우랄 알타이어족의 조어

신용하 교수는 이 책에서 인류문명의 발생 순서를 다음과 같이 정리하고 있다.[6]

약 5500년 전의 수메르 메소포타미아 문명
약 5100년 전의 이집트 문명
약 5000년 전의 고조선 문명
약 4500년 전의 인도 문명
약 3700년 전의 황하문명

한편 고조선 문명에 관한 분야별 연구서들을 모은 총서 6권이 2018년 지식산업사에서 출간되었다. 그 제목만을 보면 『고조선 문명의 사회사』(신용하), 『고조선 문명과 신시문화』(임재해), 『고조선 문명의 기원과 요하문명』(우실하), 『고조선문명권의 해륙활동』(윤명철), 『요하유역의 청동기 문화와 고조선』(백종오), 『고조선문명의 복식사』(박선희) 등이다.

---

6 신용하 외 5인, 2017. 『왜 지금 고조선 문명인가』. 지식산업사. pp.51-52.

3. 단군신화와 고조선

단군신화에 의하면 우리나라의 건국은 중국의 고대 전설 시대인 요순시대와 거의 같은 시기이다. 또한 고대로부터 중국과 인접 지역에서 중국과의 교류가 이루어졌으며 그들과 문화를 공유하였을 것으로 판단된다. 단군신화에 관한 기록은 고려의 승 일연이 쓴 『삼국유사』의 기이편에 있다.

三國遺事 卷 第一, 紀異第一

『위서』에 이렇게 말했다. 지금부터 2000년 전에 단군왕검이 있어서 아사달에 도읍을 정하고 나라를 열어 조선이라 불렀으니 바로 요임금과 같은 시기다.

『고기』에 이렇게 말했다. 옛날 환인의 서자 환웅이 자주 천하에 뜻을 두고 인간세상을 탐내어 구했다. 아버지가 아들의 뜻을 알고는 삼위태백을 내려다보니 인간을 널리 이롭게 할 만하여 환웅에게 천부인(天符印) 세 개를 주어 즉시 내려 보내 인간세상을 다스리게 하였다. 환웅이 무리 3000명을 거느리고 태백산(지금의 묘향산) 꼭대기 신단수 아래로 내려왔다. 이곳을 신시라 하고 이 분을 환웅천왕이라고 한다. 환웅천왕은 풍백(風伯)과 우사(雨師), 운사(雲師)를 거느리고 곡식, 생명, 질병, 형벌, 선악 등 인간세상의 360여 가지 일을 주관하여 세상을 다스리고 교화했다. 그 당시 곰 한 마리와 호랑이 한 마리가 같은 굴속에 살고 있었는데, 환웅에게 사람이 되게 해달라고 항상 기원했다. 이때 환웅이 성스러운 쑥 한 다발과 마늘 스무 개를 주면서 말했다. "너희가 이것을 먹되 백일 동안 햇빛을 보지 않으면 사람의 형상을 얻으리라." 곰과 호랑이는 쑥과 마늘을 받아먹으면서 삼칠일 동안 금기했는데, 금기를 잘 지킨 곰은 여자의 몸이 되었지만 금기를 지키지 못한 호랑이는 사람의 몸이 되지 못했다. 그러나 웅녀는 혼인할 상대가 없어 매일 신단수 아래에서 아이를 갖게 해달라고 빌었다. 환웅이 잠시 사람으로 변해 웅녀와 혼인하여 아들을 낳았으니 단군왕검이라고 불렀다. 단군왕검은 당요가 즉위한지 50년이 되는 경인년에 평양성에 도읍을 정하고 비로소 조선이라고 불렀다. 다시 도읍을 백악산 아사달로 옮겼는데 그곳을 궁홀산 또는 금미달이라고 부르기도 한다. 주나라 무왕이 즉위하던 기묘년에 기자를 조선에 봉했다. 그래서 단군은 장당경으로 옮겼다가 그 후 아사달로 돌아와 숨어살면서 산신이 되었는데 이때 나이가 1908세였다. (일연 저, 김원중 역. 2007. 『삼국유사』. 서울 : 민음사. pp.35-37.)

三國遺事 卷 第一, 紀異第一 古朝鮮王儉朝鮮

魏書云乃往二千載有壇君王俊立都阿斯達経云無葉山亦云白岳在白州地或云在開城東今白岳宮是開國號朝鮮與高同時

古記云昔有桓國謂帝釋也庶子桓雄數意天下貪求人世父知子意下視三危太伯可以弘益人間乃授天符印三箇遣徃理之雄率徒三千降於太伯山頂即太伯今妙香山神壇樹下謂之神市是謂桓雄天王也將風伯雨師雲師而主穀主命主病主刑主善惡凡主人間三百六十餘事在世理化時有一熊一虎同穴而居常祈于神雄願化爲人時神遺靈艾一炷蒜二十枚曰爾輩食之不見日光百日便得人形熊虎得而食之忌三七日熊得女身虎不能忌而不得人身熊女者無與爲婚故每於壇樹下呪願有孕雄乃假化而婚之孕生子號曰壇君王俊以唐高即位五十年庚寅唐堯即位元年戊辰則五十年丁巳非庚寅也疑其未實都平壤城今西京始稱朝鮮又

移都於白岳山阿斯達又名弓一作方忽山又今旀達御國一千五百年周

虎王即位己卯封箕子於朝鮮壇君乃移於藏唐京後還隱於阿斯達爲山

神壽一千九百八歲…

(국사편찬위원회. 한국사 데이터베이스, 삼국유사)

단군신화의 해석 의문
: 삼국유사 기이紀異에서 기이紀異의 의미

민음사 간행 삼국유사 번역본의 기이편紀異編에는 기이紀異의 뜻을 기괴하고 이상한 것을 기록한다는 의미라고 풀고 있습니다. 하지만 저에게는 기이紀異가 중국과는 다른 기원紀元의 우리 역사를 기록한다는 의미로 다가오네요. 기이奇異할 기奇자가 아닌 실마리 紀, 세월 紀를 썼기 때문입니다. 또한 전체적인 책의 편성이 중국과 비교한 왕조의 연대기를 먼저 싣고 고조선의 성립과정을 기술하여 중국과는 다른 단군 기원의 근거를 제시하였으며, 이후 삼국의 각 왕조와 당시의 불교 및 민간설화들을 채록하여 정리해 놓았거든요.

따라서 기이紀異는 기이奇異한 이야기라기보다는 중국과 다른 우리 역사의 시작을 기록한다는 뜻이라고 볼 수 있을 것 같아요. 대 한문학자가 번역한 것이라 저의 의견이 맞지 않을 수도 있을 것입니다. 하지만 틀린 의견이라도 말하는 것이 말을 안 하는 것보다 낫다고 최근 『라틴어 수업』이라는 책에서 읽었거든요. 틀린 의견이라도 제시하면 한 번 더 생각하는 기회를 주기 때문에 문제를 더 정확히 풀어내는 데 도움이 된다는 의미에서 그렇다고 하네요. 아무튼 한 번 더 검토해주시면 감사하겠습니다. 이종권. 2018.1.23(월).

삼국유사 특별전 관람(대구박물관)

2018년 2월 21일 아침 7시 수서 발 SRT 고속열차를 타고 대구에 왔습니다. 서울서 대구까지 1시간 40분이 걸리네요. 이제 교통 풍속도가 확 바뀌었습니다. 21세기라더니 정말 새 세상에 살고 있네요. 이어서 동대구역 복합 환승 센터 맞은편 정류장에서 524번 시내버스를 타고 국립 대구박물관에 왔습니다. 삼국유사 특별전을 보려고요. 전부터 오고 싶었지만 벼르고 벼르다 2월 25일에 전시가 끝난다 해서 오늘 급히 왔어요. 9시 30분인데 10시에 문을 연다네요.

기다려야죠, 뭐. 그런데 박물관 문 앞에 팽이와 팽이채, 제기, 윷가락 등이 있네요. 윷놀이는 2인 이상이어야 하고 말판이 있어야 하므로 우선 개인기 종목으로 제기를 차 보았습니다. 구두라 그런지 다섯 번을 못 넘기고 자꾸 빗나가는군요. 그래서 팽이를 쳐 보았습니다. 팽이는 참 잘 돌아가네요. 적절한 때 쳐주면 계속 도네요. 돌리고, 돌리고, 우리 인생도 적절히 자극을 주어야 잘 돌아갈 것 같은 느낌이 드네요. 인생을 팽이에 비유해서 좀 미안하지만요. 팽이가 가만히 누워 있으면 팽이의 역할을 못 하듯이 사람도 가만히 있으면 사람의 역할을 못 하겠구나, 하, 싸한 아침 봄기운과 함께 팽이의 교훈을 느껴봅니다.

박물관 한편에 카페가 있기에 들어가 보았습니다. 요긴 10시가 안 되었는데도 문을 열었네요. 장사라 그런가요, 카페 아지매가 반가워합니다. 따끈한 아메리카노를 한잔 사 들고 의자에 앉아 창밖의 풍경을 바라봅니다. 이것도 늙음의 젊음을 간직한 저의 낭만 같습니다. 하하. 화분 식물을 배경 삼아 가방을 사진에 담아봅니다. 내 인생의 짐은 이 가방 하나로 충분할 것 같은 상상도 들고, 아무튼 기다려도 심심하진 않네요. "기다리는 시간엔 무언가에 분주하라." 제가 해주고 싶은 말씀이기도 합니다.

드디어 10시, 박물관에 정식으로 들어갑니다. 아마 첫 관람객인 듯, 아까 출입을 막았던 그 중년의 여직원이 미안했던지 주름진 얼굴에 반가운 미소를 지어줍니다. 하하. 곧장 일연스님을 만나러 들어갑니다. 역사학자 파른 손보기 교수가 소장했던 삼국유사 2권 1책이 유리 상자 속에 부동자세로 펼쳐져 있네요. 딱 2쪽만 볼 수 있습니다. 하. 이거 2쪽 보러 여기 왔나? 허탈해서 다른 전시장도 두루 둘러봅니다. 그런데 복도에서 키 큰 직원을 만났습니다. 궁금한 점을 물어봅니다. 하지만 담당이 아니라 잘 모른다며 이번 특별전을 기획한 학예사에게 전화를 걸어 너를 만나게 해주네요. 이 정도만 해도 참 고맙죠.

학예사와 삼국유사의 기이紀異편, 紀異의 의미에 대하여 이야기를 나누어봅니다. 기이는 기이한 이야기라기보다는 중국과 다른 우리 역사의 기원을 나타내는 의미 같다는 너의 해석에 대하여 학예사는 전혀 생각해보지 못했다며 나중에 학계의 해석을 알아보고 알려준다고 하네요. 하하. 재야의 의견을 학계에서도 검토해주시리라 믿어봅니다. (그러나 2022년 12월 말 현재 아무런 대답이 없습니다). 박물관을 나오니 경북고등학교가 바로 앞에 있네요. 수능시험 만점 맞은 친구의 이름이 걸려 있습니다. 1899년 개교, 와! 역사가 깊습니다. 12시, 다음 목적지로 가기 위해 전철을 타고 대구 서부 정류장에 왔습니다. 점심이 마땅치 않아 호두과자를 한 봉지 샀네요. 이제 버스를 타고 해인사로 가려고요. 2018.2.21(수).

파른본 삼국유사

'파른'이 뭔가 했더니 손보기(1922~2010) 선생의 호였다. 파른은 '늘 푸르름'이라는 뜻이라 한다. 손보기 선생은 역사학자로 연세대학교에서 고고학, 역사학 연구와 교육에 정열을 다 바친 인문학 교수였다. 뵌 적이 없어 그분의 인품은 잘 모르겠지만 고서에 관한 서지학적 연구 업적도 많은 줄 알고 있다. 공주 석장리 유적, 제천의 점말동굴 등은 손 교수를 단장으로 한 연세대 발굴조사단이 발굴 조사하여 세상에 알려지게 되었다. 필자는 2010년 여름 제천 점말동굴에 들어가 보려다 길이 없어 가지 못했었다. 제천 문화재 당국에서 고적을 관리하지 않았던 것 같다.

파른본 삼국유사는 손보기 교수가 소장한 조선 전기에 인출된 삼국유사 1, 2권 1책이라고 한다. 따라서 삼국유사의 전 질은 아니지만, 낙장이 하나도 없어 내용이 온전하다고 하는데, 손 교수 사후에 유족이 연세대학교 박물관에 기증했다고 한다. 개인이 책을 소장한다는 것은 세월의 한계가 있음을 피부로 느낄 수 있는 대목이다. 필자는 연세대학교 박물관에서 교감, 출판한 『파른본 삼국유사』를 영등포 교보문고에서 구입했다.

4. 한사군

중국의 전한(前漢) 무제는 고조선을 침략하여 약 1년에 걸친 전쟁 끝에 고조선을 멸망시키고 BC 108년 고조선의 땅에 낙랑(樂浪), 진번(眞番), 임둔(臨屯)의 3군(郡)을 세웠다. 그리고 BC 107년에는 예맥의 땅에 현도군(玄菟郡)을 설치했다. 그런 다음 한사군을 중국의 유주(幽州) 관할 아래 둠으로써 오랜 야욕이던 한반도 북부를 점령하였다. 이렇게 한사군은 고대사회에서 중국이 한반도를 침략하여 통치를 행한 식민지배 사건이다. 따라서 한나라가 고조선을 점령함으로써 그들의 문물이 한반도에 자연스럽게 유입되었으며 한자 역시 한사군을 통하여 본격적으로 유입되어 사용되었을 것으로 여겨지고 있다. 그러나 글자가 들어왔다고 해서 말(구어)이 바뀐 것은 아니다. 우리 말은 향가에서의 이두와 향찰식 표기에서 보이듯이 중국의 발음과는 완전히 다른 고유한 우리말 발음체계를 가지고 있었다(國之語音異乎中國). 한사군 시대의 기록유물로는 유일하게 문서를 봉함하는 데 쓰인 봉니(封泥)가 출토되어 전해지고 있다.

봉니(封泥, A Lute)

고대 낙랑군에서 공문서를 봉함하기 위하여 묶은 노끈의 이음매에 붙이는 인장을 눌러 찍은 점토덩어리이다. 봉니(封泥)는 죽간(竹簡), 목간(木簡) 등의 간책(簡册)으로 된 공문서를 봉인하기 위하여 이를 묶은 노끈의 이음 매에 점토덩어리를 붙이고 인장을 눌러 찍은 것을 말한다. 봉니는 중요한 물품을 보관하는 용기나 상자를 봉(封)하는 용도로도 이용되었다. 공문서 의 경우 전달 과정에서 물건이 바뀌거나 정보가 유출되는 것을 막기 위해 고안된 것인데, 수취인은 봉니의 인영(印影 도장모양)을 보고 발신자와 내용 이 완전한지를 확인할 수 있었다.

봉니는 원래 고대 오리엔트 지역에 기원이 있는 것으로 약 5,000년 전의 고대 메소포타미아 북부의 유적에서 인장을 눌러 찍은 점토덩어리가 발견 되었다. 봉니는 인장과 함께 중국으로 전래되었는데 전국시대(戰國時代)까 지 소급된다. 진대(秦代)를 거쳐 한 대(漢代)에 가장 많이 이용되었는데 특 히 이 시기에 문자를 기록하는 가장 중요한 소재인 죽간과 목간을 봉하는 데 쓰였다. 죽간과 목간은 표면을 깎아내는 것으로 비교적 간단하게 내용 을 바꿀 수 있었기에 봉함은 필수적인 조건이었다. 중요한 물품의 보관과 내용물 도난을 막기 위한 용도로도 봉니가 이용된 것이다.

그중에는 낙랑군 속현(屬縣)의 관인봉니(官人封泥)가 22개나 포함되어 있 는데 열구현(列口縣), 탄열현(呑列縣), 화려현(華麗縣)을 제외한 속현의 관인 이 찍힌 것이다. 채집된 봉니에는 "낙랑태수장(樂浪太守章)", "낙랑대윤장(樂 浪大尹章)", "낙랑수승(樂浪守丞)"을 비롯하여 현령과 현장(縣長) 및 그 하위 직책인 승(丞)·좌위(左尉)·우위(右尉) 등의 인장도 발견된다. 이들은 일제 강점기 초기에 낙랑군이 평양 일대에 존재한다고 하는 유력한 고고학적 증거로써 활용되었다.

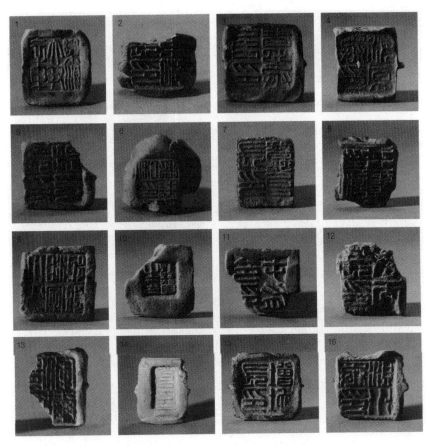

봉니(출처 : 국립중앙박물관. 2011. 『문자, 그 이후』. 한국고대문자전 도록)

5. 高句麗(BC 37~AD 667)

중국 문물제도의 한반도 유입은 고구려 때 본격적으로 이루어졌다. 고구려는 삼국 중에서 지리적으로 중국에 가까워 제일 먼저 중국의 서책과 학문이 들어왔다. 고구려 소수림왕 2년(372)에 중국의 제도를 본떠 최고의 교육기관인 태학(太學)이 설립되고 귀족 자제에게 경학(經學), 문학, 무예를 가르쳤다. 장수왕의 평양천도 이후에는 지방의 여러 곳에 경당(扃堂)이라는 사립 교육기관을 설립하여 평민의 자제들에게도 무술과 한학을 가르쳤다. 이러한 교육기관의 운영은 필연적으로 서적의 생산과 유통이 활발했다는 이야기가 된다. 특히 경당은 역사의 기록에 나타나는 우리나라 최초의 도서관의 명칭으로 여겨지고 있다.[7] 이 시기에는 또한 전진의 승 순도가 한문으로 된 불경을 가지고 와서 고구려에 불교를 전파함으로써 불교문화를 융성하게 하였다.

고구려광개토대왕비

<hr />

7 백린. 1981. 『한국도서관사 연구』. 서울 : 한국도서관협회. pp.13-16.

6. 百濟(BC 18~AD 660)

최초의 문헌은 근초고왕 29년(374년) 고흥이 지은 백제서기(百濟書記)로 보고 있다. 그러나 그 이전부터 중국의 문자와 서적이 들어와 유통되었다는 사실은 고이왕 51년(284년)에 사신 아직기가 일본에 서적을 전했으며, 4세기 후반 왕인박사가 천자문과 논어를 일본에 전했다는 기록을 통하여 확인된다.[8] 또 침류왕 원년(384년)에 서역의 승 마라난타(摩羅難陀)가 불교를 전하여 백제불교가 융성하게 되었다.

백제불교의 도래지 영광 법성포

인도의 명승 마라난타가 전라남도 영광의 법성포로 들어와 불법을 전하여 백제불교가 시작된 것으로 전설처럼 전해져왔다. 그런데 1998년 영광군의 학술고증(동국대학교)을 통하여 영광이 백제불교의 최초 도래지라는 사실이 밝혀지게 되었다. 법성포는 인도승 마라난타가 AD 384년에 중국 동진을 거쳐 백제에 불교를 전하면서 최초로 발을 디딘 곳으로, 영광군은 이를 기념하기 위해 법성포를 관광명소로 개발하고 있다. 또 마라난타사를 지어 운영하고 있다. 법성포의 법(法)은 불교를, 성(聖)은 성인 마라난타를 가리킨다.

---

8 천자문은 양나라 때 나온 책으로 양나라는 서기 502년에 건국되었으므로 4세기는 천자문이 나오기 전이어서 양나라 천자문 이전에도 다른 버전의 천자문이 있었을 것이라는 주장이 설득력을 얻고 있다.(안미경, 2004. 『천자문 간인본 연구』, 이화문화사, p.19)

왕인 박사

4세기 후반, 왜국에 건너가서 활동한 백제의 학자이다. 백제는 왜국과 오랜 교섭을 가지는 동안 많은 인물이 선진문물을 전해주었는데 왕인도 그중의 한 사람이다. 우리 기록에는 없고 일본측 기록에만 실려 있다.

근초고왕대에 왜국으로 건너간 아직기가 경서에 능통하다는 것이 알려져 왜왕의 부름을 받고 세자 우치노와 키이로츠코의 스승이 되었을 때 왜왕이 아직기에게 "백제에 너보다 나은 박사가 있는가" 하고 묻자 "왕인이라는 사람이 가장 우수하다" 고 대답했다 한다. 그리하여 왜국의 청으로 왕인이 『논어』와 『천자문』을 가지고 건너가게 되었고 이때 제철기술자, 직조공, 양조기술자 등도 함께 갔다. 왕인박사는 우치노와의 스승이 된 뒤 그 신하들에게 경전과 역사를 가르쳤다고 한다.

왕인 박사(한성 백제 박물관 전시 모형)

천자문

한문(漢文)을 처음 배우는 사람을 위해 교과서로 쓰이던 책. 1구 4자로 250구, 모두 합해 1,000자로 된 고시(古詩)이다. 중국 남조(南朝) 양(梁)나라(서기 502년에 세워진 나라로 육조시대의 국가 중 하나) 때 왕의 명으로 주흥사(周興嗣)라는 인물이 하루 밤 사이에 문장을 만드느라 머리가 하얗게 세었다는 고사에서 천자문을 백수문이라고도 부른다. 송대(宋代) 이후 전파되어 천자문의 순서를 이용하여 책, 문서 등의 번호를 만드는 관습도 생겼다. 한국에서도 예로부터 한자를 배우는 입문서로 널리 사용되어왔다.(브리태니커)

7. 新羅(BC 57~AD 935)

신라는 지리적 여건상 고구려와 백제보다 한발 늦게 중국의 문물제도가 수입되었다. 불교의 전래는 일찍이 서역의 승 묵호자(黙胡子)가 전하였으나 법흥왕 15년(528년)에 이차돈의 순교를 계기로 공인되었고, 그 이후 자장, 의상, 원효 등 학문승들이 배출되어 신라불교의 꽃을 피웠다. 신문왕 2년(682년)에는 교육기관인 국학을 세우고 경서를 가르쳤으며, 원성왕 4년(788년)에는 독서삼품과(讀書三品科)라는 일종의 과거제도를 두어 인재를 등용하였다. 설총과 최치원은 이 시대를 대표하는 학자였다.

독서삼품과(讀書三品科)

신라의 관리 선발제도로서 788년(원성왕 4)에 국학(國學) 내에 두어 학업 능력을 평가하고 이에 따라 관직을 부여하는 제도이다. 즉 학생들을 유교 경전 독해능력에 따라 상(上)·중(中)·하(下)의 3등급으로 구분하는 일종의 졸업시험으로서 이 성적을 관리임용에 참고하였으며 이는 곧 국학출신자들의 관직 진출을 제도적으로 보장하는 장치였다.

• 하품(下品)은 『곡례』, 『효경』을 읽은 사람
• 중품(中品)은 『곡례』, 『논어』, 『효경』을 읽은 사람
• 상품(上品)은 『춘추좌씨전』, 『예기』, 『문선』, 『논어』, 『효경』을 읽은 사람

특히 오경(五經)·삼사(三史 : 사기·한서·후한서)·제자백가(諸子百家)의 서적에 모두 능통한 사람은 특품으로 특별 채용되었다. 독서삼품과의 시행은 관리임용의 기준을 학문적 능력에 둠으로써 골품제라는 신분에 의존하던 기존의 불합리한 관리 선발 방식을 지양한 것에 의의가 있다. (브리태니커)

설총

이두를 정리하고 발전시킨 신라 3문장으로 불리는 대학자. 신라 10현 중 한 사람으로 자는 총지이다. 원효대사와 요석공주 사이의 아들로 태어나 자신의 학문적 식견을 바탕으로 왕의 총애와 신임을 얻으면서 정치에

입문했다. 682년 국학이 교육기관으로 거론될 때부터 국학의 설립과 교육에 크게 공헌했으며, 유교 경전을 우리말로 읽어 학생들에게 강론하는 등 유학 발전에도 공헌했다. 후세에 이르러 우리말로 경서를 읽는 방법을 터득하면서 이두를 정리하고 집대성했다. 뛰어난 문장가였다고 전해지나 『화왕계』 외에는 저술이 남아 있지 않다.

최치원

본관은 경주, 자는 고운, 해운으로 최승우, 최언위와 함께 문장의 대가인 신라 3최로 꼽히며, 12세 때 당나라에 유학하여 18세에 장원 급제했다. 당나라에서는 고운, 나은 등 문인과 교류하면서 문명을 떨쳤고, 귀국한 후에는 헌강왕에게 발탁돼 외교문서 등을 작성하며 당대의 문장가로 인정받았다. 894년 진성왕에게 집권체제와 골품제사회의 모순에 따른 문제를 해결하기 위한 시무책 10여 조를 올리기도 했다. 유교와 불교, 도교에도 깊은 이해가 있어 많은 글을 남겼다.

8. 高麗(918~1392)

왕건(王建)이 신라 말에 나라를 세워 분립된 후삼국을 통일하고, 성종 때 중앙집권적인 국가기반을 확립시킨 후 문종 때 이르러 귀족정치의 최전성기를 이루었다.

그러나 1170년(의종 24) 무신란(武臣亂)이 일어나 1백 년 간의 무신정권이 성립되었다. 그 뒤 다시 1백여 년 동안의 원나라의 간섭기를 거쳐, 14세기 말 이성계(李成桂)에 의해 멸망했다.

고려는 불교를 국교로 삼았으므로 불학(佛學)이 융성하고, 經世治學의 학문으로 한학(漢學)이 발전하였다. 이러한 학문의 발전은 서적에 대한 수요를 증가시켜 일찍이 목판인쇄술이 발전하였다. 도서관의 기능을 하던 기관은 고려의 역대를 내려오면서 여러 가지 명칭으로 나타난다. 왕실도서관으로서는 비서성(秘書省), 수서원(修書院), 문덕전(文德殿), 중광전(重光殿), 장령전(長齡殿), 청연각(清燕閣), 보문각(寶文閣), 천장각(天章閣), 임천각(臨川閣) 등 실로 다양한 명칭의 도서관들이 있었다.[9]

인종 때에는 국자감(國子監)의 한 분과(分科)로 태학(太學)을 설치하였다. 대학(大學)이라고도 하며 정원은 300명으로, 문무관 5품 이상의 자손과 3품관의 증손에 한하여 입학할 자격을 주었다. 박사(博士), 조교(助教) 등 교관을 두어 『역경(易經)』, 『시경(詩經)』, 『서경(書經)』, 『춘추(春秋)』, 『효경(孝經)』, 『논어(論語)』 등을 가르쳤으며 수업연한은 8년 반이었다. 교육에 필요한 서적은 부속 도서관격인 서적포(書籍舖)에서 인쇄, 보급하였다고 한다.

사찰(寺刹)은 불교서적의 인쇄출판기능과 더불어 도서관적 역할도 수행했다. 2차에 걸친 고려대장경의 간행은 사찰에서 이루어졌다. 1차 대장경은 대구 부인사에서 판각되었으나 몽고군의 침입으로 소실되었고, 2차의 팔만대장경은 강화도에서 판각(2007년부터 남해 판각설 대두)되어 현재 합천

---

9 백린. 1981. 『한국도서관사 연구』. pp.26-48.

해인사(海印寺)에 보존되어 있다. 또한 청주의 흥덕사(興德寺)에서는 1377
년 세계 최초의 동활자를 만들어 불서인 『직지심체요절(直旨心體要節)』을
인행함으로써 세계인쇄문화사에 큰 족적을 남겼다. 또 고려 시대에는 우
리나라의 고대사 편찬이 시작되었다. 대표적인 것으로는 김부식의 『삼국
사기』와 일연의 『삼국유사』이다.

삼국사기(三國史記)

고려시대에 김부식(金富軾) 등이 인종의 명을 받아 1145년(인종 23)에 편
찬한 기전체(紀傳體) 역사책. 『삼국유사』와 함께 우리나라에 현전하는 것으
로는 가장 오래된 역사책으로 꼽힌다. 총 50권으로 본기(本紀)가 28권(신
라·통일신라 12권, 고구려 10권, 백제 6권), 연표 3권, 지(志) 9권, 열전 10권으로
구성되어 있다. 삼국과 통일신라의 역사를 연구하는 데 가장 기본적인 사
료이다.

『삼국사기』의 판본(版本)은 고려본과 조선본으로 나눌 수 있다. 송(宋)나
라 왕응린(王應麟)의 『옥해玉海』에 1174년(명종 4)에 『해동삼국사기 海東三
國史記』의 헌서(獻書) 사실이 언급된 것으로 보아 이 책이 고려시대에 편찬
된 직후부터 간행되었음을 알 수 있다. 또 이를 근거로 편찬 당시 책의
정식 명칭이 『해동삼국사기』였을 것으로 추정하기도 한다. 고려본으로는
13세기 말에 간행된 것으로 추정되는 잔존본(殘存本)인 성암본(誠庵本)이 있
을 뿐이다. 이는 보물 제722호로 지정되어 있다. 조선시대에 들어서는
1393(태조 2)~1394년에 진의귀(陳義貴)·김거두(金居斗) 등이 경주부사(慶州
府使)로 있을 때 간행한 적이 있으나 현재는 남아 있지 않고, 1512년(중종

7)에 목판으로 간행된 완질본으로 보물 제723호로 지정된 것이 있다. 또 동일한 판각으로 1573년(선조 6)에 찍어낸 완질본은 보물 제525호로 지정되었고 경주의 옥산서원(玉山書院)에 소장되어 있다. 이 두 판본은 명나라 무종 정덕연간(正德年間)에 간행되었다고 해서 정덕본으로 통칭한다.

삼국유사(三國遺事)

고려 충렬왕(忠烈王) 때 승려 일연(一然 : 1206~1289)이 신라·고구려·백제 3국의 유사(遺事)를 모아 지은 사서(史書). 5권 2책. 인본(印本). 국보 제306호. 『삼국사기』와 더불어 삼국시대의 역사와 문화를 종합적으로 전해주는 소중한 자료이다. 1965년 4월 1일 보물 제419호로 지정되었고 2003년 2월 3일 『삼국유사』 권3~5가 국보 제306호로 변경, 지정되었다.

저작 시기는 대체로 일연의 나이 70세(1276) 이후로 보이며, 좀 더 구체적으로는 75세(1281) 이후일 것으로 추정된다. 이 책은 '유사(遺事)'라는 이름에서 볼 수 있듯이 『삼국사기』에서 빠뜨린 것을 보완한다는 성격을 가진다. 국가의 대사업으로 편찬된 『삼국사기』는 방대하고도 정확한 자료를 바탕으로 한 것이지만, 역사를 기술하는 태도와 자료를 다루는 방식에 있어 편찬자의 시각이 지나치게 합리성을 강조하고, 중국 중심적이어서 중요한 역사적 사실을 소홀히 다루거나 왜곡하는 경우가 있었다. 특히 기존의 역사에서 중요한 비중을 차지하고 있는 불교적 측면을 무시하거나 소홀히 다루었다. 일연은 『삼국사기』에서는 가치가 없다고 제외하거나 소홀히 다룬 자료들에 주목했다. 『삼국유사』에는 『삼국사기』에서는 볼 수 없는 내용도 있고, 다르게 기술하거나 해석한 부분도 적지 않다. 『삼국사기』가 합리적이고 공식적인 입장을 취한 정사(正史)라면, 『삼국유사』는 초월적이고 종교적인 입장을 견지한 야사(野史)에 해당한다

삼국유사의 고향 인각사

필자는 경상북도 군위군 고로면에 있는 인각사에 가보았다. 군위 요금소에서 직원으로부터 관광안내도를 받아 인각사를 찾아갔는데, 요금소로부터 상당히 멀리 있었다. 군위군 관광안내도에는 인각사가 다음과 같이 소개되어 있었다.

"인각사와 삼국유사. 인각사는 신라 선덕여왕 때 창건되었고, 고려 충렬왕이 왕명으로 중건하고 토지를 내려 보각국사 일연의 하산소로 정한 곳이다. 화산과 기린의 전설이 서린 학소대가 병풍처럼 둘러있고 앞에는 위천이 서쪽으로 휘감아 도는 아름다운 곳에 자리 잡고 있다. 일연스님은 이곳 인각사에서 『삼국유사』를 비롯한 불교서적 100여 권을 저술하였고, 구산문도회를 두 번이나 열었다. 일연스님이 이곳에서 완성하신 『삼국유사』는 우리의 건국 신화인 단군신화를 전해주고, 고조선을 대한민국의 정통으로 삼아 우리 민족이 4천 년의 유구한 역사를 간직한 우수한 민족임을 깨우쳐준 소중한 보배요, 우리 민족의 혼이라고 할 수 있다."

그런데 인각사는 매우 초라해 보였다. 절이라기보다는 초라한 개인 사당처럼 느껴졌다. 일연스님의 생애를 소개하는 전시관에 들어가 보니 곰팡내새가 났고 전시물도 벽면에 붙여놓은 사진과 글들이 전부였다. 『삼국유사』는 물론 일연스님이 썼다는 다른 저술들의 영인본이라도 있을 것으로 기대했는데, 책이라고는 전혀 눈에 띄지 않았다. 건양대 김인중 교수가 번

역한 『삼국유사』도, 손보기 교수가 소장했던 『파른본 삼국유사』도, 삼국유
사에 대한 그 어떤 연구물도 없는 초라한 전시관을 돌아보니 한숨이 절로
나왔다. 우리는 왜, 역사유적지를 이리도 홀대하는가? 앞서 군위군 관광안
내도의 설명이 무색할 정도로 인각사는 초라했다. 주위의 경관은 아름다웠
지만 인각사는 불교계나 행정당국의 무관심 속에 방치되어 있었다. 발길을
돌려 인근 의흥 읍내로 점심을 해결하러 갔다. 마침 5일 장이 섰는데 사람
들은 별로 없었다. 북어 파는 아주머니에게서 북어 한 마리를 사고 점심을
먹을 만한 식당을 소개해 주시라 하니, 의흥에는 먹을 만한 곳이 없다며
영천으로 가보라 했다.(이종권 2013년 여름)

인각사에 있는 일연 초상화

경상북도 군위군 인각사

고려대장경

고려대장경은 두 번 판각되었는데, 하나는 초조대장경(初雕大藏經)이고,
또 하나는 재조대장경(再雕大藏經)이다. 초조대장경은 1011년(고려 현종 2년)
에 착수해서 1087년(선종 4년)에 완성한 우리나라 최초의 대장경으로, 대구
팔공산 부인사(符仁寺)에 보관했는데 1232년(고종 19년) 몽고 침략 때 불탔다.

재조대장경은 현재 가야산 해인사에 있는 고려대장경을 말한다. 이 대
장경은 현존하는 세계의 대장경 가운데 가장 오래되었고 체재와 내용도
가장 완벽한 것으로 평가받는다. 불교 자료로서의 가치가 높을 뿐 아니라
고려시대 목판 인쇄술의 발달 수준을 알 수 있는 중요한 자료이다. 판각은
1236년(고려 고종 23년)에 착수해서 1251년(고종 38년)에 완성한 것으로 총
1,516종 6,708권이다. 이 대장경은 경판(經板)의 총수가 8만 1,258개이므로
팔만대장경이라 한다. 판각 후 강화도 대장경판당(大藏經板堂)에 보관했다

가 1318년(충숙왕 5년) 이후에 강화도 선원사(禪源寺)로 옮겼고, 1398년(조선 태조 7년)에 해인사로 옮겼다고 한다.

그런데 2007년 경북대학교 박상진 교수(임산공학과)가 판본 나무의 세포 재질을 분석하여 경상남도 남해 판각설을 주장하였다.[10] 또 2013년 서지학 계에서도 박상국 불교 서지학자가 남해 판각설을 뒷받침하는 연구를 발표 했다. 다음은 2013년 8월 26일 자 조선일보 기사이다.

세계기록유산인 고려 팔만대장경의 제작 장소가 지금까지 알려진 것처럼 인천 강화군이 아니라 경남 남해군이었음을 입증하는 유력한 증거 자료가 나왔다.

불교서지학자인 박상국 한국문화유산연구원장은 "대장경 각 권 끝의 간행 기록(간기・刊記)을 모두 조사한 결과, 대장경을 제작한 장소로 기록된 '대장도감(大藏都監)'과 '분사(分司) 대장도감'이 모두 동일한 장소인 남해인 것으로 나타났다"고 25일 밝혔다. 최병헌 서울대 명예교수(불교사)는 "대장경 제작을 맡았던 대장도감이 남해에 있었다는 확실한 증거"라며 "우리 학계가 그동안 기초조사 없이 안일하게 대장경을 연구해왔음이 드러난 것"이라고 말했다.

지금까지 팔만대장경은 강화도 선원사에 설치한 '대장도감'에서 만든 것으로 알려져 왔다. 그러나 '무신 정안(鄭晏)이 남해로 은퇴한 뒤 대장경의 반 정도를 간행했다'는 '고려사' 열전의 기록 등을 근거로 '남해 제작설'도 제기됐다.

특히 대장경 중 '종경록(宗鏡錄)' 권 27에 '정미세(1247년) 고려국 분사 남해 대장도감 개판'이란 간행 기록이 있는 것이 박 원장에 의해 발견돼, 남해 제작설이 힘을 얻게 됐다. 그러자 "강화 선원사에 대장도감이 있었고, 남해에 따로 '분사 대장도감'이 있었을 것"이라는 '강화・남해 공동 제작설'이 나왔다.

---

10 박상진. 『나무에 새겨진 팔만대장경의 비밀』. 김영사. 2007.

하지만 전체 대장경에 대한 실증 조사 결과 새로운 증거가 밝혀지게 됐다. 간행 기록에 '분사 대장도감'이라고 된 것은 모두 500권인데, 이 중에서 473권의 목판은 일부를 파내고 '분사 대장도감'이란 글자를 다시 새겨 끼워 넣은 것이었다. 고려청자에서 쓰던 상감(象嵌)기법이었다. 이 글자를 넣은 부분엔 무엇이 있었을까? 계묘년(1243년)에 작성된 간행 기록 두 가지를 비교한 결과, 원래 '대장도감'이란 네 글자가 새겨졌던 부분에 '분사 대장도감'이란 여섯 글자가 빽빽하게 대치된 것으로 확인됐다.

결국 '대장도감'과 남해의 '분사 대장도감'은 동일한 장소였다는 것이 된다. 대장도감 간행 목판과 분사 대장도감 간행 목판이 똑같은 경전에 뒤섞여 있고, 같은 사람이 두 곳에서 새긴 것도 발견돼왔는데, 이런 것들에 대한 의문이 해소된 셈이다. 박 원장은 "1243년 이후 제작에 참여한 정안의 공로를 강조하기 위해 '대장도감'을 '분사 대장도감'이란 이름으로 새로 불렀고, 이 때문에 대장경을 만든 직후 해당 시기의 목판에서 '대장도감' 부분을 '분사 대장도감'으로 고쳤을 것"이라고 말했다.

왜 남해에서 대장경을 제작했을까? 박 원장은 당시 육지는 몽고의 기마병이 휩쓸던 때라 섬에서 대장경을 판각해야 했고 남해도는 지리산 나무를 물길을 따라 보내기 좋은 입지 조건을 갖췄기 때문이라고 설명했다. 강화 선원사는 대장경 제작이 끝난 뒤 강화성 서문 밖 판당으로 옮겼다가 조선 초 해인사로 다시 옮길 때 거쳤던 경유지라는 것이다. 박 원장은 27일 남해군에서 열리는 세미나에서 이 내용을 발표하며 대장경 간행 목록을 처음으로 공개한다. (유석재 기자)

해인사 수다라장

합천 대장경 축제를 보고

경남 합천군 가야면 가야산로 1160, 대장경 테마파크에서 열리고 있는 대장경축제(2017.10.20~11.5)에 다녀왔다. 경남 합천군 쌍책면 다라리가 나의 부모님 고향인데 그곳에서 멀지 않다. 그리고 경북 고령군 다산면 상곡리가 또 나의 첫 본적지, 부모님의 2차 고향인 그곳에서도 멀지 않은 곳이니 결국 나는 나의 뿌리 고향에 다녀온 셈이다. 고향에다 √를 씌우면 뿌리 고향이 될 것 같다. 수학은 잘 모르는 주제지만 루트는 좀 알거든. 인문학을 하니까. ㅎ

2017년 11월 1일 아침 6시 40분에 집을 나서 예약한 7시 30분 수서발 동대구행 SRT를 탔다. 20세기 인간이 21세기 고속철을 탈 수 있다는 게 마치 행복처럼 느껴진다. 20세기든 21세기든 밝은 세상을 마음껏 활보하며 평화롭게 사는 것이 인류 최고의 행복 아닐까? 열차는 20분간 긴 터널을 통과해 수원 동탄(東灘, 동녘 동, 여울 탄)을 지나니 산하가 쏜살같이 흐른다. 나는 앞으로, 산하는 뒤로. 네가 1990년 경북 울진에서 운전을 배워 처음 자동차를 몰 때 나는 달린다기보다 도로 바닥이 너의 차 밑으로 들어오는 느낌을 받았었다. 차가 가는 게 아니라 주변 환경이 다가온다는 느낌, 그건 아마 차에서 가만히 앉아있기 때문일 것이다. 이런 것을 촌놈이라고 하는 건가, 종족의 우상이라고 하는 건가.

어느새 청주 오송, 대전 계족산(계룡산의 발?)이 보이더니 9시 8분에 동대구역에 도착했다. 대구는 내가 10대, 20대 때 많이 들락거렸고, 한 1년 동안 살기도 한 곳이어서 그렇게 낯설지는 않았다. 하지만 오래간만에 와보니 건물과 도로 등 도시환경이 완전히 변해 있다. 인터넷 길 찾기 검색 결과 해인사로 가려면 성당못역 서부 정류장에서 시외버스를 타야 한다. 그래서 곧 지하철을 탔다. 대구 지하철은 처음 타본다. 과거에 있었던 대구 지하철 화재 참사는 애써 잊기로 하고 전동차 객실을 살펴보니 차가 좀 좁은 걸 빼고는 서울 지하철과 대동소이한데 객실 내에 아직 광고들이 많이 붙어 있다. 서울 지하철 객실은 이제 광고가 별로 없는데. 대구 지하철 승객들의 표정은 거의 모두 근엄하고 입이 메기입처럼 위로 휜 일자형 (一字形) 입술을 하고 있다. 하지만 경상도 윤리 도덕이 좀 보이는 듯 온화함도 느껴진다. 과거에 인연이 좀 있는 고향이라 그런 것 같다.

열두 정거장을 지나, 오전 9시 40분 성당못역에 내리니 바로 옆에 서부 정류장이 있었다. 정각 10시에 출발하는 고령 경유 해인사 행 버스를 탔다. 요금은 7천 1백 원. 하원을 지나, 10시 30분에 고령을 지나 11시 10분 가야산 대장경 테마파크에 도착했다. 서울서부터 3시간 40분이 걸렸다. 인터넷 길 안내 정보와 거의 같은데 인터넷 정보와 실제가 다른 점은 버스 운행구간이었다. 인터넷에서는 대구 서부 정류장에서 고령까지 버스를 타고, 고령서 해인사 대장경 테마파크까지 택시를 타라고 나왔는데, 실제로는 대구 서부 정류장에서 해인사까지 가는 버스가 있어 고령에서 내려 비싼 택시를 타지 않아도 된다는 것이다. 그래서 인터넷도 현실과 맞지 않는 정보가 있다는 걸 다시 한 번 확인할 수 있었다. 인터넷이 정보 업데이트가 안 된 탓일까? 그래서 인간이든 인터넷이든 업데이트는 언제나 중요하다. "이 나이에 내가 하리."가 아니라 이 나이라도 업데이트를 해야 한다.

가야산 대장경 테마파크는 가야산 자락 지형지물을 이용하여 조성한 것 같았다. 인공폭포 언덕과 4개 동의 전시관 건물이 제법 통 크게 자리 잡고 있다. 계절이 겨울로 가는 길목이라 그런지 행사장이 온통 국화꽃으로 장식되어 있다. 하지만 나의 관심은 오직 대장경판 실물이다. 이번 축제에 대장경판 실물 8점을 일반인들에게 선보인다 해서 왔다. 평소엔 해인사에 가도 대장경 목판을 절대 보여주지 않는다. 철저한 보존을 위해서다. 그런데 이번 행사에 단 8점이라도 실물을 볼 수 있다니 그래서 새벽밥 먹고 서울서 여기까지 왔다. 사실 다른 이벤트는 관심이 없고 볼 시간도 없다. 그래서 먼저 대장경판 실물이 있다는 '대장경 천년관'이라는 전시관으로 들어갔다. 나선형 중앙 통로의 모든 벽을 대장경 사진으로 둘러 조명과 효과음으로 전시효과를 내고 있었다.

2층엔 수다라장이라는 간판이 있고 그 안에 실물 4점을 전시했는데 조명이 어두워 세밀하게 볼 수가 없다. 자원봉사자의 해설을 들었으나 신통하지 않았다. 질문을 두 가지만 해도 막혀서 동문서답, 더 묻기를 포기했다. 사진을 찍었지만 잘 나오지 않았다. 경판 4점을 전시한 다른 곳도 마찬가지. 그곳에서는 책장 속에 커다란 불경 책들이 백 여권 소장되어 있었지만 꺼내 볼 수 없게 되어 있었다. 그래서 안내자에게 팔만대장경판으로 인쇄한 책이 있는지, 있다면 어디 있는지 물었다. 그랬더니 안내자는 한쪽 책장을 가리키며 이런 식으로 인쇄된 책이 있는 것 같은데 볼 수는 없다고 했다. 그래서 2차 질문으로 해인사 소장 팔만대장경판을 인쇄한 책이 어디에 있느냐고 물으니, 아마 해인사 대장경연구소에 있지 않을까요? 거기까진 잘 모르겠어요, 했다. 그래서 아 그래요? 하고 더 묻지 않고 그냥 너의 의견을 말해보았다.

"위대한 우리 문화유산, 보존이 아주 중요하고 이렇게 지역 축전을 열어 홍보하는 것도 좋은 일이지만, 저 목판들이 모진 세월로 인해 더 열화되기 전에 전 판을 완벽하게 인출 복제하여 책을 만들어 전국 도서관이나 문화시설에 대량 배부했으면 참 좋겠어요, 이런 정신 문화재는 내용을 전파하는 게 핵심인데 아직 우리나라는 모든 축제에서 그런 핵심은 빼고 겉모습만 장식해놓고 먹고 노는 데 중점을 두고 있어 아쉬워요." 하니 그 안내원도 "맞아요, 맞는 말씀입니다. 그런데 저희가 힘이 있어야지요." 했다. "맞습니다. 우린 힘이 없어요. 건의를 할 뿐입니다. 아는 척해서 미안합니다." "아, 아닙니다. 좋은 말씀이에요, 공감합니다."

전시장 어디에도 일반인을 위해 판매하거나 제공하는 책은 없었다. 책판 축제에 책이 없으니, 이걸 어떻게 이해해야 하나? 대장경 인쇄 보급 사업은 문화부 당국이나 지역자치단체, 조계종 같은 종교단체에서 협력하면 능히 실행할 수 있는 사업이다. 760년 전 고려 때도 했는데, 지금 글로벌 코리아 시대에 왜 못하겠나? 마음만 먹으면 할 수 있는 문화 사업이다. "대장경 축제는 앞으로 대장경을 인쇄해 보급하는 사업을 기본 축으로 하

라. 한자로 된 어려운 대장경을 풀어서 설명하는 대장경 교육 사업을 실행하라."

다시 기록문화관을 둘러보았다. 혜초의 『왕오천축국전』, 『백운화상초록불조직지심체요절』, 그리고 그 후의 기록문화의 대강을 전시하고 있다. 너에겐 낯익은 책들인데 역시 실물은 없다. 상기 2종은 프랑스국립도서관에 있기 때문이다. 그런데 중국 돈황석굴을 설명한 게시물에 약간 오류가 있어 보였다.

"막고굴은 명사산 기슭에 있는데, 마치 벌집처럼 천여 개의 굴이 뚫려 있어 천불동(千佛洞)이라고도 불린다." 이 부분이다. 천불동은 내가 알기로는 하나의 굴마다 1천 분의 불보살 그림이 그려져 있어 붙인 이름, 즉 굴하나하나가 다 천불상이 모셔져 있다는 데서 나온 이름이라고 알고 있다. 굴이 1천 개라서 천불동? 언뜻 생각하면 그럴듯한데, 나도 그래서 착각할 뻔했었다. 백과사전을 찾아보면 돈황 막고굴 지역에는 500여 개의 석굴이 있다고 나오니 아마도 굴이 1천 개라서 천불동은 아닐 것으로 생각된다. 배제클릭천불동도 그곳에 굴이 1천 개가 있는 것은 아니다.

이번엔 직지 홍보코너, 한 안내원이 의자에 앉아서 직지의 맨 뒤 간기가 있는 부분의 인쇄판을 놓고 신청자에게 인쇄를 떠 주고 있었다, 공짜라서 나도 해보았다. 책판에 먹물을 바르고 솔로 먹물을 고르게 평정한 다음 한지를 올려놓고 위에서 문지르는 것이다. 깨끗이 인쇄되지는 않았다. 나는 그 안내원에게도 직지에 대하여 아는 척을 하고 말았다. 직지는 상하 2권, 금속활자본은 하권 1권만 프랑스국립도서관에 있다는 건 상식이지만, 그 밖에 1378년 여주 취암사에서 목판으로 찍은 직지는 상하권이 다 우리에게 남아 있다는 걸 아는 사람은 많지 않다. 그 안내원은 아르바이트생이라 잘 모른다고 하며, 알려줘서 감사하다고 했다. 중국어를 공부하는 대학

생이라 했다. (이하 생략)

대장경 축제에서 필자

14

한국의 책과 도서관
(근세조선 1392 ~ 1910)

The history of book & library civilization

1. 위화도 회군(威化島回軍)과 조선의 개국

고려 말 이성계와 최영은 요동 정벌 문제로 격렬하게 대립했다. 고려는 최영의 주도로 명나라를 징벌하기 위해 요동 정벌을 추진했고 이성계는 현실적인 한계를 들어 강력하게 반대했다. 우왕의 지시로 이성계가 지휘하는 요동 정벌군이 압록강까지 나아갔으나 이성계는 위화도에서 군사를 되돌려 우왕의 명령을 거역했다. 그 후 이성계 일파는 우왕, 창왕, 공양왕까지 폐위하고 역성혁명(易姓革命)에 성공했다. 이성계(1335~1408, 재위 1392~1398)는 국호를 조선이라 정하고 도읍을 한양으로 천도하여 경복궁(景福宮)을 지었다. 또 정도전에게 경국대전을 편찬하게 하였으며 1403년 주자소를 설치하여 동활자를 주조하고 서적을 인쇄하는 등 적극적인 문화정책을 폈다.

역성혁명에서 역성이란 군주의 가문을 다른 가문이 대체한다는 뜻이며 혁명은 천명(天命)을 바꾼다는 뜻이다. 역성혁명은 무력에 의한 정권 교체를 의미하며 그 학설은 맹자가 확립한 것이다. 맹자는 군주가 그 지위를 유지하는 것은 천명(天命)에 따른 것이며, 천명은 인심(人心)에 의해 좌우된다고 주장했다. 인심에 영향을 주는 것은 군주의 덕(德)이며 따라서 군주가 덕이 없으면 인심을 잃게 되고 이에 따라 천명이 그 군주에게서 떠나게 된다. 그래서 인심은 새로운 유덕자를 찾게 되고 천명이 그 유덕자에 내려 기존의 군주를 몰아내고 새로운 군주를 세우게 된다는 것이다. 이와 같은 맹자의 역성 혁명론은 정권 찬탈자에게 찬탈을 합리화하는 이론적 근거가 되기도 했다. (백과사전)

전라북도 전주에 조성된 경기전(慶基殿)은 조선 시대 국조인 태조 이성계의 어진(초상화)을 봉안하고 제사 지내던 사당이다. 이성계가 출생한 함경남도 영흥군 순령면에 조성한 준원전(濬源殿)과 함께 가장 오랫동안 존속하며

태조 이성계 어진

전주 경기전

조선 왕조의 뿌리를 재확인하는 기념 장소가 되었다. 경기전의 '慶基'는 '경사스러운 터'이고 준원전의 '濬源' '깊은 근원'이라는 의미이다.

2. 왕조의 안정

조선의 기틀은 제3대 태종(1367~1422, 재위 1400~1418) 때 확립되었다. 태종은 혼란한 시대에 과감한 결단으로 조선 왕조의 기틀을 세웠다. 자신에 반대하는 개국공신 정도전을 제거하고 왕자의 난에서 승리하여 정권을 잡고 왕위에 올랐다. 개국 초 고려의 제도를 혁신해 새로운 제도를 세우고, 군사제도를 개혁하고 중앙의 권력을 강화했다. 또 숭유억불 정책을 펴 불교를 억제하고 유교를 사회질서 유지의 근간으로 삼았다. 세종(1397~1450, 재위 1418~1450)대에는 조선의 학문과 문화가 가장 번창하였다. 1420년 왕실의 연구소이자 도서관인 집현전을 설치하여 학자들에게 연구에 몰입하게 하였으며, 이를 위해 서적을 수집 제공하였다. 집현전(集賢殿)에서는 현명한 학자들이 모여 연구에 매진하였다. 조선조의 가장 정교한 동활자인 갑인자도 이때(1434) 주자소에서 만들어 냈다. 특히 훈민정음 창제 이후 한글 활자를 주조하여 갑인자와 병용,『석보상절』,『월인천강지곡』등 불서를 인쇄하였다. 세조(1417~1468, 재위 1455~1468) 때는 1463년에 홍문관(弘文館)을 설치하여 집현전의 기능을 이전하였으며, 유교 국가임에도 불구하고 개인적인 불심(佛心)으로 간경도감(刊經都監)을 설치하여 많은 불경과 국역 불서를 간행하였다.[1]

경국대전(經國大典)

조선 왕조의 기틀이 된 기본 법전으로 6권 4책이다. 조선 왕조 건국 전후부터 1484년(성종 15)에 이르기까지 약 100년간의 왕명, 교지(敎旨), 조례(條例) 중 영구히 지켜야 할 것을 모아 엮은 법전이다. 경국대전은 6조의 직능에 맞추어 이, 호, 예, 병, 형, 공의 6전으로 구성하였다.

3. 훈민정음(訓民正音) 창제

세종은 우리 글 훈민정음을 창제했다. 세종은 중국의 음운 관련 서적을 연구해 반대파들의 건의를 물리치고 1443년에 훈민정음을 창제하여 1447년에 반포하였다. 최만리 등 유학자들은 한자가 있으니 새로운 문자를 쓸 필요가 없다고 반대했으나, 세종은 이를 일축하고 스스로 문자 체계를 만들었고, 반포 전에 정인지, 신숙주 등 젊은 학자들에게 『훈민정음해례본』을 편찬토록 한 후 1447년에 반포하였다. 이와 함께 훈민정음을 사용해 만든 『용비어천가』(1447), 『석보상절』(1447), 『월인천강지곡』(1449)을 간행하여 글 표현의 시범을 보였다.

『訓民正音』 원본은 1940년 7월에 발견되어 국보로 지정되었으며, 서울시 성북구 간송미술관에 소장되어 있다.[2] 이 책의 첫머리에는 훈민정음 창

---

1 이종권. 1989. 『조선조 국역 불서의 간행에 관한 연구』. 성균관대학교 대학원 석사논문.

제의 동기와 목적을 다음과 같이 소상하게 설명하고 있다.

國之語音 異乎中國 與文字不相流通 故愚民有所欲言而終不得伸其
情者 多矣予 爲此憫然新制二十八字 欲使人人易習 便於日用耳

우리나라 말이 중국과 달라서 중국 문자를 가지고는 서로 소통할 수 없어
(한문을 모르는) 무지한 사람들이 말하고자 하는 바가 있어도 그 뜻을
제대로 표현할 수 없다. 내가 이를 딱하게 생각하여 새로 28글자를 만들었
으니 누구든지 쉽게 배워 일상생활에 편리하게 사용하기를 바랄 뿐이다.

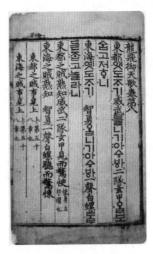

용비어천가

---

2 '간송(澗松)'은 우리 중요문화재를 수집하여 보존 전수한 전형필(1906-1962) 선생의 호이다.
전형필은 휘문고교를 거쳐 일본 와세다대학 법학과를 졸업했다. 일제강점기 문화재가 일본
으로 반출되는 것을 막기 위해 고서화와 골동품 등을 수집했다. 1938년 한국 최초의 사립박
물관인 보화각(葆華閣)을 개설하여 서화뿐만 아니라 석탑, 석불, 불도 등의 문화재를 수집,
보존하는 데 힘썼다. 그의 소장품은 대부분 국보 및 보물급의 문화재로 김정희, 신윤복, 김홍
도, 장승업 등의 회화 작품과 서예 및 자기류, 불상, 석불, 서적에 이르기까지 한국 미술사 연
구에 귀중한 자료가 되고 있다. 해방 후 문화재 보존위원으로 고적 보존에 주력했다. 1966년
보화각은 간송미술관으로 명칭이 변경되었다.

세계적 언어학자 세종대왕(신문 기사)

언어학 석학 "세종의 업적, 세계 언어사에 대단히 중요" 극찬

세계 언어학계가 언어사상가 세종대왕을 주목하기 시작했다. 드라마·K팝에서 시작된 한류 열풍의 동심원이 커지면서, 한국문화 독창성의 근간인 한글에 대한 관심도 높아지고 있다.

"세종대왕은 지적(知的)으로 재능 있는 실천적인 왕이었다. 문화, 과학, 기술적인 발전을 장려했다. 최고 업적은 한국의 알파벳 창제였다. 한글(Hangeul)은 세계 표기 체계 중에서도 경이(marvel)다. 공인된 우아함과 수학적인 일관성을 가진 표기법, 절묘한 언어 디자인, 그전까지 언어학계가 고수했던 표기 체계의 유럽 중심적 전제까지 전복했다. 그럼으로써 언어 연구에 공헌했다."

학문별로 '50대 주요 사상가' 시리즈를 출간해온 세계적인 인문 사회과학 전문 출판사인 영국 루트리지(Routledge)는 2011년 7월 '언어와 언어학의 50대 주요 사상가(Fifty Key Thinkers on Language and Linguistics)' 편을 내면서 세종대왕을 목록에 올렸다. 책에는 플라톤과 아리스토텔레스부터 비트겐슈타인, 소쉬르, 촘스키까지 고대부터 현대까지 내로라하는 언어사상가들이 등재됐다. 시기별로는 기원전 인물 4명을 필두로 중세 4명, 14~15세기 2명, 17~18세기 7명, 19세기 14명, 20세기 21명이다. 대부분이 서구인이다. 비서구권 인물로는 BC 4~5세기 고대 인도의 산스크리트 문법가인 파니니와 8세기 아랍어 문법책을 쓴 페르시아의 시바와이히, 그리고 세종대왕 단 세 명이다.

집필은 북미 언어사학회장을 지낸 마거릿 토머스 보스턴칼리지 교수가 맡았다. 토머스 교수는 "(같은 중국 한자권에 있던) 일본이 한자를 응용해 48자로 된 독자 음절문자 체계를 개발했음에도 여전히 자국에 맞지 않는 중국 모델에 묶여 있었던 반면, 세종은 다른 길을 택했다"면서 "한글은 중국어, 일본어의 표기 전통보다 언어 심리학적 현실을 훨씬 더 풍부하게 나타낸다"고 평가했다.

이 책은 지난달 25일 세계 언어학계 온라인 커뮤니티인 '링귀스트 리스트(Linguist List)'에 서평이 소개되면서 학자들 사이에 또 한 번 화제가 됐다. 이 사이트는 전 세계 언어학자들이 학문 정보를 얻고

교환하는 지식 마당이다. 서평을 올린 콜로라도메사대학의 줄리 브러치 교수는 "세종의 사상과 업적은 그 자체로 매혹적일 뿐 아니라, 세계 언어 사상 발달사(史)에서도 대단히 중요하다"고 썼다.

이정민 서울대 언어학과 교수는 "한글은 지금껏 일부 연구자 사이에서 높이 평가받아 왔다, 이번에는 창제자인 세종대왕을 언어학사에서 중요한 인물로 다뤘다는 점에서 특별한 의미가 있다"고 했다. 그동안 서구 학자들은 세계 주요 문자를 알파벳 대(對) 비 알파벳으로 양분해 자기네 알파벳이 비 알파벳(상형/표의문자)보다 낫다는 생각만 해 왔는데, 한글은 단순한 자·모음 결합에 그치지 않고 더 세분된 음운 특질까지 반영한 차원 높은 알파벳이라는 데 주목하게 됐다는 것.

해외 학자들의 연구도 깊어지고 있다. 작년 3월 케임브리지대 출판부는 『한국어의 역사(History of Korean Language)』를 내고 한글을 언어학 차원에서 새롭게 조명했다. 일본 언어학자도 가세했다. 노마히데키는 최근 출간한 『한글의 탄생 : 문자라는 기적』[3]에서 한글이 '앎의 혁명을 낳은 문자'라 극찬했다. 그는 "훈민정음이 민족주의적인 맥락에서 칭송받는 일은 적지 않으나 그보다 훨씬 더 보편적인 맥락 안에서 '지(知)' 성립의 근원을 비추고 있다"고 썼다. 이 책은 2010년 마이니치신문-아시아 조사회가 주는 저술상인 아시아 태평양상 대상을 받았다. 세계적인 진화생물학자이면서 언어학에도 일가견이 있는 저술가 제레드 다이아몬드 UCLA 교수 역시 저서 『총, 균, 쇠(Guns, Germs and Steel)』[4] 한국어판 서문에서 한글이 "세계 언어학자들로부터 세계에서 가장 뛰어나게 고안된 문자 체계라는 칭송을 받고 있다"고 썼다. 〈전병근 기자. 조선일보 2012. 1. 31〉

---

3 노마히데끼 저, 김진아, 김기연, 박수진 역. 2011. 『한글의 탄생 <문자라는 기적>』. 돌베개
4 제러드 다이아몬드 저, 김진준 역, 1997. 『총, 균, 쇠』. 문학사상사, pp.6~9.

4. 집현전(集賢殿)

조선 전기 세종 때 학문의 연구를 위해 궁중에 설치한 국책 연구기관이다. 집현전 제도는 중국 한(漢)나라에 발원한 것이다. 하지만 제도가 정비된 시기는 당나라 현종 때로 학사(學士)를 두고 강의, 장서 관리, 사서(寫書), 수서(修書) 등을 담당하게 하였다. 우리나라에서 집현전이라는 명칭이 처음 사용된 것은 고려 인종 때로 당시 연영전(延英殿)을 집현전으로 개칭하고 대학사(大學士), 학사(學士)를 두어 교육과 연구에 종사하게 했다. 하지만 충렬왕 이후 유명무실한 기관이 되었다. 조선 시대에는 정종 때 집현전이 설치되었으나 얼마 뒤 보문각(寶文閣)으로 개칭했다가 곧 유명무실해졌다. 그러나 세종 2년(1420)에 궁궐 안에 집현전을 설치하면서 학자 양성과 연구에 전념하게 하였다. 세종대에는 일단 집현전 학사에 임명되면 다른 관직으로 옮기지 않고 그 안에서 차례로 승진해 직제학 또는 부제학에까지 이르렀고, 그 뒤에 육조나 승정원 등으로 진출하는 것이 보통이었다. 이처럼 오랫동안 연구직으로서 학자들의 연구에 편의를 제공하고 많은 도서를 수집, 인쇄하여 집현전에 모아 보관하였으며 휴가를 주어 산사(山寺)에서 마음대로 독서하고 연구하게 하는 사가독서제를 시행하였다.

집현전은 학문 연구기관으로서 제도적으로는 도서의 수집과 보존 이용 기능, 학문 활동 기능, 국왕의 자문 기능 등을 수행하였다. 집현전은 많은 서적을 편찬함으로써 조선 초기 학문 발전에 크게 공헌하였다. 특히 『운회언역(韻會諺譯)』, 『용비어천가 주해(龍飛御天歌註解)』, 『훈민정음해례(訓民正音解例)』, 『동국정운(東國正韻)』, 『사서언해(四書諺解)』, 『치평요람(治平要覽)』, 『자치통감훈의(資治通鑑訓義)』, 『고려사(高麗史)』, 『고려사절요(高麗史

節要)』,『태종실록(太宗實錄)』,『세종실록(世宗實錄)』등을 편찬해 냈다.

5. 주자소

조선 시대 활자의 주조를 관장하던 관서로 고려 시대의 서적포에서 유래되었다. 조선은 고려 말기의 관제를 그대로 따랐기 때문에 처음에는 서적원을 설치하고 목판으로『대명률직해 大明律直解』등 서적을 인쇄하였다. 하지만 숭유우문정책(崇儒右文政策)을 추진하기 위해서는 다양한 책을 찍어 널리 보급해야 했기 때문에 주자 인쇄시설의 설치가 필요하게 되었다. 그 결과 1403년 2월에 주자소라는 인쇄기관을 대궐 안에 설치하였다. 주자소에서는 계미자, 갑인자, 경자자 등 많은 활자를 주조하여 서적을 인쇄하였다. 특히 훈민정음 반포 이후 한글 활자를 주조하여 용비어천가, 석보상절, 월인천강지곡 등을 갑인자와 한글 활자를 병용, 인쇄하였다.

6. 간경도감(刊經都監)

조선 초기 세조 때 불경의 국역과 간행을 맡았던 기관이다. 1461년(세조 7) 6월 왕명으로 설치했고 1471년(성종 2) 12월 폐지했다. 세종의 불서 편찬 및 간행을 도왔던 세조는 1457년(세조 3) 왕세자가 병으로 죽자 명복을 빌기 위해 친히 불경을 베끼고『법화경』등 여러 불경을 활자로 간행하기도 하였다. 이러한 경험을 살려 불경간행을 국가적인 사업으로 하기 위해 왕권으로 간경도감을 설치했다. 고려 때 대장도감(大藏都監)과 교장도감(敎藏都監)의 취지와 규모를 본떠 만든 간경도감은 중앙의 본사 외에도 지방의 개성, 안동, 상주, 진주, 전주, 남원 등지에 분사(分司)를 두었다. 직제는 도제조(都提調), 제조, 부제조, 사(使), 부사, 판관(判官)으로 구성되었다. 주요 사업은 명승(名僧)과 거유(巨儒)를 모아 불경을 국역하고 교감해서 간행하는 일이었고 불서를 수집하여 이를 국역, 간행했다. 불경 간행사업은 불경을 알기 쉽게 국문으로 번역, 간행하는 데 역점을 두었다. 이 국역본은 모두 형식과 체제를 하나로 통일하여 정교한 판본으로 간행되었다.[5]

7. 사대 사고

우리나라는 삼국시대부터 교육기관을 중심으로 기록 자료를 보존하고 활용하였다. 그 후 고려와 조선으로 내려오면서 역사자료 보존을 전담하는 기관이 설치되었다. 고려 시대에는 역사관인 춘추관(春秋館)을 두어 역사기록을 보존 활용하였으며, 고려 고종 때에는 사고(史庫)를 두었던 것으로 전해진다.

조선조에는 고려의 전통을 이어받아 일찍부터 중앙에 춘추관(春秋館)을 두고 충청도 충주(忠州)에 실록보존소를 설치, 운영하였다. 또 세종 21년(1439년)에는 경상도 성주(星州)와 전라도 전주(全州)에 추가로 사고(史庫)를 설치하여 사대 사고에 실록을 분산 보존하였다. 그러나 임진왜란 때 전주

---

5 이종권, 1989. 『조선조 국역불서의 간행에 관한 연구』. 성균관대학교 대학원 석사논문.

사고를 제외한 3곳의 史庫가 소실되었다. 이에 정부에서는 전주사고의 실록을 바탕으로 3질을 인쇄하고, 전주사고 원본 1질 및 교정본 1질과 함께 총 5질의 실록을 확보한 다음, 전주사고에 있던 원본은 강화도의 마니산(摩尼山)에, 교정본은 강원도의 오대산(五臺山)에, 새로 인쇄한 3질의 실록은 중앙의 춘추관, 경상북도 봉화의 태백산(太白山), 평안북도 영변의 묘향산(妙香山)에 각각 봉안함으로써 오대사고 체제를 확립하였다.[67]

이후 조선왕조실록은 일부가 규장각으로 편입되었으며, 1910년 국권의 상실로 일본인이 통치하는 조선총독부 관할로 들어가게 되었다. 일제치하 36년 동안 우리 기록문화재는 일인들에 의한 약탈로 분산되고 망실되는 수난을 겪었다.[8] 다음은 일본 도쿄대학 소장 조선왕조실록 반환과 조선왕조실록의 편찬 및 보존경과를 알 수 있는 신문 기사들이다.

> 한겨레21 인터넷판 2006. 8. 23
>
> 재주는 환수위가, 책은 서울대가…2004년 도쿄대 소재 파악 뒤 2억여 원 들여 협상하던 중 반전

6 이성무. 2006. "UNESCO 세계기록문화유산 조선왕조실록(朝鮮王朝實錄)". 『우리의 고전을 읽는다. 4 역사 정치』. 서울 : 휴머니스트. pp.57-70.
7 이춘희. 2004. "한국의 책 파괴의 역사". 뤼시엥 플라스트롱 지음, 이세진 옮김. 『사라진 책의 역사』. 서울 : 동아일보사. pp.8-15.
8 천혜봉. 1997. "전적(典籍) 문화재의 수탈과 유출-뺏아 가고, 얻어 가고, 싸게 사가고..". 『신동아』 1997년 6월호. pp.562-573.

조선왕조실록 오대산 사고본의 존재를 확인하는 데도 적지 않은 시간이 걸렸다. 애당초 오대산 사고본이 도쿄대 도서관에 있다는 사실은 1980년대 중반에 알려졌다. 당시 『조선실록 연구서설』을 펴낸 계명문화대학 배현숙 교수가 도쿄대를 조사하면서 관동대지진 뒤 오대산 사고본 46책을 3책 단위로 묶어 귀중서고에 보관한 사실을 밝혀낸 것이다. 그리고 지난 2004년 봉선사 총무 혜문 스님이 한국전쟁 때 사라진 '곤여만국지도'의 행방을 추적하다 오대산 사고본 47책이 보관됐다는 기록을 찾아냈다. 이때부터 불교계를 중심으로 오대산 사고본 환수를 위한 각계의 관심이 모아졌다.

그러다가 지난 3월 3일 '조선왕조실록 환수위원회'(공동의장 : 정념 스님, 철안 스님)가 공식 출범했다. 문화재청이 "오대산 사고본 46책을 도쿄대가 소장하고 있다"는 사실을 공식 확인해 월정사에 통보한 뒤였다. 환수위는 출범식 직후 일본 총리와 도쿄대 총장에게 보내는 '조선왕조실록 반환요청서'를 노회찬 의원(민주노동당)을 통해 주한 일본대사관에 전달했다. 그런 다음 환수위는 3월 15일 도쿄대를 방문해 정식 반환요청서를 전달하고 오대산 사고본이 47책임을 확인했고, 4월 17일 다시 도쿄대를 찾아 2차 협상을 하는 등 공식적인 환수 운동에 나섰다.

이즈음 일본이 국내법에 따라 오대산 사고본을 반환해야 한다는 견해도 나왔다. 월정사가 소송 당사자로 나서면 환수에 어려움이 없을 것이라는 이야기였다. 이렇게 환수위가 협상을 진행하면서 소송을 준비하는 동안 도쿄대는 다른 채널로 '기증'을 모색하고 있었다. 지난 5월 15일 도쿄대 사토 부총장이 서울대를 방문해 기증 의사를 밝힌 것이다. 이미 27책을 보관하고 있던 서울대는 곧바로 정운찬 총장 명의로 "도쿄대의 기증 결정에 감사하며 적극 수용하겠다"는 서한을 보냈다. 이렇게 보름 가까이 기증을 위한 물밑 협의를 진행한 끝에 서울대는 지난 5월 30일 오대산 사고본 왕조실록 47책을 되돌려 받기로 한 사실을 공개했다.

그야말로 환수위가 도쿄대의 이중 플레이에 당한 격이었다. 도쿄대로선 소송을 통한 환수의 위기를 서울대를 통한 기증으로 돌파할 수 있었고, 서울대는 손도 안 대고 코를 푸는 신기를 부렸다. 이에 견줘 도쿄대 방문 등에 2억 원 이상을 쏟아부은 환수위로선 '문화재 강탈' 소송을 제기할 수도 없게 됐다. 오대산 사고본 반환을 앞두고 유홍준 문화재청장, 환수위, 서울대 등의 관계자가 지난 6월 27일 만나 '서울대가 반환 창구 구실을 맡고, 소유권은 국가에 귀속'하기

강원일보 인터넷판(문화면 2006.12.12 기사)

되돌아본 2006 강원문화예술, 전통문화, 올 최대 이슈는 '오대
산 사고본 환향'

　유·무형문화재의 제자리 찾기, 올해 도민들의 최대의 관심사는 일
제가 강탈해간 이후 93년 만에 환국한 조선왕조실록 오대산 사고본
47책(국보 제151호)의 관리주체 선정이라고 해도 과언이 아니다. 문
화재청은 지난 8월 오대산 사고본 환국 고유제 및 국민 환영 행사
를 가졌으며 이때 문화재는 제자리에 있을 때 가치가 있다는 여론에
따라 사고본을 본래 보관장소인 오대산에 돌려놓겠다고 약속했다.
　그러나 세계적인 문화재를 보관할 수 있는 시설이 마땅치 않다며
문화재청이 관리주체 선정을 차일피일 미루고 있는 상태다. 당초 월
정사를 비롯한 민간이 앞장서 오대산 사고본을 환국시켰고, 강원도
가 조선왕조실록 기념관을 건립하겠다는 의지를 밝힌 만큼 도민들의
염원에 따른 문화재청의 결정이 나올 수 있을지에 눈과 귀가 쏠려
있다.

(한국일보 김주성 기자 블로그 2006. 7. 27 올린 글)

　조선왕조실록은 조선 제1대 태조 임금부터 제25대 철종 임금에 이
르기까지 역대 왕들의 행적을 중심으로 춘추관(春秋館)의 사관(史官)
들이 직필(直筆)로 서술한 조선 왕조의 국가기록입니다. 그 이후 임
금인 고종, 순종의 실록도 존재하나 이들은 조선 왕조에서 편찬된
것이 아니므로 통상 실록에서 제외됩니다. 총 1천 7백여 권에 달하

는 방대한 분량으로 국왕, 국정과 왕실문화와 같은 나랏일 전반에 걸치는 포괄적 내용을 담고 있습니다.

현재 정족산 사고본(1,707권 1,181책/서울대학교 규장각), 태백산 사고본(1,707권 848책/국가기록원), 오대산 사고본(27책/서울대학교 규장각), 기타 산엽본(21책/서울대학교 규장각) 등 총 2,077책이 국보 151호로 지정되어 있고, 세계기록유산에 등재되어 있습니다.

이번에 환수되어 전시되는 오대산 사고본은 관동대지진으로 대부분 사라지고 남은 74책 중 1932년 국내로 돌아온 27책의 나머지인 성종, 중종, 선조 3대 왕대 실록 47책입니다. 조선왕조실록이 이미 국보로 지정되어 있어서 오대산 사고본 47책도 추가 지정될 예정입니다.

조선일보

고종·순종실록 이제야 대접 받나

국사편찬위원회, 고종·순종실록 인터넷 서비스 (서울, 연합뉴스)
입력 : 2007.01.11.19:50

조선 왕조의 두 황제 고종과 순종의 실록이 비로소 조금 얼굴을 들 수 있게 됐다. 국사편찬위원회(위원장 유영렬)는 태조~철종실록까지만 열람할 수 있던 조선왕조실록 인터넷 서비스에 고종실록과 순종실록을 추가하기로 했다고 11일 밝혔다.

국사편찬위원회는 2005년 12월부터 조선왕조실록의 한문 원문과 한글 번역문을 조선왕조실록 홈페이지(http://sillok.history.go.kr)를 통해 서비스했으나 고종실록과 순종실록은 빠져있었다. 이는 고종실록과 순종실록이 일본 제국주의시대에 편찬됐기 때문이다. 실제로 이 두 실록은 국보로 지정되지 않았을 뿐만 아니라 유네스코 세계유산 목록에도 빠져있다.

국사편찬위원회는 그동안 조선왕조실록 홈페이지를 통해 "두 실록은 조선 시대의 엄격한 실록 편찬 규례에 맞게 편찬되지 않았을 뿐만 아니라 사실의 왜곡이 심해 실록으로서의 가치가 떨어지기 때문"
이라고 설명해 왔다. 그러나 고종실록과 순종실록도 엄연히 조선 왕
의 행적을 기록한 역사자료이므로 조선왕조실록에 포함해야 한다는
목소리도 작지 않았다. 또 고종실록과 순종실록이 일본인에 의해 왜
곡됐다면 고종 이전의 실록도 당시의 정치적 이해타산에 따라 취사
선택된 것도 사실이다. 실제로 선조실록과 현종실록, 경종실록은 서
로 다른 판본이 복수로 존재한다.
  조선왕조실록 홈페이지를 통해 열람할 수 있는 고종·순종실록은
한문 320만 자에 달하는 분량이다. 국사편찬위원회는 원문에는 없는
17종의 문장 기호를 추가했으며 기존 조선왕조실록과 동일한 문체로
수정한 번역문을 함께 실었다. 국사편찬위원회는 "두 황제의 실록은
조선 왕조 최후의 역사와 근대사를 연구하는데 1차 사료로 사용되고
있고, 역사문화 자산으로서의 가치가 있다"고 이번 조치의 이유를
설명하면서도 "두 실록과 이전의 실록들은 엄연히 그 위상이 다르
다"고 밝혔다.

조선왕조실록은 1960년대 후반부터 남한과 북한에서 각각 번역을 시작
하였다. 남한에서는 1968년부터 1993년까지 25년에 걸쳐서, 북한에서는
1970년부터 1981년까지 11년에 걸쳐서 번역되었다. 또한 1995년에는 '국
역 조선왕조실록'이 CD-ROM으로 제작, 보급되었으며, 1997년 9월에는 유
네스코 세계기록유산으로 등재되었다. 2003년 국사편찬위원회는 실록 전
질을 '원전, 표점 조선왕조실록'이라는 제목으로 CD-ROM으로 제작하였으
며, 2005년에는 '국역 조선왕조실록' CD-ROM과 함께 국사편찬위원회의
홈페이지(www.history.go.kr, 조선왕조실록)에 올림으로써 일반인도 실록의
원문과 번역본을 무료로 열람할 수 있게 되었다.[9]

8. 존경각(尊經閣)

존경각은 조선조의 최고 교육기관인 성균관에 부속된 도서관이었다. 성균관은 고려 시대의 국자감을 이은 국가 최고의 교육기관이었다. 국자감은 고려 충렬왕 24년(1298)에 '성균감'으로, 같은 왕 34년(1308)에는 '성균관'으로 명칭이 변경되었다. 따라서 '성균관'이라는 명칭은 고려 시대부터 사용되었으며 개경에 자리 잡고 있었다.[10]

성균관이 서울에 건립된 연유는 조선의 개국과 한양 천도에 따른 것이었다. 이성계가 역성혁명으로 고려왕조를 인수하였지만, 초기에는 개경에 머물면서 고려의 문물제도를 그대로 계승하였다. 태조 2년(1393)에는 국호를 '조선'으로 정하고, 태조 3년(1394) 8월에 수도를 한양으로 천도(遷都)하였고, 태조 4년(1395)부터는 한양의 궁궐(경복궁), 종묘, 사직, 성곽 등 도시 건축에 착수하였다. 교육기관인 성균관은 도시기반시설을 어느 정도 갖춘 후 태조 6년(1397) 3월에 착공하여 태조 7년(1398) 7월에 완공하였으며, 이 때부터 500여 년간 조선조의 대학교육을 담당하였다.[11]

성균관은 창건 이후 77년 동안 도서관이 없었으나 성종 5년(1474) 좌의정 한명회가 경연에서 교육을 위한 장서의 부족과 교육의 부실에 대한 문제점을 보고하고 그 대책을 건의함으로써 도서관이 창건되게 되었다.[12]

---

9 이성무. 2006. UNESCO "세계기록문화유산 조선왕조실록(朝鮮王朝實錄)". 『우리의 고전을 읽는다. 4 역사 정치』. 서울 : 휴머니스트 pp.68-69.
10 성균관대학교사 편찬위원회. 1978. 『성균관대학교사』. p.19.
11 성균관대학교사 편찬위원회. 1978. 『성균관대학교사』. pp.22-24.
12 국사편찬위원회 홈페이지 조선왕조실록에서 발췌(2007.2.9).

조선왕조실록 성종 5년(1474 갑오/명나라 성화(成化) 10년)
12월 2일 계미 2번째 기사

한명회가 성균관의 장서 확보와 향교의 서책 관리, 진의 축성에 대
하여 아뢰다
경연(經筵)에 나아갔다. 강(講)하기를 마치고, 영사(領事) 한명회(韓明
澮)가 아뢰기를, "성균관(成均館)은 풍화(風化)의 근원이요, 인재(人材)
의 연수(淵藪)인데, 지금 장서(藏書)가 얼마 되지 아니하여, 배우는
이들이 불편해 합니다. 청컨대 문무루(文武樓)의 예(例)에 의하여 모
든 경사(經史)는 인출(印出)함에 따라서 이를 소장(所藏)하게 하소서.
그리고 주(州)·부(府)·군(郡)·현(縣)의 학교가 엉성[疎闊]하며, 교수
(敎授)하는 자가 훈회(訓誨)를 일삼지 않고, 구차스럽게 세월[日月]만
보내며, 수령(守令) 또한 여사(餘事)로 보아, 횡사(黌舍)에 이르러서도
또한 수즙(修葺)을 하지 아니합니다. 청컨대 이제부터는 향교(鄕校)의
건물[室宇]과 서책(書冊)을 아울러 해유(解由)에 기록하도록 하고, 또
학교의 영(令)을 거듭 밝혀서 문풍(文風)을 떨치게 하소서." 하니, 임
금이 이를 받아들였다.

이렇게 한명회의 건의로 도서관의 건립이 추진되었고, 한명회는 개인의
사재로 도서관 건립비용을 내놓았으며, 일부 문신들도 사재를 내놓아 성종
6년(1475)에 도서관의 건물이 세워졌다. 성종은 이 건물의 명칭을 '존경(尊
經)'이라고 짓고, 많은 서적을 공급할 뿐 아니라 전담 관리직을 임명함으로
써 존경각은 400여 년간 성균관의 부속 도서관으로 국립대학도서관의 기
능을 수행하게 되었다.[13]

성균관대학교는 조선조의 성균관을 계승한 대학이다. 성균관대학교의

로고 마크에는 1398이라는 숫자가 새겨져 있는데, 이는 조선 태조 7년의 성균관 창건을 그 설립연도로 본다는 의미이다. 존경각의 장서는 화재 및 임진왜란으로 소실되거나 도난을 당하는 등 수난을 겪었다. 조선 말에 남아 있던 존경각의 고서들은 성균관대학교에 계승되었다. 존경각(尊經閣)은 성종 6년(1475년)에 성균관(成均館)에 설치된 후 400년 이상 성균관 유생(儒生)들의 학문연구를 지원하였던 우리나라 최초의 대학도서관이다. 그 당시의 장서는 주로 사서오경 100질, 제자백가 1,000여 종을 포함하여 50,000여 책이었다고 전한다. 존경각의 옛 건물은 현재 성균관대학교 구내의 문묘 일원 명륜당의 뒤편에 남아 있다.

> ### 서울 문묘일원(文廟一圓)
> ### 지정번호 : 사적 제143호
> ### 소재지 : 서울특별시 종로구 명륜동 3가 53번지
>
> 이곳은 공자 즉 문선왕과 우리나라 및 중국 성현들의 위폐를 모시고 제사를 드리는 사당이다. 태조 7년(1398)에 세워진 이곳은 그 후 몇 차례 다시 지어졌고, 고종 6년(1869)에 크게 수리하였다. 현재 이곳에는 보물 제141호로 지정된 서울 문묘의 대성전(大成殿)과 명륜당(明倫堂), 동무(東廡), 서무(西廡)와 삼문(三門)이 있고, 이들 건물 외에 동재(同齋), 서재(西齋), 존경각(尊經閣), 양현고(養賢庫) 등의 시설물이 사적으로 지정되어 있다.
> 이곳의 총면적은 4만 461㎡이다. 동재와 서재는 대성전 뒤편에 있는 명륜당의 좌우에 있는 건물로서 학생들이 거처하던 곳이다. 그 뒤에는 도서관 역할을 하던 건물인 존경각이 있다. 양현고는 교육경비로 쓰이던 돈과 곡식의 출납을 담당하던 곳이다.

---

13 이춘희. "존경각고". 『대동문화연구』 제10집.

문묘를 받들고 있는 성균관에서는 오늘날도 매년 봄가을에 공자를 제사하는 석전제(釋奠祭)를 지낸다. 성균관은 지방 230여 곳에 있는 향교(鄕校)를 관할하여 현대사회에 필요한 도덕 윤리를 널리 주지시키고 올바른 민족문화를 계승하고 발전시켜 나가는 역할을 담당하고 있다. (성균관 문묘 안내문)

성균관대학교 존경각 홈페이지 소개

2000년 3월 1일 동아시아학술원의 출범과 함께 개관한 존경각(尊經閣)은 동아시아학 연구의 기반 조성과 효율적 지원을 위하여 설립한 동아시아학 전문 자료정보센터이다. 존경각은 본교 중앙도서관 고서실(古書室)과 대동문화연구원 자료실을 통합하여 출범하였다. 존경각의 명칭은 조선조 성종 6년(1475년)에 성균관(成均館)에 설립되어 수백년 동안 성균관 유생(儒生)들의 학문 연구를 지원하였던 우리나라 최초의 대학도서관인 '尊經閣'에서 유래한다.

존경각은 국내외의 관련 학술 자료 및 연구 성과를 체계적으로 수집·정리·가공하여 연구자들에게 제공하는 것을 그 주요 기능으로 하고 있다.

현재 존경각은 고전서적(古典書籍)인 한적(漢籍) 8만여 책과 동아시아학 관련 학술서적 및 일반자료 1만여 권을 소장하고 있다. 이 중에는 성헌(省軒) 이병희(李炳憙) 문고(文庫), 중재(重齋) 김황(金榥) 문고(文庫) 등 개인이 기증한 한적(漢籍)으로 이루어진 14개의 개인 문고가 있다. 이들 문고는 그 자체의 내용적인 가치뿐만 아니라 원소장자의 역사적, 사회적 비중으로 인해 학계의 많은 관심을 받고 있다. 이들 자료는 학술원의 연구원, 본교 교수, 학생은 물론 본교를 찾는 외부 연구자들에게도 널리 이용하도록 하고 있다.

앞으로도 학교 당국의 지대한 관심과 지원에 힘입어 국학·동양학 연구자료 확충 5개년 계획을 추진하여, 경서류(經書類), 국문학(國文學) 관계 자료, 고문서(古文書) 등과 성균관 관련 자료를 집중 구입

할 계획이다. 이 계획이 완료되면 존경각은 국학(國學) 및 동양학 연구자료의 본산으로서의 우월적(優越的) 위상 확보나 자체 연구역량 제고, 외부 지원 증가 및 우수인력 유치 등 다양한 효과를 거둘 수 있을 것으로 기대된다.

존경각은 동아시아학 관련 자료 정보센터의 기능을 수행하고 있다. 현재 소장 도서 목록 1만 3천여 건의 데이터베이스를 구축하여 교내외 어느 곳에서라도 인터넷을 통하여 검색 가능하며, 또 일반고서(古書)의 원문(原文) 47만여 쪽을 Web을 통하여 원문 이미지로 조회할 수 있어 고전과 첨단의 아름다운 만남을 보여주고 있다. 존경각은 향후 연구자들의 편의를 위해 국내외의 동양학 관련 학술정보를 파악하여 신속히 제공하고, 아울러 정보의 공유 및 대외적 홍보 차원에서 동아시아학술원 산하 기관의 연구 성과를 효율적으로 외부에 소개할 수 있도록 지원하게 된다. 이를 통하여 존경각은 한국학·동아시아학의 원전자료(原典資料)와 연구 결과물을 네트워크화하는 동아시아도서관으로 거듭 나게 된다. (2012.9.23 열람)

9. 서원(書院)

서원의 기원은 중국 당나라 말기부터 찾을 수 있지만, 제도화된 것은 송나라에 들어와서이다. 특히 주자가 백록동서원(白鹿洞書院)을 열고 도학 연마의 도장으로 보급한 이래 남송, 원, 명을 거치면서 성행하게 되었다. 우리나라에서는 1543년(중종 38) 풍기군수 주세붕(周世鵬)이 고려 말 학자 안향(安珦)을 배향하고 유생을 가르치기 위하여 경상도 순흥에 백운동서원(白雲洞書院)을 창건한 것이 그 효시이다. 그 후 전국 각지에 서원을 두고 경학을 가르쳤으며 교육에 필요한 장서를 관리하였다. 서원은 지방에서 유학 교육을 통해 지식인을 양성하는 곳으로 선현을 모시는 사당을 가지고 있었으며, 엄격한 규칙으로 운영되었다. 서원은 선현의 존중과 후세 교육이라는 두 가지 기능을 수행하였다. 따라서 선현에 제사를 지내는 공간인 사당, 교육을 담당하는 공간인 강당, 유생들이 공부하며 숙식하는 공간인 동재, 서재로 크게 나누어졌다. 또 문집이나 서적을 펴내는 장판고, 목판과 서적을 보관하는 장서각이 있다.

2019년 5월 14일 인터넷에 반가운 기사가 올라왔다. 우리나라가 유네스코 세계유산으로 등재 신청한 '한국의 서원(Seowon, Korean Neo-Confucian Academies)' 9곳이 유네스코 세계유산에 등재될 것으로 보인다는 기사였다. 유네스코 세계문화유산 등재는 세계유산위원회(WHC : World Heritage Committee) 자문기구인 국제기념물유적협의회(ICOMOS : International Council on Monuments and Sites, 이코모스)의 심사 결과에 의거 세계유산위원회(WHC)에서 결정하는데 이코모스가 '한국의 서원'을 등재 권고했다는 것이다(이코모스는 각국이 신청한 유산을 조사하여 등재 권고, 보류, 반려, 등재 불가 네 가지 권고안 중 하나를 선택해 유네스코 세계유산위원회와 당사국에 전달하며 등재 권고한 유산은 이변이 없는 한 등재 결정된다).

2019년 7월 6일 아제르바이잔 바쿠에서 열린 제43차 유네스코 세계유산위원회에서는 한국의 서원 중 9곳을 유네스코 세계문화유산에 등재한다고 발표했다. 이 서원들은 '한국의 서원(Seowon, Korean Neo-Confucian Academies)'이라는 이름으로 한국의 14번째 세계문화유산으로 등재되었다. 이 9곳의 서원은 다음과 같다.

소수서원(1543) 안 향 : 경상북도 영주시 순흥면 소백로 2740
남계서원(1552) 정여창 : 경상남도 함양군 수동면 남계서원길 8-11
옥산서원(1573) 이언적 : 경상북도 경주시 안강읍 옥산서원길 216-27

도산서원(1574) 이　황 : 경상북도 안동시 도산면 도산서원길 154

필암서원(1590) 김인후 : 전라남도 장성군 황룡면 필암서원로 184

도동서원(1605) 김굉필 : 대구광역시 달성군 구지면 구지서로 726

병산서원(1613) 유성룡 : 경상북도 안동시 풍천면 병산길 386

무성서원(1615) 최치원 : 전라북도 정읍시 칠보면 원촌1길 44-12

돈암서원(1634) 김장생 : 충청남도 논산시 연산면 임3길 26-14

이로써 세계유산에 등재된 우리나라의 세계유산은 총 14건이 됐다.

1995년 해인사 장경판전

1995년 종묘

1995년 석굴암·불국사

1997년 창덕궁

1997년 수원화성

2000년 고창·화순·강화 고인돌 유적

2000년 경주 역사유적지구

2007년 제주 화산섬과 용암동굴,

2009년 조선왕릉

2010년 한국의 역사 마을: 하회와 양동

2014년 남한산성

2015년 백제 역사유적지구

2018년 산사, 한국의 산지승원

2019년 한국의 서원

장성 필암서원 학술답사 일기

중략 - 버스를 타고 고창읍으로 이동했다. 고창읍에는 제법 큰 마트와 식당들이 있었다. 12시가 좀 넘어 우리는 홀이 아주 넓은 '본가'라는 식당에서 맛있는 별미를 먹었다. 규장각 인솔 팀이 사전 예약해 놓은 메뉴다. 품목은 백합죽, 통상 죽이라 하면 별 영양가가 없다고 생각하기 쉬운데 요즘은 죽이 고급 메뉴에 든다. 그래서 죽값도 만만하지 않다. 메뉴판을 보니 백합죽은 1인당 1만 3천 원. 처음 먹어보는 죽인데 백합은 조개의 일종이라 한다. really? or lily? 죽을 먹기 전 백합 조개와 오이를 섞은 백합 회무침이 나왔다. 색다른 느낌, 감칠맛이 났다. 따스한 조개 국물도 맛보았다. 백합 조개 하나로 회무침과 국물, 그리고 부드러운 쌀죽까지 백합 향기 그윽한 남도 음식을 먹으니 소화도 잘될 것 같고 기분도 좋아 다시 한번 남도 음식의 맛과 멋을 신뢰하게 되었다. 함포고복, 커피까지 걸치고 1층으로 내려왔다. 1층에는 대형 하나로 마트가 있었다. 일행은 마트에 들러 저마다 물건을 사기 시작했다. 나는 900원짜리 복분자주 샘플 3병을 사 배낭에 넣었다. 샘플인데 왜 돈을 받지? 하하. 그냥 주는 게 샘플 아닌가? 화장품 샘플은 그냥 주던데. 하지만 샘플 병이 앙증맞고 예쁘게 생겼다. 버스 내 옆 좌석에 앉았던 할머니는 복분자주 샘플을 10병이나 샀다. 병이 예뻐서 병 모으기 운동의 일환으로 산다고 했다. 아마 그 할머니 집에는 올망졸망한 잡동사니들이 가득할 것 같다는 상상을 했다. 밖에 나오니 길 건너 잔디밭 키 작은 벚나무에 꽃이 피었다. 이 벚나무는 가을을 봄으로 착각하나 보다. 봄엔 어쩌려고, 지금 10월에 꽃을 피우나, 저러다 버찌 씨앗 기능을 잃지는 않을까. 꽃이 씨 기능을 잃으면 어떻게 될까? 꽃이 식물의 생식기라는데. 하하. 웃을 일이 아니네.

점심 후 버스는 굽이굽이 산을 넘었다. S자 굴곡이 장난이 아니다. 몸이 좌로 우로 쏠리기를 여러 차례, 그래도 덩치 큰 버스는 힘이 좋아 잘도 넘는다. 어느새 고개를 넘었다. 전라북도에서 전라남도로 월경을 하는데 그 월경 값으로 준령이 텃세를 부리나 보다. 아마 노령산맥? 호남평야지대라 준령은 다소 의외다. 하지만 북도와 남도의 기후를 바꿀 만큼 큰 준령은 아니다.

필암서원(筆巖書院)에 이르렀다. 붓 필(筆), 바위 암(巖), 이곳의 지명이 저 앞산에 있는 붓처럼 생긴 바위로 인해 '필암'이 되었다고 한다. 필암서원은 김인후(1510-1560)의 고향, 김인후는 내가 중학교 시절에도 들어본 귀에 익은 인물이다. 그는 조선 중종 5년(1510)에 나서 명종 5(1560)년에 생을 마감했다니 불과 50년을 살다간 인물인데 업적은 범상하지 않다. 사전을 찾아보니 김인후는 전남 장성 출신으로 본관은 울산(蔚山). 자는 후지(厚之), 호는 하서(河西) 또는 담재(湛齋)라고 나온다. 예전 분들은 웬 이름이 저리 많은지, 본명과 필명 하나면 됐지, 무슨 자네, 호네, 번거롭다. 이것도 다 해당 인물의 이상적 삶을 표현하는 수단이었을까? 그렇다면 김인후가 어릴 때 사용한 자(字) 후지(厚之)는 장차 후덕(厚德)한 인물이 되라는 의미? 커서의 명칭 호(號) 하서(河西)는 섬진강 서쪽에 사는 사람? 그런데 담재(湛齋)는 또 뭘까? 맑을 담(湛), 단정할 재(齋), 맑고 단정한 사람? 한자에 따라 나대로 해석한 것이지만 그럴듯해 보인다. 사람이 어렸을 때부터 평생 어떤 바람직한 특색 있는 인물로 살고자 한 옛사람들의 이상 정신, 그리고 희망이 느껴지지 않는가? 요즘 사람들은 자기 이름의 의미와 특성을 잘 모르고, 그래서 삶을 별생각 없이 살고, 그래서 명분을 지킨다는 말이 뭔지 숙고하지 않는데, 예전 사람들은 일생에 이름값을 다하는 명분 있는 삶을 매우 중요시했나 보다. 이런 점에서는 옛사람들이 현대인보다 더 현명했던 것 같다. 너도 법정 스님을 패러디한 너의 호, 법종(法鐘), 그리고 도림 스님이 지어준 법명, 혜공(慧空)을 다시 마음에 새기고 여생을 그런 마음으로 살아야 할까 보다.

장성군청에서 나왔다는 해설사의 설명을 들어보니 남도 사투리가 약간 더 두드러진다. 아하, 이게 북도와 남도의 차이로군. 전시관에 들어가서 김인후의 학문과 행적을 살펴보았다. 우선 필암서원 안내 자료에는 김인후를 다음과 같이 소개하고 있다.

"김인후는 조선 중기의 문신으로 1540년 문과에 합격하고 1543년 홍문관 박사 겸 세자 시강원 설서(說書 : 조선 시대 세자시강원의 정7품 벼슬)를 역임하여 당시 세자였던 인종을 가르쳤다. 1945년 인종이 즉위 8개월 만에 사망하고 을사사화가 일어나자 병을 이유로 사직하고 고향인 장성에 들어와 성리학 연구와 후학 양성에 정진하였다."

전시관을 주마간산하며 사진을 몇 장 찍었다. 유리 상자 속에 책과 목판 등이 제법 있었다. 김인후의 저서로는 『하서집(河西集)』, 『주역관상편(周易觀象篇)』, 『서명사천도(西銘四天圖)』, 『백련초해(百聯抄解)』와 시문집(詩文集) 10여 권이 있다고 한다. 철학자이면서 문인이었던 셈. 그리고 홍문관과 성균관에 근무한 교수 겸 사서였던 것 같다. 성균관에서 전적(典籍)이라는 직을 역임했다니. 전적은 책 그 자체다. 전시관을 나와 서원을 둘러보니 역시 예전의 지방대학 캠퍼스 같은 느낌, 서원 안에는 도서관 격인 장판각이 남아 있다. 작은 건물이지만 마치 해인사 장경판전처럼 바람이 통하도록 창문이 나 있다. 해인사 장경판전과 다른 점은 창문이 상하로 있지 않고 아랫부분만 있다는 것이다. 건물 규모가 작아서 그랬을까? 찬 바람과 더운 바람이 순환하기는 좀 어렵지 않을까 싶다. 들여다보니 선반에 목판이 책처럼 빼곡히 꽂혀있다. 와, 목판을 여기서도 보네. 서울대 규장각에서는 지금 목판 특별전을 하고 있는데, 그리고 나는 이번 동계 계절 학기에 서지학 강의를 맡았는데 이런 실물 목판들을 두루 볼 수 있다니 너에겐 참 행운이로고. 내친김에 안동 한국국학진흥원에도 가보고 싶네. 장성군에서 나온 문화 해설자는 설명을 마치며 김인후의 시조를 음악성을 배제한 채 마치 음치처럼 읊어 보였다.

청산도 절로절로 녹수도 절로절로
산절로 수절로 산수간에 나도절로
이중에 절로 자란 몸이 늙기도 절로하리라.

〈글 이종권. 2017.10.27.(금)〉

10. 실학

실학이라는 용어는 조선 전기부터 있었으나 그 개념은 조선 후기의 실학과는 다른 것이었다. 조선 후기의 실학자로 지칭되는 사람들은 경세치용(経世致用), 이용후생(利用厚生), 실사구시(實事求是)의 학문을 강조했다. 유형원(柳馨遠, 1622~1673)과 이익(李瀷, 1681~1763)은 치국평천하(治国平天下)에 유용한 학문을 지향해야 한다고 강조했다.

황윤석(黃胤錫, 1729~1791)은 이학(理學)의 공부에 힘쓰고 '주역'을 비롯한 경서도 연구하였으나, 북경을 거쳐 전래 된 서양의 지식을 받아 이를 소개하고, 종래의 이학과 서구의 새 지식과의 조화를 시도했다.

홍대용(洪大容, 1731~1783)은 실학이라는 용어를 사용, 공리(功利)나 노장사상, 불교, 성리학 등과는 다른 학문체계를 제시하였으며, 특히 과학의 연구에 주력했다.

박지원(朴趾源, 1737~1805)은 농공상(農工商)의 이치를 포함하는 실제의 학문을 실학이라고 하고 농업, 수공업, 상업에 종사하는 사람들이 일을 잘 못하는 것은 그들에게 실학이 없기 때문이라 했다.

정약용(丁若鏞, 1762~1836)은 당대의 성리학을 잡학(雜學)이라고 하면서 치국안민(治國安民)의 목적을 달성하기 위해서는 행정실무에 뛰어나 어떠한 일이라도 잘 처리할 수 있는 인재의 양성을 주장했다.

김정희(金正喜, 1786~1856)는 실사구시(實事求是)를 중시하는 학문 태도를, 최한기(崔漢綺, 1803~1879)는 사농공상에 걸쳐 실사(實事)를 실지(實地)로 탐구 실천할 것을 강조했다.[14]

---

14 자세한 것은 실학박물관. 2010.『한국 실학의 종합적 고찰』참조

학술답사 고창 황윤석 생가

서울대 규장각 금요 시민강좌팀이 주관하는 고적 답사에 동참했다. 학기마다 한 번 수강생들에게 제공하는 일종의 경로우대 나들이. 회비 2만 원만 내면 왕복 관광버스비(안전 보험료 포함), 물, 점심 식사, 해당 고적의 역사와 지리에 관한 독서 자료를 제공해준다. 그리고 더욱 큰 특혜는 개인적으로는 가보기 어려운 우리 산천의 정겨운 풍경을 옛 추억과 함께 몸소 맛볼 수 있게 해준다는 것이다. 오늘 가는 곳은 전북 고창에 있는 조선 후기 실학자 황윤석 선생 고택, 전남 장성에 있는 필암서원과 무장읍성이라 한다.

어젯밤 10시 야간강의를 마치고 11시에 귀가한 탓에 다소 피로감이 있었지만 잠을 깨니 머리가 제법 맑다. 새벽 4시, 나이 들면 잠이 적은 게 보배다. 집에서 7시에 출발하면 되므로 3시간 여유가 있는데 또 누워 있을 수는 없다. 그랬다간 온수 따뜻한 이불 속에서 또 스르르 잠들 수 있으니. 그래서 컴퓨터 앞에 앉아 어제 초안 잡은 "사랑하는 도서관, 사랑받는 도서관" 원고를 수정하여 청탁자께 이(e) 메일을 날렸다. 요즘은 메일을 보낸다는 말 대신 '날린다'라는 말을 잘 쓴다. 하하. 그리고 아침 식사를 했다. 메뉴는 고추장 김밥, 풋고추 된장, 볶은 땅콩, 홍시 한 개. 맛있다. 그리고 꺼내 놓은 배낭에다 하루 돌아다닐 생필품을 챙겼다. 물, 과자, 구운 달걀, 소금, 초콜릿, 막대 커피, 메모지, 카메라 봉, 스마트폰, 돈 3만 원, 그리고 회색 줄무늬 남방에 얇은 주황색 등산 재킷, 검은 막바지에 회색 운동화, 머리엔 360도 차양 둥근 모자를 얹고 거울을 보았다. 오케이, 안전 점검 차 숙소를 3번 순회한 다음 7시에 집을 나섰다.

하나, 둘, 걸음 준비운동을 하고 가락시장역까지 5백m 마라톤을 했다. 얼굴에 다가오는 청량한 바람이 짙은 가을 맛을 풍기는 아침, 하늘 단풍과 지상 낙엽이 정겹게 다가와 시상을 돋운다. 좋다. 거리 청소부가 군데군데 모아 놓은 낙엽 더미를 발로 휘젓고 달려가고 싶은 동심이 왔다. "파괴는 건설이다." 하지만 중후한 인격이 차마 그럴 순 없지. 하하. 6번 출구 지하철역으로 내려가는 에스컬레이터가 고장이다. 그 에스컬레이터는 상습적으로 작동을 멈추는 고장 다발 에스컬레이터다. 내가 고장 신고한 것만도 몇 차례. 좀 제대로 고치지 않고 역무원들이 뭣들 하고 있나. 5번 출구로 우회했다.

곧 전철 열차를 탔다. 역시 무임승차. 너무 무임승차를 많이 하고 다니는 것 같아 미안한 마음이 든다. 그래도 서울시에서 주는 복지 혜택이니 고맙게 받아들여야 한다. 문제는 노인이 저리 많이 다니는데 다 무임승차라니 지하철 경제가 적자 날까 걱정된다. 8시 3분 전에 사당역에 도착, 1번 출구 공용주차장을 향해 경보했다. 8시 정각, 기다리고 있는 버스 규장각 2호 차에 올랐다. 자리가 꽉 차 제일 뒤 높은 자리에 앉았다. 왼쪽으로 둘, 오른쪽으로 하나, 뒷줄 세 분이 다 여자 어르신들이다. 내가 시간을 너무 딱 맞춘 건 희소한 일이다. 10분 정도는 먼저 도착해야 내 적성에 맞는데. 하지만 버스는 코리안 타임을 잘 지키고 8시 11분에 출발했다.

답답한 시내를 벗어나니 으레 그러하듯 자연 들녘이 펼쳐진다. 들녘은 중추가절의 황금물결을 밀어내고 그 자리에 흰색 비닐로 포장한 짚단 뭉치들만 무질서하게 흩어져 있다. 저 벼 짚단들은 겨울 소의 먹이가 된다. 짚 먹고 월동하는 소들은 쌀밥에 고기 먹고 겨울나는 인간보다 힘이 세다는 게 풀리지 않는 나의 의문이다. 동물학자들은 이 문제를 연구해 보았을까? 찾아보면 이에 대한 연구 논문이 있을지도 모르지. 소들은 채식주의자인데 왜 말라비틀어지지 않고 오히려 질 좋은 고기를 만들어 낼까? 그래서 한강의 소설 '채식주의자'는 문학적 고뇌지만 생물학적으로는 허구라 할 수 있다. 그래서 문학은 문학으로 보아야 하나 보다.

버스가 고속도로 주행 안정을 찾을 무렵, 양쪽 옆 할머니들이 온갖 먹을거리를 제공해주신다. 초콜릿, 쌀눈, 햇대추, 사과와 감 슬라이스, 과일 세트 한 컵, 그리고 커피까지. 역시 먹을 것은 여성분들이 잘 챙긴다. 슬쩍 미안해지는데 어쩔 수 없이 받아먹어야 한다. 다들 동료 수강생인데 이럴 때 말도 트고 얼굴도 익히는 게 좋다. 공주 어딘가 알밤 휴게소에 내렸다. 먼저 화장실의 결재를 받고 바람을 쐬다 다시 차에 올랐는데 어떤 분이 차에 들어와 해바라기 씨를 찻숟가락으로 한 수저씩 떠 주며 한 봉지 사라고 한다. 전립선에 좋고, 어디에 좋고, 들어보니 만병통치, 너는 살 마음이 별로 없는데 오른쪽 할머니가 1만 원을 꺼내더니 다섯 봉지를 사버렸다. 그러면서 너를 포함한 뒷좌석 세 명에게 한 봉지씩 나누어주신다. 하참. 인심도 좋으셔. 뒷좌석에 앉기 참 잘했군. 해바라기 씨를 다 먹어보겠네.

버스는 11시 40분쯤 첫 번째 목적지에 도착했다. 정말 황토의 시골 마을, 황윤석 선생의 생가는 제법 잘 지은 초가였다. 가옥 전체가 ㅁ자형 구조로 집이 4채인데 집마다 기둥과 서까래가 튼튼하고 촘촘해 기와를 얹어도 좋을 것 같다. 그런데 왜 해마다 이엉을 엮어 지붕에 올려야 하는 불편을 감수하고 초가를 고수했을까? 보아하니 부잣집 같은데 초가지붕을 한 이유가 있었을까? 천장과 벽은 황토, 울타리 토담도 황토다. 옛사람들의 따스한 흙집, 소죽을 끓이던 옛날 솥이 그대로 걸려있다. 뒤뜰엔 장독대가 넓고 시원하게 전개되어 있다. 내가 살던 계룡산 그 허름한 초가집에 비하면 이곳은 호남평야 곡창지대의 대농가 탄탄한 초가집이다. 그래서 황 선생님이 공부할 여건이 충분했는지 모른다. 머리 좋고 여건이 되면 공부는 할 수 있는 거니까.

밥을 먹고 다시 글을 잇는다. 안내자에 따르면 황윤석 선생은 조선 후기의 과학자, 즉 실학자였다고 한다. 생가 앞에 게시되어 있는 알루미늄판 안내문을 보니 황윤석(黃胤錫 1729~1791)은 영조 5년에 나서 정조 15년에 세상을 하직한 조선 후기 실학자였다. 군자치일물부지(君子恥一物不知), 군자는 한 가지 일이라도 모르면 부끄러워해야 한다는 좌우명을 걸고 문학, 경제학, 역사학, 윤리학, 종교, 수학, 군사학, 천문, 지리, 언어, 예술, 의학, 풍수 등 그야말로 실생활과 관련된 정신적 물질적 학문을 두루 섭렵하며 서양의 학문을 배우기 위해 노력하면서 많은 책을 수집했다니, 말하자면 조선 후기의 진정한 실학자였던 것 같다. 당시의 쟁쟁한 실학자 홍대용, 신경준 등과 교류했다는데 정약용은 교류 명단에는 들어 있지 않았다. 그래서 궁금해 정약용(1762~1836)의 생존연대를 찾아보니 정약용이 더 어리다. 두 분의 생존 기간이 29년 겹치는데 정약용이 어려서 아마 황윤석 선생을 만나지 못했는지도 모르겠다. 자료를 더 찾아보아야겠다.

황윤석 선생의 저서로는 10세부터 63세까지 53년의 견문을 기록한 일기문집 『이재난고(頤齋亂藁)』가 유명하며 이외에도 『이수신편(理藪新編)』, 『자지록(恣知錄)』, 『역대운어(歷代韻語)』, 『성씨운휘(姓氏韻彙)』, 『성리대전주해(性理大典註解)』 등 300권이 넘는다니 이를 믿어야 하나, 말아야 하나. 알루미늄 안내판 기록자는 황윤석을 동시대 프랑스의 백과전서파 디드로(Denis Diderot 1713~1784)에 비유하고 있다. 황윤석의 일기 『이재난고(頤齋亂藁)』에 대해서는 서울대 규장각 한국학연구원이 펴낸 책 『일기로 본 조선』(2013)에 자세히 소개되어 있다. 규장각에서는 금요시민강좌 강의 자료를 수정 보완하여 매 학기 책으로 발간하고 있는데, 강의를 듣고 나중에 발간되는 책을 보면 정말 '꿩 먹고 알 먹는' 고전 공부가 될 것 같다. 그래서 규장각 금요 시민강좌는 노인들을 위한 단순한 경로잔치가 아니라 고전 공부의 대중화에 기여하고 있다. 참 잘하는 일이다. 무릇 도서관은 그래야 한다. 이는 규장각만이 아닌 전 도서관이 해야 할 의무다. 이것이 내가 도서관의 역사를 연구해오면서 깨달은 도서관의 역사적 본질이다. 역사는 암기하기 위해서 배우는 게 아니라 과거 인류의 지혜와 비 지혜의 역사를 살펴 현실을 제대로 깨닫고 현생 인류의 삶의 품질을 멋지게 구현해내기 위해 공부하는 게 아닐까? 책만 닥치는 대로 읽어 을밋을밋한 간서치(看書痴)를 만드는 게 도서관의 목적이 아니라 진짜 참 공부를 도와주어 인류를 똑똑하게 만드는 게 도서관의 목적임을 우리는 역사를 통해 깨달아야 하겠다. 모든 도서관은 좋은 책을 구입하고 활용하고 나아가 좋은 책을 출판해야 한다.
2017.10.27.(금).

11. 규장각(奎章閣)

규장각은 정조(1752~1800, 재위 1776~1800) 즉위년인 1776년에 창설된 조선 후기의 왕실도서관이다. 정조는 즉위하자 규장각의 창설을 명하였다. 조선왕조실록 정조 즉위년 9월 25일조에는 규장각 창설에 대한 기록이 있다.[15]

규장각은 새로운 기구의 창설이라기보다는 그가 왕의 수업을 받던 동궁시절부터 학문을 좋아하여 강학을 받아왔던 주합루를 정식으로 도서관 및

---

15 국사편찬위원회 홈페이지 조선왕조실록 정조 즉위년 9월 25일조 참조

강학기관으로 체계화 하려는 목적에서 추진된 것이다. 그는 이미 동궁 시절에 경희궁에 주합루라는 2층의 건물을 짓고 1층은 존현각, 2층은 주합루라 명명하고 그곳에서 공부했다. 그러나 즉위 후 거처를 창덕궁으로 옮기면서 주합루의 기구들을 그대로 창덕궁으로 이전하고 창덕궁의 후원 경치 좋은 곳에 터를 잡아 2층으로 건물을 짓고 '宙合樓'라는 현판을 직접 써서 달았다.[16] 그리고 1층에는 역대 임금의 문서와 서책을 보관하는 규장각(奎章閣)으로, 2층의 누각은 열람실로 삼았다.

정조는 규장각에서 학자들을 모아 경사(經史)를 토론하고, 문예 진흥을 도모하였으며, 당시의 타락된 풍습을 바로잡기 위해 노력했다. 서책을 보존 활용할 뿐만 아니라 많은 책을 저술, 편찬하고 경전과 역사서를 인쇄, 반포함으로써 규장각은 조선 후기의 문예부흥에 중추적 기능을 수행하였다.

규장각은 고종 31(1894)년에 궁내부(宮內府)에 두었고 이듬해에 규장원(奎章院)으로 명칭을 변경하였다가 고종 34(1897)년 다시 본 이름으로 환원하였고, 융희 4(1910)년에 일제 침략으로 그 기능이 종료되었다. 옛 규장각의 장서는 경성제국대학을 거쳐 현재 서울대학교 규장각에 계승 보존되어 있다.

"정조 때의 규장각은 어제와 어필을 보관하는 기구에서 중국과 조선의 도서를 소장하고 소수의 정예 관리들이 소속되어 국가의 주요정책을 마련

---

16 이태진. 1994. 『왕조의 유산·외규장각 도서를 찾아서』. 서울 : 지식산업사. pp.110-147.

하는 도구로 발전하였다. 중앙에 대형의 팔작지붕의 2층 집이 규장각 正堂으로 1층에 규장각, 2층은 주합루의 현판을 걸었다. 왼쪽 일자집은 책을 포쇄하던 西香閣, 오른쪽 앞 건물은 과거시험을 보던 영화당이다. 가파른 터에 석단을 쌓고 건물을 지었으며 남쪽에는 취병을 둘렀다." (국립중앙박물관. 145년 만의 귀환, 외규장각 의궤. p.20)

- **포쇄**(曝曬) : 물기가 있는 것을 바람에 쐬고 볕에 말림. 즉 책이 습기가 차지 않도록 가끔 바람과 햇볕을 쐬는 것으로 지금도 보존도서관에서 시행하고 있다. (국어사전)
- **취병**(翠屛) : 조선 시대 독특한 조경기법의 하나. 푸른 병풍처럼 만든 울타리로 내부가 보이는 것을 막아주는 가림막 역할과 공간을 분할하는 담의 기능을 하면서 그 공간을 깊고 아늑하게 만들어 생기가 나게 한다. 주합루의 취병은 1820년에 그려진 〈동궐도(국보 제249호)〉를 토대로 『임원십육지관병법』에 기록되어 있는 제작기법대로 대나무을 짜고 신우대를 심어 재현한 것이다. (주합루 취병 설명문에서)

어수문과 주합루 안내문

주합루(宙合樓)는 정조 원년(1776)에 창건된 2층의 누각 건물이다. 아래층에는 왕실 직속기관인 규장각(奎章閣)을, 위층에는 열람실 겸 누마루를 조성했다. 규장각은 정조의 개혁정치를 뒷받침하기 위해 정책개발과 이를 위한 도서수집 및 연구기관으로 설립되었다. 정조는 세손 시절부터 정적들로부터 끊임없는 질시와 위협에 시달렸는데, 이에 굴하지 않고 학문연구와 심신 단련에 힘을 써 위대한 계몽

군주가 될 수 있었다. 주합루로 오르는 길에 작은 어수문(魚水門)이 있다. "물고기가 물을 떠나 살 수 없다"는 격언과 같이 통치자들은 항상 백성을 생각하라는 교훈이 담겨진 문으로 정조의 민본적인 정치철학을 보여준다.

서울대학교 규장각에 전시된 규장각 소개의 글

규장각 奎章閣

규장각의 '규(奎)'는 문장을 주관하는 별의 이름이며 '규장(奎章)'은 황제의 친필글씨를 의미한다. 따라서 '규장각(奎章閣)'은 '국왕이나 황제의 친필글씨를 보관한 건물'이라는 뜻이 된다.

규장각은 1694년(숙종 20년)에 처음 설립되어 역대 국왕의 문장이나 친필 글씨, 왕실 족보 등을 보관하는 역할을 담당하였다. 1776년 정조가 즉위한 이후 규장각의 기능은 크게 확대되었다. 즉 국왕의 문장 글씨를 관리하는 본연의 업무뿐만 아니라 서적의 출판 보관, 홍문관 승정원의 업무 대행, 사관 및 과거시험 주관 등의 임무도 수행하였다. 또 우수한 문신들을 선발하여 재교육하는 초계문신제도를 주관함으로써 정조의 친위세력을 양성하고 개혁정치를 학문적으로 뒷받침하는 역할을 하였다. 이처럼 규장각은 18세기 정조대의 문예부흥에 있어 중추적 역할을 담당하였다.

정조 사후 규장각은 왕실의 문서를 보관하는 보관소로 그 기능이 축소되었다. 고종 때 개혁정책의 추진과정에서 일시적으로 규장각의 기능이 강화되기도 하였지만 고종이 강제 퇴위된 이후 규장각은 일제에 의해 장악되었다. 일제는 궁궐 내 각 기관의 소장도서와 지방 사고(史庫)의 도서들을 규장각 도서로 일괄 편입하였으며, 한일합병 이후 조선총독부와 경성제국대학 등에서 규장각 도서들을 관리하였다.

광복 이후 규장각 도서는 서울대학교 부속 도서관으로 이관되었다가 1975년 서울대학교가 관악 캠퍼스로 이전하면서 서울대학교 도서관에 '규장각 도서 관리실'이 설치되어 규장각 도서의 보존 관리를 담당하였다. 1990년에 규장각 전용건물이 완공되어 규장각 도서들을 이전하였으며, 1992년에는 '규장각 도서 관리실'이 서울대학교 도서관에서 분리 독립되어 '서울대학교 규장각'으로 승격되었다. 1990년대 후반 이후 규장각의 사업이 대폭 확대되고 인원이 증가하면서 기존 건물만으로는 업무수행에 충분한 공간 확보가 어려워졌다. 이에 2003년 5월에 규장각 건물의 연면적을 2배 이상 확장하는 증축공사에 착공하여 2004년 12월에 완공하고, 2005년 4월 증축 개관식을 했다.

2006년 2월 1일 규장각은 한국학 연구기능의 확대 강화를 목적으로 서울대학교 한국문화연구소와 통합하여 '서울대학교 규장각 한국학 연구원'으로 새롭게 출범하였다. 규장각한국학연구원의 설립으로 소장 자료의 보존 관리와 이를 바탕으로 한 연구 출판 교육 전시 등 다양한 사업들을 보다 종합적이고 효율적으로 수행할 수 있게 되었다.

현재 규장각 한국학 연구원은 고도서 17만 5천여 책, 고문서 5만여 점, 책판 1만 7천여 장 등 총 27만 여점의 한국학 관련 자료를 소장하고 있다. 이 중 7종 7,078책이 국보로 8종 28책이 보물로 지정되어 있으며, 조선왕조실록(朝鮮王朝實錄)과 승정원일기(承政院日記)는 유네스코가 지정한 세계기록유산에 등재되었다.

우리나라 전통문화의 보고인 규장각한국학연구원은 앞으로 선조들이 남긴 뛰어난 기록문화유산을 기반으로 폭넓은 연구와 교육사업을 수행함으로써, 한국학 연구기관으로서의 사명을 다하고자 한다.

외규장각

외규장각이란 서울 밖에 설치된 규장각이라는 뜻으로 정조 6년(1782)에 강화행궁의 고려궁터에 세워졌다. 이는 서울의 규장각 소장 자료가 많아지자 안전한 곳에 고문서를 분산 보존하기 위해서였다. 국역 조선왕조실록

정조 6년 2월 14일조에는 다음과 같은 기록이 있다.[17]

조선왕조실록 정조 6년(1782 임인 / 청 건륭(乾隆) 47년) 2월 14일 신사 3번째 기사

강화 유수 김익이 외규장각의 완성을 보고하다
강화 유수 김익(金熤)이 외규장각(外奎章閣)이 완성되었다고 아뢰니, 하교하기를 "외규장각의 공역(工役)이 이제 이미 끝이 났으니, 봉안(奉安)할 금보(金寶)·옥보(玉寶)·은인(銀印)·교명(敎命)·죽책(竹冊)·옥책(玉冊)과 명(明)나라에서 흠사(欽賜)한 서적(書籍), 열조(列朝)에서 봉안했던 서적, 보관되어 전해 오던 서적과 사고(史庫)에서 이봉(移奉)한 어제(御製)·어필(御筆) 등의 서적을 기록하여 책자(冊子)를 만들고 내각(內閣)·외각(外閣) 및 서고(西庫)에 나누어 보관토록 하라." 하였다.

그 후 왕실에서는 외규장각에 많은 중요 문서들을 보존하였다. 그러나 외규장각 문서들은 1866년 병인양요(丙寅洋擾)[18] 때 프랑스군이 퇴각하는 과정에서 방화, 약탈해 갔으며 퇴각하는 도중에 귀중한 것으로 보이는 일부 도서를 챙겨 프랑스로 가져가 프랑스 국립도서관에 보관하였다고 한다. 그러던 중 우리나라의 역사학자 박병선 박사가 프랑스 국립도서관에서 외

---

17 국사편찬위원회 홈페이지 조선왕조실록.
18 병인양요란 1866년(고종 3) 프랑스가 대원군의 천주교 탄압을 구실로 조선의 문호를 개방시키고자 강화도를 침범함으로써 일어난 사건.

규장각 문서를 발견, 이를 본국에 알리고, 되찾기 위한 노력을 전개하였다.

병인양요

1866년 프랑스 해군이 강화도 일대에 침입한 사건. 1866년 10월과 11월에 걸친 정찰과 침략으로 강화도를 점령했던 프랑스군이 정족산성 전투에서 조선군에게 패하여 12월 17일 철수하면서 종료되었다. 이 사건은 표면적으로는 쇄국정책을 펼치던 대원군이 프랑스 신부를 처형한 것에 대한 보복이었으나, 본질적으로는 무력으로 조선의 문호를 열고 통상조약을 맺는 것이 목적이었다. 이후 대원군의 쇄국정책은 더욱 강화되었다.

조선군의 정족산성 승리는 프랑스군을 물러나게 하는 직접적인 계기가 되었다. 프랑스군은 1개월이 넘는 원정에 따른 병사들의 피로, 정족산성의 패배에 따른 사기 저하 등으로 12월 17일(음력 11월 11일) 강화도에서 철수했는데, 이때 대량의 서적, 무기, 금은괴 등을 약탈해 갔다. 이 사건은 이후 프랑스의 의도와 달리 조선이 쇄국정책을 더욱 강화하는 계기가 되었다.

박병선(1923 서울~2011. 11. 23 프랑스 파리)

프랑스에서 활동한 한국의 역사학자이자 서지학자. 아버지는 1950년대 국회의원으로 활동하다 전라북도지사를 지냈던 박정근(朴定根)이다. 서울 진명여자고등학교를 졸업하고 서울대학교 사범대학 역사교육학과를 졸업했다. 1955년 한국 여성으로는 최초로 프랑스 유학 비자를 받고 프랑스로 가서 소르본대학교와 프랑스 고등교육원에서 각각 역사학과 종교학으로 박사학위를 받았다. 1967년 동베를린 간첩단사건(동백림사건)이 터지면서 프랑스에 파견된 중앙정보부(현 국가정보원) 요원들이 귀국을 강요하자 프랑스로 귀화했다. 이후 프랑스국립도서관(BNF)에서 근무하면서 서울대학교 재학 때 교수였던 이병도박사가 병인양요 때 프랑스 군대가 약탈해간 고서들을 한번 찾아보라고 한 이야기를 잊지 않고 3,000만 종이 넘는 장서를 뒤졌다.

1972년 박병선은 동료사서가 말한 "아주 오래된 동양 책"인 '직지', 곧 『백운화상초록불조직지심체요절(白雲和尚抄錄佛祖直指心體要節)』을 발견했다. 상권은 사라지고 하권도 첫 장이 찢겨나간 파지 상태였으나 그녀는 책에 찍힌 '鑄造'(주조)라는 글자를 통해 이 책이 1455년판 구텐베르크 성서보다 78년 앞선 1377년에 만들어진 금속활자본이라는 것을 확신하고, 목판과 금속활자의 차이를 실증하기 위해 프랑스 내 대장간을 돌고 활자 실험을 거듭하여 직지가 금속활자로 인쇄되었다는 사실을 국제 학계에 입증해 보였다. 이 일로 그녀는 '직지 대모'라는 이름을 얻었으며, 직지는 2001년 유네스코 세계기록유산에 등재되었다.

1975년 박병선은 프랑스 국립도서관 별관 창고에서 외규장각 의궤를 찾아냈으나 도서관의 비밀을 발설했다는 이유로 사직을 권고 당했다. 1980년 도서관에 사표를 낸 후 10여 년간 도서관 이용자로 외규장각 도서 열람을 신청해 한 권씩 목차와 내용을 정리했다. 외규장각 도서는 1991년 서울대학교 규장각에서 처음으로 반환을 주장했고, 이듬해 한국 정부가 프랑스 정부에 이를 공식적으로 요구하여 2011년 대여 형식으로 한국에 돌아왔다

그녀는 파리에 머물며 한국 독립운동사를 연구하는 등 생을 마칠 때까지 해외에서 한국 역사와 문화적 진실을 밝혀내는 데 힘썼다. 대한민국 문화훈장(1999), 국민훈장 동백장, 제7회 비추미 여성대상(2007), 자랑스러운 서울대인상(2010), 제7회 경암학술상 특별공로상, 국민훈장 모란장(2011) 등을 수상했다. 주요 저서로 『조선왕조의궤』, 『한국의 인쇄사』, 『한국의 무속사』, 『한국의 역사』, 『병인년, 프랑스가 조선을 침노하다』 등이 있다. 외규장각 도서를 반환하는 데 기여한 공을 인정받아 국립서울현충원에 안장되었다.

(브리테니카)

1991년에는 서울대학교 규장각이 외규장각 문서를 되찾기 위해 정식으로 외교라인을 통해 프랑스 정부에 요청하였으며, 1993년 프랑스와 고속전철사업 계약이 체결되는 즈음 프랑스 미테랑 대통령이 우리 외규장각 문서를 반환하겠다는 뜻을 밝혔다. 1993년 9월 서울에서 개최된 프랑스 미테랑 대통령과 김영삼 대통령과의 정상회담에서 미테랑 대통령이 외규장각 문서의 반환을 덕담으로 거론하는 등 일이 순조롭게 진행되는 듯했으나, 프랑스 국립도서관의 실무자들과 프랑스 언론의 제동으로 난항에 봉착하게 되었다.[19] 외규장각 도서 반환 문제에 대한 1993년의 상황은 서울의 한 시민이 독자의견란을 통하여 명쾌하게 정리하였으며, 서울대학교 국사학과 이태진 교수는 그의 책에서 그 시민의 의견 내용 전문을 소개하였다.[20]

조선일보 독자 의견(1993.10.7)

미테랑 프랑스 대통령은 방한 전 주불 한국특파원과 가진 공동 기자회견에서 "한국문화와 역사에 유용한 문서들이 되돌려진다면 나 개인으로서도 매우 만족할 것이다. 이 일은 현재 진행 중이며, 여러분은 추후 결과를 지켜보게 될 것"이라고 밝힌 바 있고, 이어 15일 방한 중 약속이행표시로 과거 프랑스군이 약탈해 간 한국 고문서 1부를 한국측에 전달, 신의를 존중하는 프랑스 대통령의 면모를 한국민에게 보여주었다.

19 이태진. 1994. 『왕조의 유산-외규장각 도서를 찾아서』. 서울 : 지식산업사. pp.41-108.
20 이태진. 1994. 『왕조의 유산-외규장각 도서를 찾아서』. 서울 : 지식산업사. pp.99-100.

그러나 함께 방한한 프랑스 국립도서관 여직원 2명이 귀국 즉시 울면서 사표를 내고, "우리는 프랑스의 이익과 합법성, 그리고 직업윤리에 반하는 행위를 강요받았다"는 사퇴 이유에 대해 『르몽드』지가 편을 들고 나서고, 『르 피가로』지가 '서울의 악착스러움'이라는 표현을 쓴 것은 미테랑 대통령의 언행을 신뢰하고 있던 한국민으로서는 실로 당혹스러운 일이 아닐 수 없다. 또 두 여직원의 사퇴 설명중 직업윤리 부분에 관해서는 어느 정도 이해가 가지만, '프랑스의 이익과 합법성' 운운한 것은 억지에 불과하며, 반면 우리 정부가 프랑스 정부에 고문서 반환을 요구한 것은 너무나 당연하다. 또한 프랑스가 소유하고 있는 『왕오천축국전』과 『직지심경』도 우리나라엔 없는 희귀본들이라 되찾고 싶은 마음 간절하지만, 전자는 1908년 프랑스 탐험가 펠리오가 돈황 천불동에서 찾아낸 것이고, 후자는 구한말 플랑시가 한국에서 수집해 간 것이기에, 이런 사실을 알고 있는 한국 학자들과 언론들은 반환요청을 제기하지 못하고 있는 것이다. 하지만 명백한 약탈 도서를 되돌려달라고 하는 한국 정부의 입장은 1979년의 『문화재 원산국 반환에 대한 유네스코 합의』와 1983년의 유엔총회 결의에도 어긋나지 않는다.

따라서 유럽의 지성 지로 일컬어지는 『르몽드』나 『르 피가로』지가 우리의 정당한 요구를 부당한 요구인양 쓰고 있고, '악착스러움' 등으로 표현한 것은 객관성을 결여한 편파보도가 분명하므로 한 불 양국 우호 증진을 위해 즉각 시정하는 것이 옳다고 본다. (조활, 서울 서대문구 연희 3동)

그 후 우리 정부는 기회 있을 때마다 외규장각 도서 반환의 조속한 이행을 프랑스 정부에 촉구하였으나 프랑스 정부는 이를 마이동풍(馬耳東風)으로 흘려들어 왔다. 다음은 1998년 4월 6일의 경향신문 기사이다.

외규장각 고문서

규장각(奎章閣)은 개혁정치의 산실이었다. 정조는 즉위하자마자 궁궐 내에 규장각을 설치하고 이곳에 우수한 인재들을 끌어모았다. 이들과 나라의 중대사를 토론하고 기획하며 또 이를 기록하는 일을 맡겼다. 그러나 집권 초기의 정조에게 가장 시급한 과제는 정국안정이었다. 규장각의 인재들도 정조의 이러한 뜻에 따라 노론벽파 등 반대파를 숙청하는 방안 등을 제시하면서 자연스럽게 혁신정치의 중추 기관으로 떠오르게 된다. 오늘날의 제도로 보면 청와대 비서실에 가까운 역할을 한 셈이다.

규장이란 원래 임금의 글을 뜻한다. 이 글들을 모아 놓은 것이 규장각이다. 규장각이 이름에 걸맞게 왕실도서관이란 제자리로 돌아온 것은 정국이 안정된 후였다. 정조 즉위 5년이 지나면서 보관물이 엄청나게 늘어나자 강화도 고려궁터 부근에 또 하나의 규장각을 지었다. 이 외규장각에는 정조 이전의 임금들의 친필, 어새, 각종 의식을 상세히 기록한 의궤(儀軌) 등의 문건들을 옮겨놓았다.

김대중 대통령이 ASEM회의 기간 중 프랑스 자크 시라크 대통령과 만나 외규장각 도서의 반환을 요구했다는 소식이다. 5년 전 미테랑 전 대통령이 '영구임대' 형식으로 한국에 돌려주기로 한 외규장각 문서에 대한 결단을 촉구한 셈이다. 132년 전 한국 내 선교를 빌미로 프랑스가 일으킨 병인양요 때(1866년) 강화도에 상륙해 외규장각이 불타자 이곳에서 300권의 왕실문서를 비롯해 은궤 어새 등을 가지고 갔다. 당시 프랑스 해군 장교의 기록에서 '약탈'했음을 인정하고 있는 문화재들이다. 지난 91년 서울대총장 명의로 처음 공식 반환을 요구한 이후 양국 정상회담 때마다 이를 거론했지만 아직도 미해결의 문제로 남아 있다.

약탈 문화재의 귀환을 바라는 한국민들의 심정은 누구보다도 프랑스가 잘 알고 있다. 프랑스 역시 2차대전 당시 독일에 빼앗긴 문화재 가운데 모네의 작품 등 28점을 되돌려 받기도 했다. 또 러시아로부터도 양국간 반환협정에 따라 고문서를 되돌려 받았다. 이런 전력을 지닌 프랑스가 굳이 이런저런 변명으로 고문서 반환을 늦추는 것은 문화대국 답지 않다는 생각이다.

〈경향신문 1998년 4월 6일 '여적'〉

그 이후로도 프랑스 정부는 2000년 10월 19일 자크 시라크 프랑스 대통령이 방한 시, 김대중 대통령과의 정상회담에서도 2001년까지 외규장각 도서 반환을 완결 지을 수 있도록 노력하겠다고 해 놓고 실행에 옮기지 않고 시간을 끌어왔다.

2006년 6월 한명숙 국무총리가 프랑스를 방문 중 이 문제를 협의했으며, 앞으로 도서 반환은 디지털 방식으로 추진하기로 하고, 국내 전시를 위해 2006년 9월 외규장각 도서가 일시 귀국할 것이라는 기사가 『국정브리핑』에 실렸다.[21]

그러나 이는 매우 미온적인 협상이었고 그 후로 별다른 진전이 없었다. 그 후 국제사법재판소의 힘을 빌려서라도 무조건 반환시켜야 한다는 학술 및 시민단체의 외규장각 의궤 반환 운동이 있었으나 여전히 힘을 받지 못하고 미해결 과제로 남아 있었다. 그러던 중 2010년 3월부터 프랑스 정부와 협상이 재개되었고, 같은 해 서울에서 개최된 'G20 정상회의'에서 이명박 대통령과 니콜라 사르코지(Nicolas Sarkozy) 대통령 간 합의가 이루어져 2011년 2월 7일 양국 정부 간 합의문이 체결되었고, 2011년 3월 16일 실무기관 간 약정이 체결되었다. 이로써 1866년 프랑스함대에 실려 갔던 외규장각 도서 297책이 2011년 4월 14일부터 5월 27일까지 총 4회에 걸쳐 항공편으로 돌아오게 되었다.[22]

21 국정브리핑 2006. 6. 9 "한-프, 외규장각 문서 서울 전시 합의".
22 국립중앙박물관. 2011. 『145년 만의 귀환 외규장각 의궤』. pp.221-222.

외규장각 의궤의 귀환일지

1866년 10월 병인양요 때 프랑스군이 강화도에서 외규장각 의궤 약탈

1867년 1월 17일 프랑스 잡지 L'Illustration에 '강화 유수부를 점령한 프
　　랑스 군대의 삽화' 등 수록

1867년 프랑스 해군청, 외규장각 약탈 도서를 기증형식으로 왕립도서관
　　(현 프랑스 국립도서관)으로 이관

1894-1896년 모리스 쿠랑, 한국서지(Bibliographie Coreenne) 제2권에 외
　　규장각 의궤에 대한 내용 기록

1975년 박병선 박사, 프랑스 국립도서관에서 중국 도서로 분류된 의궤
　　첫 발견

1991년 10월 서울대학교, 정부에 외규장각 도서 반환 추진 요청

1991년 11월 한국 외무부, 프랑스 외무성에 공식 반환 요청

1993년 9월 미테랑 대통령, 『수빈휘경원원소도감의궤』(상) 1책 전달하
　　며 반환 약속

1994년 11월 영구대여 협상 무산

1999년 서울 및 파리에서 전문가 협상 진행

2000년 10월 19일 외규장각 도서와 국내 고문서의 등가교환 추진

2000년 11월 3일 국내 학술단체 "외규장각 도서 맞교환 협상의 중단을
　　촉구하며" 성명서 발표

2002년 외규장각 의궤 전문가 실사단 1, 2차 현지 조사

2003년 4월 15일 외교통상부, 『파리국립도서관 소장 외규장각 의궤 조
　　사연구』 발간[23]

2010년 3월 4일 한·불간 협상 재개

2010년 4월 28일 파리 7대학 총장 등 프랑스 지식인들 '반환 지지 협회 결성'

2010년 11월 12일 한·불 정상, 합의 공식 발표

2011년 2월 7일 한 · 불 협상 대표 간 합의문 서명

2011년 3월 16일 한국 국립박물관, 프랑스 국립도서관 간 약정 서명

2011년 5월 27일 외규장각 의궤 297책 귀환 완료

추석의 역마살, 국립중앙박물관에 가다.

2012년 9월 30일 추석날인데도 국립중앙박물관이 문을 열었다. 지하철 4호선 이촌역에서 내려 걸어 들어가는데 박물관 정원이 시원스럽다. 호수와 정원이 어울려 마치 좋은 대학 캠퍼스 같았다. 전시관만 있는 것이 아니라 커피숍, 레스토랑, 서점 등 많은 상업적 시설들이 있어 관람객에게 휴식과 편의를 제공한다. 군데군데 안내원들이 배치되어 시민들을 친절하게 안내하고 있었다.

도서관과 박물관은 둘 다 역사적, 문화적, 교육 시설이다. 도서관은 책을 중심으로 박물관은 유물을 중심으로 연구 교육하는 문화기반시설이다. 그런데 오늘 박물관을 보니 도서관이 배워야 할 점이 많은 것처럼 느껴졌다. 우선 도서관은 명절날 문을 굳게 닫고 시민을 맞이하지 않는다. 도서관은 어딜 가도 정원이 없거나 좁다. 도서관에는 커피숍, 식당, 서점 등 시민 편의시설이 없거나 있어도 열악하다. 도서관에는 시민들을 안내하는 친절한 안내원들이 부족하다.

---

23 김문식, 신병주, 이종묵, 정경희. 2003. 『파리국립도서관 소장 외규장각 의궤 조사연구』. 외교통상부.

나는 오늘 교보문고에서는 사지 못한 『145년 만의 귀환, 외규장각 의궤』라는 책을 박물관 서점에서 샀다. 외규장각 도서를 도서관의 역사 연구에 활용하기 위해서다. 이 책에는 1866년 병인양요 때 프랑스군이 강화도 외규장각에서 약탈해 간 '외규장각 의궤의 귀환' 경위가 소개되어 있고, 논고 부분에서는 이태진 전 서울대 교수의 '외규장각 의궤 도서의 귀환을 반기며', 이성미 전 한국학중앙연구원 교수의 '외규장각 의궤의 문화사적 의의' 두 편의 논설이 실려 있다. 그런데 지하철을 타고 오며 이태진 교수의 논고를 읽던 나는

"규장각은 단순한 서책 보관 장소가 아니라 국정 프로젝트 연구기관을 겸하였으니 도서관이란 소개도 잘못된 것이다."(242쪽)

라는 문구를 보고 깜짝 놀랐다. 규장각을 도서관이라고 한 것이 잘못된 표현이라는 것이다. 그 이유는 책을 보관만 한 것이 아니라 연구기관을 겸했다는 데 있다는 것이다.
　그러나 도서관은 동서양을 막론하고 알렉산드리아도서관이건 성균관의 존경각이건 책을 보관만 한 것이 아니라 교육과 연구를 겸했다는 역사적 사실을 잠시 잊으신 건 아닌지 모르겠다. 도서관의 본질은 예로부터 서책의 보존에만 있었던 것이 아니라 연구와 교육 등 이용에 있었다는 사실을 우리는 세계 도서관의 역사를 통해서 확인할 수 있다. 이를 두고 우리는 '원인과 결과의 논리'라고 부른다. 도서관은 보존은 원인이요, 연구 이용은 결과라는 합리적 바탕 위에 서 있다. (2012. 10. 1)

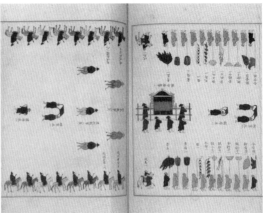

의궤

조선 역대 왕 재위기간

태조	1392~1398(06)	광해군	1608~1623(15)
정종	1398~1400(02)	인조	1623~1649(26)
태종	1400~1418(18)	효종	1649~1659(10)
세종	1418~1450(32)	현종	1659~1674(15)
문종	1450~1452(02)	숙종	1674~1720(46)
단종	1452~1455(03)	경종	1720~1724(04)
세조	1455~1468(13)	영조	1724~1776(52)
예종	1468~1469(01)	정조	1776~1800(24)
성종	1469~1494(25)	순조	1800~1834(34)
연산군	1494~1506(12)	헌종	1834~1849(15)
중종	1506~1544(38)	철종	1849~1863(14)
인종	1544~1545(01)	고종	1863~1907(44)
명종	1545~1567(22)	순종	1907~1910(03)
선조	1567~1608(41)		

참고문헌

21세기연구회 지음, 김미선 옮김, 2019, 『한눈에 꿰뚫는 세계지명 도감』, 이다미디어.

21세기연구회 지음, 김향 옮김, 2001, 『지명으로 보는 세계사』, 시공사.

간송미술관 한국민족미술연구소, 2014, 『澗松文華(간송문화)-간송미술문화재단 설립 기념 전』, 간송미술문화재단.

강명관 지음, 2014, 『조선 시대 책과 지식의 역사』, 천년의 상상 (이 책의 제목은 "조선 시대 의 책과 지식의 역사"이나 내용은 고려 시대부터 다루고 있다. 또 제목에는 없는 도 서관의 역사도 포함하고 있다.)

계명대학교 동산도서관, 2017, 『국가 문화재 보물 도록』, 계명대학교 동산도서관.

고려대학교 민족문화연구원, 『IDP SEOUL NEWS No.7』 "둔황 사본의 해외 유출과 중국 내 유실".

공상철, 2011, 『중국을 만든 책들』, 돌베개.

국립경주박물관, 2012, 『국립경주박물관』, ㈜통천문화사.

국립고궁박물관, 2015, 『조선 왕실의 어진과 진전』, 국립고궁박물관.

국립중앙박물관 세계문화관 메소포타미아실, 2022, 『메소포타미아, 저 기록의 땅』, 국립중 앙박물관.

국립중앙박물관, 2000, 『겨레의 글 한글』, 국립중앙박물관.

국립중앙박물관, 2011, 『문자 그 이후(한국고대문자전)』, 국립중앙박물관.

국립중앙박물관, 2018, 『대고려 918·2018 그 찬란한 도전』, 국립중앙박물관.

국립중앙박물관, 2021, 『호모사피엔스, 진화∞관계 & 미래?』, 국립중앙박물관.

국립제주박물관, 2011, 『국립제주박물관』, 국립제주박물관.

김경호 지음, 2006, 『한국의 사경』, 도서출판 고륜.

김규선 역, 2003, 『그림으로 읽는 역사 인물 사전』, 아주문물학회.

김기섭 외 3인, 2012, 『한성백제박물관』, 한성백제박물관.

김문식 외 3인, 2013, 『파리국립도서관 소장 외규장각 의궤 조사 연구』, 외교통상부.

김부식 원저, 이병도 역주, 1983, 『삼국사기 (상)·(하)』, 을유문화사.

김세익, 1986, 『도서·인쇄·도서관사』, 종로서적.

김세익, 2001, 『도서·인쇄·도서관사』, 아세아문화사.

김용선 옮김, 2002, 『코란(꾸란)』, 명문당.

김용선 지음, 2012, 『이슬람사』, 명문당.

김원용 지음, 1980.『한국 고미술의 이해』, 서울대학교 출판부.

김혜경(글)·서동화(사진), 2010, 『일곱 언덕으로 떠나는 로마인 이야기』, 인문산책.

남궁원·강석규 엮음, 2003, 『연표와 사진으로 보는 세계사』, 일빛.

노마 히데키, 지음, 김진아 외 2인 옮김, 2011,『한글의 탄생-문자라는 기적』, 돌베개.

니콜라스 A. 바스베인스 지음, 정지현 옮김, 『종이의 역사』, 21세기북스

대한출판문화협회, 1987, 『한국출판문화 1300년』, 대한출판문화협회.

라이오넬 카슨(Lionel Casson) 지음, 김양진·이희영 옮김, 『고대 도서관의 역사』, 르네상스.

로더릭 케이브·새러 아야드 지음, 박중서 옮김, 2015, 『이것이 책이다-100권의 책으로 본 책
　　의 역사』, 예경.

로이 매클라우드 외 8인 지음, 이종인 옮김, 2004, 『에코의 서재 알렉산드리아 도서관』, 시
　　공사.

뤄슈바오(羅樹寶 한글 발음 라수보) 지음, 조현주 옮김, 2008, 『중국 책의 역사』, 다른생각.

뤼시앵 플라스트롱(Lucien X. Polastron) 지음, 이세진 옮김, 2004,『사라진 책의 역사』, 동아일
　　보사. (이 책 추천의 글에는 성균관대 명예교수 이춘희 박사의 "한국의 책 파괴의 역
　　사"라는 글이 실려 있다. pp. 8-15)

리사 마일즈 지음, 이동진 옮김, 2008,『지도로 읽는 세계사』, 도서출판 휘슬러.

마르코 폴로(Marco Polo), 배진영 옮김, 2017, 『동방견문록』, 서해문집. (이 책은 필사본만 140
　　여 종이며, 원래의 제목은 "세계의 기술", "마르코폴로의 여행기"이나 일본에서 "東
　　方見聞錄"이라 번역했다. p.29).

마이클 H. 해리스 지음, 전명숙·전연경 옮김, 1991, 『서양도서관사』, 지문사.

매튜 배틀스(Matthew Battles) 지음, 강미경 옮김, 『도서관, 그 소란스러운 역사』, 넥서스
　　BOOKS.

모린사와(글) 빌 슬래빈(그림), 서은미 옮김, 2012, 『지혜의 보물창고 도서관의 역사』, 아카넷
　　주니어.

문화재청 유형문화재과, 2010, 『문화재 대관-국보 전적-조선 시대』, 문화재청.

미야자키 마사카츠 지음, 김진연 옮김, 2017, 『처음부터 다시 읽는 친절한 세계사』, 미래의
　　창.

미야자키 마사카츠 지음, 노은주 옮김, 2005, 『지도로 보는 세계사』 이다미디어.

민석홍 외 2인, 2006, 『세계문화사』, 서울대학교 출판부.

박상국 지음, 2020, 『남명천화상송증도가-세계 최초 금속활자본의 탄생』, 김영사. (이 책은
　　"남명천화상송증도가"가 세계 최초의 금속활자본으로 알려진『백운화상초록불조직
　　지심체요절』보다 138년 앞서 간행된 금속활자본임을 밝히고 있으나 문화재청에서
　　공인했다는 뉴스는 아직 들리지 않는다.)

박상진, 2010, 『나무에 새겨진 팔만대장경의 비밀』, 김영사.

박성수 지음, 1977, 2000, 『역사학 개론』, 삼영사.

박영규 지음, 1996, 『한 권으로 읽는 조선왕조실록』, 들녘.

박철상 지음, 2014, 2016, 『서재에 살다-조선 지식인 24인의 서재 이야기』, 문학동네.

박철상 지음, 2015, 『나는 옛것이 좋아 때론 깨진 빗돌을 찾아다녔다-추사 김정희의 금석학』, 너머북스.

반덕진 지음, 2018, 『대학의 역사와 교양교육』, 계축문화사.

반스(H. E. Barnes) 지음, 허승일·안희돈 옮김, 『서양사학사』, 한울.

배기동, 2011, 『한국인의 기원』, 전곡선사박물관·경기문화재단.

배기동, 2012, 『전곡선사박물관』, 경기문화재단.

배용수 외 4인 지음, 2007, 『세계 의회도서관』, 논형.

배현숙, 2007, 『정보문화사』, 아세아문화사.

백두현 지음, 2015, 『한글문헌학』, 태학사.

백린, 1981, 『한국 도서관사 연구』, 한국도서관협회.

버트런드 러셀 지음, 서상복 옮김, 2012, 『서양철학사』, 을유문화사.

볼프강 E.J. 배버 지음, 김유경 옮김, 2020, 『유럽 대학의 역사』, 경북대학교 출판부.

샌더스(N. K. Sandars), 이현주 옮김, 2011, 『길가메시 서사시』, 범우사.

서울대학교 규장각한국학연구원, 2015, 『규장각』, 서울대학교 규장각한국학연구원.

서울대학교 역사연구소, 2015, 『역사 용어 사전』, 서울대학교 출판문화원.

성균관대학교사 편찬위원회, 1978, 『성균관대학교사』, 성균관대학교.

성균관대학교 동아시아 학술원 존경각, 2004, 『존경각(尊經閣)』, 성균관대학교 동아시아 학술원.

성서원, 2014, 『NIV 한영해설성경』, 성서원.

송승섭, 2019, 『문명의 뇌, 서양 도서관의 역사』, 조은글터.

송승섭, 2020, 『한국 도서관사』, 한국도서관협회.

송호열 엮음, 2006, 『세계지명 유래 사전』, 성지문화사.

스튜어트 A. P. 머레이 지음, 윤영애 옮김, 2012, 『도서관의 탄생-문명의 기록과 인간의 역사』, 예경.

스가야 아키코 지음, 이진영·이기숙 옮김, 2004, 『미래를 만드는 도서관』, 지식여행.

신병주 저, 이혜숙 글, 2010, 『왕실도서관 규장각에서 조선의 보물찾기 조선시대 놀라운 기록문화』, 책과함께어린이. (이 책은 <신병주 저, 2007, 『규장각에서 찾은 조선의 명품들』, 책과함께>의 내용을 글쓴이 이혜숙이 어린이용 책으로 재구성한 것이다. 그래서 '신병주 저, 이혜숙 글로 표기해 놓았다.)

신용하 외 5인, 2019, 『왜 지금 고조선 문명인가』, 나남.

신용하, 2018, 『한국 민족의 기원과 형성 연구』, 서울대학교 출판문화원.

실학박물관, 2010,『한국 실학의 종합고찰』, 실학박물관.

안나 반잔(Anna Vanzan) 지음, 송대범 옮김, 2008,『페르시아-고대문명의 역사와 보물』, 생각의 나무.

안미경, 2004,『천자문 간인본 연구』, 이회문화사.

안보길·서희건, 1993,『1500년 전 集安 고분 벽화전 아 고구려…』, 조선일보사.

양진석 외 6인, 2017,『책판 조선의 문화를 새기다』, 서울대학교 규장각한국학연구원.

연세대학교 박물관, 2016,『파른본 삼국유사 교감』, 연세대학교 박물관.

예기심(倪基心) 지음, 신승운 옮김, 2013,『교감학 개론』, 한국고전번역원.

예술의전당 전시기획팀, 1998,『옛 탁본의 아름다움, 그리고 우리 역사』, 예술의전당 발행, 판권 소유: 우일출판사.

왕서경·두우성 편저, 2007,『돈황과 실크로드』, 서안지도출판사. (이 책은 중국 서안에서 한글로 발간한 관광 안내자료로 필자가 2008년 실크로드 여행 시 돈황에서 산 책이다.)

움베르토 에코, 이문기 옮김, 2003,『장미의 이름 (상)·(하)』, 열린책들.

원보현(글)·나승열(사진), 2011,『진천종박물관』, 진천종박물관.

유종필, 2021,『세계도서관 기행(개정 증보 3판)』, 웅진지식하우스.

유진 로건(Eugene Rogan) 지음, 이은정 옮김, 2016,『아랍 오스만제국에서 아랍혁명까지』, 까치.

윤내현, 1988,『상주사(商周史)』, 민음사.

윤내현, 2016,『고조선 연구 (상)·(하)』, 만권당.

윤희윤 외 5인 지음, 2006,『한국의 도서관─과거, 현재 그리고 미래』, 2006서울세계도서관 정보대회 조직위원회.

이광주, 1997,『대학사-이념·제도·구조』, 민음사.

이상희 윤신영 지음, 2015,『인류의 기원』, 사이언스북스

이석우, 1999,『대학의 역사』, 한길사.

이선복, 1996,『이선복 교수의 고고학 이야기』, 가서원.

이선복, 2018,『인류의 기원과 진화』, ㈜사회평론아카데미.

이수미·채해정 편집, 2011,『145년 만의 귀환, 외규장각 의궤』, 국립중앙박물관.

이언 샌섬(Ian Sansom) 지음, 홍한별 옮김,『페이퍼 엘레지』, 반비.

이우평, 2011.『모자이크 세계 지리』, 현암사.

이종권, 1988,『조선조 국역 불서의 간행에 관한 연구』, 성균관대학교 대학원 석사학위 논문.

이종권 외 23인, 1997,『서울연수원 35년사』, 한국전력공사 서울연수원.

이종권, 2008,『실크로드 여행일기』, 조은글터.

이종권, 2019, 『문헌정보학이란 무엇인가』, 문현.

이종묵 외 2인, 『규장각과 책의 문화사』, 2009, 서울대학교 규장각한국학연구원.

이지유 지음, 『처음 읽는 우주의 역사』, 휴머니스트

이태진, 2010, 『왕조의 유산 외규장각 도서를 찾아서』, 지식산업사.

이태진, 2012, 『새 한국사-선사시대에서 조선 후기까지』, 까치글방.

이한상(글), 오현택(그림), 2010, 『국립중앙박물관에는 어떤 보물이 있을까』, 토토북.

이현희, 2012, 『이야기 한국사』, 청아출판사.

이희수, 2022, 『인류 본사』, 휴머니스트

인천광역시, 2015, 『기록 그 위대한 여정』(한국과 인천의 기록 문화전), 인천광역시.

일연 지음, 김원중 옮김, 2007, 『삼국유사』, 민음사.

임상택, 2010, 『암사동 선사주거지』, 강동구청 선사문화사업소

작자미상·르네 불(그림), 윤후남 옮김, 2019, 『아라비안나이트』, 현대지성.

장충식 지음, 2007, 『한국사경 연구』, 동국대학교 출판부.

재레드 다이아몬드(Jared Diamond) 지음, 김진준 옮김, 2012, 『총, 균, 쇠』, 문학사상사.

전병철, 1997, 『팔만대장경도 모르면 빨래판이다』, 내일을 여는 책. (이 책은 팔만대장경에
　　　　관한 책이 아니라 우리가 잘 모르는 역사 용어와 상식을 해설한 책이다. 책의 제목
　　　　만으로 내용을 가름하기 어려울 수 있으므로 책을 선택할 때 유의해야 한다.)

전존훈(錢存訓) 지음, 김윤자 옮김, 1990, 『중국고대서사(中國古代書史)』, 동문선.

정만조 외 6인, 2012, 『도산서원과 지식의 탄생』, 글항아리.

정상기 외 2인, 2010, 『국립공주박물관 상설전시도록』, 국립공주박물관.

정수일 역주, 2008, 『혜초의 왕오천축국전』, 학고재.

정수일 지음, 2001, 『고대문명교류사』, 사계절출판사.

정필모·오동근 지음, 1998, 『도서관 문화사』, 구미무역(주) 출판부.

제임스 E. 매클랠런 Ⅲ(James McClenllan Ⅲ), 헤럴드 도른(Harold Dorn) 지음, 전대호 옮김, 『
　　　　과학과 기술로 본 세계사 강의』, 모티브북.

조루즈 장(Georges Jean) 지음, 이종인 옮김, 2005, 『문자의 역사』, 시공사.

존 k. 페어뱅크 외 2인 지음, 김한규 외 2인 옮김, 1991, 『동양문화사(상)·(하)』, 을유문화사.

주경철, 2015, 『모험과 교류의 문명사』, 산처럼.

천혜봉, 1991, 『한국 서지학』, 민음사.

천혜봉, 1993, 『한국 금속활자본』, 범우사.

천혜봉, 1993, 『한국 목활자본』, 범우사.

최덕근, 2003, 『지구의 이해』, 서울대학교 출판부.

최덕근, 2018, 『지구의 일생』, 휴머니스트

추사박물관, 2014, 『추사박물관 개관도록』, 과천시 추사박물관.

카(E. H. Carr) 지음, 김택현 옮김, 1997, 『역사란 무엇인가』, 까치.
카를 수소 프랑크(Karl Suso Frank)지음, 최형걸 옮김, 2018, 『기독교 수도원의 역사』, 은성출판사.
카터(T. F. Thomas Francis Carter) 지음, 강순애·송일기 옮김, 1995, 『인쇄문화사』, 아세아문화사. (역자 서문 중에 "이 책의 제목을 원문 그대로 번역하면 <중국에서의 인쇄술 발명과 그 서방 전파>로 해야 하지만, 책의 내용이 인쇄문화사의 전반을 개관하고 있어 번역본의 제목을 <인쇄문화사>로 바꾸기로 하였다."라는 설명이 있음.)
컨퍼드(F. M. Cornford)지음, 이종훈 옮김, 1995, 『소크라테스 이전과 이후』, 박영사.
키스 휴스턴 지음, 이은진 옮김, 2019, 『책의 책』, 김영사.
팀 마샬(Tim Marshall) 지음, 김미선 옮김, 2015, 『지리의 힘』, 사이.
판슈즈(樊樹志: 우리말 발음; 번수지) 지음, 김지환 외 2인 옮김, 2007, 『100가지 주제로 본 중국의 역사』, 고려대학교 출판부.
편일평 지음, 2009, 『페이퍼로드 기행』, MBC 프로덕션.
프란시스 베이컨(Francis Bacon) 지음, 이종구 옮김, 2015, 『학문의 진보/베이컨 에세이』, 동서문화사.
하름 데 블레이(Harm J. de Blij) 지음, 유나영 옮김, 2015, 『왜 지금 지리학인가』, 사회평론.
한국국학진흥원, 2003, 『기록문화와 목판의 세계(2003 문중 유물 특별기획전 도록)』, 한국국학진흥원.
한기언 지음, 2006, 『서울대학교의 정신』, 한국학술정보(주).
한봉규 외 4인, 2014, 『국립부여박물관』, 국립부여박물관.
함석헌 주석, 1996, 『바가바드 기타』, 한길사.(Bhagavad Gita : song of God)
허웅 외 6인 지음, 1974, 2000(2판), 『한국의 명저』, 세종대왕기념사업회. (이 책의 필자는 이원순(역사 지리), 신석호(정치 경제 군사, 유서 문집), 허웅(국어학), 정병욱(국문학), 손보기(과학기술), 성경린(예술 풍속), 유정동(종교철학) 등 일곱 분이다.)
호림박물관, 2002, 『불교미술 명품전』, 호림박물관.
홍문숙·홍정숙 편저, 2011, 『중국사를 움직인 100인』, 청아출판사.
홍문숙·홍정숙 편저, 2013, 『중국사를 움직인 100대 사건』, 청아출판사.

Alice Crawford, 2015, The Meaning of the Library- A Cultural History, Princeton University Press
James Thompson, 1977, 『A history of principles of librarianship』, CLIVE BINGLEY & LINNET BOOKS
James W. P. Campbell, Photographs by Will Pryce, 2015, 『The Library A WORLD HISTORY』, The University of Chicago Press
Michael F. Suarez, S.J & H.R. Woudshuysen, 2013, 『THE BOOK A Global History』, Oxford

University Press

Michael H. Harris, 1999, 『History of Libraries in the Western World』, The Scarecrow Press, INC.

Stuart A. P. Murray, 2009, 『The Library An Illustrated History』, Skyhorse Publishing, Inc.

Wayne A. Wiegand, 2015, 『Part of Our Lives-A People's History of the American Public Library』,
    Oxford University Press

附錄

도서관의 역사원리

The history of book & library civilization

附錄

도서관의 역사원리

영국의 대학도서관 사서이자 도서관 역사가인 James Thompson은 1977년 그의 저서 『A history of the Principles of Librarianship』에서 세계 도서관의 역사를 통찰하여 17개 항에 이르는 도서관의 역사원리를 도출하였다. 여기서는 각 원리의 요약 부분만을 번역, 소개한다.

제1원리
도서관은 사회가 창조 한다
The first principle of librarianship is : Libraries are created by society

도서관을 그 기원으로부터 오늘에 이르기 까지 역사적으로 조사해보면 도서관은 언제나 그가 속한 사회와 운명을 같이해 왔다는 것이 명백하게 드러난다. 니네베의 도서관은 아슈르바니팔의 지배와 밀접하게 연관되어 있다. 아슈르바니팔과 3명의 전임자들(사르곤, 싼하리브, 에싸르핫돈)은 페르시아만에서 지중해에 이르는 서아시아의 아시리아 왕국을 지배하였다. 아슈르바니팔은 니네베를 왕도로 정하여 행정의 중심지, 문명의 심장부로 삼았다. 그리고 니네베에 도서관을 세웠다. 이 도서관은 당시 사회의 모든 지식을 저장하는 곳일 뿐 아니라 지식을 보급하는 수단이기도 하였다.

이와 유사하게 대 알렉산드리아도서관은 알렉산드리아의 지배적인 열망을 충족하기 위하여 설립되었다. 즉 헬레니즘의 지식과 문화전파에 초점을 맞춘 것이다. 알렉산드리아는 서기전 331년에 알렉산더대왕이 세운 도시로서 그는 특히 그가 정복하는 곳마다 그리스의 언어와 문화를 전파하려 하였다. 그의 이러한 의도는 그의 부하인 포톨레미 소터에 의해 결실을 맺었다. 포톨레미 소터는 마침내 이집트를 정복하여(서기전 323 - 285) 서기전 300~290년 사이에 유명한 알렉산드리아도서관을 세웠다. 소터는 3세기 동안이나 지속된 대제국을 세웠으며, 700년 동안 지상의 불가사의로 여겨진 대도시 알렉산드리아를 건설하고, 900년동안 지식의 횃불이 된 도서관을 건립했던 것이다.

고대 로마의 도서관들은 로마의 문명을 집약하였다. 중세의 도서관들은 당시의 지배 세력인 교회의 창조물이다. 19세기 이후에는 민주주의와 대중교육의 확대로 공공도서관이 출현하였다. 민주사회의 도서관은 더 이상

엘리트만을 위한 보존 장소가 아니며, 대중교육이 필요로 하는 지적 영양분을 공급하는 곳으로 변화되었다.

역사적으로 도서관과 사회와의 관계는 도서관 건물의 변천에서도 찾아볼 수 있다. 초기에는 도서관들이 궁전이나 사원의 구내, 수도원이나 성당의 구내에 위치하였다. 그 뒤 국가적인 프라이드와 열정을 반영하여 웅장하고 기념비적인 도서관 건물이 출현하였다. 민주주의의 발전에 따라 도서관의 건물은 시민의 궁전으로 디자인되었다.

제2원리
도서관은 사회가 보존한다
The second principle of librarianship, a corollary of the first, is :
Libraries are conserved by society

두 번째 원리는 첫 번째의 원칙의 필연적인 결과로서 : 도서관은 사회에 의해서 보존된다는 것이다. 자료는 자료 자체의 열화 가능성, 이용자의 부주의, 일반적 무관심, 고의적인 손상, 공기환경조건, 책벌레 및 해충으로 악화되고 소멸된다. 그러나 사서의 도서관 관리자로서의 노력에도 불구하고 책과 도서관에 가장 해를 끼치는 것은 외부적인 재난이나 사고이며, 가장 빈번한 것으로는 사회적인 분쟁(그것이 정치적 시민분쟁이든 종교분쟁이든 관계없이)이라는 것이 도서관의 역사적 사실이다.

서기전 221년에 중국의 진시황은 농업, 점성술, 의학에 관한 책 이외에의 모든 책을 없애라고 명령했다. 그리스도 시대에도 성 바울의 설교에 따라 에베소인들은 이단의 서적들을 가져다가 불태웠다.

알렉산드리아 도서관은 서기전 48년 시저의 알렉산드리아전쟁에서 화재로 소실되었고, 서기 640년 이슬람교 교도인 터키국왕 오마르의 사주를 받은 사라센인들이 다시 불태웠다. 오마르는 코란과 알라에 동의하는 그리스의 작품은 필요치 않으며, 그에 동의하지 않는 작품은 유해하므로 파괴해야 한다고 선언하였던 것이다.

침입자들은 5세기에 로마와 이탈리아에 거의 모든 도서관을 파괴하거나 흩트려 놓았다. 서기 330년에 콘스탄틴 대제가 콘스탄티노풀에 설립한 제국도서관은 서기 477년에 화재로 소실되었다. 카르타고가 완전히 파괴 되었을 때 그 도서관도 파괴되었다.

영국의 앵글로색슨시대에는 수도원 도서관들이 계속적으로 약탈, 파괴되었다. 1537~9년 헨리 8세에 의한 수도원의 해산, 1525년 독일의 농민전쟁, 1561과 1589년 사이 프랑스에서의 위그노전쟁, 모두가 도서관을 심하게 파괴하였다. 종교분쟁은 도서관사에 중대한 오점을 남겼다. 터키국왕 오마르와 헨리8세는 책의 파괴와 관련하여 오랫동안 악명을 남긴 두 사람이다. 또 초기에는 이교도들이 그리스도교 서적을 불태웠고, 반대로 그리스도 교도들이 이교도의 책을 불태웠다.

20세기에 와서도 1933년 히틀러 독재하의 도서관들은 책이 제거되거나 소실을 당해야 했다. 제2차 세계대전시에 영국에서만 적의 행동으로 인한 책의 손실은 총 2천만권이 넘었다.

반대로 역사적으로 사회가 도서관을 안전하게 지키려고 했을 때 도서관은 잘 보존되었다. 물리적인 보존 면에서 예를 들면 고대의 도서관들은 궁궐이나 사원의 안전한 구내에 위치하였다.

시민혁명이 도서관의 안전에 상당한 관심을 보였다는 것은 특기할만한 사실이다. 프랑스혁명 시기에 모든 종교도서관들은 국가재산으로 선언되어 그 속의 모든 책과 원고를 국가에 귀속시켰다. 귀족이 소유하던 모든 책도 몰수되었다. 그 결과 8백 만 책 이상이 프랑스 각지에서 모아졌고 적절한 보존을 위하여 정돈되었다. 이와 비슷하게 러시아혁명 직후 1918년에서 1923년에 많은 수의 책과 도서관들이 레닌주 도서관으로 옮겨졌다.

역사적으로 볼 때 도서관의 가장 강력한 적은 관리자로서의 사서의 통제를 벗어나 있는 것이 분명하다. 보존의 문제에서 사서들은 관리자 역할밖에 할 수 없다. 그들은 도서관 자료를 재생하고 보강할 수 있다. 그것이 점토판이든 파피루스 두루마리든, 양피지원고 혹은 인쇄물이든, 그들은 적절한 보존 환경을 조직하고 설계하며 이용을 지도할 수 있다. 그러나 그들은 도서관의 궁극적인 존재에 대해서는 아무런 힘이 없다. 사회가 도서관을 창조한 것과 마찬가지로 사회가 도서관을 보존하는 것이다.

제3원리

도서관은 지식의 보존과 전파를 위한 것이다

The third principle of librarianship is : Libraries are for the storage and dissemination of knowledge

아슈르바니팔왕이 니네베에 도서관을 세운 것은 그 당시 알려진 전 세계의 종교, 역사, 지리, 법률 과학지식을 수집하고 나아가 이러한 지식을 백성들에게 이용시키려는 의도에서였다. 알렉산드리아도서관 역시 궁극적으로는 당시에 존재했던 모든 지식의 보유를 목적으로 한 세계적인 도서관이었다. 이는 그 도서관 최초의 사서였던 데모트리오스가 공식적으로 선언한 목적이었다. 그리고 니네베도서관과 마찬가지로 알렉산드리아도서관도 지식의 보존뿐만 아니라 전파에 목적을 두었는바 프톨레미 휘하 일군의 학자들이 그곳에 모여 도서관 자료를 이용하여 연구를 수행하였다.

중세 때에는 지식의 전파보다 보존을 중시하는 경향이 있었지만 전파의 목적도 유지되었다. 당시에 책이 없는 수도원이나 수녀원은 없었으며, 이러한 신념은 '도서관이 없는 수도원은 무기고 없는 성과 같다'는 중세 때의 경구에도 잘 나타나 있다.

지식의 보존과 전파에 대한 원리는 근세로 이어졌다. 18세기 중엽의 대영 박물관도서관은 그 거대한 지식의 저장고를 세상에 개방하였으며, 그 결과 그곳의 지식을 활용할 수 있었던 사람들의 노력의 결과 세계의 지식은 더욱 풍요롭게 되었다. 그 가운데는 워즈워즈, 월터 스콧, 찰스 램, 콜리지, 매큐레이, 테커레이, 디킨스, 칼 마르크스, 버나드 쇼 등 유명한 인사들이 있었다. 의회도서관은 인류의 모든 지식을 소장하고 그곳을 찾아오는 모든 사람들에게 개방하였다. 도서관은 2500년 이상 지식의 독점적인 보존소였다. 도서관은 사람들이 영구적이고도 종합적인 정보에 접근할 수 있는 인간이 만든 유일한 기관이었던 것이다.

이 원리의 두 번째 부분인 도서관은 보존 뿐 아니라 전파를 위해서 존재한다는 원리는 수세기에 걸쳐서 그 증거를 찾을 수 있는데, 사회에는 항상 도서관이 도덕적, 사회적, 정치적, 교육적으로 영향을 미쳐왔다는 것이다 (역사상 도서관의 파괴는 도서관의 영향을 배제하려는 권력자들의 선동에 의해서 이루어졌다). 만일 도서관이 단지 보존창고로서만 여겨졌다면 도서관은 사회에 어떠한 영향도 미치지 못했을 것이다. 왜냐하면 도서관에 있는 지식은 땅속에 묻혀 있는 '활력 없는 재능'(존 듀리의 유명한 말)에 지나지 않았을 것이기 대문이다

제4원리
도서관은 권력의 센터이다
The fourth principle of librarianship is : Libraries are centres of power

17세기에 프랑시스 베이컨은 "지식은 힘이다."라고 기록하고 있다. 그런데 도서관은 지식을 소장하고 있으므로 당연히 힘의 센터가 되는 것이다. 이러한 두 가지 사실은 도서관사에 여러 가지 방식으로 나타나고 있다.

초기의 도서관들은 정신적, 세속적 권력의 중심지인 사원이나 궁전에 위치하고 있었다. 당시의 사서들은 상류계급 출신이거나 높은 정치적, 종교적 지위를 가진 사람들이었다. 중세 때에 도서관들은 교회의 권력을 과시

하는 중요한 부분이었다.

　도서관이 권력의 센터라는 것은 수세기에 걸쳐 이어져 온 웅장한 건물에서 더욱 두드러지게 나타나고 있는데, 르네상스 시대의 메디치가 도서관이나 스페인의 엘에스꼬리얼 도서관으로부터 1720년 찰스 6세가 비엔나에 건립한 거대한 국립도서관과 1780년에 프레데릭데제가 세운 베를린도서관을 꼽을 수 있다.

　도서관과 권력의 연계는 우리시대에 와서도 분명하게 남아 있다. 1897년까지 미 의회도서관은 의사당 안에 위치하였는데 그곳이야 말로 세계에서 가장 강력한 국가의 통치 장소인 것이다. 그러나 그러한 미 의회도서관의 위치는 3000년 동안 이어져온 전통의 계승에 불과한 것이다. 군주나 교회의 권력자나 민주주주의 의회나 권력이 있는 곳에는 어디든지 도서관이 자리 잡고 있었던 것이다.

제5원리
도서관은 모든 사람을 위한 것이다
The fifth principle of librarianship is : Libraries are for all

　도서관을 대중이 이용했던 증거는 도서관사의 초기부터 나타난다. 기원전 7세기에 아슈르바니팔의 거대한 점토판 장서들은 신하들의 교육을 위해서 마련된 것이며 공중의 이용을 위하여 궁전의 중심에 위치하였다. 도서관의 역사가인 에드워드 에드워즈는 이를 '점토판공공도서관'이라고 명명하였다. 그리고 알렉산드리아 도서관의 최초의 사서였던 데모트리오스는 기본적으로 장서 수집가였지만 그의 후임자인 제노도투스는 도서관을 공중이 자유롭게 접근하여 이용할 수 있도록 최대의 노력을 기울였다.

아테네의 폭군인 페이시스트라투스도 그의 장서를 공중에 개방하였다. 기원전 3세기말까지 그리스 전역에 걸쳐 모든 주요 도시에 도서관이 설치되어 있었으며, 시민이면 누구나 그곳에서 연구를 수행할 수 있었다. 로마에서는 일반인이 이용할 수 있는 거대 장서를 보유한 공공도서관 사상이 초기 로마제국의 아우구스투스황제 때 실현되었는데 그는 두 개의 공공도서관을 지었다. 하나는 팔라틴 언덕의 아폴로사원 도서관이며, 또 다른 하나는 캠퍼스 마티우스의 옥타비안 도서관이었다. 그 후 가이우스 아시니우스 폴로(BC 76년- AD 4년)는 아벤틴 언덕의 아트리움 리버태티스에 공공도서관을 설립하였는데 이는 매우 기념비적인 것이어서 프린니라는 사람은 그 도서관을 "공공이 소유하는 인간의 재능 및 정신 권력"이라는 문구로 표현하였다.

중세도서관의 위대한 역사가인 존 윌리스 클라크는 모든 도서관은 실질적으로는 공공도서관이라고 주장하였는데, 수도원 도서관들이 중세의 공공도서관이었다는 것이다. 그러나 또 다른 유명한 도서관사가인 엘마 디 존슨은 도서관이 과거 유산의 보존 뿐 아니라 일반인의 이용을 위해 개방되어야 한다는 사상에 힘을 실어준 것은 중세의 대학도서관이었다고 기술하였다. 또 다른 역사가인 씨 세이모어 톰슨은 르네상스와 종교개혁 이전에는 진정한 의미의 공공도서관은 없었다고 주장하였다.

이러한 새로운 공공도서관 사상은 17세기 가브리얼 노데와 존 듀리의 저술에서 명백하게 나타난다. 노데는 그의 도서관을 전 세계에 예외 없이 공개한다고 선언하였다. 듀리는 도서관은 공공의 이용이 활성화되지 않는 한 비활성 물체에 불과하다고 기록하고 있다.

그러나 도서관이 만인을 위한 것이라는 원칙이 충분히 실현된 것은 19세기에 영국과 미국에서 공공도서관운동이 일어난 이후의 일이다. 이 원리는 이제 전 세계에 전파되어 모든 도서관의 시스템 및 설계에 실질적으로 반영되고 있다.

제6원리
도서관은 반드시 성장한다
The sixth principle of librarianship is : Libraries must grow

중세 때조차도 초창기에 도서관이 설립될 때에는 불과 수 백 권의 책을 한 두 개의 책상자속에 넣어 수도원의 한 모퉁이에 보관 하였지만 그래도 도서관은 성장하였다. 도서관들은 첫째로 이용자들이 적정하다고 생각하기 이전에 어떤 규모를 달성해야만 하는 규칙이 있었다. 예를 들면 베네딕트 규칙은 최소한 사제 1인당 1권을 확보해야 한다고 규정하고 있었다. 둘째로는 다른 어느 시대의 도서관들과 마찬가지로 중세의 도서관들도 지식의 성장에 보조를 맞추어야 했다. 종교서적에서 출발한 도서관은 인문학의 부흥으로 장서가 더욱 증가되었다. 특히 중세 대학도서관은 법률학, 의학, 문법학, 논리학을 연구하였으므로 도서관이 지속적으로 그 규모와 범위를 확장하지 않으면 안 되었다. 도서관의 장서는 결코 고정되고 정체되어 있을 수 없었다.

사실 중세 때의 도서관의 성장은 느림보 상태였거나 많은 어려움을 겪어야 했다. 장서의 수는 필사자의 노력에 의해서만 증가될 수 있었다. 필사실의 수도사들은 선임자들이 훈련 시켰으며 그들은 종교적인 의무로서 필사 작업을 수행하였다. 그러나 중세 말인 14세기와 15세기에는 주요 수도원이나 성당의 장서수가 수백에서 수천으로 증가하였다. 배움의 등불은 고대 도서관들의 멸망이후 르네상스와 인쇄술의 전파로 부흥하기까지의 중세 암흑기에도 희미하게나마 타오르고 있었다.

인쇄시대 특히 19세기 윤전기의 발명으로 책의 대량 생산시대가 도래하였다. 따라서 도서관은 단순히 성장하는 정도가 아니라 기하급수적으로 성장하였다. 유럽 도서관들의 화려한 구조는 장서 수에 맞추어 급격히 변화되었다. 벽 선반에 책을 진열했던 단칸방의 도서관 시대는 곧 막을 내리게 되었다.

국가도서관, 공공도서관, 대학도서관 모두가 도서관은 반드시 성장한다는 원리를 보여주는 좋은 사례들이다. 1800년에 설립된 미 의회도서관을 예로 들면 1807년까지 장서는 약 3,000권이었다. 그 후 1814년 영국군에 의해 파괴되었으나 이듬해에 토마스 제퍼슨 전 대통령의 장서 6,487권을 구입하여 재건하였다. 그리하여 1836년에는 24,000권으로 증가하였다. 1851년에 화재로 부분 소실되었으나 1863년에는 장서수가 79,214권에 이르렀다. 그로부터 100년 후인 1970년에는 16,000,000권의 장서와 30,000,000권의 원고본, 그리고 축음기 레코드, 필름, 사진, 지도 등 비도서자료를 포함하여 총 64,000,000점을 소장하게 되었다.

공공도서관의 성장에 대해서는 뉴욕공공도서관에서 현저한 예를 찾을 수 있다. 1895년까지는 기록이 없으나 1970년 초에는 8,500,000권으로 성장하였다. 대학도서관의 성장은 더욱 극적으로 이루어졌다. 퍼몬트 라이더의 계산에 의하면 미국의 대학 도서관들은 16년마다 2배로 성장하였다. 1683년에 설립된 하버드대학은 1780년에 12,000권, 1831년에 39,605권, 1849년에 96,200권, 1876년에 227,650권, 1900년에 560,000권, 1925년에 2,416,500권, 1938년에 3,941,359권, 그리고 1970년까지 9,000,000권에 이르렀다.

이와 같은 수치로 볼 때 도서관은 반드시 성장한다는 원리는 부인할 수 없다. 세계의 도서관계는 모든 종류의 도서관에서 무한정으로 성장하는 도서관의 문제를 해결할 수 있는 후속 원리의 출현을 기다리고 있는 중이다. 그러나 믿을 수는 없지만 그러한 원리가 출현한다 해도 도서관의 역사는 그러한 기대가 아직은 시기상조임을 보여주고 있다. 하지만 도서관은 영원히 존속되는 것은 아니다. 대 알렉산드리아도서관은 결국 사라져 갔다. 영국에 있던 800개 이상의 중세 종교도서관들은 모두 사라졌다. 또한 점토판, 파피루스 두루말이, 양피지 코덱스는 모두 다른 매체로 대체되었다. 따라서 인쇄된 책이 이처럼 다른 매체로 대체되지 말라는 역사적인 근거는 없는 것이다.

제7원리

국립도서관은 모든 국가적 문헌과 다른 나라의 대표적 문헌을 소장해야 한다

The seventh principle of librarianship is : A national library should contain all national literature, with some representation of all other national literatures

니네베 도서관에서 아슈르바니팔왕은 모든 아시리아 문헌들을 수집하였다. 그중에는 종교서, 기도문, 주술문, 종교의식에 관한 책, 마법서, 역사자료, 정부, 지리, 법률서적, 전설, 신화, 천문학, 점성술, 생물학, 수학, 의학, 자연사 등과 대사(大使)간에 오고간 외교문서를 비롯한 정부간행물들이 포함되었다. 또한 아시리아 문헌과 더불어 다른 나라의 문헌과 번역물도 있었는데, 수메리아와 바빌로니아의 대표적인 옛 문헌들이 포함되어 있었다.

알렉산드리아도서관 최초의 서서인 데모트리오스의 수서정책은 전 세계의 모든 문헌을 수집하는 것이었다. 알렉산드리아도서관은 헬레니즘 문헌을 완벽하게 구비하는데 목적을 두었으며 나아가 히브류 성경이나 고대 이집트의 서적, 페르시아 및 라틴의 문헌 등 다른 나라들의 대표적인 문헌들도 수집하는 데 목적을 두었다.

근대에 이르러서도 동일한 원리가 유지되었다. 대영박물관도서관의 국가문헌 수집정책은 19세기 위대한 사서 안토니오 페니찌가 분명하게 기술하고 있다. 그는 "영국의 도서관은 영국의 문헌과 대영제국에 관련되는 모든 문헌 예컨대, 종교서, 정치, 문학, 과학서, 법률, 제도, 상업, 예술 등 모든 문헌을 수집해야 한다고 기록하고 있다. 더욱이 값비싼 희귀서일수록이를 구하기 위하여 더욱 노력하여여 한다."고 기술하고 있다. 이 원리의 두 번째 부분인 다른 나라의 대표적인 문헌의 수집에 관련해서는 지금은 영국 도서관 참고봉사국의 기록 속에 나타나 있다. 영국도서관의 최초 연례보고서(1973-1974)에는 새로운 참고 봉사국의 목적은 "영국의 책이나 원고본, 문서들만이 아니라 가능한 한 전 세계, 전 주제의 주요 문헌들과 외국에서 간행된 특정 주제 문헌들도 구입, 기증, 교환을 통하여 수집해야 한다."고 기록하고 있다.

제8원리

모든 책은 이용하기 위한 것이다

The eighth principle of librarianship is : Every book is of use

이 원리를 뒷받침하는 것으로는 2가지 증거가 있다. 첫째는 어떤 책임 있는 사서나 학자라도 지난 3000년 동안 일어났던 수많은 재난으로 인해 손실되지 않고 남아있는 단 한권의 책이라도 대단히 소중한 것이라고 기록하고 있다는 것이다. 아시리아의 학자들은 니네베에 남아 있는 점토판을 대단히 소중하게 여긴다. 학자들은 알렉산드리아도서관에 있던 어떤 책이라도 발견한다면 대단히 기뻐할 것이다. 영국의 수도원도서관이 파괴, 소산된 이후에 남아 있는 어떠한 중세의 책이라도 소중히 여겨질 것이다. 진시황이나 이교도들, 캘리프 오마르에 의해 사라진 어떤 책이라도 발견된다면 매우 가치가 있을 것이다. 비교적 최근에 없어진 자료들도 매우 애석하게 생각되고 있다. 예를 들어 레이몬드 어윈은 당시 도서관장서의 주류를 이루었던 1770년과 1800년 사이에 발행된 영국의 소설 가운데 절반이상이 없어져 더 이상 발견되지 않고 있다고 지적하고 있다.

두 번째의 증거는 과거 수세기 동안 사서들이 남긴 기록에서 찾을 수 있다. 가브리얼 노데는 '어떠한 책이든지 아무리 보잘 것 없는 가치 없는 책이라도 어느 누군가는 찾게 된다.'는 유명한 말을 남겼다. 에드워드 에드워즈는 국가도서관의 기능에 대하여 다음과 같이 기록하고 있다. 즉 국가도서관은 "백과사전적인 저장고가 되어야 하며 기념비적인 문헌 뿐 아니라 하찮은 자료도 구비하여야 한다." 윌리엄 브레이드는 "고서를 보유하는 것은 신성한 것이다." 라는 열정적인 말을 남겼다. 즉 "고서는 어떤 주제나 내용에 관계없이 나라의 진실한 역사의 일부이다. 우리들은 그것을 모방하고 복사할 수 있다. 그러나 우리는 결코 그것을 정확하게 재생할 수는 없다. 역사자료는 잘 보존되어야 한다."

최근의 저자들은 이 원리를 더욱 발전시켰다. 어니스트 세비지는 "비록 그 문헌이 당장은 소용이 없다고 하더라도" 모든 종류의 책들을 입수 보존하여온 초기의 사서들을 칭송하고 있다. 헨리 이블린 블리스는 도서관의 장서는 죽은 책이나 곧 죽게 될 책이지만 그럼에도 불구하고 그러한 자료들은 어디엔가는 보존되어야 한다고 시(詩)로 표현하였다. 왜냐하면 "그들 중에는 언젠가는 매우 가치가 있을 것이기 때문이다. 또 가치는 없다 하더라도 언젠가는 찾는 독자가 있기 때문"이다. 퍼몬트 라이더는 연구도서관의 장서 증가문제와 관련하여 다음과 같이 파악하고 있다. "모든 것은 어디엔가는 보존할 필요가 있다." 그럼에도 불구하고 그것은 최소 형태로 어디서든 무엇이든 접근할 수 있도록 유지되어야 한다.

제9원리

사서는 교육을 받은 자라야 한다

The ninth principle of librarianship is : A librarian must be a person of education

고대 이집트의 사서들은 높은 수준의 교육을 받은 사람들이었다. 고대 바빌로니아와 아시리아의 사서들도 마찬가지다. 알렉산드리아 도서관 최초의 사서인 데모트리우스는 철학자로서 아테네 최고의 교양을 갖춘 문인이었다. 그 후 그를 계승한 수많은 사서들도 모두 유명한 학자였다. 그들 중 가장 뛰어난 인물은 칼리마쿠스인데 그는 당대의 위대한 학자로서 서지학의 창시자이며 훌륭한 애서가였다.

고대 로마에서는 도서를 담당하는 대리인들이 수많은 공공도서관을 황제의 이름으로 관리하였으며 그들의 보직에는 일반적으로 잘 알려진 유명한 학자들이 임명되었다. 예를 들면 하드리안의 시대에는 로마에 있는 그리스와 라틴도서관들은 소피스트인 율리스 베스티무스가 관장하였다.

초기의 예에서부터 도서관의 역사를 통시적으로 살펴보면 모든 유명한 사서들은 교육을 받은 사람이라는 것을 확인할 수 있다. 현대에는 특히 세 사람의 위대한 사서 에드워드 에드워즈와 안토니오 페니치, 멜빌 듀이를 꼽을 수 있다. 이들의 전기에서도 이 원칙의 유효성을 발견할 수 있다.

에드워드 에드워즈는 메리러본 언어학교장인 에드윈앱보트의 도움을 받긴 했지만 주로 독학으로 공부하였다. 그는 열성적인 독서가였고 평생 학생이었으며 수많은 학문적 업적을 남겼다. 안토니오 페니치는 17세 때에 파르마대학에 입학하여 4년 뒤 법학사 학위를 취득하였다. 그 후 정치적인 이유로 영국으로 망명하여 런던대학에서 이탈리아어문학과의 학과장을 역임하였다. 그는 생애를 통해서 영국박물관도서관의 인쇄본 관리인으로서의 업적을 남겼으며 사서로서의 활동과는 별도로 보야르도와 단테의 작품을 편찬하기도 하였다. 멜빌 듀이는 생의 출발부터 꾸준히 공부하고 독서하였다. 그는 아머스트대학을 졸업하였으며 위대한 듀이 십진분류법을 창안해 냈다.

제10원리
서서는 교육자이다

The tenth principle of librarianship is : A librarian is an educator

이 원리는 17세기에 존 듀리가 그의 저서 '도서관 관리자의 개혁'에서 가장 명백하게 선언하였다. 듀리는 도서관직을 '안이한 생계'의 수단으로 여기는 사서들을 경멸하였다. 그리고 그는 다음과 같은 도서관철학을 피력하였다. "만일 도서관 관리자가 자기 업무의 본질을 이해한다면 그들은 공공에 유익하도록 역할을 수행하면서 세계적, 보편적 학문의 진보를 위한 대리인의 역할을 하여야 할 것이다."

사서는 교육자이며 학문발달의 대리인이라는 듀리의 믿음은 그로부터 300년 후 헨리 이블린 블리스에게 큰 영향을 주었는데 그는 '자료의 조직과 교육자'로서의 사서에 대하여 '도서관에서의 지식의 조직자' 라는 저술을 남겼다. 이것은 또한 에드워드 에드워즈, 안토니오 페니찌, 멜빌 듀이의 생애에도 영향을 미친 원리이기도 하다.

에드워드 에드워즈는 그의 도서관에 관한 기록에서 사서직의 의무를 정의하였다. 그는 사서직이란 결코 부나 명예와는 무관하며 오히려 사회적 무관심과 오해에 노출되어 있다고 지적하였다. 그럼에도 불구하고 "사서는 계몽적이고 열정적인 기능을 수행함으로써 그 속에서 작품이 탄생하고 그가 생의 마감에 이르는 긴 여정에서 정신적인 건강한 씨앗들이 수확된다."

에드워드는 확고한 원칙을 가지고 살았다. 청년시절 이후 그는 교육의 증진을 위해서 여러 가지 활동에 자발적으로 참여하였다. 예를 들면 그는 중앙교육협의회와 런던 예술연합에 관여하였다. 맨체스터 도서관 서서로서 어려운 기간에도 그는 공립학교연합에 지원을 아끼지 않았고 1870년 교육법을 마련하는 데 기여하였다.

페니치가 정치적인 이유로 이탈리아를 떠나 영국에서 처음으로 한 일은 교사직이었다. 가르치는 직업은 그가 1828년 런던대학교 이탈리아어과 학과장을 맡으면서 최고조에 달하였다. 영국의 박물관도서관에서 사서로서의 전성기를 보내는 동안 그의 사상은 업무조사위원회위원으로서 선발되기 전에 그가 행한 다음과 같은 말 속에 요약되어 있다. 즉 "나는 가난한 학생을 좋아한다. 마찬가지로 지적인 호기심에 빠져들고, 합리성을 추구하며, 복잡하게 뒤얽힌 문제를 풀어내는 부유한 학생들을 좋아한다. 이런 관점에서 책이 존재하는 한 정부는 그들에게 가장 자유롭고도 무제한적 지원을 아끼지 말아야 한다." 같은 위원회에서 그는 '대영박물관도서관의 가장 중요하고도 숭고한 목적'은 '학습과 연구를 위한 교육의 여건을 확대하는 것'이라고 주장하였다.

멜빌 듀이는 17세 때의 일기에서 다음과 같이 기록하였다. "나는 내 생애를 교육에 바치겠다고 마음먹었다. 나는 대중을 위하여 고등교육에 종사하기를 바라고 있다." 그가 비록 청년시절에 교사 자격증을 취득하였지만 그는 결국 교육자의 길을 실현하는 방법으로 사서직을 선택하였다. 이러한 그의 희망은 그가 콜롬비아에 세운 최초의 도서관학교에서 결실을 맺었다. 그후 그는 뉴욕 주 교육위원회의 이사장으로서 11년간을 봉직하였으며 갖가지 반대와 압력에 직면하면서도 지속적인 개혁을 추진하였다. 그는 또한 교육을 위하여 프래시드 클럽을 설립하였는데 이는 일종의 자연학습장으로서 그는 이것을 숲속의 대학이라고 이름 붙였다.

제11원리

사서의 역할은 정치적 사회적 시스템 속에 통합되어야만 그 중요성을 발휘한다

The eleventh principle of librarianship is : A librarian's role can only be an important one if it is fully integrated into the prevailing social and political system

도서관이 권력의 센터라고 하는 원리는 그 자체가 사서의 역할을 중요한 것으로 본 것이다. 고대 이집트의 사서의 역할은 높은 정치적 지위와 연관되어 있었으므로 대단히 중요하였다. 고대 바빌로니아와 아시리아에서도 마찬가지여서 사원도서관의 사서들은 높은 성직자였고 궁중도서관의 사서는 고위 공무원이었다. 요약하면 사서의 역할은 그 사회의 지배적인 사회 정치적 시스템 속으로 충분히 통합되어야 한다는 것이다.

데모트리오스는 알렉산드리아도서관의 사서가 되기 이전에 10년 동안 아테네의 통치자였다(BC 317-BC 307). 그는 프톨레미소터 진영의 품위 있고 훌륭한 고위 공직자였다. 프톨레미 소터에게 알렉산드리아에 박물관 및 도서관 설립을 제의한 것도 바로 데모트리오스였다. 데모트리오스의 이러한 지위는 사서로서의 그의 역할을 높여 주었다. 알렉산드리아도서관의 성공은 정치적인 지원과 전문적 기술이 결합되어 이루어진 것이다.

도서관과 사서들은 결코 내부지향적이어서는 안 된다. 19세기에 에드워드 에드워즈는 공공개혁과 정치적 로비를 통해서 영국 전역에 무료도서관 사상을 이끌어 냈다. 그의 첫 성과는 1850년 공공도서관법을 통과시킨 것이다. 그러나 그는 계속하여 직업전문도서관, 무역도서관, 노동자도서관 등 교육을 받지 못한 사람들이나 교육수준이 낮은 사람들에게 도움이 되는 도서관, 나아가 성직자, 상인, 정치인, 전문 학자들에게도 도움을 줄 수 있는, 모든 인구에 봉사할 수 있는 보편적인 도서관들을 세우기 위하여 계속 투쟁하였다.

안토니오 페니치 역시 외부 지향적 인물이었으며, 영국 박물관도서관을 영국의 사회시스템 속으로 통합하는데 열성적인 노력을 기울였다. 그의 생애는 사서로 임명되어 사서장으로 은퇴할 때까지 기나긴 파란의 연속이었다. 그는 대영박물관도서관을 가치 있는 도서관으로, 모든 사람이 이용할 수 있는 도서관으로 만들고자 결심하였다.

멜빌 듀이는 사실상 미국에서 사서직을 창설한 사람으로서 사서직은 사회에 봉사할 수 있는 좋은 기회로 여겼다. 그는 도서관직을 활동적이고 능동적인, 활기찬 직업으로서 사회 정치적으로 충분히 통합되어야 함을 강조하였다.

제12원리

사서는 훈련과 실습을 받아야 한다

The twelfth principle of librarianship is : A librarian needs training and/or apprenticeship

니네베의 야슈르바니팔도서관 이전에도 1천 년 동안이나 지속된 바빌로니아와 아시리아의 도서관 사서들은 '점토판맨'이라는 타이틀을 가지고 있었다. 이들은 잘 훈련되어 있었다. 그들은 필경사 학교를 졸업하였고, 그들이 보존해야할 기록 문헌들에 대하여 소상히 알고 있었다. 이러한 최초의 직업교육을 이수한 다음에 그들은 도서관에서 수년 동안 도제식 훈련을 받으면서 동시에 여러 외국어를 공부하였다.

사서들이 교육훈련을 받아야 한다는 원리는 19세기에 와서야 다시금 완전한 형태로 나타나게 되었다. 그러한 계기가 된 것은 멜빌 듀이가 1887년에 콜롬비아대학에 도서관학교를 설립하면서 부터이다. 그 후 90년 동안 도서관학교들은 급격히 증가되었다. 영국 최초의 전일제 도서관학교는 런던대학에 설치되었는데, 이 학교는 카네기재단으로부터 5년간 재정 지원을 받았다. 전문교육의 필요성은 이제 보편적으로 인정되고 있으며 숙련된 사서를 양성하기 위하여 견습교육과 실무교육을 아울러 실시하고, 필수적인 실무 경험도 익히도록 하고 있다.

이 원리는 위대한 선구자들의 생애를 살펴보면 잘 알 수 있다. 에드워드 에드워즈는 대영박물관도서관에서 편목담당자로서 견습생으로 봉사하였다. 실제의 경험교육과는 반대로 그는 이론을 스스로 공부하였다. 영국에서 1848년에 출판된 그의 도서관 비평서는 무료로 보급되었으며 이와 함께 유럽 여러 나라의 공공도서관에 대한 간결한 통계자료도 제시되었는데, 이는 도서관에서 일반적으로 발생하는 지식들을 나타내고 있다. 그러나 도서관 문제에 대한 그의 폭넓은 지식은 1859년 그의 위대한 저서인 '도서관의 회고집'에 나타난다.

안토니오 페니치는 소년시절에 이미 레고에 있는 자치도서관 담당관이었던 수사학자 케타노 펜투지에 의해서 책의 세계로 안내 되었다. 파르마대학에 근무하는 동안 그는 파멘스 도서관의 학자사서인 앙게로 파멘스와 친하게 되었다. 페니치가 전문사서의 아이디어와 목표를 터득한 것은 이들의 영향이었을 것으로 추측된다. 그도 역시 에드워드 에드워즈와 마찬가지로 대영박물관도서관에서 도제식 훈련을 받았다. 그러나 그는 1851년 맨체스터공공도서관 사서로 임명된 에드워즈와는 달리 대영 박물관 도서관에 근무하면서 도서관의 개혁에 노력하였다.

멜빌 듀이는 독학으로 공부하였다. 그는 아머스트대학 도서관에서 견습생으로 봉사하였다. 전문교육에 관해서는 그가 미국에 처음으로 도서관학교를 설립했기 때문에 학생으로서라기보다는 주체자로서 터득하였다.

제13원리

도서관장서의 확충은 사서의 의무이다

The thirteenth principle of librarianship is : It is a librarian's duty to increase the stock of his library

역사가인 조세피우스는 알렉산드리아도서관의 최초의 사서인 데모트리오스는 가능한 한 전 세계의 모든 책을 수집하고자 하였으며, 그가 듣거나 보았던 모든 가치 있다고 여겨지는 자료들을 구입하고자 하였다고 기록하고 있다. 알렉산드리아도서관의 수서정책은 놀라울 정도로 무자비하였다. 데모트리오스는 12년도 채 되기 전에 200,000권의 파피루스 두루마리를 수집하였다. 프톨레미 필라델피우스와 그의 후계자 프톨레미 어제테스는 외국인에 의해서 이집트로 들어오는 모든 책들을 가로채 필사한 다음 소유주에게는 사본을 전달하고 원본은 도서관에 보관하였다. 어제테스는 또 아테네의 소포클레스, 유리피데스, 애스킬러스의 작품들을 빌려다가 필사하고 사본만을 돌려주었다. 그리고 더욱 나쁜 것은 플루타크에 의하면 유메네스 2세(197-159BC)가 페르가몬에 있는 자신의 도서관을 알렉산드리아와 규모면에서 경쟁하려 했을 때 이집트인들은 페르가몬으로 보내지는 파피루스의 공급을 중단하였으므로 그는 새로운 서사재료인 양피지(라틴 페르가몬에서 수입)를 대체품으로 개발하도록 하였다.

아슈르바니팔 역시 도서관 장서를 확충하는 것은 사서의 의무라는 원칙을 따랐다. 그는 전국 각처 및 외국에 특사를 보내 모든 종류 모든 주제의 기록물을 수집하도록 하여 마침내 니네베도서관에 30,000장의 점토판 장서를 축적하였다.

장서의 확충이 어려웠던 중세 때에도 동일한 원리가 지배하였다. 중세의 한 도서관규정에는 '사서의 첫 번째 의무는 재임 중 그에게 위임된 도서관에 가능한 한 많은 장서를 확충하도록 노력해야 한다' 고 명문 규정을 두었다.

존 듀리는 17세기에 책과 원고본 등 사서가 최대한 장서를 확충해야한다는 의무를 강조하였고 이러한 관점에서 대학의 학과장들에게 1년에 한 번씩 평가하여 당해에 목표로 했던 서가 공간에 대하여 증가된 장서량을 나타내는 실적을 제출하도록 하였다. 아마도 사서들은 그의 연례보고서에서 이러한 실적을 위원회에 정확히 보고하였던 것으로 추측된다.

근대에 와서도 모든 대형도서관들은 사서들에게 수세기 동안 부과된 이러한 원칙을 유지하였다. 미의회도서관의 현재 규모는 64,000,000점의 장서를 보유하고 있으며 이러한 장서는 의회도서관의 최초의 사서였던 에인스워드 랜드 스포포드와 같은 위대한 사서들의 노력에 힘입은 것이다. 그는 그 도서관의 세실 로데오(역자 주 : Cecel Rhodes : 영국의 정치가이며 남아프리카 총독이었던 세실 로데오는 장학금을 조성하여 영연방 학생들을 지원하였다)와 같은 존재로 기록되고 있다.

그 당시 스포포드는 그의 단독 구상에 의하여 의회도서관을 설립했으며 740,000권의 장서를 구축하였다. 페니치는 영국박물관도서관에 이와 비슷한 기여를 하였는바 그의 목적은 그 도서관을 영국 제일의 도서관, 세계

제일의 도서관으로 만드는 것이었다. 그렇게 하기 위하여 그는 저작권법을 적절히 실행하고 미국과 유럽 전 지역에서 활동적인 서적 중개상들과 계약하였다.

장서 수집가로 알려진 에드워드 에드워즈와 멜빌 듀이도 사서의 의무는 자기 도서관의 장서를 확충하는 것이라는 원리를 준수하였다. 에드워드 에드워즈는 맨체스터공공도서관 사서를 퇴직할 무렵까지 7년 동안에 전무 상태인 장서를 50,000권으로 확충하였다. 그리고 아머스트와 콜롬비아도서관은 특히 멜빌 듀이에 의하여 상당량의 장서가 확충되었다.

제14원리

도서관은 어떤 질서체계에 따라 자료를 정리하고 그 내용에 대한 목록을 제공하여야 한다

The fourteenth principle of librarianship is : A library must be arranged in some kind of order, and a list of its contents provided

17세기에 가브리얼 노데는 '도서관에 50,000권의 장서가 있다고 해도 정리되지 않는 한 적절한 지휘 체계하에 정예화 되지 않은 3,000명의 군 병력이 있는 것과 다름이 없다'고 기술하고 있다. 이것은 초기 도서관사로부터 정확하게 지켜져 내려온 원리 중 한가지이다. 고대 이집트의 에드푸에서 도서관의 파피루스는 두 가지 귀중품 상자로 나누어 보존하였는데 마법에 관한 자료는 다른 자료와 분리, 보관하였다. 고대 바빌로니아와 아시리아도서관의 점토판들은 체계적으로 그룹을 나누었다. 니네베의 아슈르바니팔도서관은 배치계획에 따라서 궁궐의 자료실을 분명하게 구분하였다. 알렉산드리아도서관은 수많은 특수자료실로 나누어져 있었다. 초기 중세 도서관들에서는 종교서적들은 비 종교서적과 분리되어 있었다. 초기 대학 도서관들은 교육과정에 따라서 정리되었다. 근대에는 공식적인 분류법이 적용되었다.

　도서관의 내용목록이 제공되어야 한다는 이 원리의 두 번째 부분은 3천년동안 한결같이 유지되어 왔다. 에드푸도서관은 2가지 등록 목록을 만들었는데 하나는 12개의 보관 상자에 들어 있는 자료목록이고 또 하나는 나머지 22개의 보관 상자에 든 내용목록이었다. 바빌로니아와 아시리아도서관의 수천개의 점토판들도 아슈르바니팔도서관의 점토판과 마찬가지로 목록이 작성되었다. 알렉산드리아도서관은 캘리마쿠스가 피나케스라고 불리우는 분류목록을 만들었는데 거기에는 파피루스 두루마리의 라벨을 정확하게 알려주는 간략한 타이틀을 기록하고 있다. 중세도서관의 목록은 초기부터 만들어졌는데 8세기부터 목록의 사례들이 남아 있다. 근대에 와서는 목록의 개발이 1605년의 보들리언도서관의 인쇄목록으로부터 오늘날의 컴퓨터 목록시스템에 이르기까지 장족의 발전을 이룩하였다.

제15원리

도서관은 지식의 저장고이므로 주제에 따라 정리하여야 한다

The fifteenth priciple of librarianship is : Since libraries are storehouses of knowledge, they should be arranged according to subject

이 원리는 자명하며 역사적으로도 그 가치가 입증된다. 모든 현대 도서관의 도서관분류법 - 듀이분류법, 국제십진분류법, 의회도서관분류법- 들은 모두 주제에 따라 설계된 것이다. 현대 이전에도 비록 복잡한 형태이긴 했지만 주제별 정리규칙이 적용되었다. 아슈르바니팔도서관 자료실은 주제에 따라 정해져 있었다. 즉, 역사와 정부간행물 자료실, 전설 및 신화에 관한 자료실 등이다. 알렉산드리아도서관의 10개의 자료실은 분과학문주제별로 구분되었다. 중세 때에도 예를 들면 일반도서는 문법 부문과 산술 부문으로 구분되었다. 전자는 문법, 논리학, 수사학 등이고 후자는 산술, 기하학, 음악, 천문학 등이다.

제16원리

도서관에서의 주제별 그룹화는 실제적인 이용편의를 고려해야 한다

The sixteenth principle of librarianship is : Practical convenience should dictate how subjects are to be grouped in a library

아슈르바니팔도서관과 알렉산드리아도서관은 지식의 철학적 분류에 따르기 보다는 실제적인 이용편의를 위해서 정리되었다. 이것은 또한 근대에 와서도 적용되었는데 예를 들면 코나도 게스너(1516-1565)는 이미 언급한 중세의 학습일람표(문법부문과 산술부문)에 기초하여 분류함으로써 대학 교육과정의 질서를 좇아 실제 이용의 편리를 도모하였다. 1602년에 개설한 보들리언도서관의 분류원칙은 4가지 주제로 나누어졌다. 즉, 신학, 법률학, 의학, 예술 등이다. 그 뒤 같은 세기에 가브리얼 노데는 '도서관분류목록'을 출판하였는데 그는 여기서 그가 이용한 분류는 실용성을 우선하여 '대학에서의 신학, 물리학, 법학, 수학, 인문학, 기타'로 나누었다.

현대의 도서관 분류는 두가지 체계로 구분되는데, 듀이십진분류(여기서 파생된 국제십진분류)체계와 미의회도서관 분류체계로 나뉘어진다. 이들 분류체계의 공통된 특징은 실용성이다. 듀이는 그의 분류체계를 마치 재료가 들어가는 비둘기집의 구멍과 같이 그의 9가지 주제 분류는 9가지의 특수한 실용성에 따른 것이라고 기술하였다. 미의회도서관분류체계도 일련의 실용적인 특수 분류 모델의 결합에 근거하여 설계된 것이다. 지식의 철학적인 분류에 근거한 체계는 그 적용예를 찾아볼 수 없으며, 실제로 제임스 두프 브라운의 철학적 분류체계는 오래전에 폐기되었다.

제17원리
도서관은 주제별 목록을 갖추어야 한다

The seventeenth, and final, principle of librarianship is : A library must have a subject catalogue

이 원리는 도서관이 주제별로 정리된 지식의 저장고라는 사실과 관련된 이전의 원리들의 논리적 연장선상에서 나온 것이다. 도서관사는 하나의 논리를 가지고 있다. 초기의 도서관 목록은 주제목록이었다. 앞서 본 바와 같이 칼리마쿠스의 피나케스는 분류목록의 형식을 갖추었다. 중세 때의 목록은 주제별로 정리된 간략 타이틀 목록이었다. 종합목록인 7분류 필기판 목록이 나오기 이전인 1200-1300년까지는 알파벳 분류체계였다.

주제분류의 명성은 알두스 마누티우스 및 에스티네의 목록의 예와 같이 인쇄 시대로 이어졌다. 18세기와 19세기에 저자목록이 출현하였지만 그 이후의 세기에 조차도 1849년 공공도서관에 임명된 위원회가 결론을 내린 바 '지금까지 나타난 요구로 볼 때 도서관 목록은 주제에 따라서 저자명 알파벳순으로 분류하는 것이 최선'이라는 것이다.

사실 영국에서는 1800-1850년에 복합적인 분류목록을 만들었지만 주제 분류가 너무 인위적이고 그 질서가 체계적이지 못하였다. 결과적으로 그후 반세기만에 그 분류에 대한 부정적 반응이 나타났고 사전식 목록이 소개되어 그 반응을 해소하게 되었다. 안드리아 크레스타도로의 색인목록은 이러한 사전체 형태의 조잡한 목록이었으나 미국의 찰스 아미 카터는 사전체 목록의 표준코드 규칙을 편찬하였다. 그 후 세기가 바뀌어 카드목록이 일반화될 때까지 사전체 목록이 지배하였으며 그 후로 카드형 목록은 20세기의 주요 도서관에서 주제목록 분류 또는 알파벳순으로 장서목록을 계속 제공하였다.

(이종권 편역, 「도서관의 역사원리」. 『국회도서관보』 2004년 3월호)

찾아보기

바

아

카

타

편저자 이종 권(李鍾權)

성균관대학교 대학원 문헌정보학과(문학박사). 성균관대학교 강사(1996~2016) 건국대학교 강의 교수, 강사(1997~2016). 대림대학교 평생교육원 강사(2013~2020). 현 숭의여자대학교, 가천대학교 평생교육원 강사.

편·역·저서로 『자료보존론』(공역), 『문헌정보학이란 무엇인가』, 『어린이도서관 서비스 경영』(역), 『장서개발관리론』(역), 『공공도서관 서비스 경영론』, 『신나는 스토리텔링』(역), 『공공도서관 청소년 서비스 101』(역), 『도서관 경영학 원론』, 『도서관 경영론』, 『IFLA 학교도서관 가이드라인』(역), 『IFLA 학교도서관 가이드라인 글로벌 응용사례』(역), 『도서관 경영의 법칙』이 있다. 수필집으로는 『도서관에 피어나는 아카데미 연꽃』, 『책 읽는 세상은 아름답다』, 『실크로드 여행일기』, 『남에게 행복을 주는 사람은』, 『너는 인문학 도서관에 산다』, 『인문학의 즐거움』, 『뭘 걱정하세요』가 있다.

책과 도서관의 문명사

2023년 2월 27일 초판인쇄
2023년 3월 10일 초판발행

편 저 자 이 종 권
펴 낸 이 한 신 규
본문디자인 김 영 이
표지디자인 이 은 영
펴 낸 곳 문현출판

주소 05827 서울특별시 송파구 동남로11길 19(가락동)
전화 02-443-0211 **팩스** 02-443-0212 **E-mail** mun2009@naver.com
홈페이지 http://www.mun2009.com
출판등록 2009년 2월 24일(제2009-14호)

출력 GS테크 **인쇄·후가공** 수이북스 **제본** 보경문화사 **용지** 종이나무

ⓒ 이종권, 2023
ⓒ 문현출판, 2023, printed in Korea

ISBN 979-11-87505-59-4 93020 **정가** 38,000원